남성
과잉
사회

UNNATURAL SELECTION

Copyright ⓒ 2011 by Mara Hvistendahl
All rights reserved.
Korean Translation rights arranged with Mara Hvistendahl c/o The Marsh Agency Ltd.
through Danny Hong Agency.
Korean translation copyright ⓒ 2025 by HYEONAMSA PUBLISHING Co., Ltd.

이 책의 한국어판 저작권은 대니홍에이전시를 통한 저작권사와의 독점 계약으로 현암사에 있습니다.
신저작권법에 의해 한국 내에서 보호를 받는 저작물이므로 무단전재와 복제를 금합니다.

Unnatural Selection

남성 과잉 사회

성비 불균형이 불러온
폭력과 분노의 사회

마라 비슨달 지음
박우정 옮김

현암사

남성
과잉
사회

초판 1쇄 발행 | 2013년 4월 19일
개정 1쇄 발행 | 2025년 5월 30일

지은이 | 마라 비슨달
옮긴이 | 박우정
펴낸이 | 조미현

책임편집 | 김솔지
디자인 | 이지선·엄윤영
마케팅 | 이예원·공태희
제작 | 이현

펴낸곳 | (주)현암사
등록 | 1951년 12월 24일·제10-126호
주소 | 04029 서울시 마포구 동교로12안길 35
전화 | 02-365-5051·팩스 | 02-313-2729
전자우편 | editor@hyeonamsa.com
홈페이지 | www.hyeonamsa.com

ISBN 978-89-323-2428-9 03300

이 책은 저작권법에 따라 보호받는 저작물이므로 저작권자와 출판사의 허락 없이
이 책의 내용을 복제하거나 다른 용도로 쓸 수 없습니다.

*책값은 뒤표지에 있습니다. 잘못된 책은 바꾸어 드립니다.

어머니에게,
그리고 어머니들에게

차례

프롤로그 | 여성이 '부자연스럽게' 부족한 세상　　　　9

I부
누구나 아들을 가진 세상

1장 | 인구통계학자들의 입장　　　　23
　　1억 6천만 명의 사라진 여성들
2장 | 부모들의 입장　　　　42
　　내겐 아들이 필요해요!
3장 | 경제학자들의 입장　　　　60
　　경제 성장과 인구 조절 문제
4장 | 의사들의 입장　　　　82
　　낙태를 원하는 환자들
5장 | 제국주의자들의 입장　　　　100
　　열강의 착취가 퍼트린 여아 살해 관습

II부
위대한 아이디어 실행하기

6장 | 어느 의대생의 입장　　　　125
　　서구의 인구 조절 실험장이 된 인도
7장 | 어느 예언자의 입장　　　　145
　　인구가 늘면 식량이 부족해질 것이다!
8장 | 유전학자들의 입장　　　　170
　　과학의 발전과 태아 선택하기
9장 | 장군들의 입장　　　　187
　　인구 조절 '군사작전' 시대
10장 | 페미니스트들의 입장　　　　207
　　낙태를 둘러싼 인권의 줄타기

III부	11장 │ 신부들의 입장	233
여성이 없는 세상	베트남에서 사온 아내들	
	12장 │ 매춘부들의 입장	260
	인신매매로 팔리는 소녀들	
	13장 │ 독신 남성들의 입장	283
	테스토스테론과 폭력성	
	14장 │ 세계의 미래	308
	잉여 남성들이 가져온 사회적 불안	
	15장 │ 태아들의 입장	328
	성별 선택 낙태를 금지할 것인가?	

에필로그 │ 우리는 어디까지 선택하게 될까	348
감사의 말	367
주	372
찾아보기	409

우리는 이제 생존 경쟁에 대해 좀 더 자세히 논할 것이다.

— 찰스 다윈, 『종의 기원』

프롤로그
여성이 '부자연스럽게' 부족한 세상

마오쩌둥은 여성이 하늘의 절반을 떠받치고 있다고 말한 적이 있다. 중국에 갈 때까지 나는 그 말을 믿었다. 인민공화국에서는 남성과 여성이 평등하다고 내게 처음 말해준 사람은 선교사의 딸이자 불가지론적인 성향을 지닌 내 어머니였다. 어머니는 10대 시절을 아시아에서 보낸 뒤 미국으로 돌아와 중국사를 공부했다. 내게 마오쩌둥의 유명한 분파에 대해 알려줄 때 어머니는 아마도 사진첩을 꺼내 실용적인 단발머리를 한 똑똑해 보이는 여성들의 사진을 보여주었을 것이다. 정확히 기억나지는 않는다. 아무튼 어머니가 우리를 위해 선택한 생활 방식은 우리를 그 가르침으로 자연스럽게 이끌었다.

이혼으로 아이 둘과 대출금이 남았을 때, 어머니는 미니애폴리스에 있던 우리 집으로 중국인 친구 한 명을 들였다. 훙유 역시 이혼한 지 얼마 되지 않았고 아들 한 명이 있어서 우리 집에는 오빠, 나와 함께 아이가 셋이 되었다. 곧 대학원을 다니기 시작한 어머니와 훙유는 오늘날 공동 양육이라고 불릴 만한 전략을 생각해냈다. 당시에는 임시변통이라고 불렸다. 두 사람은 기묘한 짝꿍이었다. 어머니는 새 옷을 입고 마빈 게이의 앨범에 맞춰 춤을 출 때 가장 행복했던 반면 문화혁명 시대 내몽골에서 자란 홍유는 중고 옷을 사 입고 닭 한 마리로 일주일을 버틸 수 있었다. 하지만 삶의 동반자였던 두 사람은 요리와 육아를 나눠서 하고 여행과 휴가 계획을 함께 세웠다.

우리는 미니애폴리스-세인트폴 국제공항 근처의 작은 집에서 살았다. 하루에도 몇 번씩 머리 위에서 비행기들이 굉음을 내며 지붕 가까이로 지나갔고, 그럴 때면 하늘이 컴컴해지고 대화가 불가능해졌다. 미네소타주에서 겨울을 보내느라 답답해 미치려고 하는 세 아이와 비행기들 사이에서 어머니와 홍유가 어떻게 공부를 했는지 모르겠다. 하지만 그 시절에서 가장 기억에 남는 것은 힘에 대한 인상이었다. 우리 집에서는 여성들이 하늘 전체를 떠받쳤고 쓰레기를 내다 버렸다.

그런 인상은 내가 자라서 중국어 공부를 시작하고 마침내 중국으로 유학을 가는 동안에도 계속 남아 있었다. 2000년 여름 나는 베이징에서 몇 달간 어학 과정을 밟았다. 스무 살의 대학생이었고 내가 본 세상은 아주 좁았지만 그 세상에서 나는 어린 시절 형성된 남녀평등에 대한 환상이 정확했음을 알 수 있었다. 중국에서는 여성 재산가, 여성 과학자, 여성 작가 들이 활동했고 어떤 면에서 여성의 운명이 남성과 마찬가지로 매일 개선되고 있었다. 내 어머니의 1980년대 앨범 속 얼굴들에는 일종의 엄숙한 희망이 어려 있다. 당시 여성들은 냉장고를 가진 것을 굉장히 자랑스러워해서 코바늘뜨기로 냉장고 덮개를 만들고 냉장고를 거실에 놓기까지 했다(당시 중국의 아파트들은 대부분 주방이 좁아서 냉장고를 둘 만한 공간이 없었다). 2000년에 여성들은 아우디를 몰며 베이징 거리를 달리고 화려한 식당에서 식사를 한 뒤 커피를 사러 스타벅스에 들렀다.

하지만 문제의 조짐도 있었다. 여름 중반쯤 강사들이 우리를 데리고 유치원으로 견학을 갔다. 아마도 우리와 마찬가지로 표현력이 제한적인 중국인들과 대화를 나누게 하려는 의도였을 것이다. 하지만 내가 기억하는 것은 유치원의 성비였다. 우리를 반기는 어린 미소들 가운데는 남자아이가 여자아이보다 많았다.

학교로 돌아가는 버스 안에서 활동적이고 강건한 여성 강사인 장이 느리고 정확한 발음의 중국어로 설명했다. 나는 '초음파'라는 단어를 몰랐다. 당시 서구에서 새로 들어온 그 말은 알파벳을 써서 B초B쪤라고 표기되었다. 하지만 나는 그럭저럭 장의 말을 이해했다. 일부 여성들이 임신 중에 정밀 검사를 받으러 가서 태아가 여아라는 사실을 알면 낙태한다는 말이었다.

내게는 유레카를 외칠 만한 순간이었다. 나는 시간을 빨리 돌려 유치원의 남자아이들이 자라면 중국에 어떤 의미가 될 것인지 생각해보았다. 그리고 이 문제를 조사하다 보니 인도, 아제르바이잔, 베트남, 한국, 알바니아에서도 남자아이들이 급증하고 있음을 알게 되었다. 하지만 나는 성비 불균형이 지속될 수 있으리라고는 생각하지 못했다. 초음파 기술이 새롭기는 했지만 당시의 많은 사람과 마찬가지로 나도 성별 선택처럼 어리석은 목적으로 초음파를 사용하는 현상은 일시적인 일이라고 생각했다. 성차별주의의 마지막 예가 추악한 머리를 들고 있다고 생각한 것이다.

여성보다 수천만 명이나 더 많은 남성이 사회에 미치는 영향에 대해 숙고하기 시작한 것은 4년이 지나 기자로 중국에 간 뒤였다. 유치원에서 본 광경이 거듭 반복되었다. 한번은 학교에 설치 중인 태양열 난방 시스템에 관한 글을 쓰기 위해 산둥성에 있는 작은 도시에 갔는데 그곳에서도 웃고 있는 남학생들로 가득 찬 교실을 보게 되었다. 나는 태양열발전에 관한 기사를 포기하고 학생들의 성비에 대해 교사를 인터뷰하고 싶은 유혹을 느꼈다. 내 어머니의 아이이자 홍유의 아이였던 나는 그 현상을 이해할 수 없었다. 하지만 하늘이 처지고 있는 것은 분명했다.

인구통계학자들은 출생아를 처음 헤아리기 시작했을 때부터 여아 100명당 평균 105명의 남아가 태어난다는 것을 알아차렸다. 이는 인간의 자연적인 출생 성비로, 특정 환경에 따라 그리고 지역별로 조금씩 차이가 날 수 있다. 전쟁 뒤에는 남아가 더 많이 태어나며 이유는 알 수 없지만 적도 부근에서는 여아가 더 많이 태어난다.[1]

그렇다면 인구는 처음부터 남성이 더 많았을까? 사실 그 반대다. 남아가 더 많이 태어나는 것은 남성이 어릴 때 사망할 가능성이 더 높다는 사실을 보충하는 일종의 균형 맞추기다. 1741년, 독일의 통계학자 요한 페터 쉬스밀히는 가외 5퍼센트의 남자 아기들이 "소년들의 무모함, 탈진, 위험한 작업, 전쟁, 항해, 이민 때문에 일어나는 남성의 높은 손실을 보충하여 성별 간의 균형을 유지함으로써 모든 사람이 적당한 결혼 시기에 배우자를 찾을 수 있다"라고 말했다.[2] 오늘날 남성들은 항해나 탈진, 혹은 이주로 사망할 가능성이 낮지만 여전히 전 세계 군인의 대다수가 남성이다. 또한 남성은 흡연(많은 나라에서 남성들의 기호품이다)이나 헬멧을 쓰지 않고 오토바이를 타는 등의 위험에 더 많이 노출된다. 남아가 여아보다 더 많이 태어나는 것은 요절하는 남성이 여성보다 많기 때문이다.

목사이기도 했던 쉬스밀히는 지적 설계론의 초기 지지자였다. 그는 이러한 자연적인 억제가 세심한 창조주의 작품이라는 결론을 내렸다(쉬스밀히가 자신의 이론을 제시한 책의 제목은 '인구학에서 도출된 신의 질서The Divine Order as Derived from Demography'였다).[3] 한 세기 뒤에 찰스 다윈은 성비를 연구하면서 균형 잡힌 남성과 여성의 수가 진화와 관련 있다는 사실을 직관적으로 깨달았다. 그는 인구 동향이 동물 세계에서 발견되는 동향과 비슷하다고 언급하고는, 쉬스밀히가 제시한 남성의 요절 원인에 동물을 관찰해서 얻은 요인 하나를 추가했다. 즉 수컷은 "열심히 암컷을 구하러 다니면서 다양한 위험에 노출된다". 그렇다면 의문이 생긴다. 많은 종에서 짝을 얻기 위해 벌어지는 치열한 싸움의 목적은 무엇일까? 다윈이 『인간의 유래 The Descent of Man』에서 쓴 것처럼 "암컷을 소유하기 위해 수컷 두 마리가 싸우거나 수컷 새 여러 마리가 암컷 무리 앞에서 멋진 깃털을 과시하거나 색다르고 익살스러운 행동을 하는 것"을 보면 격렬한 진화 경쟁이 일어나고 있음이 분명하다.[4] 이런 경쟁은 아마도 공작의 꽁지에서 가장 분명히 나타날 것이다. 일반적으로 성비가 편향되었다면 화려한 꽁지가 이해가 된다. 즉 암컷 공작이 부족하다면 수컷 공작의 화려한 장식은 유전자를 물려줄 기회를 높이기 위해 여러 세대에 걸쳐 발달시킨 특징으로 설명된다. 반면 균형 잡힌 성비는 가장 추하고 초라한 수컷 공작도 암컷을 찾을 희망이 있음을 뜻한다.

하지만 박물학자 다윈은 농부, 목동, 생물학자 들과 광범위한 서신 교환을 한 끝에(다윈은 영국 경주마들의 성비까지 성실하게 기록했다) 대부분의 종이 실제로 성비의 균형을 이룬다고 판단했다. "가능한 한 폭넓게 성별 비율을 조사한 뒤 나는 일반적으로 커다란 수적 불균형이 존재하지 않는다고 믿게 되었다."[5]

다윈은 성비 균형과 자신이 주창한 자연선택설을 어떻게 조화시킬지에 대해 『인간의 유래』 초판에서 해답에 접근했다가 제2판에서 이를 철회하는 등 오락가락했다. 다윈은 "전체적인 문제가 너무 복잡해서 미래에 해답이 나오도록 놔두는 편이 안전하다고 생각된다"라고 기록했다.[6] 하지만 아무튼 그는 균형 잡힌 성비가 종의 생존에 중요하다고 추정했다.

1930년에 영국의 과학자 로널드 A. 피셔가 다윈이 설명하지 못했던 현상을 설명하는 데 성공한다. 피셔의 이론은 다음과 같이 인간에게도 적용될 수 있다. 즉 남성이 덜 태어나면 남성이 여성보다 짝을 구할 가능성이 높아진다. 따라서 아들을 낳는 유전적 성향을 가진 사람이 자신의 유전자를 물려주는 데 유리해진다. 더 간단히 말하자면 아들을 가진 부모가 딸을 가진 부모보다 더 많은 손자를 가진다는 뜻이다. 그러나 전체적인 성비가 평형 상태에 다가가면서 아들을 낳는 이점이 사라지고 출생 성비가 균형을 이룬다. (유감스럽게도 이런 원리는 오늘날 아시아에서 볼 수 있는 편향된 성비에서는 작용하지 않는다.) 피셔는 "부적합한" 사람들을 불임으로 만들어야 한다고 믿는 열렬한 우생학자기도 해서, 존 메이너드 케인스와 함께 케임브리지 대학 우생학회의 창립 회원이었다.[7] 하지만 그는 성비가 자연적으로 균형을 이루어야 한다는 개념을 진화생물학에 새겨놓았다. 오늘날 1 대 1의 성비는 '피셔 성비Fisherian'라고 불린다.

현재 대부분의 종에서는 균형 잡힌 성비가 바람직한 것으로 여겨진다. 종 보호 작업의 초점이 종종 암컷의 수를 늘리는 데 맞추어질 정도다. 이는 새끼를 낳는 쪽이 암컷이기 때문만은 아니다. 몇 년 동안 새끼를 기르는 포유류의 세계에서, 편향된 성비는 금세 통제 불가능하게 바뀔 수도 있다. 암컷이 부족하면 수컷이 자신의 유전자를 물려줄 기회를 최대화하기 위해 암컷의 새끼를 죽여 의도치 않게 그 종의 멸종을 가속화할 수 있다. 2009년 프랑스 피레네산맥에 사는 한 불곰 집단의 성비가 수컷 쪽으로 기울어지자 환경보호 활동가들은 수컷들을 잠재적인 짝에 더 가까이 데려다주는 재배치 프로그램을 추진했다. 어느 과학자의 말대로 "수컷 곰들에게는 암컷이 더 필요하다".[8]

하지만 우리는 우리 자신의 종에 대해서는 신경을 덜 쓴다. 진화가 성비의 균형을 조장하기는 하지만 우리의 커다란 뇌는 항상 여기에 역행했다. 생식을 시작한 이래로 인간은 항상 생식을 제어하는 방법을 찾았다.

고대 그리스인들은 출산에 있어 남성의 고환이 특정한 역할을 한다고 믿었다. 왼쪽 고환은 딸을, 오른쪽 고환은 아들을 낳게 한다는 것이다. 아리스토텔레스는 아들을 낳고 싶으면 성관계 중에 왼쪽 고환을 묶어야 한다는 논리적이지만 고통스러운 결론을 내렸다. 18세기가 거의 끝나갈 무렵까지 유럽의 남성들은 이 생각을 따랐다. 어떤 남성들은 왼쪽 생식선을 아예 자르기까지 했다.[9] 하지만 아리스토텔레스는 아기의 성별이 수많은 다른 요인에 의해서도 결정된다고 믿었다. 그는 여성들이 "남성적으로 생각"하려고 노력함으로써 고통스러워하는 남편들을 도와야 한다고 충고했다.[10] 그리고 농부들과의 인터뷰에 근거해 가축은 "남풍이 아니라 북풍이 불 때 짝짓기를 하면 수컷이 더 많이 태어난다"라고 말했다.[11]

성별 제어를 위한 복잡한 처방을 제시한 사람은 그리스인 외에도 있었다. 탈무드는 남성들에게 아들을 낳고 싶으면 아내가 먼저 오르가슴에 이르게 하라고 충고했다. 임신 횟수는 늘지만 아마도 성비에는 거의 영향을 미치지 않았을 충고였다.[12] 그리고 인도의 아유르베다* 교본들은 태아가 모체의 자궁에 착상한 뒤 성별을 조작하는 방법을 간략히 기술했다.[13]

하지만 우리가 태아의 성별을 확실히 제어할 수 있었던 것은 지난 50여 년 동안뿐이었다. 새로운 능력을 갖추면서 다윈의 연구에 대한 재검토가 필요해졌다. 진화의 가장 근본적인 균형 중 하나를 손본다는 것이 어떤 의미일까? 불곰들을 교란시킨 요인이 인간에게는 영향을 미치지 않으리라는 가정은 오만이 아닌가? 우리는 지금도 출생 성비를 근본적으로 바꾸었을 때 진화에 어떤 영향을 미치는지 알지 못한다. 하지만 역사를 대충만 훑어봐도 우리가 제대로 이해하지 못하는 문제에 손대는 것이 결코 좋은 생각이 아님은 분명하다.[14]

우리는 지금 불곰들이 자신의 종에 할 수 있는 것보다 우리의 종을 더 엉망으로 만들고 있다. 이 책을 구상하기 시작할 무렵 나는 앞으로 부모들과 인구통계학자들, 그리고 어쩌면 정부 관료 몇 명과 이야기를 나누게 될 거라고 생각했다. 이 여행에서 매춘부들, 불법으로 팔려 간 아내들, 우편 주문된 신부들, 총기 애호가들, 공격적인 애국주의자들, '분노 표출 바' 같은 어느 파이트 클럽의 주인, 유전학자들, 에이즈 연구원들을 만나게 될 거라고는 결코 생각하지 않았다. 시간을 거슬러 미국의 거친 서부 시대로 되돌아가고 현재 과학소

• 힌두 전통 의술. _옮긴이

설 팬들을 사로잡고 있는 2047년의 인도로 날아가게 될지 몰랐다. 나는 여성 대부분이 팔려 가는 가난한 나라의 마을이나 여성 대부분이 팔려 온 신부들인 부유한 나라의 마을을 상상도 하지 못했다. 여성의 급격한 감소가 인류에 좋지 않을 수 있다고 어렴풋하게 짐작했을 뿐이다. 그리고 그 점에서 슬프게도 내 생각이 옳다고 입증되었다.

다른 가정에서는 내가 틀렸다. 나는 중국에서 성비가 눈에 띄게 편향된 구역을 연이어 방문하며 성비 불균형에 대해 기록하기 시작했다. 태어나는 남아 대 여아의 비율이 3 대 2에 이르는 장쑤성의 구석진 지역이었다. 세 번에 걸쳐 그 지역을 방문한 뒤 상하이로 돌아와 그 주제와 관련해 구할 수 있는 모든 자료를 읽었다. 나는 《버지니아 쿼털리 리뷰 Virginia Quarterly Review》에서 장문의 기사를 배정받은 상태였다. 《버지니아 쿼털리 리뷰》는 편집자들이 필자에게 보기 드물 정도의 자유를 주는 작은 문예지다. 글을 쓰기 위해 앉았을 때, 나는 성차별, 그리고 중국이 발전하면서 성차별이 어떻게 지속되었는지에 관해 기사를 쓰기로 결정했다. 이것은 나만의 편견이 아니었다. 과학 전문 기자로서 나는 데이터에 의존하곤 하는데 모든 보고서가 그렇게 말했다. 또한 내가 인터뷰한 부모들이 말한 것이기도 했다.

그 기사는 19쪽에 걸쳐 실렸다. 하지만 기사를 끝냈을 때 막연하게 미진하다는 느낌이 들었다. 나는 일부 사람들이 말하는 것처럼 왜 중국에서 여아들이 '사라지고' 있는지 아직 완전히 이해하지 못했다. 내가 길러진 방식과 몇 년 동안 중국에서 지내며 목격한 여성의 발전은 견고한 차별이 진행되고 있다는 개념과 상충했다. 가장 근본적인 단계에서 남성과 여성이 더는 평등하지 않다는 것을 인정했을 때도 내 마음 어딘가에는 어머니가 설명한 평등에 관한 말들이 계속 남아 있었다. 내가 읽은 어떤 보고서들은 사라진 여아의 원인을 한 자녀 정책, 즉 중국의 부모들이 아이를 낳을 기회가 한 번밖에 없는 상황에서 혈통을 잇기 원한다는 사실에서 찾았다. 그런 설명도 어느 정도 일리가 있었다. 그러나 한 자녀 정책은 왜 알바니아나 아제르바이잔에서 여아들이 사라지고 있는지는 설명하지 못했다. 기사가 더욱 야심 찬 작업으로 확장되면서 나는 성차별에 기초한 설명에 매달렸다. 내가 생각한 유일한 설명이었기 때문이다. 나는 이 책의 제안서에 "더 많은 부부가 딸을 낳도록 설득하는 가장 좋은 방법은 교육과 경력 향상 기회를 높여 여성의 지위를 개선하는 것"이라고 썼다.

내가 읽어온 보고서들이 틀렸음을 깨달은 것은 인도를 여행하던 도중이었다. 인도에서 만난 두 사람(산부인과 의사와 보건 전문 활동가)은 내게 아주 다른 이야기를 들려주었다. 그들은 현재 아시아와 유럽의 일부 지역을 휩쓸고 있는 성비 불균형을 서구의 엘리트 기구들과 연결시켰다.

나는 처음에는 회의적이었다. 성비 불균형에 관해 글을 쓴 기자들, 인구통계학자들, 다양한 활동가들이 어떻게 그처럼 중요한 관련성을 빠뜨렸을까? 하지만 기록들을 잠깐 읽어보는 것만으로 나는 금세 불신에서 벗어났다. 이렇게 해서 이 책은 누군가가 계속 숨기고 싶어 하는 정보에 관해, 큰 그림에만 초점을 맞추어 잘못된 판단을 내린 이론가들과 편협한 시야의 과학자들에 관해, 인구와 기술과 낙태에 관해 다루게 되었다.

낙태와 관련해 마지막으로 한마디 덧붙이자면 모든 성별 선택이 낙태를 포함하지는 않는다. 부모들은 체외수정이나 인공수정을 이용한 정교한 기술들로 배아 단계에서, 심지어 수정 전에 아기의 성별을 제어할 수 있다. 하지만 미국 외에는 이런 기술들이 아직 초기 단계다. 현재 개발도상국들에서는 낙태가 주를 이룬다. 아직까지는.

낙태는 또한 미국에서 오랫동안 고심한 문제기도 하다. 이런 내력이 중국이나 인도에서 일어나는 일들에 대한 미국인들의 관심에 영향을 미쳐서는 안 되지만 유감스럽게도 실정은 그러하다. 나는 어머니의 불가지론을 물려받았지만 이 책을 쓰면서 몇 번이고 거듭해서 뜻밖의 정치적 영역으로 들어가곤 했다. 때때로 우익 종교 웹사이트를 정독하고 낙태 반대 활동가들의 의견에 동의했으며 음성 메일 메시지가 "신의 축복이 있기를"로 끝나는 홍보 관계자와 의견을 주고받았다. 또한 내가 한때 사실이라고 믿은 의견을 주장하는 단체들이 내놓은 기만적인 보고서에 당황하여 고개를 절레절레 저었고 미국의 국내 정책 때문에 세계 인구의 상당 부분을 형성하는 매우 중요한 문제에 조치를 취하지 못하는 데 실망했다. 이와 관련해서는 좌익과 우익 모두에게 책임이 있다.

나는 낙태 논쟁의 민감한 쟁점들을 이해할 수 없었다. 생명은 언제 시작되는가? 생명이란 무엇을 의미하는가? 심장박동? 의학적 도움을 받아 자궁 밖에서 생존할 수 있는 능력? 혹은 기술의 도움 없이 자궁 밖에서 생존할 수 있는 능력(지금은 완전히 다른 문제가 되어버렸다)을 말할까? 이 질문들이 답이 없는 채로 늘 떠올랐고 글을 쓰면서 그 질문들은 더욱 혼란스러워졌다. 내가 아는 사실들은 확실한 노선을 지지하기에는 너무나 미묘했다. 수정란은 6개월 된 태아와 다르고 6개월 된 태아는 아이와 다르다. 그리고 어떤 어머니라도 그 사이에 많은 단계적 변화가 있다고 말할 것이다. 처음에 입덧이 찾아오고 태동이 시작되고 태아가 딸꾹질을 한다.

나는 생명이 언제 시작되는지 추측하려 하지 않기 때문에 이 책은 죽음과 살해에 관한 책이 아니다. 내가 인터뷰한 사람들 중 일부가 그런 용어들을 사용하기는 했지만 나는 유아 살해나 특정 성별에 대한 대량 학살 혹은 집단 학살에 관해 이야기하지 않는다. 그러나 나는 태아 발달의 단계적 변화와 생명이 형성되는 과정이 무시되어야 한다고는 믿지 않는다. 성별 선택이 확산되는 것은 이런 변화와 과정 들이 존재하기 때문이다. 갓 태어난 딸을 결코 죽이지 않을 여성도 성별 때문에 낙태를 할 수 있고, 선택적으로 낙태를 하지 않을 여성도 배아나 분류된 정자를 제거하는 문제라면 다르게 느낄 수 있다. 하지만 결국 이 책은 생명과 죽음에 관한 책이 아니라 생명이 될 '가능성'에 관한 책이다. 그리고 사면초가에 처한 우리 종을 영속시킬 책임이 있는 바로 그 집단에게 그 가능성을 부정하는 책이다.

I부
누구나 아들을 가진 세상

1장

인구통계학자들의 입장

1억 6천만 명의 사라진 여성들

> 흔히들 여성이 세계 인구의 과반수를 이룬다고 말한다.
> 하지만 실상은 그렇지 않다.
> —아마르티아 센[1]

경력을 쌓던 중반쯤에 크리스토프 길모토는 아이의 수 대신 남자아이의 수를 세기 시작했다. 수학자의 숫자에 대한 사랑과 인류학자의 세부 사항에 대한 집착을 두루 갖춘 인구통계학자 길모토는 1980년대 파리에서 대학원을 다녔다. 1980년대는 아이가 참으로 유일하게 중요한 문제였던 시절이다. 18세기에 토머스 맬서스가 기하급수적인 인구 증가를 예측하면서부터 발달한 인구통계학 분야는, 『인구 폭탄The Population Bomb』 같은 책이 대중의 상상력을 사로잡은 1970년대까지 출생률 수치와 총인구수 계산에만 초점을 맞추었다. 길모토가 박사과정을 밟기 시작할 무렵 전 세계적으로 출생률이 떨어지기 시작했지만, 많은 개발도상국의 인구는 여전히 증가하고 있었고 인구 과잉이 심각한 위협이라는 생각은 쉽게 바뀌지 않았다. 많은 동시대인과 마찬가지로 길모토는 출생률 감소와 한 국가의 출생률 저하에 결정적인 역할을 했다고 입증된 요인들의 단서를 찾는 데 집중했다. 그가 논문 연구를 수행한 인도 남서부의 타밀나두주는 소득 수준은 지속적으로 낮으면서도 출생률이 유럽 수준으로 떨어진 지역이었다. 길모토는 졸업 후 학자로 활동할 때도 타밀나두를 자주 방문했다. 1998년에는 남인도 출생률 프로젝트를 이끌었는데, 이는 타밀나두와 주변 주들에서 거둔 성공을 기록하기 위한 공식적인 작업이었다.2) 하지만 인도에서 일하는 동안 그는 인구학의 흐름이 크게 바뀌었음을 깨달았다. 사람들이 단순히 아이를 덜 낳는 것이 아니었다. 정확히 말하면 여아를 덜 낳고 있었다. 인구 증가 속도의 둔화는 부분적으로 여아의 숫자가 줄어들었기 때문이었다.

길모토가 무언가 잘못됐음을 처음 눈치 챈 것은 1992년에 단기 연구 프로젝트를 위해 타밀나두에서 마을 간호사들을 인터뷰하면서였다. 눈과 눈 사이가 먼 생김새에 다부진 프랑스 남자가 타밀나두에서 빠른 속도로 질문을 줄줄이 늘어놓는 모습은 분명 괴상해 보였을 것이다. 하지만 길모토가 그 지역의 인구학적 역사를 이해하고 싶다고 설명하자 간호사들은 솔직하고 숨김없이 이야기했다. 몇 명은 마을 사람들이 딸이 태어나면 출산 직후 죽이기까지 한다는 이야기도 상세하게 들려주었다. 길모토는 충격을 받았다. 인구통계학자로서 그는 역사의 다양한 시점에서 사람들이 영아 살해를 저질렀다는 것을 잘 알고 있었다. 하지만 그런 행위는 대부분의 문화에서 20세기 초에 사라졌다. 그는 여아 살해가 얼마나 만연했는지 밝히는 것을 개인적인 과제로 삼았다. 나중에 고아원을 방문했을 때, 인도에 산 지 오래되어 프랑스어를 잊어버린 나이 든 프랑스인 자원봉사자를 만났다. 그 여성은 타밀어와 프랑스어를 섞어 이야기하면서 그 지역에서 버려진 아기의 대부분이 여아라고 설명했다. "보세요, 이 고아원에 있는 아이들은 대부분 여자아이들이잖아요. 어떻게 생각하세요?"

이 만남은 길모토에게 깊은 인상을 남겼다. 세기가 바뀔 무렵 인도의 인구조사에서 여아 100명당 남아 111명이 태어났다는 결과가 나오자[3] 길모토는 그 여자아이들을 떠올렸다. 처음에는 마을 간호사들과 고아원 자원봉사자들의 경험이 남아와 여아 출산 수의 차이를 설명하는 데 도움이 되었고 실제로 많은 외국 언론이 인도의 여아 부족 현상을 영아 살해와 유기 때문이라고 보도했다. 하지만 길모토는 이 문제를 조사하면서 그런 원인들은 작은 부분에 불과함을 알게 되었다. 길모토가 현장 조사를 했던 타밀나두의 시골 외곽 지역 말고는 인도인들이 영아를 살해하는 경우는 드물었다. 길모토는 "모든 사람이 영아 살해에 관해 이야기했다. 좀 더 감정적인 무게가 실리기 때문이다"라고 회상한다. "하지만 실제로 영아 살해는 거의 존재하지 않았다." 타밀나두는 사실 여아가 살아남을 가능성이 높은 주 가운데 하나였다. 반면 인도의 곡창지대라 여겨지는 부유한 북서부 지역은 출생 성비가 여아 100명당 남아 126명으로 보고되었다.[4] 길모토는 성비 불균형의 진짜 원인이 임신부들에게 널리 알려진 저렴한 성 감별법(초음파)을 이용해서 여아를 낙태시키기 때문임을 곧 알게 되었다.

걱정스러운 점은 이런 일들이 기술과 관련 있다는 것이었다. 인도의 편향된 출생 성비가 후진적인 전통 때문이 아니라 경제 발전의 결과물이라는 의미기 때문이다. 게다가 최근 성비 불균형이 진전된 국가는 인도만이 아니었다. 출생률에서 출생 성비로 초점을 확장한 길모토는 다른 몇몇 아시아 국가들의 출생 성비가 생물학적 상한선인 여아 100명당 남아 106명을 넘어섰음을 발견했다(100명당 105가 자연 출생 성비지만 104~106은 용납 가능한 수치다). 1980년대에 한국, 타이완, 싱가포르의 일부 지역이 출생 성비가 109를 넘겼다고 신고했고[5] 중국은 120이라고 보고했다(이후 중국은 121, 인도는 112로 두 국가 모두 수치가 상승했다).[6] 길모토는 자신이 "걷잡을 수 없는 인구학적 남성화"라고 부르는 현상을 인간이 만들어내고 있음을 인식했다. 이 현상은 미래 세대에게 심각한 영향을 미칠 수 있는 변화였다.[7] 길모토는 "이 현상을 대변혁이라고 보지 않기란 매우 어렵다"라고 말했다. 몇 년 내에 그런 대변혁이 서아시아와 동유럽에 퍼질 것이었다.

하지만 이런 불길한 생물학적 변화를 가장 중요하게 다루어야 할 분야들에서 정작 이 문제가 빠져 있다는 점이 눈에 띈다. 세계의 성별 문제에 관한 보고서들은 여성의 상태에 관해서는 방대하고 상세하게 다루면서, 여성 구성원이 줄어들고 있다는 명백한 사실은 간과한 채 성비 불균형 문제를 완전히 생략했다. 개발도상국의 인구 계획에 자금을 지원하는 유엔인구기금UNFPA은 이 문제에 대해서는 대체로 침묵을 지켰다. 성비 불균형 문제는 성과 생식에 관한 권리를 주창하는 기관들의 관심이나 주요 자선단체의 자금 지원을 받지 못했다. 아시아의 몇몇 열정적인 의사와 보건 관련 종사자 들을 제외하면 이 문제를 주장하는 사람도 없었다.

이제 파리에 있는 개발연구소IRD의 선임 연구원이 된 길모토는 지난 몇 년간 사람들에게 성비 불균형의 심각성을 알려 그 빈틈을 채우기 위해 노력했다. 2005년에 길모토는 아시아에서 과거 몇십 년 동안 자연 출생 성비인 100 대 105가 유지되었다면 이 대륙에는 1억 6,300만 명의 여성이 더 살고 있을 것이라고 산출했다.[8] 즉 초음파와 낙태의 조합이 아시아에서만 1억 6천만 명이 넘는 잠재적인 여성과 소녀의 목숨을 앗아간 것이다. 길모토는 이 문제를 연구한 몇 년 동안 새로운 지역들에 경제 발전이 이루어지면서, 예상치 못한 지역에서 갑자기 출생 성비 불균형 현상이 나타났음을 알아차렸다. 그럼에도 유엔의 인구학자들에게 주어진 다른 압력들 때문에 유엔인구국은 지금부터 20, 30, 50년 동안 지구에 거주할 남성과 여성의 수를 예상하면서 출생 성비가 사상 최고 수준에 이르렀다고 추정했다.[9]•
길모토는 그런 예측들은 우리가 가고 있는 방향에 낙관적인 전망을 제시하므로 위험하다고 믿는다. 길모토에게 성비 불균형은 인구학자들이 과도기적 현상이라고 부르는 현상과 비슷하다. 즉 그것은 한 국가가 발전하면서 거쳐야 하는 단계로, 그 현상이 영원히 지속되지 않는다는 의미다. 하지만 아시아와 동유럽 국가들은 빠른 속도로 발전하고 있고 더 많은 나라가 경제성장을 이루기 직전이다. 향후 몇 년 동안 전 세계의 수백만 가정이 중산층에 진입할 것이고 평준화 과정에서 세계의 성비 불균형은 크게 악화될 것이다.

만약 미국 인구에서 1억 6천만 명의 여성이 사라진다면 당신은 이를 알아차릴 수 있을 것이다. 1억 6천만 명은 미국의 전체 여성 인구수를 넘기 때문이다.[10]•• 미국의 여성이 모두 몰살당했다고 상상해보라. 한 나라의 쇼핑몰과 슈퍼마켓, 고속도로, 병원, 회의실과 교

- • 여성의 수가 줄어들면 출산 수가 줄어들기 때문에 세계 인구 예측에 편향된 출생 성비를 반영할 경우 25~50년간 총인구수가 낮게 추산되며, 당연히 유엔인구국 관료들은 총인구수가 과소평가되는 것을 경계한다.
- •• 2010년 7월 미국의 총인구는 3억 1천만 명이었으며 그중 여성은 1억 6천만 명이 안 된다.

실이 남자로만 채워져 있다고 상상해보라. 통근 버스나 지하철, 차를 그려본 뒤 당신 옆의 여성들을 지워보라. 아내와 딸을 지워보라. 혹은 당신 자신을 지워보라. 이렇게 상상하면 문제가 더 잘 와 닿을 것이다.

하지만 사라진 것은 북아메리카의 여성이 아니다. 아시아와 동유럽에서 여성이 사라졌다. 성비 불균형 문제가 주로 해외 단신 형태로 알려지는 것은 이 때문이다. 성비 불균형은 지역 문제, 다른 나라들에서 일어난 일로만 취급되었다. 하지만 이것은 지역 문제가 아니다. 중국과 인도 인구수의 합은 전 세계 인구의 3분의 1을 차지한다.[11] 두 나라의 한쪽으로 치우친 출생아 수는 이미 전 세계의 출생 성비 불균형을 초래했다. 세계의 출생 성비가 105에서 생물학적으로 불가능한 수치인 107로 상승한 것이다.[12] 성별 선택은 문화, 국적, 신념과 상관없이 벌어지고 있다. 성비 불균형은 여아 출산을 피할 정도로 가부장적인 사회라고 할 수 없는 베트남에서도 발생했다. 이런 문제가 일어날 것이라고 아무도 생각조차 하지 않았던 캅카스(코카서스) 지역 국가들(아제르바이잔, 그루지야, 아르메니아) 역시 마찬가지다. 이탈리아에서 배를 타면 금방 닿을 만큼 가깝고 전쟁으로 피폐해진 발칸반도에도 성비 불균형 현상이 일어났다. 모두 합하면 인류 역사상 추종을 불허하는 남아와 여아의 출산 수 차이가 나온다.[13] 초강대국의 금융 위기가 남의 일이 아니고 이웃 나라에서 발발한 전쟁도 남의 일이 아니듯 성비 불균형 문제 역시 남의 일이 아니다. 조만간 이 문제는 당신에게 영향을 미칠 것이다.

남성이 여성보다 많은 오늘날의 젊은 세대(XY세대라고 부르자)가 소수일 뿐이라면 성비 불균형 문제는 쉽게 묵살할 수 있을 것이다.

부족한 여성의 수를 나중에 보충할 수 있기 때문이다. 하지만 여성 수의 감소는 세계적인 출생률 감소와 병행되었기 때문에 앞으로 수십 년 동안 많은 개발도상국에서 이 세대는 가장 큰 영향력을 발휘할 세대일 것이다.[14] 오늘날 중국과 인도에서는 잠재적인 예비 엄마의 수가 줄어들었고 앞으로는 딸들이 더 줄어들 것이다. 중국의 성비 불균형을 연구한 브루킹스연구소의 인구통계학자 왕펑은 이 현상을 "이중고"라고 부른다.[15] 한편 이제 길모토는 사람들에게 충격을 주어 행동을 촉구하기 위해 어두운 전망들을 알리고 있다. 부부들이 곧 남아와 여아를 같은 수로 낳기 시작할 것(가능성이 아주 적은 변화긴 하지만)이라고 추정한 유엔의 보수적인 인구 예측을 이용해도 세계 남성과 여성의 불균형이 회복되려면 2050년은 되어야 할 것이다.[16]

발전이란 이런 모습이어서는 안 된다. 여성의 상황에 관해 연구하는 동안 사회과학자들은 국가가 부유해질수록 여성의 지위가 향상된다는 것을 늘 당연하게 여겼다. 경제성장은 더 많은 여아가 학교에 가고 그 여아들이 자라면 다양한 분야에서 직업을 구할 기회를 얻는다는 것을 의미한다. 경제성장은 의료 기술이 발전해 출산 중 목숨을 잃는 여성의 수가 줄어든다는 것을 의미한다. 또한 여성이 피임을 함으로써 적은 수의 자녀를 낳고 집 밖에서 일하는 시간이 늘어난다는 것을 의미한다. 많은 나라가 이 경우에 해당된다.

경제 발전과 여성 발전 간의 관계가 너무나 신성시되어 아시아에서 성 감별이 확산되는 동안 개발도상국의 학자들은 이를 인식하지 못했다. 심지어 저렴한 초음파 기계가 도입되는 것을 보았을 때도 많은 학자는 태아 성 감별 낙태의 영향을 대수롭지 않게 보았고 나라가 부유해질수록 그런 행태가 사라질 것이라 생각했다. 서울에 있는 한국여성개발원의 사회학자 변화순은 1980년대에 한국에서 성별 선택이 성행할 때 이 문제가 지닌 위협이 먼 나라 얘기라고 생각했노라 고백했다. "나는 교육받은 여성이라면 여아를 선호할 것이라고 추정했다. 내 경우가 일반적이라고 생각한 것이다. 나는 서툰 사회학자였다." 한국은 1996년에 엘리트 국가들의 단체인 경제협력개발기구 OECD에 가입할 때까지 편향된 출생 성비를 쭉 유지했다.[17]

1990년, 노벨상을 수상한 경제학자 아마르티아 센이 《뉴욕 리뷰 오브 북스》에 「1억 명이 넘는 여성이 사라지고 있다More Than 100 Million Women Are Missing」라는 논문을 게재하면서 학자들의 생각이 바뀌기 시작했다. 센은 사회과학 이론이 학자들에게 도움이 되지 않았다고 썼다. 아시아를 휩쓴 경제 발전에도 불구하고 원原수치들로 볼 때 여성과 여아의 상황은 이전보다 더 나빠졌다. 센은 "경제 발전에는 여성 생존율의 상대적인 악화가 동반되는 경우가 매우 흔하다"라고 명시했다. 이는 "오늘날 전 세계가 직면하고 있는 중대하지만 방치된 문제 중 하나"다.[18]

센은 1억 명의 여성이 사라지고 있는 이유를 충분히 설명하지 않았지만, 불균형을 지적함으로써 충격을 주었다.• 센의 논문은 학자들의 주의를 환기하는 동시에 당혹감을 안겨주었다. 서구의 인류학자와 사회학자 들은 자신들이 힘들게 공들인 여러 나라와 문화에서의 여성 지위에 관한 분석에서 큰 그림을 놓쳤다는 것을 알아차렸다.

• 이후의 해외 언론 보도들과 마찬가지로 센은 성비 차이를 여아 살해와 방치 탓으로 돌렸고 성 감별 낙태에 대해서는 언급하지 않았다.

인구통계학자들은 자신들이 틀린 측정 기준으로 계산하고 예측했음을 알게 되었다. 변화순 같은 현지 사회학자들은 이런 현실을 더 잘 설명할 수 있는 새로운 개발 이론을 찾으려 애썼다.

길모토가 성비 불균형 문제로 관심을 돌렸을 무렵에는 센이 언급한 사라진 여성에 대한 연구가 유행했다. 하지만 이러한 연구의 유행과 뒤이은 언론 보도는 충격적인 여성 부족 문제 뒤에 숨겨진 원인을 조명하기보다 쟁점을 더욱 흐리는 결과를 불러왔다. 인도의 여아 살해와 널리 퍼진 여아 유기에 대한 잘못된 해석은 시작일 뿐이었다. 어떤 학자들은 남아 출생 수와 여아 출생 수의 차이가 너무 크다는 것을 발견하고 여아의 출생신고가 제대로 되지 않아 나온 결과라는 결론을 내리기도 했다. 몇 년간 신뢰를 얻었던 해석에서 여성들은 사라진 것이 아니라 숨겨져 있었다. 신문에는 "중국의 인구정책에 대한 반응이 통계 기록 조작으로 나타나다", "사라진 인도 여성들을 찾아서" 같은 제목들이 등장했다.[19] 좀 더 기발한 설명을 생각해낸 학자들도 있었다. 2005년 시카고 대학의 경제학자 에밀리 오스터는 아시아인 중에 B형간염 보균자 비율이 높아 여성이 남아를 낳을 가능성을 증가시킨 점이 아마르티아 센이 말한 사라진 여성 1억 명의 거의 절반을 설명한다고 주장하는 논문을 썼다.[20] (오스터의 분석은 다른 무엇보다 출생 성비 불균형이 발생한 국가들에서 둘째 이후의 아이들에게 그 수치가 두드러지게 급증한다는 사실을 설명하지 못한다. 이는 질병 때문에 일어난 현상이라고 할 수 없다. 오스터는 나중에 자신의 연구 결과를 철회했다.)[21] 서구의 학자들은 조사를 통해 의견을 바꾸거나 설명할 수 있는 통계 수치에서 위안을 얻었다. 당시 쓰인 논문들을 읽으면, 하나의 설명을 제시한 공식이 한 지역의 마을과 병원, 교실에서 실제로 일어나는 일들을 얼마나 정확하게 표현했는지보다 공식 자체가 얼마나 정밀한지가 그 설명을 판단하는 기준이 되는 세계로 끌려 들어가는 느낌이 든다. 한편 현장의 아시아 학자들은 보통 사람들과 폭넓게 이야기를 나눈 뒤 성별 선택이 지역의 관습과 전통의 산물이라는 제한적인 결론을 내놓았다. 이들은 인도에서는 딸에게 많은 돈이 들어가는 지참금 관습을 살펴보았고 중국에서는 자녀를 한 명만 낳게 한 정책에 초점을 맞추었다. 이 정책은 부모들이 아들을 낳을 가능성이 제한되었음을 의미한다.[22] 물론 문화적·정치적 제약들도 중요하다. 하지만 이런 요인들은 성비 불균형이 왜 그렇게 많은 나라에서 동시에 발생했는지 설명하지 못했다. 이 문제에는 포괄적인 이론이 필요했다.

몇 년 동안 성비 불균형을 연구한 길모토는 한 가지 이론을 제시하기로 결정했다. 길모토는 내게 "나는 지역의 이야기들에 질렸"다고 말했다. "많은 지역에서 일반적인 남아 선호 성향을 볼 수 있고, 중요한 것은 그것이다." 사라진 여성 수가 1억 명에서 1억 6천만 명으로 급증하자 길모토는 세계를 여행하면서 정부의 통계 전문가들, 의사들과 이야기를 나누고 도시와 마을을 돌아다니며 신문 기사들을 스크랩했다. 찾을 수 있는 모든 출산 통계들을 철저히 모았다. 그리고 아시아와 유럽의 디지털 성비 지도를 작성해 위험 지역을 붉은색으로 표시한 뒤 유형을 찾기 시작했다.

길모토의 데이터는 처음에는 해답보다 의문을 더 많이 불러일으켰다. 자신이 만든 지도를 분석하려고 앉은 길모토는 일단 출생 성비가 편향된 아시아 국가들을 동아시아(중국, 타이완, 싱가포르, 베트남), 남아시아(인도, 파키스탄), 서아시아(아르메니아, 아제르바이잔, 그루지야)라는 지역 단위로 나눌 수 있었다.[23] 그 뒤로는 상황이 까다로워졌다. 성별 선택은 힌두교도들, 이슬람교도들, 기독교도들 중에서도 발생했다. 민족적·정치적 경쟁자들 사이에서도 발생했다. 경제 강국에서도, 개발의 출발점에 위치한 나라들에서도 발생했다. 만약 성차별이 매우 보편적인 현상이 아니라면, 성차별이 성비 불균형의 명백한 범인일 수 있었다. 그러나 거의 모든 문화권에서 부모들이 남아를 선호한다고 말하지만 성별 선택은 세계의 일부에서만 벌어졌다.* 이 문제를 계속 연구하던 길모토는 성비 불균형이 발생한 나라들을 연결하는 공통된 특징들을 발견했다. 첫째, 성별 선택이 벌어지는 국가들은 빠른 속도로 발전 중이고 태아 성 감별이 가능할 정도까지 의료 체계가 자리를 잡았다. 둘째, 낙태가 만연해 있었다. 중국, 베트남, 한국은 모두 유난히 높은 낙태율을 보이고 있고 피임법의 하나로 낙태에 의존하는 현상은 이전의 소비에트연방처럼 캅카스 국가들에서도 일반화되어 있었다. 마지막 공통점은 길모토가 인도에서 수행한 초기의 연구에서 도출되었다. 해당되는 대부분의 나라에서 출생률이 떨어졌다.

지난 50년 동안 아시아는 세계 역사상 어느 대륙보다 출생률이 급속하게 감소했다. 1960년대 말 일반 아시아 여성들은 5.7명의 자녀를 낳았지만 2006년에는 2.3명으로 줄어들었다.[24] 두 자녀로 낮아진 전체 출생률은 성별 선택 문제에서 하나의 전환점이 되었다. 부모들이 두 자녀 이상을 임신하게 되면 기술적인 개입 없이 운으로 아들을 낳을 가능성이 높아진다. 하지만 두 자녀를 갖는다 해도 딸만 임신할 확률이 24퍼센트다. 24퍼센트의 산모가 그마저도 성 감별을

• 남아 선호 성향은 최근까지 미국에서도 볼 수 있다.

하여 낙태를 하면 한 나라의 성비가 심각하게 기울기에 충분하다.[25] 하지만 동아시아 일부 지역에서는 부모들이 두 자녀를 낳는 경우도 드물다. 세계에서 가장 낮은 출생률을 자랑하는 한국, 일본, 타이완, 싱가포르, 홍콩, 마카오에서는 한 자녀만 낳는 경향이 있다. 아시아의 호랑이들을 지나 출생률이 낮은 국가 목록을 보면 여아들이 많이 사라진 지점들을 설명하는 것처럼 보인다. 평균적인 베트남 여성의 자녀 수는 1.9명에 불과하고 중국 여성의 평균 자녀 수는 1.5명이다. 그루지야에서는 부부 한 쌍당 1.4명의 자녀를 낳는데 이는 스위스에 바로 뒤이은 수치다. 아르메니아는 1.3명을 겨우 넘겨 목록 순위의 더 아래쪽에 위치해 있으며 총출생률이 이탈리아와 비슷하다. 아제르바이잔인은 미국인보다 자녀 수가 더 적다.[26]

성비 불균형이 발생한 나라들 내의 지역별 차이를 조사하니 더 많은 것을 이해할 수 있었다. 출생 성비를 도시별, 지역별로 나눈 뒤 수치를 교육 및 소득 수준과 비교해본 길모토는 성 감별이 도시에 살고 교육을 잘 받은 사회 계층에서 시작되었음을 발견했다. 엘리트층이 MRI 스캐너든 스마트폰이든 초음파 기계든, 신기술을 먼저 접한다. 한국에서는 선택적 낙태를 한 최초의 부모들이 서울 시민들이었고 아제르바이잔에서는 수도인 바쿠 시민들이었다.[27] 인도의 2001년도 인구조사에 따르면 전년도에 출산한 고등학교 졸업 이상의 학력을 지닌 여성들은 여아 100명당 남아 114명을 낳았다. 반면 교육을 받지 못한 여성들의 경우 출산 성비가 108을 조금 넘겼다. 물론 이 역시 편향된 수치긴 하지만 정상에 훨씬 가깝다.[28] 이런 결과는 아버지의 교육 수준과 비교해봤을 때도 유효했다. 가장의 학력이 고졸 이상인 인도 가정(인도에서는 대부분 아버지가 가장이다)이 가장이

최소의 학교 교육을 받은 가정보다 아들을 낳는 경우가 25퍼센트나 더 많았다.[29]

하지만 모든 신기술과 마찬가지로 성별 선택도 엘리트층의 전유물로만 남지 않는다. 여성들은 차를 마시면서 새로운 기술에 대해 속삭이고 이웃이 이웃을 따라 하며 중산층이 부유층을 모방한다. 그 기술이 하급 계층까지 도달했을 때쯤이면 엘리트들은 이미 다음 단계의 기술을 받아들일 준비를 하고 있다. 하지만 인간의 생식과 관련된 기술은 본질적으로 휴대전화보다 중요하고, 퍼지는 데 더 오랜 시간이 걸린다. 30년이 경과할지도 모르는데, 이는 두 세대에 지울 수 없는 흔적을 남기기에 충분한 시간이다.

길모토는 성비 불균형이 과도기에 일어나는 현상이라면 한국에서는 그 단계가 끝났다고 믿는다. 한국에서는 수십 년 동안 성별 선택이 유행했고 현재는 정상적인 출생 성비를 유지하고 있다. 중국과 인도의 부유한 지역은 성비 불균형이 절정에 달했다. 이 지역들의 출생 성비는 여전히 충격적일 정도로 높지만 약간의 하락을 보여준다.[30] 하지만 경제 개발이 뒤늦게 시작된 지역과 국가에서는 이 단계가 막 시작되었다. 예를 들어 베트남에서 성 감별 낙태를 하는 사람들은 주로 하노이와 그 주변 지역의 중상류층이다. 길모토는 이 현상이 빈곤층에도 곧 확산될 수 있다고 우려한다. 인도 남부와 동부, 중국 서부, 네팔, 방글라데시 등의 다른 지역들은 아직 정상적인 출생 성비를 유지하고 있지만 성별 선택 행위가 만연한 나라나 지역과 가까이 있다는 점에서 볼 때 성비 불균형이 발생하는 다음 지역이 될 수 있다.• '남성화'는 인구학자들이 예전에 접했던 문제가 아니다. 적어도 이 정도 규모의 문제는 아니었다. 하지만 길모토는 수치를 면밀하게 분석하고 유형을 찾다가 이 문제와 유사한 현상이 있다는 것을 알아차렸다. 사람들 사이에 확산되는 방식으로 볼 때 성비 불균형은 전염병처럼 무시무시해 보인다.

8월의 어느 찌는 듯이 무더운 날, 카페와 상점이 즐비하게 늘어선 파리 20구의 넓은 도로변에 있는 개발연구소의 사무실에서 길모토를 만났다. 화요일이었지만 대부분의 파리 시민들이 남쪽 해변으로 떠나서 연구소는 텅 비어 있었고 어두운 복도는 답답했다. 길모토는 다채로운 바틱 프린트로 장식된 작은 사무실에서 휴가 때도 쉬지 않고 일하고 있었다. 그 층에 있는 다른 사람은 수위뿐이었다. 인구통계학자와 만나거나 이야기를 나눌 때 항상 느끼는 것이지만 그날 길모토의 태도 역시 시간이 얼마 남지 않았다는 느낌을 전해주었다.

내가 도착했을 때 길모토의 컴퓨터 화면은 복잡한 스프레드시트로 가득 차 있었다. 길모토는 베트남의 출생신고 통계를 자세히 검토하며 비정상적인 점을 찾고 있었다. 북베트남의 일부 지방에서만 편향된 출생 성비가 발견되었을 뿐, 다른 지역들은 별문제가 없었다. 길모토는 이 지역들을 꼼꼼하게 살펴보고 있었다. 초기의 정책 변경이 성별 선택의 영향력을 감소시키는 것으로 드러났다. 그리고 길모토는 성비 불균형이 일찍 발견될 수 있다면 이를 정부가 받아들이고 조치를 취할지도 모른다고 믿었다. "나는 여가 시간에 데이터를 유심히 살펴봅니다." 길모토는 스프레드시트 탐독이 흔한 취미라도 되는

- 네팔의 테라이 지역 임신부들은 이미 인도에서 초음파검사를 하기 위해 국경을 넘기 시작했다.

것처럼 설명했다. 그리고 모니터에서 시선을 떼고 일어서서 나와 악수했다. "나는 어떤 언어라도 다룰 수 있어요. 최근에는 아라비아어로 된 튀니지의 데이터를 살펴보려고 노력했지요. 포기해야 했지만."

하지만 이런 노력이 늘 헛되기만 한 것은 아니다. 캅카스 지역 국가들의 성비 불균형을 발견한 것도 이런 분석을 통해서였다. 아제르바이잔, 아르메니아, 그루지야에서 사라진 여아들을 아무도 찾아볼 생각을 하지 않았다. 흑해와 카스피 해 사이의 이 작은 세 나라는 중국이나 한국보다 유럽과 공통점이 많다. 인구개발연구센터^{CEPED}의 주방으로 인터뷰 장소를 옮긴 길모토는 직접 더블 에스프레소를 만들며 캅카스 지역 국가들은 서로 간의 공통점 역시 매우 적다고 설명했다. "한 나라는 이슬람교, 한 나라는 동방정교회, 다른 한 나라는 아르메니아교회를 믿습니다. 이 국가들에는 세 개의 다른 종교 집단이 있고 서로 정기적으로 전쟁을 벌이죠." 길모토는 세 나라가 공유하는 것은 지리적 위치가 전부라고 덧붙였다.

거리 아래쪽의 국립인구통계학연구소에서 일하는 길모토의 친구 프랑스 메즐레는 구소련 국가들의 출생 및 사망 통계를 분석한 결과 캅카스 지역에서 태어난 남아와 여아의 수에 놀랄 만한 차이가 있음을 발견했다. 메즐레는 처음에는 성별 선택이 이러한 차이의 원인이 될 수 있다는 데 회의적이었다. 여아 출생 수가 낮아지기 시작한 것이 소련 붕괴 이후인데 이때는 관료주의가 약화되어 관청 기록의 수준이 낮아진 시기였다. 메즐레는 1990년대에 중국과 인도에서 발견된 높은 불균형을 알게 된 여느 학자들처럼 세 나라의 가족들이 단순히 딸의 출생신고를 하지 않은 것인지도 모른다고 추론했다.[31] 그가 내게 말했다. "현재의 데이터 수준에는 문제가 많아요. 특히 캅카스 지역의 수치가 놀라웠죠."

메즐레는 수치를 재확인하기 위해 다른 학자 두 명에게 협조를 요청했고 세 사람은 지역의 모든 자치주에 연락해 구역 수준의 기록을 수집했다. 그리고 이 수치들을 전국의 출생 성비와 비교하자 불안하게도 전국 데이터가 정확하다는 것이 드러났다. 아르메니아는 예외였는데 아르메니아에서는 실제 출생 성비가 전국 기록보다 훨씬 극단적이었다. 합계를 내면 캅카스 국가들의 성비 불균형은 중국과 인도의 상황과 맞먹는 수준이었다. 아제르바이잔의 출생 성비는 115, 그루지야는 118, 아르메니아에서는 120이라는 엄청난 수치가 나왔다.[32]

2007년 길모토가 동료와 함께 편찬한 성비 불균형에 대한 편집서 『이웃의 정원에 물 주기*Watering the Neighbour's Garden*』에 포함된 메즐레의 연구는 길모토에게도 중요했다. 메즐레의 연구 결과는 성별 선택이 종교적·민족적 유형화뿐 아니라 지역적 유형화도 뛰어넘음을 의미했다. 성별 선택은 아시아 중부, 남부, 동부에서 발생했다. 이는 인도에서 길모토가 발견한 '남성화'가 하나의 변혁으로서 세계 곳곳에 퍼지고 있다는 의미다.

메즐레의 연구가 시사하는 바에도 불구하고 길모토는 캅카스 국가들의 출생 성비가 크게 편향되어 있음을 정책 입안자들에게 알리려 노력하는 과정에서 단호한 거부와 맞닥뜨렸다. 길모토는 증거 자료들을 발표하고 나서 몇 년 뒤 뉴욕에서 열린 어느 회의에서 유엔인구기금의 아르메니아 사무소에서 일하는 통계 전문가를 만난 일을 회상했다. 길모토가 아르메니아의 편향된 출생 성비를 화제로 꺼내자 그 사람은 멍한 표정을 지었다. 길모토는 그 기억을 떠올리며 말했다. "그 사람은 이 문제에 대해 전혀 이해하지 못했어요! 그저 '매우 흥미로운 얘기로군요. 어떻게 아셨지요?'라고 묻더군요. 내가 '음, 아르메니아의 자료들을 토대로 알게 되었습니다'라고 답하자 '어, 그래요?'라고 말하고는, '아마도 우리가 그 문제에 대해 조치를 취해야겠네요'라는 식의 바보 같은 소릴 했죠. 그래서 내가 말했어요. '네, 지금이 적기라고 생각해요!'"

우리는 주방에서 길모토의 사무실로 돌아왔다. 복도에서 들려오는 진공청소기 소리가 가끔씩 대화를 방해했다. 길모토는 이야기를 계속했다. 성비 불균형이 나타난 새로운 지역이 유럽이라고 했다. 그러면서 발칸반도에서 의심되는 후보 목록을 체크했다. "알바니아에 분명 뭔가가 있어요. 분명하진 않지만 보스니아와 세르비아도 그렇고요. 아마 몬테네그로, 코소보, 마케도니아에도 뭔가가 있을 거예요."

불균형 현상이 벌어지는 새로운 지역을 파악하는 일만 해도 종일 매달려야 하는 작업일 것이다. 하지만 길모토는 다른 문제에 신경을 쓰느라 출생 통계를 살펴보는 시간이 점점 줄어들었다. 이제 길모토는 다음 몇십 년 안에 성년이 되는 수천만 명의 미혼 남성들을 염려하고 있다.

인구통계학자들은 결혼 가능한 모든 사람이 결혼을 하는 가상의 세계에서 남겨진 남성들을 '잉여 남성'이라고 부른다. 이 사람들은 독신으로 살아야 하는 운명이다. 과잉 인구인 것이다. 하지만 사실 독신 생활에 수반되는 외로움은 아시아권 국가들이 지닌 문제 중 가장 작은 문제에 불과하다. 잉여 남성들은 여성을 찾기 위해 온갖 노력을 기울였고 많은 경우 성공했다. 성비 불균형에 해당되는 첫 세대가 성장하면서 성별 선택이라는 묵시적인 생물학적 차별은 성매매,

신부 매매, 강제 결혼 등 여성에 대한 더욱 가시적인 위협들을 불러와 상황을 악화시킨다. 한국과 타이완에서는 잉여 남성들이 베트남으로 일주일간 '결혼 여행'을 떠나 아내를 구한다. 중국과 인도의 부유한 지역에서는 남성들이 불법 중개인들을 통해 가난한 지역의 여성을 산다. 이 중개인들은 여성의 동의를 구했을 수도 있고 아닐 수도 있다. 중국과 인도의 더 가난한 지역에서는 잉여 남성들이 사창가를 방문하는데, 이곳 매춘부들은 강제로 일하게 된 경우가 흔하다.

성비 불균형이 발생한 세계 다른 지역의 XY 세대가 성장함에 따라 그렇게 막된 방법들은 더는 선택 사항이 아니게 될 것이다. 중국 서부, 인도 동부, 베트남, 그루지야, 알바니아, 그리고 최근 성비 불균형이 나타났거나 곧 닥칠 것으로 보이는 다른 나라들은 여성을 수입할 수 없을 것이다. 가까운 미래의 어느 지점에 여성 공급이 바닥을 드러낼 것이기 때문이다. 2010년 중국인구협회 부회장 톈쉐위안은 《차이나 데일리》에 "여성 부족 문제를 해결하기 위해 신부를 수입한다는 아이디어는 인구가 적은 국가에서는 효과가 있을 수 있지만 중국처럼 거대한 나라에서는 새 발의 피일 뿐"이라고 말했다. 마치 구입할 수 있는 외국 여성의 수가 감소하는 현상이 여성들을 데려오는 데 유일한 걸림돌인 것처럼 들린다. 이는 "현실적인 해결책이 아니다".[33]

이제 길모토는 "자기 짝을 찾으려는 이 남성들의 노력"이 남성 과잉 문제를 얼마나 악화시킬지 정확하게 산정하는 데 전념하고 있다. 길모토는 전망이 어둡다고 말한다. "다른 나라에서 아내를 구하는 방법은 오래 지속될 수 없어요. 한 성별의 아이만 낳는 것도 좋은 생각이 아니고요. 애초에 그건 꿈이에요. 나는 그 꿈을 남성 유토피

아라고 부르죠." 그는 살짝 미소 지었다. "하지만 이웃들도 같은 방법을 사용할 거라고 생각해보면 이 잘생긴 청년들은 결혼 시장에서 어려움에 직면할 거예요. 남성 과잉이 축적될 겁니다."

또한 2020년대의 아시아와 2030년대의 동유럽에서 고통을 겪을 사람은 고독한 독신 남성만은 아닐 것이다. 다른 학자들은 수천만 명의 잉여 남성이 의료에서 범죄에 이르기까지 모든 일에 미칠 영향을 추정하기 시작했다. 역사적으로 남성의 수가 여성의 수보다 상당히 많은 사회는 살기 좋은 곳이 아니다. 이런 사회는 보통 불안정하고 때로는 폭력적이다.

여기서 우리는 성비 불균형이 전염병과 비슷하다는 길모토의 주장으로 되돌아가게 된다. 성별 선택에 영향받는 사람들의 수를 생각해본다면 성별 선택은 에이즈와 비견할 만하다. 『이웃의 정원에 물 주기』의 서문에서 길모토와 동료 이자벨 아타네는 에이즈가 전 세계적으로 2,500만 명의 목숨을 앗아간 것으로 추정된다고 주장했다. 사라진 여성의 수에 비하면 일부일 뿐이다. 두 사람은 "여성 부족 문제에 대한 상대적인 관심 부족을 판단하는 데는 성비 불균형 문제와 에이즈를 비교하는 것만으로 충분하다"라고 썼다.[34)] 2008년에 HIV 바이러스와 관련해 사용된 예산은 전 세계 건강 관련 지출의 4분의 1을 차지했다.[35)] 에이즈는 전 세계 비정부기구, 정책 입안자, 학생들의 관심을 받는다. 이 문제를 다루는 유엔 기구까지 있다. 하지만 성별 선택은 대부분 드러나지 않는 문제로 남아 있다. 일이 벌어지고 난 뒤 수년 동안 출생신고 기록을 면밀하게 조사하고 있는 인구통계학자들, 그리고 여성이 부족한 사회에서 살거나 살게 될 수억 명만이 알고 있는, 더욱 만연해 있지만 훨씬 조용한 전염병으로 남아 있다.

2장
부모들의 입장
내겐 아들이 필요해요!

> 돈을 버는 데는 종종 너무 많은 대가가 필요하다.
> —랠프 월도 에머슨

쑤이닝현은 상하이와 베이징의 중간쯤인 장쑤성 북부의 화이허 계곡에 있다. 화이허 계곡은 중국의 심장부라 할 수 있는 농경 지대다. 하지만 수백 년 동안 이곳은 평범함 외에 주목할 거라곤 없는 고장이었다. 쑤이닝 주민들은 약간 맵고 짜고 단 음식을 먹으며 표준 중국어에 가까워 대부분의 외지인이 쉽게 알아들을 수 있는 방언을 사용한다. 쑤이닝 출신 중 가장 유명한 사람은 기원전 3세기에 중국 전역을 통치한 고조 황제인데, 그 역시 미천한 농부 출신이었다. 그러나 오늘날 쑤이닝은 발전하고 있다. 그것도 빠른 속도로. 당신이 중국의 경제 호황에 대해 들은 적이 있다면 아마 상하이의 기묘한 마천루들, 베이징이 2008년도 올림픽에 쓴 어마어마한 액수, 주요 도시들의 호화 쇼핑몰과 고급 자동차 대리점, 요트 클럽에 대해 알고 있을 것이다. 그러나 경제성장에는 많은 변화가 동반되며 그 영향이 지역 정서에 극단적인 영향을 미치는 쑤이닝 같은 고장에서 그런 변화는 더욱 두드러진다.

쑤이닝의 경제 호황은 주민들이 심야 버스를 타고 상하이나 주변의 부유한 도시들로 가서 마천루를 건설하거나 공장에서 일하거나 중국 신흥 부자들의 아기를 돌보는 일자리를 구하던 1990년대에 시작되었다. 이들은 몇 번 월급을 받은 뒤 고향으로 돈을 보냈고 수천 건의 송금이 모두 쑤이닝의 농업은행으로 향했다. 곧 쑤이닝의 읍과 마을 들은 사방으로 팽창했다. 수십만 명이 정착한 쑤이닝현의 현 정부 소재지는 역시 쑤이닝이라는 이름으로 불린다. 이곳에는 오랫동안 주변 밀밭과 논에서 일해 수확물을 팔아 소모품을 사는 농민들이 살고 있었다. 이제 이곳의 빈약하던 바둑판무늬 길들이 바깥쪽으로 확장되어 구획들이 그 어느 때보다 넓어졌다. 로마식 기둥과 옥상 탑으로 장식하고 정면을 분홍색으로 칠한 고층 아파트들이 불쑥불쑥 나타나 전 구역을 장악했다. 더 큰 규모의 주택단지는 주민 수천 명을 수용할 수 있다. 채소와 쌀뿐 아니라 보석류와 시계까지 파는 슈퍼마켓들이 문을 열어 폭죽을 터뜨리며 개업식을 치렀고 갑자기 한 가게 걸러 하나꼴로 부동산 중개소가 들어섰다. 그 전까지는 낯선 개념이던 생명보험 광고가 광고판에 등장했고, 수십 년 동안 호텔이라곤 동방홍東方紅, The East is Red이라 불리는 국영 시설뿐이다가 이제 쑤이닝 국제 호텔과 유에스-차이나 프렌드십 호텔이 합류했다. 한편 새로운 시장에서의 돈벌이를 노린 노련한 기업가가 '동방홍 가전'을 열었다.[1]

읍 근교에서는 공장들이 사업을 시작했다. 처음에는 중국인이 소유한 작은 공장들이었지만 쑤이닝에 안겨준 변화는 컸다. 쑤이닝 식육 가공 회사는 상자 모양의 갈색 건물을 짓고 주위를 잔디로 둘러싸 광대하고 선명한 녹색 잔디밭을 만들었다. 화학 산업이 그 뒤를 이어, 스모그가 영구적이지만 알아차리기 힘들게 땅을 뒤덮으며 내려앉았다. 얼마 뒤 주민들은 현의 경계를 지나자마자 숨쉬기가 편해진다는 걸 느끼면서 겨우 스모그의 존재를 알아차렸다. 쑤이닝의 밀밭과 논은 남아 있었지만 공장들에 길이 필요해서 정부는 한때 농부들이 읍으로 갈 때 이용하던 먼지 나는 길을 포장했다. 바둑판의 칸이 더 넓어졌다.

경기 호황은 호황을 일으킨 바로 그 사람들을 압도했다. 상하이에서 일하다 돌아온 근로자들은 복잡한 새 길과 건물 때문에 집으로 가는 길을 찾느라 애를 먹었다. 하긴 집들도 더는 그대로 남아 있지 않았다. 모든 사람이 끊임없이 집 개조에 대해 이야기했다. 남자들은 세쿼이아 담배를 피우고 여자들은 한국 드라마 같은 이국적인 새로운 매체로 옮아갔다. 10대들은 처음으로 온라인에 접속했다. 하지만 쑤이닝 주민들이 적응하지 못할 만큼 큰 변화는 없었다. 농민들은 농사를 계속 지으면서 새로 건설된 고속도로가 밀을 말리기에 좋다는 것을 알아차렸다. 늦봄에 쑤이닝에 가보면 이 새로운 건조법이 얼마나 널리 실행되고 있는지 도처에서 확인할 수 있다. 주요 도로들이 차가 아니라 햇볕에 바싹 마른 작은 낱알들이 만들어내는 거대한 원들로 뒤덮여 있다. 마치 신으로 모시는 거대한 새에게 바치는 제물같아 보인다.

이렇게 끊임없는 변화가 한창인 가운데 인구와 관련된 중요한 변화는 거의 눈에 띄지 않았다. 구역 전체나 동네로 시야를 좁혀서 살펴보아야만 분명해지는 변화였다. 국가인구계획생육위원회의 자료에 따르면 2007년에 쑤이닝의 여성들은 여아 100명당 152명의 남아를 낳았다. 하지만 시야를 좁힐 경우 쟁점은 흐려질 수 있다. 이러한 인구 변화가 쑤이닝의 경제적 변화와 동시에 일어났다는 사실을 간과할 수 있기 때문이다. 사회가 엄청난 속도로 발전하면서 여아들이 사라진 것이다. 멀리서 보면 쑤이닝은 가난해 보인다. 하지만 호황의 내부에서 보면 상황이 이보다 더 좋을 수 없다.

우핑장●은 초기에 돈을 번 사람들 중 한 명이었다. 쑤이닝 주민들은 새집을 사면서 전에 다뤄본 적이 거의 없던 가전제품들로 집을 채웠다. 곧 밤낮으로 휴대전화 두 대를 켜놓는 이 에어컨 수리공을 찾는 사람이 엄청나게 늘었다. 우핑장은 원래 재산이 얼마 없었지만 머지않아 대대로 살던 마을을 떠나 읍에 자신과 아내가 살 아파트를 빌릴 수 있을 만큼 돈을 모았다. 시멘트 블록 건물의 2층에 자리 잡은 이 아파트는 방 하나에 넓은 발코니가 딸려 있었고 아래층은 비행풍이라는 인물 사진 스튜디오였다. 우핑장은 천장에 고리를 달고 아래층 스튜디오 주인에게서 빌린 에어브러시로 착색한 캔버스 배경 막을 달아 방을 둘로 나누었다. 구름 한 점 없이 푸른 하늘을 향해 깨끗한 흰색 창이 열려 있는 풍경이었다. 그러고 나서 우핑장은 고객들에게서 중고로 사들인 기기들을 배경 막 앞에 연극의 무대장치처럼 배치했다. 완바오 냉장고, 메이디 전자레인지, 슝마오 컬러텔레비전, 그리고 핵심은 시멘트 바닥에서 거의 천장까지 닿을 만큼 키가 큰 에어컨이었다. 우핑장과 아내는 고기를 더 많이 먹기 시작했고 우

● 쑤이닝에서 인터뷰한 주민들의 이름은 모두 가명이다. 나와 이야기를 나눈 많은 부모가 중국의 한 자녀 정책이나 그 외의 가족계획 법규를 어겼기 때문이다.

핑장은 맥주를 마시기 시작했다. 우핑장은 벽 한쪽에 인청 맥주 상자를 쌓아 손님들에게 자기 집에는 항상 마실 것이 더 있다는 사실을 알렸다. 작은 오토바이도 샀다. 중산층으로 도약한 우핑장은 문화혁명 당시 마오쩌둥의 배지를 벼룩시장이나 친구에게서 사서 수집하는 작은 사치도 누렸다. 우핑장은 자신이 아들을 가질 자격이 있다고 느꼈다. "그건 운명의 문제였어요." 그는 내게 그렇게 말했다.

후계자에 대해 생각한 사람이 우핑장만은 아니다. 시내 건너편에 사는 사촌 우빙은 좀 더 소박한 성공을 누리고 있었다. 우빙은 상하이와 난징에서 이주 근로자로 일한 뒤 역시 읍내에 아파트를 빌렸다. 초등학교 근처의 복잡한 길들 사이에 세워진 아파트였다. 우빙은 휴대전화와 텔레비전을 샀다. 그 역시 맥주를 마시기 시작했다. 우빙은 펜징 맥주를 선택했다. 그의 아내는 개신교 교회에 다니기 시작했다. 우빙은 십일조를 내라고 아내에게 1년에 천 위안(150달러)을 주기 시작했고 옷을 사 입으라고 조금 더 많은 돈을 주었다. 자녀에 대한 우빙의 생각은 우핑장보다는 덜 거창했지만 마찬가지로 절박했다. 물려줄 아들이 없다면 재산이 무슨 소용이겠는가?

두 사촌 형제는 서로 대조적인 편이다. 우핑장은 통통하고 사교적이며 장난스럽게 크게 웃고 농담을 좋아한다. 우빙은 마르고 내성적이며, 광대뼈가 도드라진 얼굴에 가느다란 콧수염을 길렀고 구부정한 자세 때문에 실제보다 더 왜소해 보인다. 우핑장의 아내 류메이 역시 통통한데 자기가 살이 찐 건 요리를 좋아하기 때문이라고 생각한다. 우빙의 아내 랴오리는 신앙심이 깊고 진지하며 가장 큰 관심사가 기도다. 하지만 이 사촌 형제가 가정을 이루기 시작한 1990년대에 두 사람의 삶은 비슷하게 진행되었다.

한 세대 전에 쑤이닝에서는 아이를 계획하에 낳지 않았다. 아이들은 그냥 태어났다. 여성과 남성이 젊은 나이에 결혼하고 피임을 하지 않았으며 농사를 도울 노동력이 필요했기 때문에 아이들은 자꾸 태어났다. 아들을 원하는 사람들은(대부분이 아들을 원했다) 부부관계를 갖고 결과는 운에 맡겼다. 첫아이나 둘째 아이가 아들이 아니면 다시 시도했고 운은 거의 언제나 이들이 바라는 대로 작용했다. 어떤 지역에서든 셋째 아이까지 본 경우 자녀 중에 적어도 아들 한 명이 있을 확률이 88퍼센트였다.[2] 여섯째까지 봤을 때는 아들이 있을 확률이 99퍼센트로 높아졌다.• 여섯 명은 우펑장의 어머니가 낳은 자녀 수다(우펑장은 막내다). 그리고 그녀는 자연법칙을 거스르지 않고 원하던 아들을 낳았다. 하지만 우펑장의 경우 자연법칙이 우호적이지 않았다.

1980년에 한 자녀 정책이 나왔고 1982년에 초음파 기계가 대량 생산되었다. 출생률 목표가 도입되자마자 등장한 초음파 기계는 뜻밖의 행운으로 환영받았다. 이 기술은 부부들에게 아이를 적게 낳으면서도 확률을 깨뜨릴 수 있는 방법을 제공했다.•• 또한 달성 불가능한 출산 목표를 하달받은 지방 공무원들에게 초음파 기계는 낙태를

- • 물론 이 규칙에 예외는 있다. 쑤이닝에서 내가 만난 한 여성은 10~14명의 딸을 낳은 뒤에야(이 여성과 이웃들의 진술이 달랐지만 말이다) 마침내 갈망하던 아들을 얻었다.
- •• 나중에 중국의 많은 성에서는 한 자녀 정책에 성별에 따른 예외를 두었는데 흔히 '1.5자녀 정책'이라고 불렸다. 이 예외 조항에서는 첫딸을 일종의 시범 출산이라 여겨 첫째가 딸이면 아들을 낳기 위해 둘째를 가질 수 있게 허용했다. 하지만 장쑤성에는 그런 조항이 없었다.

강요하지 않고도 할당된 한도를 맞출 수 있는 가능성을 제시했다.

아이를 더 낳는 대안과 비교해보면 성 감별은 비용 면에서도 저렴하다. 중국에서 성 감별은 불법이지만 지방 공무원들은 이를 엄중하게 단속할 의지가 별로 없기 때문에 돈 봉투나 귀한 중화 담배 한 보루면 큰 효과를 발휘한다. 내가 쑤이닝을 방문했을 때 성 감별에 드는 비용은 초음파 기사에게 뇌물로 주는 천 위안 정도로 알려져 있었다. 반면 허가를 받지 못한 아이를 낳는 경우 벌금은 10배였다.[3] 성별 선택을 한 부모 중 내가 만난 사람들은 빈곤층과는 거리가 멀었고 한 인류학자에 따르면 실제로 중국에서 성 감별 낙태를 처음 시도한 사람들은 "경제개혁의 득을 본 부지런한 사람들"이었다.[4] 하지만 모든 사람이 적은 돈도 중요시하는 시대에 경제적인 동기는 성 감별의 매력을 높여주었다.

두 사촌 형제 모두 첫째는 딸을 낳았다. 우빙의 딸은 1993년에, 우펑장의 딸은 1998년에 태어났다. 두 부부는 정책을 어기고 또 아이를 낳기로 결정했다. 당시 중국에서는 매우 흔한 결정이었다. 그리고 두 부부 모두 성 감별을 시작했다.

우빙의 아내 랴오리가 두 번째 임신했을 때 태아는 딸이었다. 랴오리는 낙태를 했다. 세 번째 역시 딸을 임신했지만 랴오리는 임신을 유지했다. 왜 랴오리와 우빙이 둘째 딸을 낳기로 결심했는지는 불분명하지만 랴오리가 낙태를 불편하게 느낀 것이 한몫을 했을 수 있다. 랴오리는 목사가 낙태를 반대했다고 내게 말했다. 따뜻한 펜징 맥주 몇 잔을 마시고 난 뒤에야 랴오리는 과정을 이야기했다. 그녀가 딸을 낳기로 결심한 데는 지난번 낙태를 한 뒤 약 1년밖에 지나지 않았다는 점도 작용했을 것이다. 중국에서 시행되는 대부분의 성 감별 낙태와 마찬가지로 랴오리는 임신 20주 이후에 낙태를 했다. 아무튼 랴오리와 우빙은 둘째 딸이 그다음에는 아들을 낳을 수 있는 좋은 징조가 되길 바라며 딸의 이름을 '희망'이라는 뜻인 판왕^{盼望}에서 따온 판판이라고 지었다. 하지만 이 거창한 이름은 효력을 발휘하지 못해 랴오리의 자궁에 등장한 네 번째 태아 역시 딸이었다. 랴오리는 다시 낙태를 했다.

마침내 아들을 낳았을 때 그 아이는 랴오리가 다섯 번째 임신으로 낳은 셋째 자녀였다. 랴오리와 우빙은 아들을 수정란을 뜻하는 마오딴^{毛蛋}이라고 불렀다. 옳은 알이 랴오리에게 찾아왔고 두 사람은 우쭐해졌다. 그러한 유전적 섭리는 몇 년간의 불운 뒤에 찾아온 만큼 특히 달콤했다. 우빙은 자신들에게 아들의 별명은 일종의 승리를 상징한다고 설명했다. 실제로 부부는 생물학을 극복했다. 랴오리는 '마오딴'은 "보석 같은 것을 뜻해요"라고 말한다.

읍 건너편에서는 우펑장이 자신의 가족을 설계하느라 바빴다. 첫딸을 낳은 뒤 우펑장과 류메이는 또 딸을 낳는 위험을 감수하고 싶지 않았다. 벌금을 낼 형편이 안 되었던 건 아니었다. 우펑장은 1년에 3만 위안(4,600달러)을 벌었다. 당시 중국 가정의 1인당 소득의 4배가 넘는 액수였다.⁵⁾● 그보다는 우펑장 부부가 딸을 더 낳을 의미를 느끼지 못했기 때문이었다. 류메이가 이미 아이 하나를 기르느라 바쁠 때는 더욱 그랬다. 첫아이를 낳은 뒤 7년이 흘렀다. 중국과 인도에서 일한 의사들은 7년 동안 아이를 낳지 않았다는 사실은 류메이가 아마도 그동안 몇 번의 낙태를 했다는 증거라고 말한다. 어느 해 우펑

● 당시 중국 가정의 1인당 소득은 2006년에 약 7,200위안이었다.

장은 임신 5개월의 아내를 데리고 초음파검사를 받으러 갔고 화면을 보고 기쁨에 넘쳤다.

우펑장은 가족계획 담당자들이 아들을 낳으려는 자신의 계획을 방해하지 못하도록 딸을 자신의 부모님 집에 보내고 장쑤성의 성도인 난징에 작은 아파트를 빌려 배가 불러오는 동안 아내를 그곳에 데려다놓았다. 그 자신은 자전거를 타고 때로는 하루에 약 80~100킬로미터씩 도시를 돌아다니며 아르바이트를 해서 대충 생계를 이었다. 밤에는 류메이가 있는 작은 아파트로 돌아왔고 두 사람은 함께 열렬하게 출산을 기다렸다.

난징에서 지낸다는 대책은 성공을 거두어 몇 달 뒤 우펑장과 류메이는 자랑스러운 일란성 남자 쌍둥이의 부모가 되어 쑤이닝으로 돌아왔다.[6]• 우펑장은 에어컨 수리 일을 다시 쉽게 구했고 곧 아들들에게 똑같은 옷, 똑같은 플라스틱 트럭, 똑같은 장난감 총을 사줄 수 있게 되었다. 우펑장은 가능한 한 자주 쌍둥이를 양쪽 어깨에 태우고 함박웃음을 지으며 마을을 돌아다닌다. 그는 자신이 근방에서 가장 운 좋은 아버지라고 생각한다. "모든 사람에게 쌍둥이 아들이 생기는 건 아니죠." 그가 기술로도 해결할 수 없는 문제들이 있다는 사실을 생각하기 시작한 것은 나중이었다.

어느 날 오후 나는 우빙의 아파트 근처에 있는 초등학교 밖에 서 있었다. 수업이 끝나기 직전이었다. 학교는 아스팔트 마당으로 둘러

• 쌍둥이는 중국의 한 자녀 정책에서 제외되는데, 부부들이 법망을 피하기 위해 저렴한 임신 촉진제를 사용함에 따라 쌍둥이가 더욱 흔해졌다.

싸인 흰색의 길쭉한 건물이었고 마당 한쪽에 교문이 나 있었다. 학교 주변으로 사탕과 장난감을 파는 구멍가게들이 늘어서 있었고 나는 아이를 기다리는 부모들과 함께 가게들 근처에 서 있었다. 종이 울리자 미소를 띤 젊은 교사들 뒤로 아이들이 줄지어 마당으로 쏟아져 나왔다. 교사들은 자신이 맡은 작은 무리들을 한 쌍씩 차례차례 두 줄로 세워 우리 쪽으로 데려왔다. 한 가지 중요한 차이점만 제외하면 동화책 『매들린*Madeline*』에 나오는 어린 등장인물들 같았다. 그 차이점은 내가 교문 바로 안쪽의 한 지점에 시선을 고정하고 숫자를 헤아리면서 실망스럽게도 분명해졌다. 남학생-남학생, 남학생-여학생, 남학생-여학생, 남학생-남학생, 남학생-여학생, 남학생-여학생. 학교의 성비는 2 대 1이었다.

나는 쑤이닝 북쪽의 도시인 렌윈강에서도 이 실험을 되풀이했는데, 성비 불균형이 더욱 심각했다. 이곳의 정부 통계에서 5세 이하 아동 성비는 여아 100명당 남아 163명으로 나타났다.[7] 어느 화창한 토요일 아침, 남자아이 6명과 여자아이 3명이 푸르른 창우 공원의 공기를 넣어 부풀린 고무 성 위에서 깡충깡충 뛰고 있었다. 아이스크림 판매대 근처에는 끈적거리는 얼굴의 아이들 12명(남자아이 7명, 여자아이 5명)이 비둘기에게 먹이를 주고 있었고, 풀밭에서 연을 따라 달리는 아이들 중 남자아이는 3명, 여자아이는 2명이었다. 전자식 트랙을 돌고 있는 흥겨운 작은 탱크 운전사들 중 남자아이는 3명, 여자아이는 1명이었다.[8] 게다가 이 실험은 중국 동부의 수십 개 도시 중 어디로든 확대될 수 있었다. 장시성 이춘에서는 4세 이하 아동의 성비가 여아 100명당 남아 137명이었다. 광시좡족자치구 팡청강에서는 수치가 153으로 훌쩍 뛰었고 후베이성 톈먼에서는 176에 이르렀다.[9]

이것은 아주 기본적인 문제다. 항상 남자아이만 있으면 그 사회는 큰 발전을 기대할 수 없다. 그럼에도 성별 선택을 하는 부모들에게 성비 불균형 문제는 다른 사람의 문제로 묵살되기 일쑤다. 우 사촌 형제가 그랬던 것처럼 대부분의 부모들은 한두 명의 딸을 낳을 때까지 기다린 뒤에 성 감별 낙태에 의지한다. 첫 임신에서 태아의 성별 때문에 낙태가 이루어지는 일은 거의 드물다. 전 세계적으로 출생 성비가 출산 순서에 따라 갑작스레 높아지는 것으로 이를 알 수 있다. 1989년 한국에서 성 감별 열풍이 한창일 때 첫아이의 성비는 거의 정상 수치인 104였지만 둘째의 출생 성비는 113, 셋째는 185, 넷째는 209였다. 한 부부가 딸보다 아들을 낳을 확률이 1 대 2를 넘어선 것이다.[10] 오늘날 중국, 인도, 그리고 심각한 성비 불균형이 나타난 다른 국가들도 비슷한 경향을 보인다. 이미 딸이 한두 명 있는 부부들은 다음에는 아들을 고집함으로써 자신들이 단순히 가족의 균형을 맞춘다고 믿을 것이다. 여가 시간에 한가로이 진화에 대해 생각하는 부모가 아니라면 자신들이 한 성별 이상의 자녀를 가지려고 애쓰는 동안 사회에 해를 끼치고 있다는 사실을 가늠하기 어려울 것이다.

부모가 딸을 몇 명 낳은 뒤 아들을 낳기 위해 성별 선택을 하는 또 다른 이유는 부모 자신들이 편향된 성비 때문에 개인적으로 고통을 겪지 않기 때문이다. 딸들이 자라 결혼 상대를 찾기 시작할 때 이들의 사정은 그리 나쁘지 않다. 우빙의 두 딸은 남편감을 찾는 데 문제가 없을 것이다. 그리고 아들이 독신으로 살며 우빙과 랴오리에게 의존할 경우 딸들이 결혼했으므로 부담이 어느 정도 줄어들 것이다. 역설적이게도 이웃들이 출산 제비뽑기를 조작한 사회에서 아들을 장가보내느라 가장 어려움을 겪을 사람은 첫 임신에서 순전히 50 대

50 확률로 아들을 낳은 부모들, 즉 여아를 유산시킨 적이 없는 이들이다.[11]

　성 감별이 도처에서 이루어지게 된 마지막 요인은 사회 발전과 관계가 있다. 그리고 이런 면에서 성 감별 낙태는 다른 주요 기술 변화들과 매우 비슷해 보인다. 생활의 많은 측면이 변화하고 있을 때 사람들은 가능한 한 힘들이지 않고 그 변화의 방향을 읽는 데 초점을 맞추면서 새로운 기술을 곧 자연스럽게 받아들이게 된다. 내가 쑤이닝 주민들을 인터뷰하며 보낸 몇 주 동안 사회의 변화에서 불행의 씨앗을 본 사람들은 주로 노인들이었다. 마을의 토담집에서 카드 게임을 하며 100프루프(50도)짜리 곡주를 마시는 노인들 틈에 앉아 있던 강단 있는 노인 왕슈콩 같은 사람들 말이다. 대낮에 이미 취해 있던 왕슈콩은 유쾌한 사람이었고 외국인을 만난 데 흥분했다. 하지만 내가 출생 성비 이야기를 꺼내자 이내 울적해져서는, 시무룩하게 고개를 저으며 말했다. "어딜 가나 남자애가 많아요. 요즘은 어느 가정에나 사내아이가 있죠. 이 애를 봐요." 왕슈콩은 뒤뚱거리며 문을 드나드는 어린아이를 가리켰다. "애는 나중에 커서 아내를 구하기가 힘들 거요."

　쑤이닝의 부모들이 남자아이가 더 많다는 것을 알아차리지 못했다는 말은 아니다. 이들은 주위에서 성비 불균형이 분명하게 나타나는 것을 본다. 학교에서 아이들을 데려올 때면 남자아이와 여자아이 수의 차이에 주목한다. 남매 중 큰애가 항상 딸이라는 것도 알아차린다. 그리고 아마도 그 여자아이들과 동생이 의심스럽게도 종종 나이 차이가 많이 난다는 것도 알아차릴 것이다.◆ 하지만 이들은 자신이 환경에 미치는 영향이 그리 나쁘지 않다고 굳게 믿는 일인용 SUV의 주인처럼 이러한 세부 사항들을 인식한 뒤에도 남들이 뒤치다꺼리를 해줄 거라고 생각한다.

성비 불균형은 "명백합니다". 인구학자 리슈줘가 높은 성비 불균형이 나타난 중국 중부의 한 지역을 소개하며 말했다. "일반 시민들도 모두 그 사실을 알고 있습니다. 모든 사람이 알죠. 하지만 그들 모두 아들에게 투자를 많이 해서 아들이 잘 자라면 좋은 며느리를 구할 수 있다고 생각해요. 다른 사람의 아들은 자기가 상관할 바 아니지요. 사람들은 개인의 선택이 사회의 이익에 영향을 미친다는 것을 알지만 여전히 선택을 원해요." 부모에게 왜 자기 아들이 잘 자랄 거라는 믿음이 없겠는가? 현대 중국은 끊임없는 발전의 역사를 쓰고 있다. 성별 선택이 사소한 문제 이상이라고 믿으면 나라의 경제 기적에 대한 믿음을 멈추는 것이다.

하지만 일부 부모들은 걱정을 한다. 우펑장은 쌍둥이 아들들이 결혼을 해야 한다고 주장한다. 그는 내게 "결혼을 안 하고 아이가 없다는 건 말도 안 돼요!"라고 흥분하며 말했다. 하지만 아들들을 자랑스러워하는 만큼 때때로 그들이 아내를 구하지 못할까 봐 걱정도 한다. 우펑장은 자기가 사는 콘크리트 아파트 단지의 테스토스테론 수치가 높다는 것을 눈치 채지 않을 수 없다. 비행풍의 주인에게도 아

- 부부들이 주로 한두 명의 딸을 낳은 뒤 아들을 낳기 위해 노력한다는 사실은 딸들이 보통 가족 수가 많은 가정에서 자란다는 것을 의미한다. 그리고 이런 상황은 적어도 개발도상국에서 딸이 일생에서 성공할 가능성이 줄어든다는 의미다. 누나들은 종종 훨씬 어린 남동생을 기르는 일을 떠맡는다. 인도의 한 의사는 여자아이들이 "어린 엄마" 역할을 한다고 증언했다.

들이 있고 노점에서 사카린 쿠키를 파는 후난성의 쾌활한 제빵사에게도 아들이 있다. 거리 아래쪽에서 주로 소년들에게 5센트짜리 아이스크림을 파는 여자에게도 아들이 있다. 우핑장은 이 소년들이 모두 함께 성인이 되었을 때 위험한 상황이 올 수 있음을 알고 계획을 짜놓았다. 중국에서는 남성의 결혼 전망이 종종 그 부모가 신붓감의 마음을 끌 수 있는 재산을 얼마나 축적해놓았는지의 문제로 귀착된다. 이런 면에서 우핑장은 자신이 수집한 마오쩌둥의 배지가 아들들에게 도움이 될 거라고 믿는다. 그는 20년 뒤에 중국의 수집가들이 문화혁명에 강한 향수를 느껴 역사의 작은 조각에도 큰돈을 지불할 거라고 장담한다. 그러면 아들들이 좋은 신붓감을 구할 수 있게 그 돈으로 차와 집을 사리라. 우핑장이 배지들을 빨간색 벨벳 천으로 안감을 댄 통에 넣어 빛이 닿지 않게 서랍 속에 고이 모셔둔 것은 쌍둥이들을 위해서다.

그렇다면 낙태를 하는 여성들은 어떤가? 생식에 대한 권리를 주장하는 활동가들은 성별 선택을 두고 흔히 남성들을 비난한다. 결국 남성이 성차별을 영속화시키며 여성이 딸들을 골칫거리로 보게 만드는 경제적·사회적 불평등을 유지시킨다는 것이다. 그래서 이러한 조직들은 종종 여성에게 낙태를 종용하는 남편과 아버지 들의 좀 더 명백한 억압을 지적한다. 인도의 한 페미니스트 단체장은 내게 말했다. "구자라트에서 여성은 아들을 가질지 딸을 가질지 결정하지 못해요. 솔직히 말하면 여성에게 남성과 함께 침대로 갈지 의견을 묻는 일도 없어요. 의사 결정의 자유가 없는 거죠. 너무나 많은 여성이 딸을 낳았다는 이유로 죽거나 자살을 합니다. 딸을 낳았다고 아내를 괴

롭히는 남편이 특이한 경우가 아니에요."¹²⁾

하지만 실제로 그런 경우는 아시아의 성 감별 낙태에서 작은 부분을 차지할 뿐이다. 중국과 인도, 한국, 베트남, 아제르바이잔에서 낙태 결정은 대부분 여성이 내린다. 임신부 자신이나 아들의 자녀에 관심을 쏟는 시어머니가 결정하는 것이다. 인도의 비정부기구인 여성개발연구센터의 보고서는 남편에게 두 번의 유산 사실을 감춘 어느 여성 이야기를 들려준다. 남편이 여아를 낙태하지 못하게 하자 그녀는 친정으로 도망쳐 낙태를 하고 돌아왔다.¹³⁾ 결국 성별 선택은 모든 사람이 성공하려고 애쓰는 분위기에서 일어나며 여성은 비록 같은 여성을 희생시키면서 얻는 것이라 할지라도 위신을 세우려는 갈망에서 자유롭지 못하다. 2002년 《생식 건강 문제Reproductive Health Matters》지에 실린 논문은 "아들을 가지려고 시도하고 아들을 낳음으로써 '여성의 의무'를 다하라는 압박을 받는 여성들에게 성 감별 낙태는 엄청난 힘이 되어줄 수 있다"라고 명시했다.¹⁴⁾ 좀 더 비극적인 다른 요인은 여성이 된다는 것이 얼마나 어려운지 여성이 가장 잘 안다는 것이다. 이 점에서 쑤이닝의 여성은 10대 소녀의 음핵이 잘리는 동안 소녀를 꽉 누르고 있는 아프리카의 할머니와 공통점이 많다.

예를 들어 랴오리는 우빙과의 관계에서 주도권을 쥐고 있다. 허리가 구분이 안 가는 튼튼한 체격에 앞머리를 낸 단발 스타일로 머리를 자른 랴오리는 남편이 집을 있을 때 남편의 휴대전화를 자신이 보관한다. 남편은 전화를 걸고 싶을 때마다 집에서 빠져나와 공중전화를 이용한다. 내가 방문한 내내 우빙은 주로 침묵을 지키다가 아내의 말을 보충 설명할 때만 입을 열었다. 랴오리는 내게 자신이 딸을 더 좋아한다고 말했다. "여자애들은 아주 착해요. 상냥하지요. 그리고 부모가 나이 들면 돌볼 수도 있고요." 랴오리는 여아 태아 둘을 낙태한 이유가 아들을 낳는 것이 체면 유지에 중요하기 때문임을 내비쳤다. "아들이 없으면 낯이 깎이게 되죠."

어떤 면에서 여성은 여성의 가장 큰 적이다. 발전이 많은 여성의 삶을 개선시킨다고 여겨지고 많은 지역에서 실제로 그러하다. 하지만 생식의 문제에서는 반대 현상이 발생한다. 여성은 높아진 자율성을 아들을 선택하는 데 이용한다. 랴오리는 그런 모순을 솔직하게 인정했다. 그녀는 위신을 세우려고 여러 번 후기 낙태를 하는 것은 "어리석은 생각"이라고 말한다. "결국 그 자신도 여자인데." 하지만 그녀는 마치 쑤이닝의 성비 불균형이 다른 사람들이 일으킨 문제인 것처럼 거의 항상 3인칭으로 말을 한다.[15]

어느 날 아침 랴오리와 함께 교회에 갔다. 랴오리는 중국에서 유일하게 국가가 후원하는 개신교 교파인 삼자교회에 다닌다(중국인들이 주변에서 일어나는 끊임없는 변화를 이해하고자 노력하면서 삼자교회의 신도 수는 경제성장과 함께 크게 불어났다). 교회는 쑤이닝에 얼마 남지 않은 흙길 중 하나에 위치한 낡은 창고 안에 있었고 옆쪽으로 곧 개장할 휴양지의 광고판이 서 있었다. 우리는 아침 6시가 좀 안 되어 도착했는데 붉은색 긴 의자에 사람들이 등을 꼿꼿이 편 채 줄줄이 앉아 앞쪽 단상에 올려놓은 반짝이는 금색 마분지 십자가를 간절하게 바라보고 있었다. 신도는 거의 대부분 여성이었다. 쑤이닝을 여러 번 방문하면서 한 장소에 이렇게 많은 여성이 있는 광경을 본 것은 이때뿐이었다.

부목사가 앞쪽 중앙에 서 있었다. 강건한 중년 여성으로, 두꺼운 테의 커다란 안경을 쓰고 갈색 폴리에스테르 재킷을 입고 있었다. 그녀는 분필 하나를 집어 들더니 마분지 십자가 뒤에 놓인 칠판으로 성큼성큼 걸어가 36:10-12라고 썼다. 「욥기」에서 욥이 친구 네 명과 함께 고난의 의미를 토의하는 부분에 나오는 구절이었다. 친구 중 셋은 불행을 신의 벌로 해석한다. 네 번째 친구 엘리후는 고난에는 의로움이 있으며 신은 종종 인간에게 교훈을 가르치기 위해 고난을 주신다고 말한다. 목사가 가리킨 숫자는 엘리후가 한 말들이었다. 랴오리는 작은 공책을 꺼내 숫자를 정성 들여 따라 썼다.

"여러분은 작은 사람이 되고 싶습니까?" 목사가 마이크에 대고 우렁차게 말했다. 낮고 울리는 목소리였다. 그녀가 말한 작은 사람이란 너무 많은 것을 탐내는 사람, 엘리후가 설명한 것을 고난의 미덕으로 보지 않는 사람, 자신이 원하는 모든 것을 얻지 않은 데서 배우는 교훈을 이해하지 못하는 사람이라고 했다. 목사는 몇 가지 예를 들었다. 사람을 배경에 따라 차별하는 여자, 들먹거리며 자신의 출신을 망각하는 여자에 대해 말한 뒤, 다른 사람에게 아들을 낳으라고 강요하는 여자를 언급했다. "당신이 [이웃의] 아들을 키울 겁니까?" 목사의 목소리가 마이크를 통해 흘러나왔다. "그 아이가 자랐을 때 당신이 돌볼 겁니까?"[16)]

긴 설교 중의 짧은 순간이었지만 그 말은 그 자리를 떠난 뒤로도 오랫동안 기억에 남았다.

쑤이닝은 깨어나고 있었다. 공사장 인부들이 일터로 향하고 신흥 소비자들이 도심 쇼핑가를 돌아다녔으며 기기들이 윙윙거리기 시작했다. 어디선가 이주 노동자가 고향에 부칠 돈을 더 많이 벌기 위해 상하이를 향해 출발했다. 하지만 실내장식이 거의 없는 교회 안에서는 여성들이 짧은 반성의 순간을 위해 멈추어 있었다. 목사가 신호를 보내자 신도들은 무릎을 꿇고 교회 뒤쪽을 향해 몸을 돌린 뒤 신도석에 이마를 갖다 댔다. 그러고 나서 일제히 큰 소리로 울부짖기 시작했다. 눈물이 흐르지 않는 긴 통곡이 물결쳤다.

3장
경제학자들의 입장
경제 성장과 인구 조절 문제

> 나는 외면했다. 나도 모르게 눈물이 흘러나왔다.
> 나약함과 실망의 눈물이었다. 여자는 왜 첫아이로 딸을 원할까?
> 그들은 내게서 아이를 데려갔다. 칼리가 말했다.
> "신경 쓰지 마. 나중에 많이 낳을 수 있어. 네겐 시간이 많아."
> ─카말라 마르칸다야, 『체 안의 꿀Nectar in a Sieve』에서

요즈음 서점은 아시아의 부상에 관해 상세하게 다룬 책들로 가득하다. 예를 들어 중국과 인도의 경제성장에 관한 책을 찾는다면 『친디아』, 『친디아의 부상』, 『친디아에 대한 이해』, 그리고 이 정도로는 만족하지 못한다면 『용과 코끼리』 같은 책을 고를 수 있다. 아시아의 경제 호황이 과대 선전되는 것일 수도 있지만 적어도 기본적인 경제적 성과라는 수준에서 볼 때 이는 전적으로 사실이다. 한 세대 만에 가난한 농민에서 도시인에 가까운 소비자로 변모한 쑤이닝 주민들도 예외가 아니다. 대륙 전체에서 빈곤율이 낮아졌다.[1] 가족들은 처음으로 아이들을 고등학교에 보냈고 종종 대학에도 보냈다. 한때 매우 부유한 층과 빈곤층만 존재하던 나라들에 중산층이 등장했다. 중산층 구성원들은 전례 없는 성장률과 함께 전진하는 경제를 보면서 대부분 낙관적이 되었다. 베이징의 한 은퇴한 교사는 내게 중국은

1950년대의 미국을 재연하고 있다고 말했다.

경제성장뿐 아니라 많은 아시아인이 대부분의 미국인들이 평생 인식하는 것보다 더 많은 사회적·정치적 변화를 지난 30년 동안 목격했다. 베트남, 아르메니아, 아제르바이잔, 그루지야, 네팔은 모두 지난 수십 년간 정치적 격변을 겪었다. 인도 경제의 일부는 트리샤, 존 같은 이름으로 밤중에 미국 앨라배마주에 있는 고객들의 불만을 처리하기 위해 낮에 잠을 자는 사람들이 주도했다. 한국인들은 '빨리빨리' 문화며 갈피를 잡지 못할 정도로 극심하고 갑작스러운 생존 경쟁에 대해 불평하지만 한편으로 서울의 쇼핑몰은 일중독자들의 편의를 위해 새벽 4시에 문을 연다. 중국은 산업혁명 때의 서구를 능가하지는 못하더라도 비견될 정도의 속도로 변화하고 있다. 이 나라들에서는 생활이 예전과 똑같이 계속되지 않는다. 그리고 변화라는 단어는 우리가 이 나라들을 묘사하기 위해 사용하는 말이 되었다. 이 나라들은 더는 제3세계라 불리며 얼어붙어 있는 고통받는 지역이 아니다.

개발은 어느 정도까지는 여성의 지위를 사회학 이론이 예상하는 것만큼 올려놓았다. 인도를 예로 들어보자. 2009년에 인도의 일간지 《이코노믹 타임스》에 실린 한 기사는 "여성들이 전반적인 영역에서 남성을 추월했다"라고 선언했다. 그해 공무원 시험의 일등을 여성이 차지한 것이 근거였다. 하지만 기사는 여성이 시험 점수에서만 앞선 것이 아니라고 언급했다. "여러 기준에서 여성이 남성보다 더 잘하고 있다."[2] 실제로 같은 해 인도 의회는 변호사 메이라 쿠마르를 최초의 여성 대변인으로 선택했다. 쿠마르는 카스트에서 최하층 신분으로 이전에 불가촉천민이라 불리던 달리트^{Dalit} 출신이라는 점이 눈에 띈다. 페미니스트들은 이러한 커다란 발전에 만족하지 않고 의회의 전체 의석 가운데 3분의 1 내지 4분의 1을 여성에게 할당하는 법안을 통과시키기 위해 막후교섭을 벌였다. 미국에서는 상상도 할 수 없는 차별 철폐 조처 수준이다.[3]● 비슷한 변화가 중국에서도 진행 중이다. 베이징 종제(众泽) 여성 법률 컨설팅 및 서비스 센터의 책임자 궈젠메이는 2010년 《뉴욕 타임스》와의 인터뷰에서 "[여성들은] 자신들의 권리에 대해 훨씬 많이 알고 있다"라고 언급했다. "여성들은 더 좋은 교육을 받고 있다. 사업가든 과학자든 농부든 심지어 정치 지도자든 경쟁심 있는 여성들에게 이제 이곳에서는 기회가 열려 있다. 정말로 거대한 변화가 일어났다."[4]

하지만 여성의 경제적·정치적 권리가 향상된 시기에 전체 인구에서 여성과 여아가 차지하는 비율은 감소했다. 인도의 페미니스트들이 의회에서 여성의 정당한 몫 이상을 요구하고 있다고 주장할 수도 있다. 여성은 더는 인도 인구의 50퍼센트를 구성하지 않기 때문이다. 뭄바이의 국제인구학연구소에서 만난 인구학자 T. V. 세케르는 "역설적인 일입니다"라고 말했다. "한쪽에서 인도는 빛나고 있습니다. 우리는 8~9퍼센트의 성장을 거두고 있지요. 우리는 이 모든 발전을 이루었고 인도는 초강대국이 되고 있습니다. 점점 더 많은 소녀가 학교에 다니며 교육을 받고 있습니다. 점점 더 많은 여성이 정치에 참여합니다. 이런 일들은 모두 매우 진보적인 발전입니다. 하지만 이 모든 발전이 이루어지는 동안 다른 한쪽에서는 여아라는 이유로 태아가 살해되고 있습니다."

● 인도는 2023년에 인도 연방의회와 주 의회의 의석 중 3분의 1을 여성에게 할당하는 헌법 개정안을 통과시켰다. _옮긴이

고등교육을 받은 부부가 교육 수준이 낮은 부부보다 여아 낙태를 더 많이 한다는 사실에 놀란 것은 크리스토프 길모토 같은 외국인만이 아니었다. 인도의 학자들에게도 이런 모순은 충격을 주었다. 성장의 표지들 가운데 성별 선택의 확산과 상관관계가 있는 것이 교육만인 것도 아니다. 인도 공중보건재단의 선임 연구원인 경제학자 사크티벨 셀바라지는 소득과 카스트제도 역시 인도 여성이 여아를 낙태할 것인지 예측해준다고 말한다. "사회 경제적 지표가 [편향된] 성비와 상관관계가 있습니다." 인도에서 성별 선택을 한 여성에는 변호사, 의사, 기업가도 포함되어 있다.

하지만 좀 더 자세히 검토해보면 나라가 부유해질수록 성비 차이가 급등하는 현상은 우연이 아니다. 세기가 바뀔 무렵 길모토가 발견한 것처럼 성별 선택은 갑작스러운 출생률 저하의 부산물이다. 그리고 적어도 지난 60년 동안 출생률의 갑작스러운 저하는 개발과 불가분의 관계를 맺고 있었다.

1970년대 말까지 인구학을 이끈 맬서스 학파의 예측은 전 세계적으로 인구 조절과 가족계획 프로그램을 낳았고 그중 많은 프로그램에 서구의 자금이 지원되었다. 인도, 튀니지, 타이완에서는 하나같이 이런 프로그램들이 경제적 전망에 근거하여 마련되었다. 과잉 인구 예방은 지구 환경뿐 아니라 성장에도 바람직하다. 농경시대가 산업사회에 자리를 내주면서 대가족이 더는 자산이 아니게 되었고 20세기 중반에 부유한 나라란 국민들이 아이를 적게 낳는 나라를 뜻하게 되었다. 린든 존슨 대통령은 1965년 샌프란시스코에서 열린 유엔 20주년 기념 행사에서 이러한 연관성을 분명하게 지적했다. "인구 조절에 투자한 5달러가 안 되는 돈이 경제성장에 투자한 100달러만큼의 가치가 있습니다."⁵⁾

존슨의 메시지에는 어떤 긴급함이 담겨 있었다. 1950년대에 세계 인구 동향을 연구한 인구학자들은 처음으로 신뢰성 있는 통계를 얻었는데, 전망은 좋지 않았다. 1951년 유엔인구국은 특히 개발도상국의 인구가 빠르게 증가할 것이라고 예측했다. 사람들이 아이를 더 많이 낳아서가 아니라 과학과 의학의 발전으로 모든 사람이 예전보다 더 오래 살 수 있게 되었기 때문이었다. 공공 보건의 발전은 말라리아와 결핵으로 목숨을 잃는 사람이 줄고 많은 사람이 노인이 될 때까지 건강하게 산다는 것을 의미한다.[6] 하지만 많은 나라에서 사망률이 낮아진 만큼 출생률이 떨어지지는 않았다. 여성들은 늘 낳던 수의 아이를 낳았다. 세계는 이제 서구의 인구 운동가들이 말하는 '죽음의 제어'•가 가능한 상태에 도달했다.[7] 산아제한이 필요한 시점이었다.

규제가 없는 인구 증가가 개발도상국의 자원에 무리를 주고 빈곤을 심화시킨다는 것은 분명한 사실이다. 하지만 서구의 원조국들은 내심 가난보다는 세계의 힘의 균형과 특히 빈곤의 결과 중 하나라고 믿었던 공산주의의 확장을 더 많이 걱정했다. 인구 조절 운동은 서구 강대국들이 아시아, 아프리카, 라틴아메리카에 대한 통제력을 잃은 것과 정확히 같은 시기에 일어났다. 전 세계적으로 식민지들이 독립했고 냉전의 긴장이 제국주의를 대신했다. 따라서 초기의 많은 인구 운동가가 미국 재계와 정계의 엘리트들이었다. 유명 인사로는 종이컵을 발명한 백만장자 휴 무어, 록펠러가의 상속자 존 D. 록펠러 3

• 의료 개선에 따른 사망률 감소와 평균수명의 연장. _옮긴이

세, 미국 원자력위원회 회장 루이스 스트로스, 전 국무 차관 윌 클레이턴 등을 들 수 있다. 이들은 미국이 아시아와 라틴아메리카의 동맹국을 시급하게 요하는 시기에 높은 출생률은 이 국가들이 공산주의를 받아들일 가능성을 높인다고 판단했다. 한번은 무어와 클레이턴이 록펠러에게 이렇게 털어놓았다. "우리가 주로 관심을 기울이는 것은 산아제한의 사회적 혹은 인도주의적 측면이 아닙니다. 우리는 공산주의자들이 지구를 정복하기 위해 가난한 사람들을 이용하는지에 관심이 있습니다."[8]

1952년 록펠러가 콜로니얼 윌리엄스버그에서 열린 인구문제 관련 회의에 일단의 미국 유력 인사들을 모으면서 인구 조절 운동의 힘이 합쳐졌다.[9] 가난한 개발도상국에 인구 조절책을 전달할 가능성을 논의하기 위해 윌리엄스버그인Williamsburg Inn에 모든 사람이 모이자 경제학자 이저도어 루빈이 자신들의 공통된 두려움을 표현했다. 이들은 인구가 많고 그 인구 구성도 청년형이어서 서구 기관들의 주요 표적이 되는 아시아 국가들, 특히 중국과 인도에 초점을 맞추었다. 루빈이 말했다. "오늘 아침 연설한 사람들은 거의 모두 인도에 관해 이야기했습니다. 인도의 상황이 그토록 심각한 이유는 뭘까요? 나는 우리가 무의식적으로 두려워하고 있다고 생각합니다. 그리고 우리에게 그럴 권리가 있다고 생각하고요."[10]

회합 직후 록펠러는 인구협회를, 무어는 인구위기위원회를 설립했다. 두 조직은 포드재단, 세계은행, 유엔인구기금, 국제개발처, 국제가족계획연맹IPPF과 함께 아시아 국가들에 인구 조절에 관해 홍보했는데, 주로 출생률이 낮아지면 국민이 더 부유해진다는 논리를 퍼뜨렸다.[11] 1965년과 1976년 사이 전 세계적으로 피임법에 대한 연구

개발비가 두 배 넘게 증가했다. 그중 개발도상국들이 쓴 비용은 3퍼센트 이하였지만 그 나라들이 가장 큰 혜택을 받았다.[12] 대부분의 재정 지원은 미국이 담당했다.

때때로 서구의 원조국들은 인구 조절 목표를 채택했는지 여부에 따라 다른 형태의 원조를 함으로써 부와 소가족 간의 관계를 명명백백하게 만들기도 했다. 1966년에 존슨 대통령은 국제개발처 관료들에게 식량 원조를 받는 기근 지역이 인구 조절 절차를 밟도록 보장하기 위해 최대의 수단과 영향력을 행사할 것을 요구하는 '평화를 위한 식량지원법Food for Peace Act'에 서명했다.[13] 1969년에 세계은행 총재이자 전 미국 국방 장관을 지낸 로버트 맥나마라는 자문위원회에 "공공 보건 활동이 인구 조절과 밀접하게 관련되어 있지 않은 경우 자금 지원은 곤란합니다. 의료 시설은 일반적으로 출생률 감소와 그로 말미암은 인구 폭발 방지에 기여하기 때문입니다"라고 설명했다.[14] 세계은행의 인구 프로그램 역사를 살펴보면 당시 워싱턴은 "경제개발과 관련된 어떤 조직도 가속화되는 인구 증가율의 영향을 무시할 수 없다"는 분위기였다.[15]

관심은 곧 광적인 상태로 고조되었다. 1968년 폴 에를리히가 광범위한 빈곤, 생태 파괴, 전쟁을 예측한 베스트셀러 『인구 폭탄』을 펴냈고 뒤이어 임박한 사회 붕괴와 세기말에 지구의 생명 유지 체계가 회복 불가능할 정도로 파괴될 것이라고 경고한 논문인 「생존을 위한 청사진A Blueprint for Survival」이 나왔다.[16] 마침내 1972년에는 국제 과학자 단체인 로마클럽이 다음 몇십 년 동안 기하급수적인 인구 증가가 치러야 할 대가를 예견한 보고서 「성장의 한계The Limits to Growth」를 발표했다. 이 보고서는 심각한 오류를 포함하고 있으며 기존의 석

유 매장량이 20년 내에 고갈될 것이라는 예측으로 유명하다.[17] 당시 로마클럽의 예측은 서구의 많은 영향력 있는 사상가의 우려를 불러일으켰고 이들은 상승하는 출생률을 멈추게 할 창의적인 방법을 찾느라 머리를 쥐어짰다.

하지만 이들이 생각해낸 일부 전략은 모욕에 가까웠다. 1967년에 디즈니는 인구협회를 위해 〈가족계획Family Planning〉이라는 단편 애니메이션을 만들었는데, 이 영화는 24개 언어로 번역되었다.[18] 영화에서 현대식 기기들로 둘러싸인 부유한 소가족의 가장으로 묘사되는 도널드 덕은 "가족계획을 하지 않았다면 아이들은 미래에 대한 희망이라곤 없이 병약하고 불행했을 것"이라고 말한다.[19] 하지만 따지고 보면 효험을 거둔 건 서구 자금의 유입이었다. 특히 1950년대부터 국가들이 포괄적인 인구 조절 프로그램을 시행한 아시아에서 더욱 그러했다. 한국전쟁 이후 미국의 영향 아래 놓인 한국에서는 군사정권이 가족계획을 경제개발 전략의 필수적인 부분으로 받아들여 경제개발 5개년 계획에 출생률 목표를 명시했다.[20] 한국과 마찬가지로 꾸준히 미국의 원조를 받았던 타이완에서도 포괄적인 산아제한 조치를 채택했다. 싱가포르는 영국의 식민지일 때 처음 가족계획을 추진했다. 나중에 독재자 리콴유는 세 명 이상의 자녀를 낳은 부부에게 세금을 원천징수하고 주택수당을 지급하지 않게 했으며 넷째와 다섯째 자녀 출산을 "반사회적 행위"로 여겼다.[21] 그리고 경제학자 이저도어 루빈이 "상황이 이토록 심각하다"라고 선언한 인도는 부부들이 두 자녀를 고수하게 하는 것을 목표로 삼아 야심차지만 종종 가혹한 실험의 장이 되었고 자금은 역시 서구에서 충당했다. 공공 보건 활동가인 사부 조지는 한동안 델리에 미국인 인구 관련 조언자들이 넘쳐났으며 그 후 수년간 인도 정부는 "인구문제가 전부인 양" 운영되었다고 말했다. "모든 것이 출산에 맞추어졌어요. 하나의 국가적 강박관념이었죠."

서구의 기관들은 중국에도 영향을 미쳤다. 중국의 인구 조절책은 한 자녀 정책으로 절정에 달했다. 1966년 시작된 중국의 문화혁명은 세계와 고립된 채 10년 동안 지속되었다. 그러나 1960년대와 1970년대에 고립된 국가였음에도 중국은 여전히 세계에서 가장 인구가 많은 나라였고 인구 조절 지지자들은 중국을 잊어버리지 않았다. 서구에서 과잉 인구에 대한 히스테리가 높아지던 시기에 중국의 가족계획 정책이 구체화된 것은 우연이 아니다.

사실 중국공산당에게 엄격한 인구 정책은 갑작스러운 이념 전환을 뜻했다. 맬서스는 한때 반공산주의자로 악마 취급을 받았고 1974년만 해도 중국은 인구 위기가 개발도상국에 대한 원조를 거부하기 위해 지어낸 '허위 경보'라고 항의했다.[22] 하지만 당시 이미 중대한 이념적 변화가 진행되고 있었다. 얼마 지나지 않아 당 관료들은 「성장의 한계」, 「생존을 위한 청사진」, 그 외의 서구 문헌들에 실린 아이디어들을 조용히 흡수하여 적당하게 고치고 있었다.

1970년대 초에 중국 관료들은 만혼, 소가족, 터울이 있는 출산을 강조하는 '더 길게, 늦게, 더 적게' 정책을 단계적으로 시행하기 시작했다. 중국에서의 사회생활은 엄격하게 통제되어 있어 여성의 생식 주기를 국가가 관리하는 것이 그다지 권력 남용이 아니었고 이 정책은 신속한 결과를 얻었다. 출생률이 급락한 것이다.[23] 하지만 당시 간부들은 유럽과 미국에서 내놓는 갈수록 어두워지는 전망을 걱정하기 시작했으며 1970년대 말에 한발 더 나아간 출산 정책을 추진했다. 한 자녀 정책의 검토에 참여했던 상하이 사회과학원의 경제학자 량중탕은 "선진국들은 로마클럽의 견해를 개발도상국에 확산시켰"다고 말했다.[24] 그러나 그 견해가 스스로 확산된 것은 아니었다. 유럽을 방문한 중국의 어느 군사과학자가 대사 역할을 했다.

쑹젠은 1970년대에 중국인들에게 불사신으로 통하는 삶을 살았다. 열네 살이던 1946년에 집을 떠나 공산주의 혁명에 참여해 팔로군에서 싸웠다. 3년 뒤 공산주의자들이 중국을 장악하자 쑹젠의 군대 경력은 당내 승진에 도움이 되었다. 쑹젠은 곧 국가고시를 통과한 뒤 소련으로 파견되어 인공두뇌학과 군사과학을 공부했다. 그리고 1960년에 중국으로 돌아오자마자 마오쩌둥이 신뢰하던 과학 고문인 첸쉐썬의 수하가 되었다.[25] 쑹젠은 첸쉐썬의 지원으로 국방부의 제7 기계공업부에서 요직으로 승진했다. 지식인에 반감을 품고 마녀사냥을 자행한 문화혁명이 나라를 휩쓸자 저우언라이 총리는 국가가 보호하는 수십 명의 과학자 명단에 쑹젠의 이름을 올렸다. 경력이 손상되지 않은 채 문화혁명에서 살아남은 쑹젠은 인구학자 수전 그린핼즈가 말하는 "슈퍼과학자", 즉 "어떤 주제에 대해서도 독창적이고 권위 있게 이야기하고 다른 사람의 주의를 끌 수 있는" 뛰어난 중국 학자들 중 한 명이 되었다.[26]

쑹젠은 그러한 권위를 이용하여 인구학에 계속 관심을 기울였다. 물론 제7 기계공업부는 인구와 관련된 일을 하는 부서는 아니었다. 하지만 당시 중국에는 이 문제를 다룰 자격을 갖춘 과학자가 거의 없었다. 중국의 사회과학자들은 쑹젠만큼 운이 좋지 않았다. 대부분 문화혁명 때 박해를 받거나 추방당했던 것이다. 1970년대의 중국

은 미사일 과학이 전부였다.[27]

1975년에 쑹젠이 네덜란드에 파견된 중국 정부 대표단에 합류하면서 그의 연구는 새로운 전기를 맞았다. 독일과의 국경에 있는 작은 마을인 엔스헤데의 트벤테 기술대학에서 서른한 살의 조교수 헤이르트 얀 올스더르가 쑹젠의 안내자로 배정되었다. 공식과 하이킹을 무엇보다 좋아하는 신중하고 겸손한 이 네덜란드 학자는 공산당 상급 간부에게는 특이한 접대자였다. 하지만 올스더르는 쑹젠의 권력을 알지 못했고 심지어 그가 무슨 일을 하는지도 정확히 몰랐다. 올스더르는 "대학 본부에서 우리를 불러 '중국인 두 사람이 와 있습니다. 오후 동안 이 사람들을 접대할 수 있습니까?'라고 묻더군요"라고 회상한다. 올스더르가 아는 것이라곤 쑹젠이 제대로 된 영어를 쓴다는 것뿐이었다.

올스더르는 쑹젠을 데리고 가까운 카페로 맥주를 마시러 갔다. 그리고 대학에 관해 잡담을 하면서 교수와 학생의 규모를 이야기했다. 그는 쑹젠이 우호적이고 느긋했다고 회상한다. 함께 있으면서 편하게 느낀 올스더르는 중국의 미사일 과학자에게 자기 일에 관해 이야기하기로 마음먹었다. 이 네덜란드 학자는 게임 이론 및 그 외에 전적으로 비확정적인 문제들에 초점을 맞추는 이론 수학자였다. 배 두 척이 교차로에서 충돌할 확률, 괴물이 섬에 좌초된 공주를 발견할 확률 등을 다루었다. 하지만 최근 올스더르와 트벤테 기술대학의 다른 수학자 몇 명은 때마침 「성장의 한계」를 읽은 뒤 인구 조절을 다루는 일련의 공식들을 개발했다. 올스더르가 쑹젠에게 이야기한 것은 이 작업이었다.[28]

올스더르는 쑹젠에게 자신들이 개발한 공식은 가상적인 섬의 인구에 제한되도록 설계되었고 핵심 변수는 출생 수라고 설명했다. "쑹젠은 즉시 큰 관심을 보였"다.[29] 이를 입증하듯 1986년에 쑹젠은 「생존을 위한 청사진」과 더불어 "네덜란드 과학자"들의 연구가 인구에 대한 자신의 생각에 영향을 미쳤다고 언급했다. 그리고 중국으로 돌아온 뒤 "나는 이 문서들에 극도로 흥분했고 인구학 기법을 시도해보기로 결정했다"라고 썼다.[30]

올스더르는 쑹젠이 알려준 중국의 주소로 자신의 논문 「인구 계획 : 분산된 최단 시간 제어 문제 Population Planning : a Distributed Time Optimal Control Problem」의 사본을 보냈고 중국 과학자들은 곧 연구에 착수했다.[31] 하지만 논문을 번역하는 과정에서 이해하지 못한 내용이 많았던 것으로 보인다. 올스더르의 방정식은 10억이 넘는 인구는 고사하고 실제 인구에 적용하려는 의도로 만들어진 것도 아니었다. 하지만 올스더르가 공식을 만든 계기가 되었던 로마클럽의 보고서가 중국 지도자들에게 중국의 출생률을 낮추기 위해 과감한 조치를 취해야 한다는 확신을 주었기 때문에 쑹젠은 올스더르의 공식을 실용화하기로 결정했다.

그 뒤 몇 년 동안 쑹젠과 제7 기계공업부의 동료들은 네덜란드 수학자들 및 다른 유럽 학자들의 기법을 이용해 중국의 인구를 제어하기 위한 공식을 만들었다. 기계공업부는 컴퓨터가 비치된 몇 안 되는 곳 중 하나였다. 공산당 지도자들은 쑹젠의 작업을 열렬하게 환영했다. 쑹젠은 또한 인구 과잉에 관한 서구의 문헌들에 나오는 개념들을 일련의 논문에 응용하여 간부들에게 배포하거나 중국 학술지에 게재했다.[32] ●

특히 인구 증가율 감소로 얻을 수 있는 경제적 효과가 간부들의 주의를 끌었다. 중국 관료들은 출생률을 낮추는 것이 1인당 국내총생산을 늘리는 투박한 방법이라고 생각했다. 생산성을 높이는 일은 복잡하지만 그 성과를 나누는 사람의 수를 줄이는 것은 달성 가능하다고 믿었던 것이다.[33] 인구학자 그린핼즈에 따르면 엄격한 인구 목표 설정은 중국이 서구에서 중요하게 인식하는 문제를 다룸으로써 국제사회에서 좋은 평판을 얻는 방법이기도 했다. 그린핼즈는 "중국은 인구의 맹렬한 증가를 저지함으로써 자국의 현대화를 가속화하는 동시에 세계적인 위기의 완화에 도움을 줄 수 있었다"라고 썼다. "중국은 세계가 안고 있는 문제에 대한 부끄러운 원인 제공자에서 이 문제의 자랑스러운 해결사가 될 것이다."[34]

1980년 9월 25일에 발표될 때부터 한 자녀 정책은 중국이 선진국 대열에 합류하는 데 도움을 줄 수 있게 설계되었다. 어떤 면에서 그 의도는 성공을 거두었다. 지난 몇십 년간 중국은 현대사에서 견줄 수 없는 성장률을 달성했다. 하지만 중국의 정책(그리고 다른 나라들이 서구 고문들의 재촉으로 채택한 정책들)은 그다지 필요하지 않았을지도 모른다. 중국의 출생률 감소는 그러한 극단적인 인구 조절 정책을 시행하지 않은 국가들에서 나타난 신속한 출생률 저하 현상과 아주 비슷하다. 1970년에서 1990년까지 중국의 출생률은 5.5에서 2.3으로 떨어졌다. 타이는 5.6에서 2.1, 브라질은 5.0에서 2.8로 낮아졌다.[35] 경제 개발과 출생률 감소의 관계는 역으로도 성립되는 것으로 나타났다.

- 서구의 정보를 전달한 사람은 쑹젠 외에도 있었다. 인구위기위원회, 국제가족계획연맹, 유엔인구기금은 1970년대 내내 중국 정부에 접근했다. 하지만 중국 정부는 1979년 한 자녀 정책을 발표하기 전날 저녁까지 외국의 공공연한 개입을 용인하지 않았다.

출생률 저하가 개발의 원동력이 될 수도 있지만 반대로 경제성장이 사람들로 하여금 아이를 덜 낳게 유도할 수도 있는 것이다.

1950년대 일부 분석가들의 가정과 달리 총출생률은 무한정 계속 상승하지 않았다. 한 국가의 사망률은 떨어질 수 있다. 하지만 그 국가가 개발을 향해 나아간다면 어느 지점에서 출생률이 사망률과 같은 수준으로 떨어진다. 발전과 함께 도시화가 이루어지고 도시화는 삶에 상당한 변화를 불러온다. 어릴 때 목숨을 잃지 않고 어른이 될 때까지 자라는 아이들이 늘어나면서 부모들은 더는 예닐곱 명의 자녀를 낳을 필요를 느끼지 못한다. 피임을 하게 된 점도 중요하다. 원치 않는 임신을 막아주기 때문이다. 하지만 결과적으로 이 시나리오에서 낮은 출생률은 엄격한 출산 목표 설정과 강압적인 인구 조절의 결과가 아니라 어떤 공공 보건 문헌에서 지적한 것처럼 "자녀가 어른이 될 때까지 생존할 것이라고 부모들이 생각하게 되면서 나온 이성적 대응의 결과"다.[36] 엄격한 인구 조절 정책을 시행한 국가에서도 처음 소가족을 이룬 것은 부유층이었다. 이는 정부의 목표에 대한 관심보다 개인의 이익이 더 힘을 발휘함을 말해준다.[37] 또한 인구 목표를 설정하지 않은 국가에서는 교육에 많은 지출을 한다든지 여성의 일할 기회에 투자하는 등의 다른 경제 활성화 전략이 자연스럽게 낮은 출생률을 가져온 것으로 나타났다.•

• 방글라데시의 경제학자 무함마드 유누스는 자신이 설립한 유명한 그라민 은행에서 이러한 접근 방식을 취했다. 그라민 은행은 개발도상국의 여성에게 소액 대출을 한다. 유누스는 여성의 지위 향상은 "위협적인 방법으로 가족계획을 '장려하는' 현재의 시스템보다 인구 증가를 억제하는 데 더 효과적"이라고 썼다.

이런 현상이 어느 정도 변형된 형태가 구소련 공화국들과 동유럽 일부에서 나타났다. 철의 장막이 내려지고 동유럽권 국가들이 힘들게 경제 개편을 추진하면서 사람들은 미래에 대한 불안으로 아이를 덜 낳거나 결혼을 미루었다. 이들은 대개 낙태를 함으로써 출산을 피했는데, 동유럽 일부 지역에서는 낙태가 새로이 합법화되었으며 구소련 공화국들에서는 오랫동안 낙태가 합법적이었고 널리 퍼져 있었다.[38] 하지만 1990년대 말에 지역 경제가 회복되고 생활수준이 개선되기 시작했을 때도 이 지역의 출생률은 계속해서 떨어졌다. 사람들은 사무실이나 공장, 작은 회사에 일자리를 구하고 늦게 결혼했는데, 이번에는 불안보다 현대화가 그 동력이었다. 한때 부모들은 대여섯 명의 자녀를 낳았지만 이제 자녀 수는 한두 명으로 줄었다. 결과적으로 개발은 한 지리학자가 "출생률의 가파른 하락"이라고 표현한 결과를 그 지역에 불러왔다.[39] 오늘날 동유럽과 구소련 공화국들은 세계에서 인구가 감소하는 몇 안 되는 개발도상국에 속한다.[40]

경제개발은 그 결과로 탄생한 도시화, 교육, 새로운 직업 기회와 더불어 부모들의 성차별을 약화시켰을 수도 있다. 하지만 개발에 출생률 급락이 동반되었기 때문에 각각의 출생에 대한 관심이 높아져 부모들이 여아 태아를 낙태할 가능성은 증가했다. 동시에 진행된 세 가지 동향, 즉 개발, 출생률 저하, 성별 선택이 이루는 삼각형은 성별 선택이 간단히 사라지지 않을 것임을 의미하기에 걱정스럽다. 이는 또한 부부들에게 오랜 남아 선호 사상이 여전히 작동하지만 적어도 현재까지는 출생률이 높은 아프가니스탄이나 중동 지역에도 좋지 않은 징조다. 어떤 학자들은 중동 지역에서 낙태를 쉽게 할 수 있게 되고 출생률이 떨어진다면 성비 불균형이 나타날 다음 지역이 될 것이라고 믿는다.[41] 또한 성별 선택이 이미 나타난 지역에서는 개발과의 관계 때문에 성별 선택이 골치 아픈 문제가 되었다. 쑤이닝의 일부 부모들이 성비 불균형을 중산층으로의 장밋빛 상승 과정에서 나타나는 일시적 문제로 무시하듯 정부 역시 이 문제를 개발의 부작용, 부정해도 되는 것으로 본다.

"정말로 중국과 알바니아가요?" 플로라 이스마일리는 기분이 상했다. 우리는 알바니아의 수도인 티라나에서 이스마일리가 프로그램 사무관으로 일하는 유엔인구기금의 사무실에 있었다. 마르고 수수한 외모의 여성인 이스마일리는 내게 성별 선택에 관해 이야기해주라는 상관의 지시를 받았지만 내가 알바니아와 중국이 공통된 문제를 안고 있다고 말하자 당황한 듯 보였다. "두 나라는 비교가 안 돼요."

공산주의가 몰락한 뒤 몇 년 동안 티라나의 외관은 밝아졌다. 빛나는 쇼핑몰이 들어선 거리에 유엔인구기금 사무소가 자리 잡았고 주변 동네에는 고급 식당, 온천, 부티크가 여기저기 흩어져 있다. 야심만만한 시장은 심지어 수도의 칙칙한 시멘트 아파트 건물에 페인트칠을 하라고 지시하여 이제 아파트 외벽은 여러 색깔로 단장되었다. 알바니아는 여전히 서구의 이웃들보다 가난한 국가지만 유럽과 운명을 같이한다. 이스마일리가 발끈한 것도 아마 이 때문일 것이다. "인도, 중국과 알바니아를 비교하는 건 제 생각에는 좋은 접근 방식이 아니에요. 이해하시겠어요? 우리는 완전히 다른 정책을 펴고 있어요. 문화도 완전히 다르고요."

나는 편향된 출생 성비는 문화나 정치의 문제가 아니라고 말했다. 중국의 문화와 정부는 인도와도 아주 다르다. 하지만 진짜 문제는 알바니아 정부가 자국이 완전히 다른 카테고리에 속한다고 생각하는 것인 듯했다. 알바니아는 동유럽 국가들 중에서 마지막으로 경제개혁을 시행했지만 2004년에서 2009년까지 국내총생산이 평균 6퍼센트 상승하는 등 몇 년간 놀랄 만한 성장을 보였다.42) 물가 상승률은 낮고 외국 투자가 들어오기 시작했다. 나라 안에서 성별 선택 낙태의 증거가 늘어나는데도 알바니아의 보건성(그리고 정부에 의제의 승인을 받아야 하는 유엔인구기금)이 만사가 괜찮다고 주장하는 것은 이 때문인 듯했다.

　만사가 괜찮은 것은 아니었다. 지역 사무소가 문제를 부정해도 유엔인구기금 본부가 발행한 내부 문건에는 출생 성비가 115 이상인 국가의 최종 명단에 알바니아가 올라가 있었다.43) 한편 정부의 출생신고 통계에 따르면 2007년 알바니아의 출생 성비는 114였지만 한 경제학자가 상세한 가구 조사를 바탕으로 수행한 예비 조사에서는 5세 이하 아동 중 여아 100명당 남아가 120명이 넘는 것으로 나타났다.44) 내가 찾을 수 있는 가장 낮은 수치의 통계에서도 출생 성비가 110이었는데, 2005년부터 2009년까지의 건강 조사 자료들을 어림해서 나온 결과였다.45) 하지만 이스마일리는 알바니아의 편향된 출생 성비는 "보건성의 관심사가 아니"며 "그래서 우리는 그 일이 근심거리라고 말할 수 없"다고 했다. 내가 졸라대자 이스마일리는 휴대전화로 보건성의 한 공무원에게 전화를 걸었다. 낮은 알바니아어로 대화가 이어지는 동안 내가 알아들은 것은 영어로 말한 "성별 선택"이라는 문구뿐이었다. 전화를 끊은 이스마일리는 통화 내용을 요약했다. "이곳에서는 성비 불균형이 문제가 아니라고 말하는군요. 문제로 나타난 적이 없어서 이 일에 대해 논의하지 않는다고 합니다."

알바니아의 편향된 출생 성비에 허를 찔린 사람이 이스마일리만은 아니었다. 알바니아의 문제에 대해 최초로 주의를 환기한 인구학자 크리스토프 길모토도 처음에는 이런 사실에 놀랐다. "알바니아인들은 대부분 이슬람교도지만 알바니아는 사회주의 정권하에 있었어요. 여기에 더해 대부분 동방정교회 신자나 가톨릭교도인 소수의 기독교도들이 있죠. 우리는 알바니아에서 가톨릭교도들이 사는 지역에 관한 정보를 얻었어요. 북중부 지역이죠. 이들은 [피임법으로] 낙태를 해서는 안 됩니다. 낙태를 하면 윤리적 문제가 생기죠. 음, 성비 불균형 문제와는 연결되지 않지요." 하지만 길모토는 알바니아를 좀 더 자세히 검토했다. 알바니아는 성비 불균형이 나타난 다른 나라에서 발견되는 유형을 충실하게 따르는 성별 선택 문제의 전형적인 후보로 판명되었다. 알바니아의 낙태율은 매우 높다. 알바니아가 소련의 지배를 받을 때, 모든 임신의 절반 정도가 낙태로 끝난 것으로 추정되며 오늘날 콘돔이나 피임약 같은 현대식 피임법을 사용한다고 말하는 알바니아인은 11퍼센트에 불과하다. 낙태로 인해 출산까지 이어지지 않는 임신이 여전히 많음을 시사하는 수치다.[46] 1990년대에 초음파를 이용할 수 있게 되었고 2010년에는 검사 비용이 10달러 정도인 천 레크로 낮아졌다. 알바니아의 도시 여성 대부분은 이제 임신 기간에 적어도 한 번의 검사를 받는다.[47] 결국 국가가 부유해질수록 알바니아의 출생률은 많은 동유럽 국가와 마찬가지로 급락했다. 1990년에 평균적인 알바니아 여성은 3.2명의 아이를 낳았다.[48] 2010년에 이 수치는 1.5명으로 낮아졌다.

하지만 길모토는 단지 자신의 생각을 조절하여 알바니아를 과열 지역 목록에 추가하기만 했다. 반면 이스마일리의 사무실에서는 알바니아의 출생 성비가 높게 나온 데 대해 항의까지 했다. 2010년 2월 이스마일리의 상관 마누엘라 벨로는 워싱턴에 있는 리서치 업체 매크로인터내셔널의 데이터 처리팀장 트레버 크로프트에게 알바니아의 성비 불균형에 대해 이의를 제기하는 이메일을 보냈다. 유엔인구기금의 문건이 매크로인터내셔널에서 시행한 인구조사에서 나온 수치를 바탕으로 했기 때문이다. 벨로는 본부가 보낸 내부 문건을 언급하면서 "[성별 선택에 관한] 유엔인구기금의 지침에 따라 알바니아는 최근 문제에 직면한 국가로 '분류'되었습니다. 제가 알기로 이것은 증거를 바탕으로 한 결정이 아닙니다. 가능한 한 빨리 협조해주시면 감사하겠습니다"라고 썼다.[49] (이 이메일로 어떤 조치가 행해졌는지는 불명확하다. 크로프트는 내 이메일에 답을 보내지 않았다.) 우리가 인터뷰하는 동안 이스마일리는 어림한 건강 조사 데이터를 이용했는데, 출생 성비가 내가 본 자료 중 가장 낮았다. 소수점 첫째 자리까지 수가 109.9였다. 하지만 이스마일리는 이를 109로 어림했고 이렇게 해도 생물학적으로 "큰 차이가 없다"라고 단언했다.●

인터뷰를 마칠 때 이스마일리는 알바니아 북부에서 성 감별 낙태가 행해진다는 이야기를 들었노라고 인정했다. 그러나 "나는 데이터에 근거해서 일하는 사람이에요. 증거가 없으면 '예'라고 말할 수 없죠"라고 덧붙였다. 이스마일리는 성별 선택이 널리 퍼져 있는지에 대해 의견을 말하지 못했다. "나는 데이터가 이렇다고 말할 수 있어요. 좀 더 자세히 살펴서 그 뒤에 무엇이 있는지 봐야겠지요." 그리고

● 인구학자들은 이것을 큰 차이로 본다. 106이 생물학적으로 가능한 출생 성비의 상한성이므로 이를 넘어서는 수치는 의심스럽게 여겨진다.

다음번에 인구 및 건강 조사 결과가 나오면 유엔인구기금이 알바니아의 성비 불균형에 대해 좀 더 상세한 분석을 할 계획이라고 덧붙였다. 나는 그때가 언제일지 물었다. "5년 뒤예요."

성비 불균형 문제가 존재하는 것을 놓쳤다고 이를 감춘 정부를 책망하는 것은 아니다. 2008년에 《국립과학원 회보 Proceedings of the National Academy of the Sciences》에 실린 한 연구는 미국의 특정 아시아인 집단 사이에 성 감별 낙태가 불안할 정도로 흔하며 한동안 그래왔다고 밝혔다. 경제학자 레나 에들런드와 더글러스 아먼드는 8년 전에 실시된 인구조사에서 나온 결과를 바탕으로 중국, 한국, 인도 혈통의 부부에게서 태어난 아이의 성비를 분석했다. 당시 컬럼비아 대학에 재직하던 부부 교수였던 두 사람은 성별 선택 양상을 분석했는데 아시아에서 나타난 현상과 놀라울 정도로 비슷했다. 첫아이의 성비는 정상에 가까웠다. 하지만 이미 딸을 가진 부부의 경우 둘째의 성비는 117이었다. 딸이 두 명인 부부의 경우 셋째가 아들인 비율은 3 대 2로 뛰었다. 성비가 151로 나온 것이다. 이 자료를 이민 신분에 따라 좀 더 자세히 분류해보니 또 다른 흥미로운 결과가 나왔다. 아시아에서처럼 미국에서도 높은 사회적 지위가 여성의 낙태 확률을 감소시키지 않았다. 에들런드와 아먼드는 여성 이민자가 아들을 낳는지 여부를 그녀의 이민 신분에 따라 예상할 수 없다는 것을 발견했다. 오히려 미국 시민인 여성이 아들을 낳을 가능성이 조금 더 높았다. 즉 성별 선택은 고국에서부터 온 쉽게 사라질 수 없는 전통이었던 것이다.[50]

인구조사는 미국 인구의 2퍼센트가 안 되는 중국계, 인도계, 한국계 미국인들 사이에 낙태가 널리 퍼져 있음을 시사했다.[51] 하지만 아먼드가 다른 논문에 실린 인구조사 데이터를 검토하다가 우연히 발견한 비정상적인 출생 성비 수치를 아내에게 처음 이야기했을 때, 레나는 이를 세상에 알려야 한다고 고집했다. 레나는 저렴한 초음파가 등장하기 전에 한국에서 태어나 입양되었으며, 자신이 딸이라서 입양되었다고 생각한다. 스웨덴인 부모 밑에서 성장한 뒤 그녀는 자신의 뿌리에 대해 궁금해졌다. 자신을 입양 보낸 원인이라고 추측한 차별을 평생 연구하도록 촉발한 것은 그런 호기심이었다.

나와 처음 만났을 때 에들런드는 뉴욕 컬럼비아 대학의 국제·행정대학 건물에 있는 자신의 사무실 앞 복도에서 쌍둥이 유모차를 붙잡고 있었다. 어깨까지 내려오는 헝클어진 머리에 작고 강한 눈매의 자그마한 여성이었다. 에들런드는 당황한 것 같았다. 지난밤에 비행기를 탄 뒤 늦어서 아이들을 탁아소에 맡길 시간이 없었다고 설명하며 사과했다. 나는 에들런드와 함께 암스테르담 애비뉴를 따라 컬럼비아 탁아소까지 걸어갔다. 에들런드는 좁은 길에서 투박한 유모차를 능숙하게 다루며 자신의 연구에 대한 설명을 시작했다.

많은 경제학자와 마찬가지로 에들런드는 다양한 분야에 관심이 많았다. 1886년 미국에 온 뒤 매춘부터 남녀 양성자까지 다양한 주제와 씨름했다. 우리가 두 구역을 지나기도 전에 에들런드는 종교사와 진화생물학에 관한 식견을 입증해 보였다. 하지만 그녀는 주로 사라진 여아들에 대한 기존의 이론들을 뒤집는 연구로 경력을 쌓았다.

낙태 반대 활동가들은 이미 《국립과학원 회보》에 실린 에들런드의 연구를 자신들의 주장을 뒷받침하는 근거로 제시하기 시작했다. 하지만 에들런드는 자신의 연구가 사실상 미국보다 세계의 나머지 지역에 대해 더 많은 것을 밝혔다고 주장한다. 성별 선택이 미국에서 일어난다는 사실은 사람들이 사회 경제적 사다리에서 위로 올라가거나 다른 정치체제로 가더라도 성별 선택이 사라지지 않음을 알려준다는 것이다. 중국인 부부의 남아 선호 사상을 부추기는 원인이라고 지적되는 연금 부족 문제를 예로 들며 그녀가 말했다. "미국에는 사회보장제도가 있어요. 미국에는 한 자녀 정책이 없죠. 그래도 출생 성비 문제가 존재해요." 에들런드와 아먼드는 아시아인 이민자들이 새로운 환경에서도, 심지어 더 많은 돈을 벌고 미국 시민이 되더라도 계속 아들을 선택한다는 것을 보여줌으로써 크리스토프 길모토가 '지역 문제'라고 이름 붙인 현상이 지역 문제가 아니라는 강력한 증거를 제시했다.

그렇다면 미국에서 성별 선택을 하는 집단은 어떻게 설명할 수 있을까? 최근 불거진 이러한 성비 불균형이 얼마나 가까운 문제로 느껴지는지 생각하면 이해하기 어렵다. 하지만 우리에게는 몇 가지 단서가 있다. 아시아계 미국인의 출생률은 여성 한 명당 1.9명으로 미국의 소수집단 중에서 가장 낮다.[52] 한편《하이픈》지에 따르면 아시아계 미국인 임신부의 35퍼센트가 낙태를 하는데 이는 백인 낙태율의 거의 두 배다.[53] 이런 상황은 아시아에서와 본질적으로 동일하다. 그러나 마지막 구성 요소, 즉 태아의 성별을 검사하는 데 필요한 장비는 전적으로 미국 제품이다.

4장
의사들의 입장
낙태를 원하는 환자들

> 대부분의 예비부부들이 인도의 사회구조가 요구하는 대로 아들을 원하지만 계속 많은 여아를 출산한다. 이는 어떤 면에서 인구 증가율을 높일 뿐 아니라 이 가족들의 사회적, 경제적, 정신적 스트레스라는 연쇄반응으로 이어진다. 양수 검사와 출산 전 성 감별이 우리에게 구원이 되어 아들을 원하는 부부를 안심시킬 뿐 아니라 급속하게 증가하는 인구를 어느 정도 억제시키는 데 도움이 될 수 있다.
> ─ 인도 뉴반다리 병원(New Bhandari Hospital), 1984[1]

의사인 푸니트 베디에게 아폴로 병원 산부인과 병동의 집중치료실은 긍지와 수치를 동시에 주는 곳이다. 이 병원 집중치료실의 기술력은 델리에서 최고 수준에 속한다. 기술력에 관해서라면 인도 전체에서도 최고에 속한다. 베디가 산부인과 실습을 할 병원으로 이곳을 선택한 이유 중 하나가 기술력이었다. 고위험군 출산 전문의로서 베디는 아기가 무사히 태어날 수 있게 노력한다. 하지만 집중치료실의 기술이 인도의 편향된 출생 성비에 기여한다는 사실이 그를 괴롭힌다. 그곳 산부인과 병동에서 태어나는 신생아 10명 중 7명은 아들이다. 그리고 남자아이들의 출산을 돕는 동안 베디는 그중 많은 아이가 유산된 여아를 대신해 태어난다는 것을 알고 있다.

베디는 의학적인 이유에 따른 낙태와 어느 정도 신중하게 고민한 끝에 하는 초기 낙태는 지지한다. 낙태 수술을 직접 행하기도 했다. 하지만 성 감별에 대해서는 분노에 가까운 경멸을 느낀다. 남아와 여아 중 어느 쪽을 선호하든 성별 선호와 같은 시시한 문제로 자신의 직업이 부정되는 것은 특정 직업을 상대로 한 모욕처럼 느껴진다. 그는 말한다. "당신은 부모가 될지 선택할 수 있습니다. 하지만 일단 부모가 되기로 했다면 그 아이가 딸일지 아들일지, 피부가 검을지 흴지, 키가 클지 작을지 선택할 수 없습니다."

지금 베디는 집중치료실에 서서 두꺼운 유리벽 너머로 아기 침대가 줄지어 늘어선 방을 응시하고 있다. 그늘이 지지 않는 조명에 온도 조절이 가능한 밀폐된 방이다. 아기 침대에는 작은 플라스틱 구가 갖추어져 있고 각각의 구 안에서 작은 아기가 잠들어 있다. 조정실의 베디 옆에는 빳빳한 흰색 상의를 입은 기사 세 명이 인체 공학적으로 설계된 의자에 앉아 다양한 슬라이드와 버튼이 달린 탁자 위로 조용하고 빠르게 손을 앞뒤로 움직이고 있다. 방의 나머지 부분은 원격 측정 시스템, 호흡 모니터, 중추신경계 모니터 등의 장비가 차지하고 있다.

인큐베이터 안의 아기들에게 이곳은 처음부터 면밀한 관찰을 받은 임신 과정의 마지막 단계다. 아기는 꼼꼼하게 확인을 받은 뒤에야 태어난다. 델리의 어머니들은 초음파검사가 태아의 성별을 잘못 판단할 수 있다는 것을 안다. 그래서 종종 세 명의 의사에게 세 번 검사를 받는다. 밀폐실의 아기 침대까지 온 아기들은 건강하고 정상적인 남아다. 정확하게 말하자면 조금 일찍 태어났을 뿐이다. 하지만 과학은 조산에 대한 치료책을 아직 내놓지 못했다.

베디는 많은 인도인처럼 성 감별 낙태를 "여아 태아 살해"라고 부르는데, 델리에서 성 감별 낙태가 유행하게 된 이유는 성 감별 낙태가 과학적 발전이라는 인상을 주기 때문이라고 말한다. "건전해 보이도록 위생 처리된 셈이죠." 그리고 성별 선택이 의료 행위라는 사실은 윤리적 부담을 양쪽으로 깔끔하게 분담시킨다고 덧붙였다. 부모들은 의사가 가장 잘 판단할 것이라고 말하는 반면 의사들은 부모들이 강력하게 수술을 원한다고 주장한다. "성별 선택을 하는 부모와 의사 들에게는 부끄러움이 전혀 없어요."

마음을 편하게 해주는 부드러운 목소리에 키가 크고 어깨가 벌어진 베디는 킹스 칼리지 런던에서 몇 년간 공부했다고 한다. 깔끔한 영국식 억양이 영국 유학 경험을 알려준다. 이 억양은 교육이 다른 무엇보다 높이 평가되는 이곳에서 도움이 된다. 베디의 환자들은 정원사들이 가꾸는 넓은 집에서 살고 목가적인 컨트리클럽의 회원이며 자식들을 미국으로 유학 보낸다. 해외에서 공부한 의사를 원했던 이들은 명망 있는 델리의 아폴로 병원을 선택했다. 아폴로 병원은 경제 개발로 인도 중상층에 대한 의료 서비스가 개선되고 있던 30년 전에 문을 열었다(아폴로 병원은 파이저 제약[Pfizer inc.], 엘리 릴리 앤드 컴퍼니[Eli Lilly & Co.]의 임상실험을 하는 거대한 의료 서비스 체인 소속이며 미국의 국제의료기관평가위원회의 인증을 받았다).[2] 내가 병원을 방문하던 날 주차장에는 번쩍이는 벤츠와 BMW 들이 주차되어 있었고 1층 대기실은 세련되고 부유한 사람들로 가득 차 있었다. 한 부부가 특권 의식에 찬 태도로 방을 활보하다가 나와 부딪칠 뻔했다. 남자는 카키색 바지에 다림질한 폴로셔츠를 입었고 여자는 흐린 검은색 머리에 검은색 실크 옷차림이었다. 여자의 머릿결은 잘 관리되어 있고 살와르

카미즈*에는 온통 라인석이 박혀 있었다. 문가에서는 티끌 하나 없는 터번을 쓰고 술이 달린 흰색 정장을 입은 거구의 시크교도 수위 두 명이 서서 장소에 어울리지 않는 방문객을 노려보았다.**

몇 층 위의 집중치료실에서는 베디가 속상해하고 있었다. "나는 이 문제에 너무 감정적으로 빠져 있어서 논리 정연하게 표현하기가 어려워요." 떨리는 목소리였다. "성별 선택은 아마 다음 50년 동안 인도와 중국이 직면할 가장 중요한 문제가 될 거예요. 인구의 20퍼센트를 없애버리면 자연이 가만히 앉아 구경만 하진 않을 겁니다." 하지만 병원들은 이 문제에 조치를 취하려는 의지가 별로 없다. 산부인과 병동이 실속 있는 사업이기 때문이다. 욕조, 트랙 조명, 평면 텔레비전, 잘 가꾸어진 병원 구내를 내다볼 수 있는 커다란 창을 갖춘 아폴로 병원의 고급 분만실은 하루 입원비가 200달러에 이른다. 인도에서는 1994년에 태아 성 감별과 성 감별 낙태가 법으로 금지되었지만 제대로 지켜지지 않았고 성별 선택은 수요가 많고 손쉬운 행위인지라 의사들도 계속해서 공공연히 이를 시행한다. 베디는 자신이 델리의 많은 산부인과 의사보다 수입이 적은데, 그 이유는 단지 여아 낙태를 거부하기 때문이라고 말했다. "나에게 초음파검사를 받은 환자 중 일부는 크게 실망합니다. 그 사람들은 태아가 딸인지 아들인지조차 알려주지 않는다면 초음파검사가 시간과 돈 낭비일 뿐이라고 생각해요."

- 인도의 전통의상인 헐렁한 바지와 긴 셔츠. _옮긴이
- 1940년대에 인도 재계의 거물 모한 싱 오베로이가 자신이 운영하는 고급 호텔에 도입한 인상적인 방식으로, 인도에서 거구의 시크교도 수위(키가 보통 180센티미터가 넘는다)는 그곳이 특별한 기관임을 표시하는 상징이다.

실제로 인도의 최고 의사들 중 일부도 부모들이 태아의 성을 검사하도록 돕고 있다. 델리에서 악명 높은 경우가 망갈라 테랑이었는데, 하버드 대학에서 공부한 테랑은 스타 산부인과 의사였다. 테랑의 고객은 부유한 외국인(미국 대사관과 영국 대사관은 델리에 거주하는 자국민들에게 테랑을 추천했다)부터 인도 발리우드의 유명 인사에 이르기까지 다양했다. 2007년에 BBC 아시안 네트워크가 임신한 남아시아계 영국인 기자를 비밀리에 파견했는데, 이 기자는 테랑이 자신에게 성 감별을 위한 초음파검사를 유도하고 태아가 여아로 밝혀지면 낙태를 시술할 의사를 추천해주겠다고 한 사실을 폭로했다.[3] (베디는 이 부분에서 "나는 전혀 놀라지 않았어요"라고 무미건조하게 말했다.) 프로그램이 방송된 뒤 보건부는 테랑의 면허를 정지시켰지만 내가 델리를 방문했을 당시 테랑은 다시 개업 중이었다. 그뿐 아니라 BBC 기자는 사우스델리에서 기꺼이 태아의 성별을 확인해주려는 다른 의사 세 명도 찾아냈다. 한 의사는 성별 선택이 불법이라는 사실까지 거리낌 없이 말한 뒤 기자가 영국인이라는 낌새를 채고 현행 진료비의 두 배를 청구했다. 베디는 말한다. "의사들은 비겁하게도 비난을 받아들이려고 하지 않아요. 그 사람들은 '우리는 의사입니다. 숭고한 직업이라고요'라고 말해요. 헛소리죠." 나중에 베디는 "도덕이나 윤리 같은 문제에 이르면 사람들마다 다양한 의견이 있을 거예요. 하지만 사람들이 넘지 않는 선이 있어요. 성 감별을 하는 모든 사람은 그게 비윤리적이란 걸 알아요. 대규모의 의료 범죄죠"라고 덧붙였다.

아시아의 병원과 진료소에서 문제가 태동하고 있다는 조짐은 1975년에 벌써 나타났다. 1975년은 델리의 국립 병원이 양수 검사를 처음 실시하기 시작한 해다. 양수 검사는 태아를 둘러싼 양막 안으로 주사기를 찔러 넣어 태아 세포가 풍부하게 포함된 양수를 소량 추출하는 검사다. 양수 검사 기술은 몇 년 안에 상용화되어 개인 병원에서도 이용할 수 있게 되었다. 양수 검사는 태아의 기형을 진단하기 위해 개발되었지만 1980년대 초에는 인도인들이 일반적으로 간단히 '성 검사'라고 부르는 성별 확인에 흔히 사용되었다.[4]● 그러나 양수 검사는 유산의 위험을 안고 있는 비교적 외과적인 절차라서 대중의 관심을 끌지 못했다. 한데 다른 기술들도 나오고 있었다. 1982년에 미국 기술평가국이 발행한 보고서는 "개발도상국에서 높아지고 있는 성평등에 대한 기대에 반하며 매우 파괴적인" 새로운 성별 선택 기법에 대해 경고했다. 보고서 작성자는 "간단하고 효과적인 성별 선택 기술이 널리 사용될 것으로 보인다"라고 결론 내렸다.[5] 그와 때맞추어 고품질의 임신 중기 초음파가 등장했다.

1980년대 중반에 델리의 많은 병원이 태아 초음파검사를 실시했다. 이 기술은 한국, 타이완, 싱가포르, 중국에서도 빠른 속도로 확산되었다. 실제로 확산 속도가 너무 빨라서 학자들이 나중에 성별 선택의 유행 속도에 놀랐을 정도다. 1995년에 인구학자 박채빈과 조남훈은 다음과 같이 말했다. "동아시아 국가들의 갑작스러운 성비 증가는 인상적이다. 각 나라에서 성비가 1년 내에 높은 수준으로 뛰어 이후에도 유지되었다. 이는 사람들이 성별 제어 기술을 이용할 수 있기

● 아시아의 다른 국가들에서도 비슷한 일이 벌어지고 있었다. 한국 언론에 따르면 1984년에 양수 검사의 90퍼센트가 성 감별에 사용되었다. 한편 중국에서는 임신부들이 마치 다른 것은 확인할 가치도 없다는 듯 '검사'라는 단어를 태아 성 감별과 같은 의미로 사용하기 시작했다.

를 열렬히 기다려왔음을 시사한다."[6]

인도의 병원들은 경제적 이점을 내세운 무신경한 홍보로 고객들에게 성 감별 검사에 대해 알렸다. 뭄바이 도처에 등장한 어느 병원의 광고 문구는 "나중에 50만 루피를 쓰느니 지금 500루피를 쓰는 것이 낫다"였다.[7] 인도인들은 이 문구의 의미를 알고 있었다. 이제 저렴한 기술 덕분에 딸, 그리고 딸이 가져가야 하는 거액의 지참금을 피할 수 있게 되었다. 다른 병원들은 자기 병원이 부모들을 도와 정부의 목표를 달성하는 데 기여함으로써 인구 증가를 막고 있다고 주장했다. 뭄바이의 한 병원은 양수 검사를 '자비롭고 이롭다'고 칭송한 전단을 배포했다. 또한 한 광고에는 "인도 같은 개발도상국에서는 부모들에게 가족을 두 자녀로 제한하도록 장려하고 있기 때문에 부모들은 확인할 수 있는 한 확실히 우수한 두 명을 가질 권리가 있다. ('우수'라는 말은 인구 제어 활동가들이 좋아하는 말인데 이 경우 완곡하게 남아를 표현하는 이중적인 의미로 쓰였다.) 양수 검사는 이런 면에서 도움을 준다"라고 쓰여 있었다.[8]

새로운 임신 진단 기법은 때맞춰 등장했다. 수십 년 동안 엄격한 인구 목표를 설정한 결과 인도인들은 아이를 예전보다 덜 낳고 있었다. 한편 봉급은 올라가기 시작했고 델리 주민들은 기술에 푹 빠져 있었다. 사우스델리에서 만난 어느 사진기자는 1986년에 임신했는데 초음파검사를 거부하자 이내 평범함과는 한참 동떨어진 사람이 되어버렸다. 그녀와 남편은 예술가였고 서구의 약품보다 아유르베다 의술을 더 좋아하는 비순응주의자였다. 그녀는 내게 "사람들은 수천 년 동안 초음파검사를 받지 않고 아이를 낳았어요"라고 말했다. 그러나 1986년에 델리에서 초음파검사를 받지 않고 아이를 낳는 것은 거의 정치적 선언으로 여겨졌다. 그리고 아이가 태어난 뒤 딸이라는 것을 알고 기뻐하자 이웃들은 이 부부를 더 이상한 사람으로 취급했다. 그녀의 남편은 의료진이 출산 경과를 알려주기를 열렬히 기다리며 병원 대기실에 앉아 있던 때를 기억한다. 한 산부인과 의사(여성)가 마치 재난이라도 되는 듯 소식을 전했다. "딸……을 낳으셨어요." 딸이라는 단어를 발음하면서 의사의 목소리가 낮아졌다. 그 말 뒤에는 인도에는 이러한 실망을 방지하기 위한 절차가 있다는 뜻이 숨겨져 있었다. (이 책을 쓸 당시 이 부부의 딸은 우수한 20대 여성으로 성장하여 국제 호텔 경영 분야에서 일하기 위해 교육을 받고 있었다. 1980년대에 뭄바이의 천박한 광고들이 제시한 것과 반대로 사실 그녀는 집안의 기둥이 될 여지가 다분하다.)

성 감별 기술은 많은 국가가 제조업 중심의 경제를 구축하고 있을 때 아시아에 전파되었고 부분적으로는 한국의 금성초음파, 중국의 민드레이Mindray 메디컬 인터내셔널 같은 회사에 의해 상용화되어 전 대륙으로 퍼져 나갔다. 하지만 서구 회사들도 이 시장에 참여했다. 제너럴일렉트릭GE이 중국에 세운 첫 합작회사는 현지 시장용 초음파 기계를 생산하기 위해 1990년대 초에 설립한 공장이었다.[9] GE의 경영진은 이 기술에 대한 상당한 수요를 확인했다. 2009년《하버드 비즈니스 리뷰》에 실린 한 기사에서 CEO인 제프리 이멀트는 "1980년대 후반에 아시아에서 신기술(초음파)의 미래가 밝다는 것이 명백해졌다"라고 회상한다.[10]

중국에서 GE의 시장점유율이 떨어진 뒤인 2007년에 이 다국적 기업은 개인용 컴퓨터에 연결할 수 있는 저가의 소형 초음파 기계를 내놓았다. 기존 기기 가격의 6분의 1밖에 안 되는 가격이었다. 이멀트는 이 소형 기기가 "현지 병원들에서 인기를 끌었다. 오늘날 휴대용 기기는 중국 내 GE의 초음파 사업의 성장 엔진이다"라고 말한다.[11] 한편 GE는 인도에서 현지의 대기업 위프로(Wipro)와 합작하여 초음파 기기 시장을 장악했다.[12] 2006년에 위프로 GE 메디컬 시스템은 초음파 기기 및 다른 진단 장비들로 2억 5천만 달러의 판매고를 달성했다. 중국에서와 마찬가지로 이 회사는 가장 외진 지역에 있는 소규모 병원의 의사들에게 저렴한 기계를 홍보하여 인도의 새로운 지역에 성별 선택이 퍼지도록 기여했다. 뭄바이의 인구학자 T. V. 세케르는 "성별 선택 기술과 성 감별 낙태 설비를 외딴 시골 지역에서도 매우 흔하고 쉽고 저렴하게 이용할 수 있게 되었다"라고 말한다.

중기 초음파는 태아의 해부학적 관찰이라고도 불린다. 이는 태아의 성장을 점검한다는 의미며 기형 여부를 확인할 뿐 아니라 태아의 주 수를 계산하는 데도 사용되는 방법이다. 하지만 보통 임신 20주에 실시하는 태아의 해부학적 관찰은 많은 부모에게 새로 발견된 마법을 임신에 적용한다는 의미기도 하다. 나는 이 관찰 장면을 두 번 봤는데 밤에 잔잔한 호수에서 스노클링을 하는 것과 비슷하게 느껴졌다. 젤을 바른 변환기가 임신부의 배 위를 지나면 검고 탁하며 끝없이 깊고 넓은 공간이 보인다. 그러고 나서 갑자기 놀랍도록 또렷한 형태들이 나타난다. 좀 더 정교한 기계들은 태아의 팔뚝과 손, 배와 탯줄, 입술과 코에 차례차례 초점을 맞추어 놀랄 만한 범위의 특징들을 추적할 수 있다. 초음파 기계는 발가락과 손가락 하나하나, 작지만 윤곽이 또렷한 두 귀, 작고 둥근 코까지 보여준다. 횡격막, 신장, 뇌도 볼 수 있다. 뛰고 있는 심장이 부드럽게 떨리고 미끈거리며 화면에 나타나고, 확대하면 심방, 심실, 판막까지 관찰할 수 있다.

하지만 아시아의 초음파 기사들은 대부분 성별 확인 방법만 배우는데, 성별은 알아내기 쉬운 특징 중 하나다. 어느 정도 교육을 받으면 의학적 배경이 없는 사람도 모니터의 회색 배경에 보통 흰색으로 나타나는 태아의 생식기를 찾을 수 있다. 성 감별을 할 때 초음파 기사들이 익살스러울 정도로 비공식적인 용어를 사용하는 것은 아마도 이 때문일 것이다. 초음파 기계의 모니터에서 남아의 고환 사이로 살짝 보이는 작은 성기는 전 세계적으로 '거북'이라 불리며 실제로 등딱지 밖으로 내민 거북의 머리처럼 생겼다. 아시아와 유럽에서 태아의 음순과 음핵을 이루는 세 개의 작은 평행선은 '샌드위치'라고 불린다. 미국인이라면 이 부분을 '햄버거'라고 부르는 것을 들어보았을 것이다.[13]

거북과 샌드위치에 대해 간단히 알려주면 초음파 기사들은 어디서나 성 감별을 할 수 있을 정도로 요령을 익히게 된다. 그리고 많은 기사가 임상 환경의 한계를 실험한다. 일부 기사들은 차 뒷좌석에서 검사를 시행하기도 한다. 중국 기업인 민드레이는 차를 타고 가면서 성 감별 검사를 할 수 있는 휴대용 초음파 기계를 제작했다.[14] 하지만 성 감별의 실패 가능성이 전혀 없는 것은 아니다. 특히 검사 중에 성기가 가려질 수 있어 기사들은 때로 아들을 딸로 오인한다. 크리스토프 길모토는 의사가 태아의 성별을 오판하여 아들을 낙태했다고 격분한 인도 여성을 만난 일을 기억한다. 주차장의 눈부신 햇빛 아래에서 검사를 하는 기사가 특히 실수를 저지르기 쉬운 것도 당연하다. 하지만 아시아의 한쪽으로 치우친 출생 성비가 증명하듯 대부분의 경우 이 기술은 효력을 발휘한다.

인도에서만 태아 성 감별이 불법인 것은 아니다. 중국과 한국 역시 초기에 성 감별을 법으로 금지했고 세 나라 정부들은 이따금 함정수사를 벌였다. 그래서 기사들은 녹음기가 숨겨져 있을 가능성에 대비해 종종 태아의 성별을 노골적으로 말하지 않는다. 그러나 기사들이 대놓고 말하는 대신 사용하는 방법은 법을 가장 문자 그대로 해석할 경우에만 합법적이다. 그들은 "아기 방을 분홍색으로 꾸며야겠네요"라든가 "훌륭한 축구 선수를 낳으시겠네요" 등 적절하게 성별을 표현한다.[15] 혹은 딸이나 아들, 질이나 성기, 분홍색이나 파란색 등을 일체 언급하지 않고 전문적으로 검사를 완료한 뒤 떠나는 임신부에게 태아의 생식기 사진을 건네준다. 사진에는 쉽게 이해할 수 있게 동그라미를 치고 주석을 달아놓는다.

인도의 활동가들에게 압력을 받은 위프로 GE는 강력하게 추진하던 초음파 기기 사업을 누그러뜨릴 몇 가지 조치를 취했다. 위프로 GE는 이제 병원들에게 자사의 기기를 성별 선택에 사용하지 않겠다고 서약하는 진술서에 서명할 것을 요구한다.[16] 하지만 GE의 대표자들은 진정한 문제는 수요 측에 있다고 주장한다. GE는 단지 기술을 제공할 뿐이며 사람들이 기술을 악용하는 것은 GE와 아무 관련이 없다는 것이다. 위프로 GE의 전 임원 비벡 폴은《월스트리트 저널》에서 "누군가가 복잡한 시장에서 차를 몰다가 사람을 치어 죽였다면 당신은 자동차 회사를 탓합니까?"라고 물었다.[17]

성별 선택을 대중의 수요 탓으로 돌리는 쪽은 초음파 기기 제조사들의 경영진만이 아니다. 1980년대와 1990년대에 성 감별 낙태 수술을 시행한 서울 근교의 산부인과 의사 조영열 역시 본인에게는 힘이 없었다고 생각한다. 사각턱에 미소가 따뜻해 보이는 서글서글한 남성인 조영열은 의과대학을 졸업하고 1983년에 서울 근교의 구리시에 병원을 개업했다. 같은 해에 한국의 금성초음파가 대중 시장을 겨냥해 초음파 기기를 출시했다.[18] 조영열의 병원은 곧 번창했다. 처음에는 출산과 낙태뿐 아니라 정기검진 등 산부인과의 모든 과정을 진료했지만 출산, 낙태에 대한 수요가 특히 높아서 몇 년 지나지 않아 산과만 다루는 두 번째 병원을 열었다. 새로 연 지점은 구리시에서 가장 큰 산과 병원으로 성장했다.

조영열은 태아가 여아로 판명될 경우 의사가 낙태 수술을 거부하는 것은 말할 것도 없고 태아의 성별 확인을 거부하는 것조차 말이 안 되는 세계로 자신이 들어가게 되었노라고 말한다. 임신 중기 검사를 하러 온 임신부들은 뱃속의 아기가 아들인지 딸인지 몹시 궁금해한다. "거의 모든 환자가 성별을 알고 싶어 했습니다. 말해주지 않으면 다른 병원으로 갔을 거예요. 임신부들은 태아의 성별을 알 수 있는 곳을 찾아 여러 군데 병원을 돌아다닐 만큼 필사적이었죠." 조영열은 성별 선택의 기저를 이루는 성차별을 싫어하며 여러 번의 후기 낙태가 건강에 미칠 영향을 우려한다. 하지만 그래도 그는 환자들에게 태아의 성별을 알려주었다.

성별을 알려주었을 때의 반응은 환자마다 별반 다르지 않았다. "아들일 경우 기쁨에 넘쳐요. 딸이면 어떻게 할지 생각하기 시작하죠. 아이를 낳을 것인지, 낙태를 할 것인지에 대해서요." 딸을 임신한 여성은 그 문제에 대해 그 자리에서 즉시 상담하는 일이 드물었다. 하지만 조영열은 임신부들이 의사의 진단을 확신하지 않는다는 것을 알고 있었다. 표정으로 나타나기도 하고, 그중 많은 여성이 나가면서 병원 간호사들을 붙들고 조언을 구했기 때문이다. 조영열은 나중에 이들이 나눈 대화에 대해 들었다. "간호사들은 임신부에게 왜 낙태를 원하는지 물었어요. 정말로 낙태를 할 필요가 있는지 묻는 거죠. 하지만 낙태를 하지 말라고 설득하지는 않았어요. 대신 그녀들이 어느 쪽으로 마음이 기울고 있는지 알아내려고 노력했죠." 조영열이 회상한 것처럼 여아 태아를 낙태시킬지 고민하는 임신부를 마주했을 때 간호사의 역할은 심리학자가 떠들썩한 관계를 맺어 우유부단한 환자를 이끌 수 있는 것처럼 여성의 마음속 가장 깊은 곳의 갈망에 접근하는 것이었다.

일단 낙태를 결심한 여성은 다시 병원을 방문했고 조영열은 그녀에게 임신 중기 낙태가 건강에 미치는 위험을 설명했다. 간호사들과 마찬가지로 조영열은 환자와 논쟁을 벌이려 하지 않았다. 성별 확인을 거부해봤자 소용이 없는 것처럼 낙태를 거절해도 소용없다고 느꼈다. "그 여성들은 이미 결정을 내렸어요." 그래서 그는 낙태 수술을 시행했다.

1990년대에 조영열은 두 병원에서 진료를 했다. 한 병원에서는 여성들에게 정기검진을 했고 다른 병원에서는 분만을 도왔는데 남아와 그보다 적은 수의 여아를 받아냈다. 조영열은 산모들의 출산을 돕는 일에 특히 자부심을 느꼈다. 대기실에 분홍색과 파란색 네온등을 설치하고 분만실 버튼과 연결해 간호사가 신생아의 성별을 알릴 수 있게 했다. 처음부터 설계되어 있는 절차에 기술적 장식을 더한 것이다. 하지만 2004년에 한국의 출생률이 급락하기 시작했다. 조영열은 산과 진료를 중단하고 두 번째 병원의 문을 닫았다. 다른 한 병원은 구리시에 있는 어느 상가 건물의 피자헛 위층에 간소화된 형태로 개업 중이었으며 '여성병원'이라는 단순한 분홍색 간판이 붙어 있었다.

내가 만났을 때 50대였던 조영열은 깊은 눈빛을 지녔다. 우리가 만난 날 그는 브이넥 스웨터 위에 푸른색 가운을 입고 쾌활하게 이야기했다. 때로는 냉소적인 미소를 지었고 때로는 철학적인 말투가 되기도 했다. 몇 번인가 무언가를 "사회적 문제"라고 칭했다. 그는 자신이 다니는 교회에서의 활동에 열심이다. 그의 말투가 냉담하게 바뀐 것은 한국의 성비 불균형에 자신이 기여한 바를 논할 때뿐이었다.

비평가들은 아시아와 다른 지역의 의료 기관들에 그러한 시각이 널리 퍼져 있다고 말한다. 샌프란시스코 만안灣岸 지역에 거주하는 남아시아인들의 성별 선택에 관해 광범위한 연구를 펼친 미국의 젊은 의사 수니타 푸리는 의사가 성 감별 요구에 응하는 것은 환자 주도적 치료라는 더욱 광범위한 동향의 징후라고 본다. 푸리는 "이제 환자는 고객입니다. 의사는 환자에 대해 알게 되는 사람이라기보다 의료 서비스를 제공하는 진료소에 가깝다고 할 수 있죠"라고 말한다. 하지만 푸리는 "결정적 의사 결정"이라는 것이 존재한다고 덧붙인다. 뭄바이의 인구학자 세케르도 이 의견에 동의한다. "의사들이 이런 종류의 대규모 왜곡과 제거에 대해 심각하게 고민했다면 이런 일은 일어나지 않았을 것입니다."

실제로 단호한 의료진들은 나라의 출생 성비가 편향되기 전인 초기에 성별 확인 문제에 중요한 역할을 할 수 있다. 의료진은 사회학자나 인구학자와 달리 사회과학적 이론의 방해를 받지 않는다. 환자에게 무슨 일이 일어나고 있는지 깨닫기만 하면 된다. 예를 들어 인구학자들이 알바니아의 성비 불균형을 알아차리기 몇 년 전에 루베나 모이지우는 자신이 임원으로 있는 병원에서 성 감별 낙태가 이루어진다는 사실을 밝혔고, 정부의 누군가가 여기에 귀 기울였다면 성 감별 낙태의 확산을 막을 수 있었을지 모른다.

2002년에 모이지우는 자신이 관리, 감독하는 티라나의 제2대학 산부인과 병원에 여성들이 여아를 낙태하러 온다는 의심을 하기 시작했다. 몇 년간 분만을 관찰한 그녀는 부부들이 남아를 몹시 원한다는 인상을 받았다. 아들을 낳으려고 딸을 연이어 6명, 7명, 8명 낳는 여성들을 보았고 딸이 태어날 경우 화를 내는 아버지들도 보았다. 아내가 회복실에 있는 동안 대기실에 서서 간호사와 환자 모두에게 들리도록 "1년 뒤에 아들을 낳으러 올 거요!"라고 고함을 지르는 남자도 한두 번 보았다. 그러다가 연이어 딸이 태어나는 경우가 갑자기 줄었다. 모이지우는 낙태율이 높아지고 태아 초음파검사가 점점 더 널리 퍼지면서 일부 부부가 아들을 얻을 수 있는 확실한 지름길을 이용한다고 추측했고 이 문제를 알아보기로 결심했다.

알바니아 여성들은 임신 초기에는 작은 개인 진료소에서 낙태를 할 수 있다. 하지만 12주가 지나면 큰 병원에 가서 낙태를 하도록 법에 규정되어 있다. 당시 알바니아에서 이용 가능한 초음파 기술로는 임신 13주까지 태아의 성별을 확인할 수 없었으므로 그런 규정은 적어도 이론적으로는 성별을 이유로 이루어지는 모든 낙태를 병원의 의사들이 처리했다는 의미였다.[19] 모이지우는 알바니아의 2대 산부인과 병원 중 하나인 제2대학 산부인과 병원에서 성 감별 낙태가 얼마나 흔한지 밝힐 수 있기를 바랐다. 그녀는 만 1년 동안 중기 낙태를 위해 병원에 오는 모든 여성에게 낙태 이유를 물어보라고 지시했다. 낙태에 개입하려는 것이 아니라 단지 낙태를 원하는 이유를 알아보고 이해하려는 의도였다.

조사 결과를 취합해보니 아들을 낳고 싶다는 바람이 낙태를 하는 두 번째로 많은 이유였다. 가장 많은 이유는 의도하지 않은 임신이었다. 총계를 내니 여아를 임신했기 때문에 낙태를 원하는 여성은 전체의 약 5분의 1을 차지했다. 모이지우는 유엔인구기금에 이 결과를 알렸다고 한다. 하지만 내가 만난 유엔인구기금 측 대표 플로라 이스마일리는 그 조사에 대해 들어본 적이 없다고 말했다. 아무튼 정부나 유엔인구기금이 성별 선택에 관해 조치를 취하지 않았기 때문에 아무런 일도 일어나지 않았다. 모이지우는 직원들에게 지금부터 제2대학 병원에서 성별 선택 낙태를 용인하지 않겠다고 말한 뒤 다른 문제로 관심을 돌렸다. 하지만 그녀는 알바니아의 미래에 대해 걱정스러워했다. "성별 선택은 여성이 어머니의 자궁에 있을 때부터 경시된다는 의미입니다. 여성에 대한 일종의 명예훼손이죠."

하지만 모이지우는 성별 선택에 관심을 기울이다가 병원 경영진 사이에서 소수파에 속하게 되었다. 베디는 성 감별 낙태가 벌어들이는 돈이 한마디로 너무 크다고 말한다. "인도 산부인과 의사들 수입의 거의 3분의 1이 낙태에서 나옵니다. 여아 낙태를 하는 의사들은 90퍼센트의 수입을 낙태에서 얻지요. 도대체 누가 낙태 수술을 그만두려 하겠어요?" 세케르도 동의한다. 세케르는 격앙된 목소리로 외쳤다. "의사들은 아주 욕심이 많아요. 이들은 돈 뒤에 숨어 있죠. 성별 선택은 큰 사업이 되었어요."

의료 산업계를 모니터하는 일은 대개 인도의 공공 보건 활동가 사부 조지 같은 사람의 몫이다. 상냥하고 다부진 체격의 조지는 인도의 성비 불균형 문제에 매우 관심이 높아 친구 집에 머물거나 기부금에 의존하면서 거의 빈털터리로 나라를 돌아다녔다. 내가 만난 사람 중 조지를 간디와 비교한 사람이 한 명 이상이었는데 그 비유는 아마도 적절할 것이다. 인도의 이전의 활동가들처럼 조지는 차분한 외모와 달리 맹렬하고 때로는 융통성 없는 도덕성을 지녔다.

조지는 GE가 초음파 사업에 더 많은 책임을 지도록 설득하는 데 중요한 역할을 했다. 또한 야후, 마이크로소프트, 구글 같은 인터넷 거물들을 상대로 인도의 검색엔진들에서 '성별 선택' 같은 용어에 대한 스폰서 링크를 삭제하지 않으면 법적 조치를 취하겠다고 위협했다. 2008년에 인도 대법원이 조지를 대신해 이를 요구한 뒤 많은 광고가 사라졌다.[20] (그러나 구글 같은 전 세계적인 엔진은 계속 성 감별에 대한 스폰서 링크를 허용했기에 조지는 아직 승리를 선언하지 못했다.) 이후 조지는 임신 5주에 벌써 성 감별을 할 수 있다고 주장하는 통신판매 혈액검사로 관심을 돌렸다. 그는 초기 검사는 임신이 외부에 알려지기 훨씬 전에 여성이 여아를 낙태하게 할 수 있기 때문에 위험한 발명품이라고 믿는다.

2005년에 매사추세츠 주에 있는 아쿠젠 바이오랩이라는 회사가 '베이비 젠더 멘토'라는 275달러짜리 상품을 내놓고 임신 5주에 "99.99퍼센트 정확하게" 성별을 예측할 수 있다고 홍보했다.[21] 〈투데이 쇼〉에서 요란스럽게 다루며 등장한 이 상품은 임신부의 혈액 속에 소량의 태아 DNA가 들어 있다는 개념을 바탕으로 한다. 그 DNA를 파악하기 위해 여성이 자기 손가락을 찔러 피 한 방울을 실험실로 보내면 며칠 안에 진단 결과가 도착한다. 혹은 회사가 그렇게 약속을 한다. 그러나 소비자와 과학자 모두 베이비 젠더 멘토의 정확성에 의문을 제기했다.[22] 2006년, 자신들이 주문한 상품이 아기의 성별을 잘못 예측하여 실망한 부모들 수십 명이 아쿠젠이 약속한 200퍼센트

환불을 해주지 않았다고 주장하며 회사를 상대로 집단소송을 제기했다.[23] 하지만 좀 더 복잡한 태아 DNA 검사가 개발 중이며, 조지는 베이비 젠더 멘토가 걱정스러운 전례를 세웠다고 우려한다. 델리의 한 채식주의자 식당에서 점심을 먹기 위해 만났을 때 조지는 "이 사람들이 새로운 시장을 창출한다면 낭패예요"라고 말했다.

조지는 범위를 더 넓혀서 미국 기업들에게 자사의 기술이 세계의 다른 지역에 깊은 영향을 미치고 있다는 사실을 이해시키고 싶어한다. "이것은 세계가 책임져야 할 문제예요." 하지만 조지는 그런 의무가 별안간 인정될 전망은 어둡다는 것도 알고 있다. 서구인들은 수백 년 동안 아시아의 성비 불균형에 대한 자신들의 책임을 모른 체해왔다.

5장
제국주의자들의 입장
열강의 착취가 퍼트린 여아 살해 관습

> 경험과 역사를 통해 알 수 있는 것은
> 국가와 정부가 역사에서 아무것도 배우지 않는다는 것이다.
> ─게오르크 빌헬름 프리드리히 헤겔

1789년 영국의 동인도회사가 인도의 조세 징수 현황을 살피기 위해 조녀선 덩컨을 파견했을 때 그는 새로운 유형의 식민지 관료의 표본이었다. 이 합자회사는 영국 정부로부터 아시아에 대한 무역 독점권을 얻은 1600년부터 인도에서 자원을 빼돌려왔다. 하지만 초기에 동인도회사는 직원들에게 거의 봉급을 주지 않았다. 따라서 직원 중에는 모험을 좋아하는 사람들과 뇌물로 주머니를 채우는 데 골몰하는 부당 이득자들이 뒤섞여 있었다. 관리가 부실하다는 소식이 고국의 주주들 귀에 들어갔고 회사의 이익이 불안정해지기 시작하자 주주들은 좀 더 좋은 자질을 갖춘 직원들을 요구했다. 경영진은 부패한 관리인들을 해고하고 인도 문화와 역사에 대한 지식을 갖춘 입사 지원자들을 끌어들이기 위해 봉급과 수당을 인상했다. 이와 동시에 경영진은 기업의 이미지를 바꿀 기회를 잡았다. 원주민들에게 교육과 서구의 품위를 전하는 것이 동인도회사의 하나의 정체성이며 새 직원들은 이 정체성의 일부라고 선언한 것이다. 교육은 인도에서 동인도회사의 안정된 권력을 보장해주므로 그 자체로 훌륭한 투자였다. 1784년 동인도회사의 총독은 투자자들에게 "지식이 축적될 때마다 원주민들을 지배하던 족쇄의 무게가 줄어듭니다"라고 설명했다.[1)]

신입 사원들은 '오리엔탈리스트'라고 불렸는데(2세기 뒤에 에드워드 사이드가 이 용어에 부정적인 의미를 부여했다) 페르시아어와 벵골어를 할 줄 알았던 덩컨은 그중에서도 매우 전형적인 인물이었다. 꼼꼼한 성격의 덩컨은 흰색 실크 스타킹과 무릎 아래에서 묶는 빳빳한 반바지를 입고 머리에는 밝은 흰색 파우더를 발랐다. 그리고 청렴하기로 유명했다.[2)] 덩컨은 오늘날 바라나시라고 불리는 신성한 도시 베나레스에 배치되었다. 19세기의 한 역사학자는 이 유명한 도시에 도착한 덩컨이 "계급이 높은 사람부터 가장 낮은 사람까지 주위 사람들을 아버지 같은 깊은 관심을 갖고 대했다"라고 썼다.[3)] 이 또한 새로운 관리들에게 매우 전형적인 모습이었다. 이들은 인도의 문헌들을 자유롭게 인용했고 현지의 관습을 완벽하게 알고 싶어 하는 동시에, 다루기 힘든 아이의 단점을 찾으려는 압제적인 아버지처럼 가부장적으로 행동했다. 오리엔탈리스트들의 도착은 인도에서 동인도회사가 식민주의 논리로, 즉 불공정한 경제적 지배를 윤리적·종교적 논리로 은폐하는 쪽으로 전환했음을 뜻했다. 1789년에 덩컨은 세금 징수를 위해 라즈쿠마르족을 방문한 뒤 이 부족이 여아들을 살해했노라고 자신의 의무에 충실한 보고를 했다.

자기 지역에서 지배적인 집단인 라즈쿠마르족은 43개 마을을 통치했다. 이들은 더 큰 부족인 라지푸트족 내의 하위 집단이었는데,

라지푸트족은 영국의 베나레스 통치에 비판적이어서 늘 골칫거리인 강력한 지주 집단이었다. 덩컨이 10월에 사무실로 돌아오자마자 동인도회사의 총독 찰스 콘월리스 경에게 자신이 발견한 내용에 대해 편지를 쓴 것은 아마 이 때문일 것이다. 덩컨은 조금도 과시하는 기색 없이 "저는 다음 사실을 확신하며 실제로 여기서는 일반적으로 그렇게 알려져 있습니다. (따라서 관례상 용납되는 일이라 해도 그러한 범죄 행위를 정부에 알리는 것이 저의 의무입니다.) 라즈쿠마르족 사이에서는 딸의 양육을 거부하게 함으로써 딸을 살해하는 일이 관행처럼 종종 일어나고 있습니다"라고 편지에 썼다.[4] 여아 살해 문제에 대한 덩컨의 열정은 끝이 없었다. 그는 몇 장에 걸쳐 영아 살해의 결과뿐 아니라 자신이 생각하는 원인인 사회적 환경을 상세히 기술했다(덩컨이 나열한 결과 중 하나는 라지푸트족의 남성이 자기 부족에서 결혼할 여성을 찾는 데 어려움을 겪는다는 것도 포함되었다). 영국의 한 사학자는 나중에 여아 영아 살해 방지 활동을 덩컨의 "개인적 전쟁"이라고 칭했다.[5]

덩컨은 콘월리스 경에게 라즈쿠마르족이 딸을 살해한다는 사실을 어떻게 발견했는지는 말하지 않았다. 나중에 조사관들이 기록한 것처럼 아마도 여자아이가 없는 마을을 우연히 발견했을 것이다. 아무튼 덩컨은 여아 살해가 라즈쿠마르족의 사회적 지위에 대한 갈망과 관련 있다고 추측했다. 그리고 콘월리스에게 이들의 여아 살해는 "이 부족이 누려온 독립성에 대한 엄청난 열망"이 기반을 이룬다고 썼다.[6] 덩컨이 보기에 라즈쿠마르족은 딸을 살해하여 여성이 더 낮은 카스트의 가족과 결혼하는 것을 피하고 동인도회사의 골칫거리인 지역 권력을 유지하고 있었다. 콘월리스 경에게 편지를 쓴 지 두 달 뒤 덩컨은 자신들이 수백 년 동안 악행을 저질러왔음을 인정하고 여아 살해를 저지른 사람을 추방함으로써 지금까지의 방식을 바꾸겠다고 약속하는 서약서에 라즈쿠마르족의 지도자들이 억지로 서명하게 했다. 문서에는 "우리는 사람을 죽이려는 행위가……우리 사이의 관례였음을 인정한다"라고 적혀 있다.[7] 만족한 덩컨은 문제가 해결되었다고, 혹은 해결된 것으로 보인다며 서명된 서약서를 콘월리스 경에게 보냈다.

그 뒤 1795년에 콘월리스 경은 덩컨을 남쪽으로 1,400킬로미터 이상 떨어진 봄베이로 전출시키고 그 도시의 총독으로 승진시켰다. 이제 덩컨은 인도 서부의 많은 부분이 포함된 지역을 관리하게 되었고 더 광범위하게 여행을 했다. 다른 지역에서도 여아 살해가 벌어진다는 소식이 곧 전해졌다. 지금의 구자라트에 사는 한 부족은 딸이 태어나면 땅에 구덩이를 파고 우유를 채워 아기를 빠뜨린다고 했다.[8] 그런 이야기를 몇 번 듣고 나자 덩컨은 부하에게 이 문제에 대해 보고서를 쓰라고 지시했다. 결과는 놀라웠다. 120만 명이 거주하는 한 정착지에서 매년 약 2만 명의 여아가 죽는 것으로 나타났다.[9]

그리하여 방대한 문서가 제작되기 시작했다. 영국 관리들은 열정적인 기록 보관자들이었고 몇 년간 작성된 보고서들에는 여아 살해와 함께 인간 제물과 순사●의 예가 딱딱한 도표와 수치, 과장된 해설이 곁들어져 열거되었다. 한 보고서에는 "자연스러운 감정이나 인간성은 자리자족에게 아무런 영향도 미치지 않았다"라는 언급이 나온

● 殉死. 남편의 시체와 살아 있는 아내를 함께 화장하던 인도의 옛 풍습. _옮긴이

다.[10] 다른 보고서에는 인도인들이 "자궁에서 무고하고 따뜻한 피가 흐르게 하는 데 관여했다"라고 진술되어 있다.[11] 식민주의자들은 여아 살해가 "비인간적이고 야만적"이라고 썼다.[12]

이 시기에 나온 한 해석이 특히 인상적이다. 「동인도회사 관리: 진보의 역사The Administration of the East India Company: A History of Progress」는 존 스튜어트 밀의 후임으로 동인도회사의 정치-기밀부 서기관으로 임명된 영국의 군 사학자 존 윌리엄 케이가 1853년에 발간한 뻔뻔스러울 정도로 편파적인 논문이다. 밀이 정치 이론가로서 빛나는 경력을 계속 쌓아간 반면 케이는 문학작품을 쓰겠다는 꿈이 허사로 돌아가 야망을 이루지 못한 사람이다.[13] 케이는 여아 살해라는 관행이 존재한다는 것은 인도인들이 "뭐라 하더라도 역겨울 정도로 무지하고 양심이 마비되었으며 야만적이고 극악무도하다는" 증거라고 썼다.[14] 때때로 케이는 균형 비슷한 것을 잡으려고 시도하기도 했다. 그는 인도인들이 좋은 부모가 될 수 있다고 어색하게 인정했다. "수염이 텁수룩한 남성이 다정하게 어린아이를 돌보는 일에 몰두하는 모습은 놀라울 만큼 감동적이다."[15] 하지만 그런 시도는 식민지라는 기준으로도 심한 수준의 악담과 원주민들에게 영아 살해는 죄라는 사실을 교육한 덩컨 같은 사람에 대한 지나친 칭송으로 가려지고 말았다. 케이는 동인도회사 관리들에 대해 "그들은 인도주의와 문명화의 개척자들이다……. 그들 앞에 놓인 야만주의의 울창한 밀림을 제거하기 위해 용감하게 노력했다"라고 평가했다.[16]

사실 서구에 영아 살해가 없었던 것은 아니다. 중세까지 유럽에서는 태어난 지 며칠 혹은 몇 달 동안은 생명이 시작되지 않는다고 여겼다. 그래서 초기의 많은 유럽인이 그런 믿음에 따라 원치 않는 아기를 출산 직후 질식사시키거나 방치해 죽이는 끔찍한 일을 저질렀다. 19세기에 대부분의 서구인은 영아 살해를 윤리적으로 용납할 수 없는 행위라고 생각했지만 유럽과 식민지 미국에서 부모들이 계속해서 몰래 아기를 죽였고 19세기 중반 영국에서는 영아 살해가 급증했다.• 당시 《저널 오브 소셜 사이언스》에 실린 한 기사는 "경찰이 거리에서 아이의 시체를 발견하는 것을 개나 고양이 사체를 치우는 것 이상으로 생각하지 않는다"라고 개탄했다.[17] 하지만 영국의 제국주의자들은 인도의 영아 살해를 본국에서 벌어진 악습과 구별하기 위해 애썼다. 케이는 "이 기독교 국가에서 영아 살해라는 사악한 범죄가 안타깝게도 점점 증가하는 것을 우려해야 한다"라고 썼다. "하지만 이것은 부차적이고 예외적인 범죄일 따름이다. 인도의 일부 지역에서는 많은 세대에 걸쳐 영아 살해가 관습이었다."[18] 케이가 이렇게 주장한 근거는 인도인들이 딸만 죽였다는 점으로, 이는 오늘날의 성 감별 낙태와 마찬가지로 성별에 따른 살해로 판단할 수 있었다.

1858년에 영국 정부가 동인도회사가 수행하던 인도 통치 기능을 직접 맡으면서 영국은 마침내 인도를 공식적으로 식민화했고 몇십 년 뒤에 식민지 정부가 최초로 인도 인구조사를 실시했다. 영국의 조사관들은 인도 북서부와 중부의 인구가 상당히 남성 편향적임을 발견했다. 구자라트주의 전체 인구비율은 남성 천 명당 여성이 954명이었다. 라자스탄에서는 성비가 남성 천 명당 여성 905명

• 1864년 영국에서는 전체 살인 사건 중 영아 사망이 61퍼센트를 차지했다.

으로 떨어졌고 펀자브에서는 남성 천 명당 여성 832명으로 상황이 더 나빴다.[19]• 한편 영아 살해를 저지른 부족의 목록은 광범위했다. 여아를 살해한 부족에는 덩컨이 찾아낸 라지푸트족과 함께 자트족, 아히르족, 저항적인 구자르족, 대부분이 시크교도인 무히얄족, 주로 힌두교도인 파티다르족, 구자라트의 칸비족, 펀자브의 카트리족 등이 포함되었다.[20]

인도인들이 많은 수의 여아를 살해했다는 사실은 이제 아주 분명해졌다. 하지만 좀 더 광범위한 사안, 즉 부모들이 여아를 살해한 이유는 다루기 까다로운 문제였다. 신뢰성 있는 인구 기록이 있었다면 케이가 쓴 것처럼 영아 살해가 실제로 "많은 세대에 걸친 관습"이었는지 알 수 있었을 것이다. 하지만 인도에는 식민지 시대 이전의 인구 기록이 없었다. 윤리적인 문제에 대해 오리엔탈리스트들은 인도의 문헌들에 의존해 패륜의 증거를 찾았지만 경전들은 아무런 도움도 주지 않았다. 인도의 책자들은 모든 종류의 살해, 특히 여성과 아이의 살해를 혐오했다. 하지만 덩컨이 라즈쿠마르족에게 강요한 서약서는 다음과 같이 이런 범죄 행위를 생생하고 상세하게 인정하고 있다. "푸라나 성전에 언급된 것처럼 이것은 커다란 죄악이다. 이 성전에서는 태아를 죽이는 것이 브라만을 죽이는 것과 마찬가지의 죄악이라고 말한다. 그리고 여성을 죽인 벌은 나락으로 떨어져 그 여성의 몸에 난 털 개수에 해당되는 햇수만큼 고통을 겪은 뒤 다시 태

• 인도의 성비는 전통적으로 여성 100명당 남성의 수가 아니라 남성 천 명당 여성의 수로 계산되었다.

어나 문둥이가 되는 것이다."[21] 심지어 동인도회사의 사학자 케이도 "영아 살해와 힌두 신앙 간에는 관계가 없"음을 특유의 심술궂은 표현으로 인정했다. "이 사람들이 믿는 기괴한 종교의 계율이나 본보기에서 명시적으로나 암시적으로 허용되지 않은 거의 유일하게 예외적인 야만적 관습이다."[22]

하지만 종교가 이런 관행의 원인이 아니라면 무엇이 원인일까? 덩컨이나 케이 같은 사람이 식민주의자들이 언급한 영아 살해가 고질적인 문화적 관습인지 혹은 사회적·경제적 변화에 대한 대응으로 최근 들어 갑자기 심해진 현상인지 어떻게 알았을까? 실제로 어떤 조사관들은 여아 살해가 부의 분배와 관련되었을 수 있다고 주장했다. 여아를 살해한 부족들은 으레 지주 집단이었고 그 부족 내부에서도 여아를 살해한 가족들은 대부분 더 부유한 층인 경향이 있었다. 다른 조사관들은 여아를 살해한 하급 부족들은 단지 라지푸트족을 모방한 듯 보이며 이 특정한 집단들의 역사에는 여아 살해 관행이 없었다고 증언했다.[23] 물론 체계적으로 여아를 살해한 집단이 천년 동안 생존할 수는 없다. 하지만 영국인들은 이 점을 논하지 않고 대신 인도의 많은 지역에서 일반화된 관행이던 승혼昇婚, 즉 여성이 자기보다 신분이 높은 부족의 사람과 결혼하는 풍습을 여아 살해의 궁극적인 원인으로 지목했다.[24]

승혼은 딸을 좀 더 명망 있는 가문으로 시집보내 자신들의 신분을 상승시킬 수 있는 수단이므로 하급 부족 구성원들에게는 매력적인 관습이었다. 식민주의자들이 언급한 문제는 승혼으로 상류계급의 여성들이 갈 곳이 없어졌다는 것이었다. 자신보다 높은 카스트가 없는 이 여성들은 승혼을 할 수 없었다. 그리고 대부분의 카스트 규칙에 따르면 이 여성들은 같은 집단의 남성과도 결혼할 수 없었다. 그러자 상류계급 부모들은 독신으로 살 딸을 기르느니 죽이는 편을 택했고 영국인들이 믿었던 것처럼 늘 그렇게 해왔다. 물론 시간이 지나면서 결혼 관습은 바뀐다. 신붓값과 지참금은 경제 주기에 따라 오랫동안 변동이 심했다. 하지만 식민지 조사관들은 자신들이 조사한 인도의 결혼 관습이 변화가 없는 것처럼 다루었다. 이들은 결혼 관습을 이해하면 여아 살해 근절에 어느 정도 도움이 될 수 있다는 착각 아래 결혼 비용을 "신랑과 함께 온 사람들에 대한 식대와 동물의 먹잇값", "사위가 처가를 두 번째 방문했을 때 줄 현금" 같은 매우 구체적인 항목으로 분류한 상세한 표를 그렸다.[25] 시간이 지나면서 일부 카스트와 부족이 항상 여아를 살해했다는 생각은 학설로 발전했다. 여아 살해의 계속적인 증거를 발견한 1901년의 인구조사에 첨부된 보고서를 보면 일부 카스트에 "먼 옛날"부터 여아 살해 전통이 있었다고 나온다. 1921년의 인구조사는 한발 더 나아가 인도의 카스트들을 딸을 살해한 카스트와 살해하지 않은 카스트로 분류했다.[26]

영국 식민주의자들이 수백 년간 이어져온 역사를 자신들이 도착했을 때 관찰한 일시적인 상황들로 이해하려 한 것은 다른 제국주의 세계의 동향과도 일치한다. 아시아, 아프리카, 신대륙에서 서구의 관료, 철학자, 작가 들이 세계 남쪽의 몽매한 주민들을 문명화시켜야 한다는 증거를 찾는 일에 동원되었다. 신비한 문화에 대한 관심이 높아져 인류학과 고고학이 발전했고 이는 도표와 현장 스케치로 가득한 상세한 민족지학으로 발달했다. 완전히 알려지지 않은 관습도 없었고 경악할 만한 원주민 범죄도 없었다. 인구조사는 또한 자기 충족적 예언 역할을 하는 흔한 분류 도구였다. 부정확하고 잘못된 범주들이 시간이 지나면서 정확해졌고 예측력이 생겼다. 그리하여 한때 민족과 부족이 유동적이던 지역에서 새로이 분류된 사람들이 자신들의 새로운 정체성을 표현하기 시작했다. 르완다는 수백 년 동안 하나의 응집력 있는 나라로 존재했지만 벨기에의 통치자들이 인구를 후투족과 투치족으로 분류하면서 이후의 국가 내 갈등이 야기되었다.[27] 아프리카의 다른 지역들인 카메룬, 나이지리아, 콩고, 남아프리카공화국, 이집트 같은 다양한 나라의 인구조사에서는 여성 쪽으로 기운 성비가 기록되었고 여성의 수가 더 많은 것은 야만성의 표시로 여겨졌다. 식민지 과학자들은 유럽보다 여성의 비율이 아주 약간 더 높은 아프리카의 성비의 원인을 종족들이 과도하게 섞였기 때문이라고 추측했다.[28]

이러한 사회적 병폐에 대한 처방은 어김없는 개입이었다. 동인도회사의 사학자 케이는 정치적 격변과 다름없는 상황, 분명 식민주의와 비슷해 보이는 격변이 인도의 여아 살해 문제를 해결할 수 있다고 주장했다. "여아 살해는 남성의 마음속에 깊이 뿌리내린 감정으로 지탱되고 유지되는 혐오스러운 현상으로, 사회와 가정의 전체 체계가 분열되고 격변하지 않으면 근절될 수 없다."[29] 19세기 말에 백인들은 미개발국을 개도해야 한다는 부담에 시달렸다.●

식민지의 인구통계학에서 더욱 상상력이 풍부한 부분 중 하나는 인도에 배치된 윌리엄 엘리엇 마셜 대령이라는 관리가 제시한 의견

- 아대륙의 역사에 대한 안일한 분석은 20세기까지 계속되었다. 사학자 바버라 메트캐프와 토머스 메트캐프에 따르면 "인도는 '세월이 흘러도 변하지 않기 때문에' 식민지 시대의 인도 혹은 심지어 오늘날의 인도의 마을과 카스트 조직이 과거에 대한 지침이 된다"라는 생각이 인도 역사에 대한 중요한 오해 중의 하나로 남아 있다.

이었다. 마셜이 닐기리 고원에서 근무하기 시작했을 때는 찰스 다윈의 자연선택설이 막 발표되어 인간의 기원에 대한 유럽인들의 인식이 혁신적으로 바뀌고 있을 무렵이었다. 고원에 거주하는 유목민인 토다족을 상대로 뼈의 크기로 성격을 판단하는 의사擬似 과학인 골상학 실험을 시작했을 때 마셜의 마음 한구석에 이 이론이 자리를 잡고 있었던 것이 분명하다. 이 실험에 대해 설명하면서 마셜은 토다족이 여성 100명당 남성이 133명이라고 언급했다.[30] 그는 토다족의 구성원이 천 명이 되지 않고 고원 너머로 나가는 일이 드물다는 점을 들어, 이 부족의 높은 성비가 아마도 자연선택설로 설명될 수 있으리라는 가설을 세웠다. 토다족의 조상이 딸을 살해했다면 아들을 낳은 부모가 자신의 유전자를 물려줄 기회가 더 많아져서 몇백 년 뒤인 19세기의 부족민들이 아들을 낳기가 쉬워졌으리라는 생각이다. 즉 인도인들이 매우 오랫동안 딸을 살해함으로써 아들을 낳는 경향이 유전자 속에 새겨졌다는 것이다.

1870년대에 마셜 대령의 이론은 『인간의 유래』를 수정하고 있던 다윈의 관심을 끌었다. 이 책의 2판에는 일부 문화들이 조상의 죄 때문에 아들을 낳도록 운명 지워져 있는지의 문제에 관한 구절이 나온다.[31] 다윈은 마셜 대령의 연구를 경이로운 눈으로 살펴보다가 한 지점에서 마셜의 분석이 "독창적"이라고 언명했다. 하지만 결국 과학이 승리했다. 다윈은 특정 성별의 아이를 낳는 경향이 유전 가능한 형질인지는 확신하지 못하지만 어떤 경우든 "야만스러운 생활과 뚜렷하게 남성이 많은 인구 구성 사이에는 필연적인 연관 관계가 없다"라는 결론을 내렸다.[32] 토다족의 성비 불균형은 나쁜 유전자가 아니라 인간 행동의 결과라고 판단한 것이다. 이 부족의 성비가 편향된 것은 수백 년 전에 여아를 죽였기 때문이 아닌 것으로 드러났다. 대신 이들은 현대에, 영국의 통치 아래에서 여아 살해를 시작했다.

1947년에 인도가 독립하자 영국 식민주의자들은 자신들이 만든 꼼꼼한 기록들을 델리와 뭄바이의 기록 보관소에 버리고 영국으로 달아났다. 몇 년 뒤 인도 사회학자 두 명이 그런 기록 보관소들 중 한 곳을 방문했다가 여아 살해를 상세하게 기록한 다량의 문서를 발견했다. 이들은 기록을 복사했지만 두 학자 모두 살펴볼 시간을 내지 못하다가 결국 논문 주제를 찾던 학생인 L. S. 비슈와나트에게 그 문서를 넘겨주었다. 박사과정을 마칠 무렵 비슈와나트는 인도의 여아 살해에 대한 틀에 박힌 이해를 완전히 뒤집었다. 그가 발견한 것은 여아 살해 못지않게 놀라웠다. 조너선 덩컨이 여아 살해를 발견한 계기가 되었던 영국의 세금 징수가 실제로 범죄가 일어나는 데 기여했던 것이다.

17세기에 동인도회사 상인들이 처음으로 인도에 도착했을 때, 인도는 번영하고 있었다. 인도는 세계에서 가장 큰 규모의 경제뿐 아니라 활기찬 건축 전통, 세련된 의료 체계, 1억 명을 훨씬 웃도는 인구를 자랑했다.[33] 호황을 누리는 이 제국에서 동인도회사가 중개한 무역 규모는 처음에는 보잘것없었다. 외국 상인들은 주로 영국에서 수요가 높은 옥양목, 모슬린 같은 옷감 구입에 관심이 있었다. 하지만 대가로 제시할 것이 별로 없었다. 열대 아대륙에서는 영국의 주요 상품 중 하나인 양모 제품이 인기를 끌지 못했기 때문이다. 동인도회사는 인도의 직물에 대금을 지불하기 위해 다량의 영국 금을 수출하고자 애썼다. 하지만 1773년에 동인도회사가 긴급 구제를 요청하자 조지 3세는 귀금속이 외부로 흘러 나가는 데 신물을 냈고, 정부의 요청에 따라 주주들은 새로운 방법을 제시했다. 이들은 원주민에게 세금을 물려 세제 수익을 인도 제품의 대금을 치르는 데 이용했다. 본질적으로 인도인의 돈을 이용해 인도 제품을 구입한 것이다.

영국인들이 도착하기 전 무굴제국이 통치하던 시절의 인도에서는 토지에 대한 권리가 분산되어, 농민, 정부, 그리고 자민다르라고 불린 세금 징수 관리 계층의 공동소유였다. 뛰어난 관료였던 무굴인들은 황제에 대한 충성심이 부족보다 중요시되는 복잡한 행정 체계를 만들어냈다. 자신이 거둬들인 세제 수입의 일정 몫을 받는 자민다르는 이 체계에서 중요한 역할을 했다. 자민다르는 세금을 징수할 뿐 아니라 경찰, 사법, 군 업무까지 수행했다. 무굴인은 자민다르들을 꼼꼼하게 감독했는데, 자민다르에게 할당된 세입 목표를 일정하게 유지함으로써 변덕스럽고 탐욕스러운 관료가 되는 것을 방지하고 너무 많은 권력을 축적하지 못하게 막아 일반 시민들을 보호했다.[34]

1793년에 인도 내에서 권력을 강화한 동인도회사는 좀 더 엄격하고 상세하게 설명된 재산권을 도입해 인도의 토지 행정 체계를 정비했다. 새로운 체계는 인도에서는 완전히 새로운 방식인 중세의 봉건 제도가 옮겨진 것이었다. 여성은 한때 재산권을 보유했지만 이제 토지 소유에서 제외되었다.[35] 이러한 변화는 자신들이 경작하는 토지에 대한 권리를 잃은 농민들에게도 피해를 주었다. 그리고 거의 모든 사람이 무굴제국이 통치할 때보다 무거운 세금을 부담하게 되었다. 많은 경우 세금 징수 관리들은 그 지역 수확량의 3분의 1을 회사에 넘겨주어야 했다.[36]

대부분의 지역에서 세금 징수원은 자민다르였다. 동인도회사는 자금이 쪼들렸기 때문에 전체 경제 체계를 뒤집어놓을 때도 낡은 관료주의는 유지했다. 동시에 영국인들은 세금을 높이고 실적이 나쁠 경우 벌금을 올려 자민다르에게 압력을 가했다. 세금 징수원이 할당된 세입을 채우지 못하면 자신의 토지를 뺏길 수 있었다. 그리고 영국인들은 이런 위협을 여러 번 실천에 옮겼다.[37] 벵골에서는 토지개혁 이후 20년간 전체 토지의 3분의 1이 매물로 나왔다.[38] 자민다르에게는 가혹한 체제였지만 무굴제국 통치 때보다 관리 감독이 약화되어 많은 세금 징수인이 자신의 부담을 농민들에게 전가했다. 덩컨이 감독하던 베나레스에서 일부 징수원들은 세금에 11퍼센트의 수수료를 청구했다. 세금을 내지 않는 농민을 때리는 이들도 있었다.

그 뒤 인도인들이 변화에 적응하고 많은 자민다르가 약간의 재산을 모았을 무렵, 동인도회사는 세액 징수 체계를 재정비했다. 이번에는 징수원들의 권력 남용을 막기 위해서였다. 그러나 무굴 통치의 특징이었던 엄격한 관리 감독을 되살리는 대신 영국인들은 자민다르를 모두 없애고 해당 마을에 아무 연고가 없는 사람들을 임명했다. 자민다르에게 이 조치는 재앙이었다. 갑작스럽게 소득이 사라지자 자민다르는 신분과 토지를 유지하기 위한 새로운 전략을 짜내야 했다. 그리고 이들이 재검토한 특성 중 하나는 가족 구성이었다.

가족의 토지는 아들이 물려받음으로써 계속 보존되었다. 딸은 결혼해서 출가할 뿐 아니라 많은 지참금까지 필요했고 세금이 인상되면서 딸을 낳는 것은 곧 가족의 토지를 잃는다는 것을 의미할 수 있게 되었다. 사학자 버나드 콘이 쓴 글처럼 부모들은 애초에 딸을 가지지 않는 것이 재산을 지키기 위한 방법이라고 판단했다.

> 딸을 살해함으로써 [가족은] 신분이 낮은 가족 및 집단과 혼사를 맺지 않아도 되었다. 따라서 유아 살해의 확산 문제는 경제 문제, 특히 토지 문제와 연결되어야 한다.[39]

사회적 지위가 낮아지는 것을 받아들이느니 딸을 죽이겠다는 가족의 선택이 좋은 선택은 아니다. 하지만 이들이 급속한 변화에 직면하여 이런 선택을 했다는 데 주의해야 한다. 승혼도 한몫을 한 것으로 드러났지만 인도인들이 많은 수의 딸을 살해하기 시작한 것은 이 관행이 불공정한 경제 정책과 결합된 후였다.

영국인들이 새로운 토지 정책과 여아 살해 문제의 연관성을 공공연히 묵살하는 동안, 그 관련성을 의식하지 못했을 리는 없다. 몇 년 뒤에 유아 살해 기록을 샅샅이 뒤진 비슈와나트는 식민주의자들에게 그런 연관성을 알리기 위해 노력한 인도인들의 사례를 많이 발견했다. 예를 들어 1849년에 레와-파티다르족의 한 구성원은 관리 J. 웨브에게 지역 주민들이 점점 더 많은 세금을 내면 딸의 지참금에 쓸 돈이 남지 않는다고 불평했다.

> 상당수의 사람들이 딸을 결혼시키면서 능력에 따라 비용을 부담합니다. 하지만 우리 부족 내에서 그 비용은 나날이 증가하고 있습니다. 이전 정부에서 우리는 우리 책임하에 마을을 관리할 권한을 얻었고 따라서 독자적으로 세금을 거두어들여 우리 재산을 유지했습니다. 현재 우리에게는 그런 재산이 없습니다.[40]

1847년에는 파티다르족 사람이 아메다바드의 세금 징수원에 대해 비슷한 불만을 제기했다. 몇 년 뒤 동인도회사가 1855~1856년의 여아 살해를 상세히 조사하기 위해 파견한 관리 W.R.무어는 "모든 부족에서 범죄의 원인을 동일하게 말한다. 필요한 만큼의 비용을 쓸 수 없기 때문이라는 것이다. 이들의 지위와 재산이 예전과 달라져서 그렇게 당당한 결혼을 할 수도, 그렇게 큰 액수를 지불할 수도 없다"라고 썼다.[41]

비슈와나트는 다음과 같이 믿는다. 1789년 베나레스에서 조너선 덩컨이 발견한 것은 사실이었다. 라즈쿠마르족과 그 외의 높은 지위의 라지푸트족이 여아를 살해했다. 그리고 아마도 수년간 그렇게 해 왔을 것이다. 하지만 영국인이 인도에 대한 통제를 강화하면서 여아 살해는 다른 부족으로 퍼져 나갔다. 먼저 라지푸트족 내에서 악화되어 가장 높은 하급 부족으로 확산되었다가 권력이 약한 부족에까지 퍼졌다. 그러다 1차 토지개혁이 실시된 1795년에 라지푸트족은 토지의 40퍼센트를 잃었다. 이들은 손실을 보충하기 위해 하위 부족들에게 점점 더 높은 지참금을 요구하기 시작했고, 그러자 여아 살해가 지위가 높은 부족에서 낮은 부족으로 옮아가 유행하게 되었다.

1873년에 영국인들은 자신들도 모르는 사이에 조장한 관행을 폐지하기 위한 노력의 일환으로 '여아살해법'을 내놓았다. 승혼이 여아 살해의 원인으로 지목되었기 때문에 이 법은 지참금 및 다른 결혼 비용의 한도를 정하고자 시도했다. 일부 사람들은 이 조항이 일부 지역에서 실제로 여아 살해라는 잘못된 결과를 불러왔다고 주장한다.[42] 하지만 새로운 법이 문제 해결을 보장한다고 여겨졌기 때문에 이후 많은 관리가 자기 구역에서 여아가 살해되었다는 사실을 단호하게 부정했다. 관리 H.R.쿡은 "내가 물어본 모든 사람이 지금은 딸에게

재앙이 내리길 바라거나 딸의 출생을 불운이라 여기지 않으며 딸을 소중히 여기고 정성과 사랑으로 기른다고 답했다"라고 썼다.[43]●

비슈와나트가 영국의 문서들을 꼼꼼하게 읽기 시작했을 무렵에는 영국인이 인도 내 여아 살해를 폭로하고 그에 대항해 싸웠다는 것이 일반적인 통설이었다. 하지만 비슈와나트의 연구 결과는 정확히 그 반대를 암시했다. "여아 살해가 대규모가 아니었거나 무시하기에 너무 노골적이지 않았다면 영국인들은 그 일을 못 본 체했을 것이다."[44] 도처에서 야만스러운 여아 살해를 밝히던 쪽에서 그 존재를 감추려는 쪽으로의 이 갑작스러운 전환은 아무리 좋게 말해도 시기를 놓쳤다. 한 동향이 일단 활성화되면 없애기 쉽지 않은 법이다. 식민주의자들이 인도인이 딸을 살해한다는 사실을 부정하기 시작했을 무렵 여아 살해는 마침내 관습이 되었다.

인도의 영국인 식민주의자들이 200년 전에 제시한 논리는 오늘날 성 감별 낙태에 적용되고 있다. 아시아의 성비를 연구해보면 문화적 전통에 책임이 있을 가능성이 높다.

서구에서 성별 선택 문제를 다룬 초기의 책 중 하나는 당시 《워싱턴 포스트》의 기자였던 엘리자베스 버밀러가 1991년에 발간한 『100명의 아들을 낳길 바랍니다 *May You Be the Mother of a Hundred Sons*』였다. 이 책

● 다른 글에서 쿡은 딸을 대하는 태도가 바뀌지 않았다는 보고서를 제출하는 것은 영국의 정책 실패를 암시한다는 것을 인정했다. "그런 추악한 범죄가 우리 식민지 내에서 그리고 우리의 현 경찰행정하에서 발견되지 않은 채 존재하고 어느 정도든 만연해 있다는 것을 인정하는 굴욕적인 처지를 피할 수 있어야 한다."

은 뭄바이의 부유층에서 벌어지는 성 감별 낙태를 크리스토프 길모토가 논문 연구를 했던 가난한 타밀나두 마을에서 벌어진 여아 살해와 비교했다. 버밀러는 여아 살해와 성 감별 낙태가 같은 근원, 즉 인도의 견고한 성차별에서 생겨났다고 결론 내렸다. 하지만 성 감별 낙태를 영아 살해의 최신 형태라고 보는 시각은 낙태가 영아 살해보다 훨씬 일반적이라는 사실을 무시하는 것이다(실제로 성 감별 낙태가 일어나는 몇몇 나라에서는 여아 살해의 역사가 없다).[45] 또한 여아의 목에 등겨를 쑤셔 넣거나 독초 즙을 먹이거나 수면제를 잔뜩 주는 일을 하길 원하는 사람은 아무도 없다는 사실, 그리고 세계의 많은 사람과 마찬가지로 인도인들도 낙태를 여아 살해보다 더 당당하게 생각하며 윤리적인 면에서 가책을 덜 느낀다는 사실을 간과하는 것이다. 하지만 이런 설명, 즉 단호하게 묘사된 과거의 악행을 통해 현재를 보는 시각이 주목받는 법이다.

오늘날 모든 진영이 성 감별 낙태에 대한 의견을 내놓는다. 페미니스트들도 마찬가지다. 여성 단체 리걸 보이스Legal Voice는 블로그에 "뿌리 깊은 문화적 전통"이 성 감별 낙태의 기저를 이룬다고 설명했다.[46] 현장에서 활동하는 조직들도 해석을 내놓는다. 유엔인구기금은 예술가와 배우 들에게 성 감별과의 싸움에 동참해줄 것을 호소하며 인도에서 발행한 소책자에서 "문제의 중심에는 여성의 낮은 사회적 신분과 이들이 직면한 뿌리 깊은 편견이 있다"라고 주장했다.[47] 미 국무 장관이었던 힐러리 클린턴도 2009년 여아 낙태를 "깊이 자리 잡은 태도"의 결과라고 해석했다.[48] 종교 우파에서도 의견을 내놓았다. 웹진 '가톨릭 온라인'에 게시된 한 보고서에는 "예수가 태어나기 수천 년 전에 이미 중국인들은 아들을 귀하게 여기고 딸을 멸시했다. ……마찬가지로 인도의 힌두교도들은 아들을 보석처럼, 딸을 소모품처럼 여겼다"라는 구절이 나온다.[49] 가톨릭 온라인 같은 곳과 의견이 일치하는 일이 좀처럼 드문 중국 정부조차 이 점에는 동의한다. 성별 선택에 관한 정부 보고서들에는 '퇴보', '전통적 생각' 같은 용어가 빈번히 등장한다. 결국 요약하면 전통이란 엄격한 공산주의 개혁이 없애지 못한 관습이다.

부모들조차 전통에 초점을 맞춘다. 성 감별 낙태가 만연하게 된 원인을 설명해보라고 하면 이들은 결혼식과 장례식, 제사, 사후를 이야기한다. 인도에서는 아들이 화장용 장작더미에 불을 붙인다. 베트남에서는 아들이 족보를 관리한다. 아들이 태어나지 않으면 족보는 쓸모없어진다. 중국에서는 아들이 조상을 돌본다. 쌍둥이 아들을 둔 쑤이닝현의 우펑장은 "내 무덤을 돌볼 누군가가 필요해요"라고 말했다. 부모들은 과거의 성차별을 벗어날 길이 없다고 말한다. 마흔 살의 응우옌티탐은 자신과 남편이 아들을 임신할 가능성이 가장 높은 정확한 배란 시기를 찾아내기 위해 초음파를 어떻게 이용했는지 자세히 이야기한 다음, 베트남의 사회학자들에게 이렇게 설명했다. "우리 농민들은 이 관습을 없앨 수 없어요. 너무 뿌리 깊은 관습이에요." 그리고 "이건 시골 지역이 얼마나 낙후되었는지 보여주는 것일 수도 있어요"라고 덧붙였다.[50]

물론 지난 30년 동안 나타난 현상을 전통만으로 모두 설명할 수는 없다. 따라서 성별 선택에 관한 대부분의 저서들은 기술도 언급한다. 오래된 전통과 신기술은 환상적인 짝으로, 언뜻 생각하면 어울리지 않지만 잡지와 책의 판매에 도움이 되는 단순한 2인조다. 버밀러는 성별 선택을 "현대 기술이 전통 사회의 힘과 충돌했을 때 일어날 수 있는 강력한 예"라고 했고[51] 20년 뒤에 거의 같은 표현이 나왔다. 2009년 《뉴욕 타임스 매거진》에 실린 한 기사는 성별 선택이 "현대의 역량과 오랜 편견 사이의" 충돌이라고 주장했다.[52] 2007년 유엔 인구기금에서 발행한 보고서도 이와 비슷하게 "현대 과학은 전통적인 이념을 영속시키는 경향이 있다"라고 설명했다.[53] 윌리엄 살레탄이 Slate.com에 쓴 글을 인용해보자. 살레탄은 "새로운 것이 오래된 것을 변형시킨다"가 성별 선택을 이해하는 핵심이라고 말한다.[54] 그 뒤 기자인 미셸 골드버그는 성 감별 낙태가 발생한 것은 "사회적 현대화가 기술적 진보를 따라잡지 못해 사회적 변화와 기술적 진보 사이의 지체 현상"이 야기되었기 때문이라고 썼다.[55] 하지만 이 상반되는 두 요소에서 기술 부분은 일반적으로 가볍게 묘사된다. 우리는 어떤 상표의 초음파 기계가 사용되는지, 성 감별 검사가 어떻게 발전되었는지, 혹은 낙태가 애초에 아시아에서 어떻게 그토록 만연하게 되었는지 듣지 않는다. 대신 우리는 마치 생명 윤리 같은 것은 존재하지 않는다는 듯 거침없이 나아가는 기술에서 분명한 안도감을 얻는다. 또한 지난 수백 년간 인구 변화가 면밀하게 연구되지 않았던 것과 마찬가지로, 새로운 발전이 인구에 미칠 수 있는 영향을 먼저 따져보거나 신중히 검토하지 않는다.

이러한 설명이 계속 설득력을 가지는 이유는 퇴보하는 문화 전통을 탓하는 것이 특정한 현상(그런 현상을 가능하게 한 기술을 포함해서)이 어떻게 존재하게 되었는지 철저하게 분석하는 것보다 쉽기 때문이다. 추상적인 인종차별을 논하는 것이 수십 년간의 노예제도가 남긴 유산을 해결하는 것보다 덜 힘들듯, 성 편견에 대해 이야기하는 것이 아시아 도처에 성별 선택이 확산된 현상을 면밀히 조사하는 것보다 쉽다.

문화의 역할을 지나치게 강조하는 쪽이 서구의 분석가들만은 아닙니다. 영국이 처음 딸 살해를 전통의 영향력 탓으로 돌린 지 두 세기 뒤에 인도의 많은 활동가가 전통을 성 감별의 원인으로 지적했다. 이들은 인도의 인구 조절 역사에 이의를 제기하거나 의료 로비 같은 확고한 이익 단체들의 활동을 질책하는 대신 편견과 사회 관습 변화를 목표로 한 인식 재고 캠페인을 시작했다. 딸은 부모들이 아이에게서 원하는 모든 것을 갖추었다고, 즉 사랑스럽고 똑똑하며 능력 있고 재미있다고 묘사되었다. '딸 구호救護 캠페인', '여아에게 권한을 주기 위한 계획, 샤크티Shakti', '사라진 5천만 명 캠페인' 등이 진행되었다. 심지어 정치인들이 스쿠터를 타고 나라를 돌아다니며 딸이 있을 때의 장점을 설파하는 '여아 살해에 반대하는 오토바이 캠페인'도 있었다.56) 단체들은 외딴 마을의 표적 집단들을 지도했다. 방송 작가를 고용해 딸의 출산을 기뻐하는 여성을 보여주는 드라마를 쓰고, 발리우드 스타들의 협조를 얻어 공익광고를 찍기도 했다. 작가를 후원하고 미술 대회를 열었으며 학교 교육과정을 개발했다. 델리에서 열린 2009년도 패션위크에서 인도의 유명 디자이너와 모델 들이 거리에서 데려온 아이들과 함께 포즈를 취하는 시간을 마련한 것도 인식 재고 캠페인의 일환이었다. 한 연예인은 포털 '타인디언 뉴스ThaIndian News'에서 "패션을 통해 우리는 인도의 젊은 우상들이 도시의 소녀들을 지원하기 위해 한 발짝 앞으로 나아가고 있음을 보여주고 싶습니다"라고 말했다.57) 심지어 아폴로 병원도 펀자브 분원의 직원 중 자원봉사자들로 구성된 인식 재고 캠페인을 운영했다. 동료들이 도시 부유층의 여아 낙태를 돕느라 물러나 있는 동안 자원봉사자들은 가난한 마을들로 흩어져 딸의 장점을 설명했다.

아폴로 병원의 산부인과 의사 푸니트 베디에게 이러한 접근 방식은 화나는 일이다. "사람들이 단순히 아들을 원했기 때문에 아들을 낳은 것이라면 여자아이들은 천 년 전에 이 땅에서 사라졌을 겁니다." 베디는 캠페인은 비타협적인 문화 관습에 현대의 압박을 떠넘기려는 시도라고 말한다. 그는 인도가 어려운 질문을 던지기 시작할 때라고 믿는다. 자기만 생각하는 개개의 부모가 아니라 좀 더 큰 세력에 의해 무분별한 여아 제거가 계획되었다면 어떨까? 그리고 인도와 미국 정부, 서구의 주요 기관들이 이 계획에 한몫을 했다면? 하지만 베디가 책략과 협잡 쪽으로 생각이 기우는 이유는 자신이 아직 순진한 의과대학생이던 1970년대 말에 이런 책략이 전개되는 것을 알아차렸기 때문이다.

II부
위대한 아이디어 실행하기

6장

어느 의대생의 입장

서구의 인구 조절 실험장이 된 인도

> 동양에서는 흔히 우리가 그들을 두려워하여 동양의 인구를
> 줄이고 싶어 한다고 말합니다……. 하지만 모체의 건강과 다른 아이들의
> 건강을 이유로 들면 우리 계획을 이해시킬 수 있습니다…….
> 건강을 내세우면 별다른 어려움 없이 다른 나라에 진출할 수 있을 것입니다.
> ―미국가족계획연맹 국내 이사 윌리엄 보그트가 1952년 윌리엄스버그에서 한 연설[1]

협잡은 1978년에 절정에 이르렀다. 베디가 의과대학에서 처음 실습을 나간 첫날 밤이었다. 베디는 운 좋게도 델리의 최고 의과대학 중 하나인 마울라나 아자드 의과대학에 입학했다. 이 학교에 다닌다는 것은 최신 기술과 쟁쟁한 교수들을 접할 수 있다는 뜻이었다. 베디는 학교를 졸업하면 괜찮은 보수와 엘리트층의 안정된 지위를 기대할 수 있다는 것을 알고 있었다. 하지만 그런 명성은 베디에게 자신감보다 두려움을 안겨주었다. 인도의 의과대학생 대부분과 마찬가지로 베디는 고등학교를 졸업한 뒤 열여덟 살에 대학에 입학했다. 스무 살이 된 베디는 의과 과정의 중간까지 밟은 상태였다. 베디가 실습을 할 곳으로 지정받은 병원은 캠퍼스 끝에 자리 잡은 국립 병원 록 나야크 자이 프라카시 나라얀 병원이었다. 급우와 함께 병원으로 걸어가면서 베디는 2년이라는 짧은 시간만 지나면 인간의 생명을

책임지는 의사로 일할 거라는 생각에 마음이 무거워졌다. 지금까지는 주로 도서관에서 시간을 보낸 터였다. 오늘 밤이면 마침내 처음으로 환자와 직접 만나게 되리라.

베디는 하루 종일 실습이 어떨지 생각했다. 그날 아침 베디와 급우가 산부인과 병동에 도착하자 한 의사가 이미 너무 많은 인턴이 일하고 있으니 밤 9시에 다시 오라며 그들을 돌려보냈다. 학교로 돌아간 두 학생은 공부할 마음이 내키지 않아 영화를 본 뒤 초여름의 후덥지근한 더위에 땀투성이로 델리를 돌아다니며 시간을 때웠다. 당시 델리는 거리에 삐걱거리는 인력거, 음식 가판대, 팔다리가 없는 거지 들이 모여 있고 공기 중에 지글거리는 기름 냄새, 얼얼한 향신료 냄새, 부패하는 쓰레기 냄새가 떠돌아 감각에 과부하가 걸리는 도시였다. 하지만 길을 거닐며 마음이 딴 데 가 있는 젊은 학생들에게는 그런 주위 풍경이 전혀 눈에 들어오지 않았다. 베디는 다가오는 밤 근무를 생각하며 긴장과 흥분을 동시에 느꼈다. 델리 주민들이 간단히 LNJP라고 부르는 록 나야크 자이 프라카시 나라얀 병원은 한 해에 수천 명의 환자가 방문하는 곳이었다. 이 병원 의사들은 한 달에 산모 600~800명의 출산을 돕는다.[2] 베디는 출산 광경을 목격할 수 있기를 바랐다.

베디가 나중에야 깨달은 사실은 1970년대에 인도에서 의과대학을 다닌 것만으로 자신이 학문과 지정학이 얽혀 있는 세계로 우연히 발을 들여놓았다는 점이었다. 베디는 인구 조절이 인도 정부가 우선시하는 중요 사안이 되었음을 막연하게 알고 있었다. 인디라 간디 총리 아래에서 인도 보건부 예산의 59퍼센트가 가족계획 쪽으로 할당되었고 베디는 비록 학생이었지만 투자의 정도를 느낄 수 있었다.[3]

"1950~1980년대에 공공 보건이란 곧 가족계획만을 의미했어요. 다른 것은 용납되지 않았죠. 말라리아나 결핵 같은 것도 없었어요. 병원에 가면 산아제한, 자궁내피임기구, 불임수술에 대한 홍보밖에 볼 수 없죠." 하지만 베디는 이렇게 적극적으로 가족계획 정책을 추진하는 이유를 완전히 이해하지 못했다. 또한 서구에서는 인도가 인구 조절의 성배聖杯로 인식된다는 사실도 알지 못했다.

1952년 윌리엄스버그에서 열린 인구문제에 관한 회의 이후 서구의 활동가들은 인구가 급격하게 늘어나고 있는 빈곤국인 인도에서 가족계획이라는 접근 방식이 효과를 거둔다면 세계 어느 곳에서든 효과를 나타낼 것이라는 생각에 매달렸다. 인도 주민들 사이의 산아제한에 관한 연구 과제를 맡은 하버드의 한 연구 집단은 심지어 인도를 "인류가 시험받을 가마솥"이라고 부르기까지 했다.[4] 1960년대에 서구의 고문들이 델리로 몰려들었다. 이들은 주요 조사들을 후원하고 인도 최초의 인구통계학자들에게 교육비를 지불했으며 의사들에게 자신들의 대의를 지지해줄 것을 호소했다. 의과대학은 새로운 예비 지지자들의 주된 산실이었다. 인도 역사에서 이 시기의 마울라나 아자드 졸업장은 보통의 의학 훈련을 훨씬 능가하는 의미였다.

마침내 베디와 급우가 기다리던 순간이 왔다. 두 사람은 정확히 밤 9시에 LNJP에 도착해 산부인과 병동으로 향했다. 자신에게 배정된 분만실을 향해 걸어가면서 베디는 교수들의 설명을 마음속으로 되뇌어 보았을 것이다. 혹은 실제 상황을 기대하면서 분만에 관한 교과서의 구절들을 되새겨 보았으리라. 30년이 지난 지금 베디는 그때 분만 준비실로 가면서 무슨 생각을 했는지 정확히 기억하지 못한다. 그다음에 일어난 일이 다른 모든 기억을 압도했기 때문이다. 분만실에 발을 들여놓고 잠시 후, 베디가 처음 본 것은 입가에 피를 묻힌 채 자기 곁을 달려 지나가는 고양이였다고 한다.

당시 델리의 병원에서 떠돌이 고양이와 개는 보기 드문 것이 아니었다.[5] 하지만 고양이가 물고 있던, 주먹만 한 크기의 피에 젖은 토막은 무엇이었을까? 베디가 들어갔을 때 분만 준비실에서는 환자복 차림의 여성 한 명이 회복 중이고 의사와 간호사 들이 거듭해서 지시 사항을 외치고 있었다. 베디는 근무를 시작하면서 아까 고양이가 물고 있던 토막이 무엇인지 단서를 찾아보았다. 얼마 지나지 않아 단서를 발견했다. 대개 사용한 도구를 버리는 데 쓰이는 침대 곁 쟁반 위에 대여섯 달 된 태아가 피투성이로 놓여 있었다.

베디는 간호사와 의사에게 차례로 말했다. 혹은 의사와 간호사 순이었는지도 모른다. "고양이가 태아를 먹는 걸 봤어요." 그러나 근무 중이던 어느 누구도 관심을 보이지 않았고 마침내 베디는 자기 일을 시작했다. 하지만 무언가 잘못되었다는 느낌을 떨칠 수 없었다. 그날 밤 베디는 출산보다 낙태를 더 많이 보았고 그가 보기에 낙태 수술은 모두 적어도 임신 20주에 접어든 임신부에게 실시되었다. 몇몇은 임신 6, 7개월 된 산모였다. 베디는 그 태아들이 생명체라고 믿지는 않았지만 몇 년 후 "아주 작은 아기"처럼 보였음을 인정해야 했다고 회상한다. 더구나 각 수술에서 태아는 아무것도 덮여 있지 않은 쟁반 위에 버려졌다. 고위험 임신으로 후기 낙태 수술을 하는 경우 해야 한다고 배웠던 검사나 진료는 이루어지지 않았다.

분만실의 의사와 간호사 들은 냉정해 보였고 베디는 자기가 지나치게 감상적이 되어 치열한 실제 의료 행위를 감당하지 못하는 것은 아닌지 잠시 걱정했다. 그러다 마침내 용기를 내어 의문점을 안고 교수를 찾아갔다. 고양이가 왜 태아처럼 보이는 것을 물고 달아났을까? 왜 태아를 좀 더 주의 깊게 처리하지 않는가? 베디는 교수의 설명이 냉정했다고 말한다. 목소리는 사무적이었다. "그 태아가 딸이기 때문이네."

베디와 급우들이 자기 교수들이 어떤 수술을 관장하는지 모른 채 행복하게 도서관에 박혀 있는 동안 델리의 엘리트들 사이에서는 국립 병원들이 수년간 성 감별 낙태 수술을 해왔다는 사실이 공공연하게 알려져 있었다. 1975년 인도에서 가장 저명한 의과대학인 전인도의학연구소가 부속병원(국립)에서 인도 최초의 양수 검사를 실시했다. 전인도의학연구소는 공식적으로는 태아의 기형을 확인하기 위한 검사로 양수 검사를 도입했다. 하지만 의사들은 거의 처음부터 양수 검사를 태아의 성별을 정확히 알아내는 데 이용했다. 얼마 지나지 않아 다른 국립 병원에서도 이 검사를 제공했고 LNJP도 그중 한 곳이었다.

오늘날 성 감별 낙태를 하려는 여성은 자신이 알고 싶은 사실을 넌지시 알려줄 의사를 찾아 여러 의사를 만나보아야 하지만 초기에는 정부의 재정 지원을 받는 기관에서 공개적으로 성 감별이 시행되었다. 의사들은 친절하게 태아의 성별을 확인해주었다. 심지어 어떤 경우에는 의사들이 여아의 낙태를 권했을 수도 있다. 인구 조절이 시급하다고 여긴 의사들은 임신부에게 건강한 태아를 낙태하라고 일상적으로 권했다.[6]

인도의 국립 병원들은 가난한 환자들에게 의료 서비스를 제공한다. 환자들은 무료로 치료를 받는 대신 의과대학생에게 치료를 받을 수도 있다. 하지만 '성 감별'이라는 단어가 중상층으로 퍼져 나가면서 점점 더 많은 수의 부유한 여성들이 국립 병원 산부인과 병동에 모습을 드러냈다. 이들은 신기술을 이용할 수 있는 대가로 소박한 환경과 미숙한 의사들을 감수했다. 원하지 않는 딸의 출산을 피하기 위해 약간의 고생은 감수할 만했다.

놀라울 정도로 공개적으로 검사를 하면서 의사들이 단순히 광범위한 수요에 직면해 성별 선택의 윤리성에 대한 고려를 간과한 것은 아니다. 의사들은 성별 선택을 용납할 수 있다고 믿었을 뿐 아니라 여아 태아를 도태시킴으로써 세상을 좀 더 나은 곳으로 만들고 있다고 믿었다. 양수 검사가 시작된 지 얼마 지나지 않아 전인도의학연구소의 의사 몇 명이 학술지 《인도 소아의학 Indian Pediatrics》에 양수 검사는 더 큰 규모로 도입될 가능성을 지닌 실험적 시도라고 설명하는 논문을 게재했다. I. C. 베르마와 동료들은 인도의 부부들이 분명 성 감별을 원한다고 썼다. 그리고 그런 관심을 좀 더 광범위하게 이용할 경우 인도와 세계에 득이 될 수 있다고 썼다.

> 인도에서는 문화적·경제적 요인들로 부모들이 아들을 원하며 많은 경우 부부는 단지 아들을 낳으려고 계속 아이를 낳는다. 태아 성 감별은 이런 불필요한 다산에 종지부를 찍을 것이다. 물론 태아가 여아일 경우 낙태하는 경향이 있다. 서구에서는 용납되지 않을 수 있지만 우리 환자들 사이에서는 주로 태아의 성을 알려는 목적으로 검사를 받은 8명 중 7명이 이런 조치를 취한다. 부모들은 크게 근심하지 않고 낙태를 선택한다.[7]

의사들은 "서구에서는 용납되지 않을 수 있지만"이라는 문화상대주의로 자신들의 행동을 방어했지만 이들의 논리는 인도가 유럽에서 물려받은 맬서스주의의 변형이었다. 베르마와 동료들은 인구 조절이라는 명목으로 여아를 낙태했다.

인도에서 가족계획 고문들의 광범위한 조직망이 형성되는 데는 서구의 자금이 뒷받침되었다. 양수 검사가 전인도의학연구소에서 다른 국립 병원으로 퍼져 나가면서 이 고문들은 여성들에게 검사를 받으러 가라고 권했다. 국립 병원에서 양수 검사는 다른 서비스들과 마찬가지로 무료로 제공되었다.[8] 성 감별 낙태가 누그러질 기미를 보이지 않던 1970년대 후반에 마침내 인도의 페미니스트 집단이 조직되었다. 인도의 행동주의 문화는 초기 단계였지만 활발했고 여성 단체들의 주장은 성별 선택에 반대하는 세계 최초의 캠페인이 되었다. 베디가 여아 태아를 입에 달랑거리며 병원 복도를 지나가는 고양이를 본 직후인 1978년 말에 보건부는 이런 항의를 받아들여 국립 병원의 성 감별을 금지했다.

그러나 그 무렵 병원들은 이미 상당한 피해를 입힌 상태였다. 전인도의학연구소에서만 해도 의사들이 여아 천 명을 낙태시킨 것으로 추정된다.[9] 베르마와 동료들 역시 국내 학술회의에서 연구 결과를 발표하면서 인도 각지의 의사들 앞에서 성별 선택이 효과적이고 윤리적인 인구 조절 방법이라고 주장했다.[10] 인도 최고 의과대학 연구진들의 의견이었으니 그 발표를 들은 시골 지역 의사들에게 성 감별 낙태는 가족계획의 돌파구로 보였음이 틀림없다. 그중 얼마나 많은 의사가 고향으로 돌아가 성 감별 낙태 수술을 했는지 알기란 불가능하다. 한편 델리에서는 국립 병원의 성 감별 금지가 여아를 낙태하기 위해 갈 수 있는 병원의 수를 늘리는 역설적인 결과를 불러왔다. 국립 병원이 시장에서 빠지자 개인 진료소들이 진입한 것이다.

양수 검사에 대한 페미니스트들의 항의는 정부의 자금이 성 감별 낙태 지원에 사용된다는 점에 초점을 맞추었다. 인도인들은 인구 조절을 위해 델리로 흘러 들어오는 자금과 서구 재단 사이의 관계를 개인적으로는 짐작했지만 아무도 입증하지 못했다. 당시 어느 조직이 이를 후원했을지 물어보자 베디는 "인구위원회와 국제가족계획연맹, 하지만 주로 포드재단이었다고 믿습니다"라고 추측했다. "그렇지만 모든 사람이 이 일에 대해선 입을 꾹 다물고 있죠." 1970년대 후반에 서구의 고문들 대부분이 떠났고 이들이 인도에서 수행한 세부적인 활동들은 문서 보관실의 먼지 덮인 상자나 미국인 후원자의 사유지에 있는 비공개 기록 보관소에 봉인되어 밝혀지지 않았다. 그러나 국제가족계획연맹과 록펠러재단이 초기 파일을 공개해 영국인들이 여아 살해를 중단시키기 위해 작성한 기록들과 마찬가지로 매우 상세한 문서들이 많이 드러났다. 인도에서 그 조직들이 벌인 활동의 복잡한 내용이 드디어 명확해졌다. 이 문서들에 따르면 전인도의학연구소가 수행한 실험들은 서구에서 기원을 찾을 수 있다.

이야기는 인구위원회 생체 의학 국장인 셸던 시걸이 해외 근무를 위해 델리로 향한 1960년대 중반에 시작된다. 시걸이 파견된 것은 우연이 아니었다. 인구 조절 운동 내에서 시걸은 평범한 인물이 아니었다. 인구위원회와 이와 비슷한 조직들의 성공은 좀 더 저렴하고 발전된 피임약 개발에 달려 있었고 시걸은 이 문제에서 중요한 역할을 하는 과학자 중 한 명이었다. 시걸이 발생학과 생화학 박사 학위를 따고 아이오와 대학을 졸업한 지 얼마 지나지 않은 1956년에 존 D. 록펠러 3세가 시걸을 인구위원회의 의료 부국장으로 고용했다.

시걸은 위원회 산하의 연구소들을 감독하는 일을 맡았다.[11] 인도로 떠나기 직전에 록펠러는 시걸을 같은 부서의 국장으로 승진시켰다. 이제 사람들이 탐내는 자리인 위원회 고위 간부 중 한 명이 되어 록펠러를 비롯한 유력 인사들과 접촉할 수 있게 되고 인구 조절 운동의 모든 것을 대표하게 될 나라에 배치된 시걸은 수천만 명의 목숨에 영향을 미칠 의사 결정을 할 준비를 갖추었다. 포드재단은 그를 델리에 배치하는 데 드는 비용을 부담하기로 했다.[12]

인도에서 지낸 2년 동안 시걸은 여러 가지 역할을 수행했다. 가장 중요한 역할 중 하나는 인도의 가족계획 책임자가 된 전 육군 의무대 장교 B. L. 레이나 중령에게 개인적인 조언자 역할을 하는 것이었다. 시걸이 도착하기 전에 레이나 중령은 인구 조절과 모자보건 분야를 책임지고 있었지만 곧 직무가 바뀌었다. 시걸은 3명으로 구성된 세계은행 위원회의 일원이 되었는데, 위원회는 레이나의 직무 기술서를 폐기하고(세계은행은 인도에서 막강한 권력을 행사하여 인도 정부 각료의 직무를 결정할 수 있었다) 중령에게 모성보건에 초점을 맞추지 말고 인구문제를 "무조건적인 최고 우선순위"로 하라고 권했다.[13]

시걸의 다른 역할은 세계적으로 초기 단계인 일부 산아제한 기법들의 실험을 감독하는 일이었다. 인도에서는 환자에게 알려 동의를 구하는 일이 드물었기 때문에 그런 실험을 하기에 이상적이었다. 한 번은 시걸이 자기 짐 속에 실험용 자궁내피임기구를 몰래 들여왔다가 크리스마스트리 장식품이라고 주장하여 인도 보건부 장관을 격노케 하기도 했다.[14] 시걸은 미 국방성 연구원이자 인구 증가 조절에 있어 낙태의 효용성을 폭넓게 저술한 오스트리아 의학 전문가 크리스토퍼 티체와도 면밀히 협력했다.[15] 하지만 델리에 있는 동안 시

걸의 가장 중요한 임무는 전인도의학연구소에 생식생리학과를 설립하는 것이었다.[16]

시걸이 델리의 팔람 공항에 도착했을 때, 인도에는 이미 인구 관련 일을 하는 외국인들이 넘쳐났다. 포드재단의 직원만 해도 수백 명에 이르러 미 대사관 직원 수와 맞먹을 정도였다.[17] 한편 록펠러재단은 델리에 24명의 직원을 두었는데 뉴욕 지사를 빼면 가장 많은 인원이었다.[18] 고문들은 업무의 우선순위와 자금이 상당 부분 겹치며 서로 밀접한 관계를 맺고 있었다. 예를 들어 인구위원회는 록펠러재단과 포드재단에 비하면 소규모였지만 대부분의 자금이 두 재단에서 왔고 시걸은 두 재단의 동료들과 긴밀하게 협력했다. 인구 관련 고문들의 유입을 이해하려고 노력하던 인도 정부 지도자들에게 이러한 상호 연결성은 가공할 만했다. 초기에 정부의 한 고급 관료는 "정부의 영역에 포드와 록펠러 같은 재단이 점점 더 침투해 오고 권력이 커지는 것을 걱정스럽게 지켜보았다"라고 인정했다.[19]

하지만 이러한 권력 축적을 둔화시키기 위해 일개 정치인이 할 수 있는 일은 거의 없었다. 1960년대에 인도가 받은 연간 지원금 150억 달러의 대부분은 미국 정부, 유엔인구기금, 포드재단, 세계은행에서 왔다. 물론 인구 조절을 조건으로 식량과 의료 프로젝트에 차관을 제공한 세계은행이 특별한 영향력을 미쳤다. 인도는 당시 최대 채무국이었다.[20] 인도의 경우 아무런 단서도 붙이지 않은 원조는 좋지 않다는 우려가 특히 심했다. 1952년에 열린 윌리엄스버그 회의에서 록펠러재단의 대표 워런 위버는 인도가 "벼락부자"가 될 위험이 있다고 경고했다. 그는 "소득이 약간 있다는 것을 알게 된 사람은 나흘이나 일주일 일하는 것을 그만두고 그냥 빈둥거린다. 우리가 인도에

가져다주고 싶은 것이 이런 현상은 아니다"라고 목소리를 높였다.[21]

그리고 인도의 엘리트 중 상당수도 이를 원하지 않았다. 인구 조절 운동의 인종차별주의와 우생학 논리는 인도 상류층에 반향을 불러일으켜 빈곤층의 높은 출생률을 우려하게 했다.● 부유한 인도인들의 지지를 받은 서구 조직들은 하위 계층을 겨냥한 조치들을 발표했고 기근 지역 남성들에게 정관수술 비용을 지급하는 불임 캠페인에 재정 지원을 했다.[22] 서구인들이 대학에 재정 지원을 하고 연구비를 지급해 엘리트층의 환심을 산 것도 도움이 되었다. 인구위원회는 1954년에 유엔의 자금 지원으로 뭄바이에 인도 최초의 인구학 센터인 국제인구학연구소를 세웠다.●● 하지만 가장 중요한 목표는 전인도의학연구소였다. 사회학자 로저 제프리는 몇 년 뒤 자금 지원 문서들을 읽어본 뒤 인도의 의료 부문에 대한 서구의 원조는 "'명문' 대학(특히 전인도의학연구소)과 그 부속병원에 집중되었다"라고 썼다.[23]

서구의 고문들은 인도의 선두적인 의사들과 많은 공공 보건 관료를 교육하는 기관들에 직원을 계속 배치하여 의사와 정책 결정자 양쪽 모두에 접근할 수 있었다. 록펠러재단은 1958년에 연구소장의 자문으로 전인도의학연구소에 처음 직원을 배치하여 1960년대까지 유지했다. 포드재단은 1962년에 전인도의학연구소를 후원하기 시작했고 인도 대학들의 생식 의학 연구에 지원된 170만 달러의 보조금 중

● 이런 인구 논쟁은 힌두교도들이 이슬람교도가 자신들을 추월하고 있다고 지적하면서 종교계에도 영향을 미쳤다.

●● 수십 년 뒤 나는 인구학자 T. V. 세케르를 인터뷰하기 위해 이 연구소를 방문했다. 과잉 인구 문제가 아니라 인도의 편향된 출생 성비에 관한 인터뷰였다.

가장 큰 몫을 이곳에 할당했다.[24] 시걸은 인구위원회에서 처음으로 파견된 고문이었다. 뉴욕의 상관들은 시걸이 이곳에서 이룰 성과에 대한 기대가 높았던 것으로 보인다.

우묵한 눈에 칠흑 같은 머리카락을 아침마다 뒤로 빗어 넘기는 시걸은 언제나 피곤한 표정이었다. 동료들은 시걸을 '셸리'라고 불렀는데 그의 재미없는 근면함과 어울리지 않는 장난스러운 별명이었다. 시걸은 평생 쉬지 않고 일하다 2009년에 세상을 떠났으며 산아제한 운동의 거물 중 한 사람으로 칭송받았다(인도에서 그는 여성의 팔에 이식하면 황체호르몬을 천천히 방출하는 피임약인 노플랜트^{Norplant} 개발을 계속했다). 새로운 과를 설립하는 고되고 단조로운 행정 업무와 함께 시걸은 의대생 및 의사 들과 긴밀하게 협력하여 이들이 서구의 확립된 기법들을 빠른 속도로 따라잡을 수 있게 도왔다. 시걸이 일단의 전인도의학연구소 학생들에게 인간의 성 감별 방법을 가르친 것은 이런 역할을 하면서였다.

몇 년 뒤 시걸은 회고록 『바니안나무 아래에서: 어느 인구과학자의 긴 여정 Under the Banyan Tree: A Population Scientist's Odyssey』에서 교육과정을 자세히 설명했다. 인도에 머무는 동안 시걸은 델리를 방문한 뉴욕 앨버트아인슈타인 의과대학의 유전학자 해럴드 클린저와 함께 이따금 전인도의학연구소 학생들을 실험실에 모아놓고 XX와 XY 염색체 결합을 알아보기 위해 인간 세포를 검사하는 방법을 가르쳤는데, 둘은 환자의 뺨에서 세포를 채취해 성 염색질이 있는지 분석하는 방법을 사용했다. 시걸은 "미국 과학자들은 인도 의사들이 성 감별 기법을 배우는 것이 중요하다고 생각했다. 생식 생체 의학에서 전반적으로 유용하기 때문이다. 예를 들어 간성●이나 불임의 경우 명확한 진단을 내리는 데 도움을 줄 수 있다"라고 설명했다.[25] 하지만 불임 부부가 아이를 갖도록 돕는 것은 시걸이 인도에서 해야 하는 임무와 정반대의 일이었다.

시걸은 인도에 성 감별 기법을 소개한 것이 여아 낙태로 이어지리라고는 전혀 생각하지 못했다고 암시한다. 하지만 시걸과 클린저가 델리의 실험실에 학생들을 모으기 몇 년 전에 과학자들은 태아 세포에 대한 성 염색질 검사를 실시해서 그 결과를 이용해 특정 성별과 관련된 질병을 앓는 여성에게 성 감별 낙태를 실시했다. 시걸은 록펠러재단의 자금 지원을 받아 펀자브에서 실시된 1950년대의 가족계획 연구에 대해 알고 있었던 것이 거의 분명하다. 그 연구에서는 인도인들이 아들을 귀하게 여긴다는 결과가 나왔다.[26] 그리고 1963년에 델리의 한 교수가 국제가족계획연맹 회의에서 발표한 「인도에서 출산에 영향을 미치는 사회 문화적 요인Social and Cultural Factors Affecting Fertility in India」이라는 논문도 읽어보았을 것이다.[27] (미 국방성에서 일한 오스트리아의 낙태 전문가 크리스토퍼 티체가 이 회의에 참석했는데 여기서 배운 내용을 시걸에게 알려주었을 수도 있다.)[28] 또 델리 경제성장연구소의 S. N. 아가르왈라는 다음과 같이 썼다. "일부 종교적 의식, 특히 부모의 죽음과 관련된 의식은 아들만 집행할 수 있다. 죽은 부모의 영혼의 평화와 구원이 아들이 집행하는 종교 의식들이 정확하고 계속적으로 수행되는지에 달려 있기 때문에 가족 내에서 아들의 중요성은 지대하다. 딸만 있는 가족은 적어도 한 명의 아들을 낳으려고

• 間性. 암수딴몸인 생물에 암수 양성의 중간적 생식기가 혼합되어 나타나는 것. _옮긴이

최선을 다한다."29)

그러나 회고록에서 시걸은 몇 년 후 전인도의학연구소를 방문했을 때 제자들이 자신에게 배운 기법을 이용해 여아를 낙태하는 것을 알고 충격과 혼란에 빠졌다고 주장했다. 시걸이 언급하지 않은 것은 자신이 인도에 머문 지 얼마 지나지 않았을 때 성 감별이 효과적인 인구 조절 방법이라고 홍보했다는 기록이 남아 있다는 점이다.

시걸은 1960년대 말에 뉴욕으로 돌아와 인구 조절 운동 진영 내에서 승진을 거듭했다. 인도에서 그가 구축하고자 노력했던 동양과 서양 사이의 연계는 점점 강해졌고, 전인도의학연구소에 신설된 생식생리학과로 서구의 자금과 전문 기술이 흘러 들어갔다. 1960년대 내내 의과대학에 주재했던 록펠러재단의 컨설턴트 르로이 R. 앨런은 하버드 대학 과학자들을 연구 활동에 참여시켰다. 1966년에 앨런은 케임브리지에서 인도로 날아온 연구원들이 전인도의학연구소의 의사들과 공동으로 2년간 인도 북부 시골 사회의 인구 조절 장애물에 대해 연구하는 프로젝트를 감독했다.30) 미국 연구원들은 마을의 부모들과 긴밀히 협력하고 이들이 자녀를 더 낳는 이유에 대해 인터뷰하면서 인도의 가족계획을 방해하는 중요한 장애물의 증거를 더 발견했다. 시골 주민들은 아들을 낳는 것을 매우 중요하게 여겼다. 시걸이 미국에서 열린 전국 규모 회의의 강단에 서서 성 감별을 인구 조절의 한 방법으로 지지했던 1969년에 포드재단은 전인도의학연구소의 "생식 생물학 연구"에 6만 3,563달러를 할당했다.31) 1972년에는 전인도의학연구소 학생들이 의사가 인구문제 개선을 위해 할 수 있는 역할에 관한 국제 세미나에 참석했고 1974년에는 세계보건기구가 전인도의학연구소에서 열린 최신 피임 기술의 발달에 관한 학술 토론회에 재정 지원을 했다.[32] 하지만 자금의 대부분은 록펠러재단에서 나왔다. 록펠러재단은 1950년부터 1974년까지 전인도의학연구소에 150만 달러를 지원했는데, 이 돈은 건물 신축부터 의사에게 지급하는 장학금에 이르기까지 모든 일에 사용되었다. 그리고 자금의 대부분이 1962~1974년 사이에 지원되었다.[33]

그 뒤 상황이 나빠졌다. 1975년 6월 25일, 전국적으로 정치적 불안이 싹트자 인디라 간디 총리는 인도 헌법의 잘 알려지지 않은 조항을 이용해 민주적 통치를 유예하고 비상 통치권을 발동했다. 그 후 21개월 동안 간디는 언론의 자유를 없애고 반대자들을 투옥하는 칙령에 따라 통치를 이어갔다. 이런 비상사태 시기는 생활의 모든 부분에 영향을 미쳐 경제를 망치고 시민의 자유를 축소했다. 하지만 특히 생식의 권리에 있어 암울한 시기였다. 간디 행정부는 이전에 산아제한을 거부하던 인도인들에게 산아제한을 강요할 수 있게 되었다. 이 섬뜩한 캠페인을 감독하는 일은 인디라의 아들인 산자이 간디가 맡았다. 산자이는 공식 직함이 없었다.[34] 하지만 그는 빈곤층 남성에게 불임수술을 하는 데 많은 노력을 기울이겠다고 지체 없이 발표했다. 불임수술 확산은 서구의 고문들이 인도에 소개한 아이디어였지만 산자이 간디는 이를 전례 없는 규모로 확대시켰다. 처음에 인디라 정부는 정관수술에 동의한 남성에게 보상을 했다. 하지만 얼마 지나지 않아 산자이 간디가 할당량을 너무 높이 부과하는 바람에 지방 공무원들은 남성들을 억지로 수술실로 끌고 가야 했다. 수술실은 보통 하룻밤 사이에 세운 임시 막사였다(서투른 수술로 거의 2천 명의 남성이 목숨을 잃었다).[35] 어떤 지역에서는 한밤중에 경찰이 마을을 둘러싸고 남성 모두를 체포하기도 했다.[36] 다른 지역에서는 경찰이 불임수술과 빈민가 철거를 결합해 동네 전체를 쑥대밭으로 만들고 남성에게서 생식기능과 집을 동시에 빼앗았다. 항의하는 사람들은 죽었다.[37] 살만 루시디의 소설 『한밤의 아이들 Midnight's Children』에도 그려진 이 캠페인은 오늘날 많은 미국인이 그런 일이 있었는지도 모른다는 것을 감안하면 엄청난 규모였다. 민주 통치가 회복될 무렵까지 단 1년 만에 인도 남성 620만 명이 불임수술을 받았다. 이 수는 나치가 불임수술을 행한 사람의 15배였다.[38]

나중에 서구의 전문가들은 인도의 과도한 비상사태와 거리를 두었지만 당시의 기록들은 많은 고문이 인도의 맹렬한 압제정치를 격려는 하지 않았더라도 지지했다는 사실을 보여준다. 비상사태가 선포된 지 석 달 뒤인 1975년 9월, 인구학자 킹즐리 데이비스는 인구위원회가 후원하는 학술지인 《인구 개발 리뷰 Population Development Review》에 게재한 기사에서 아시아 빈민가의 확산에 대해 검토하다가 강권주의를 지지하기에 이르렀다. 데이비스는 민주주의는 인구 조절 및 아시아의 안정과 서로 반목한다는 결론을 내렸다. "아시아 대륙에서 급격히 증가하고 있는 대도시에 적합한 유일한 정치체제는 소비 수준이 낮고 매우 열심히 일하며 자기에게 주어진 것을 수동적으로 받아들이는, 어느 정도 교육을 받았지만 철저하게 세뇌된 고분고분한 대중을 통치하는…… 권력뿐 아니라 기량 면에서도 일반 대중과 대조되는 강력한 정부다."[39] 한편 비상사태가 시작되었을 당시 델리에 주재했던 세계은행의 한 관료는 워싱턴으로 돌아와 세계은행이 인도의 가족계획 프로그램에 대한 지원을 "늘려야" 한다고 촉구했다. 인도 정부는 세계은행에 260만 달러를 요청하면서 그중 일부를 외딴 지역에 불임수술용 막사를 짓는 데 사용하겠다고 설명했다.[40] 제안을 검토한 위원회는 이를 거절했는데, 세계은행의 돈으로 인권침해가 영구화되는 것을 걱정해서가 아니라 당시 한 직원이 은행의 인구 담당 부서에서 일하는 동료에게 쓴 것처럼 260만 달러라는 금액이 "실망스러울 만큼 적게 잡은 액수"였기 때문이다.[41] 대신 유엔인구기금이 자금을 지원했다. 1974년에 유엔인구기금은 그때까지의 보조금 중 가장 큰 액수를 인도에 지원했고 1976년에 스웨덴의 국제개발국은 인도의 가족계획에 6천만 달러를 기부했다.[42] 그리고 세계은행의 자금 역시 계속해서 유입되었다. 1972년부터 1980년까지 세계은행은 인구 조절이라는 분명한 목적 아래 인도에 6,600만 달러의 차관을 제공했다.[43]

세계은행 위원회가 인도의 제안을 검토한 지 몇 달 뒤에 로버트 맥나마라 총재가 인도를 방문해 비상사태에 대한 은행의 지원을 명시화했다. 남성들이 강제로 붙잡혀 정관수술을 받던 시절 델리에 도착한 맥나마라는 보건·가족계획부 장관인 카란 싱을 만났다. 싱은 불임수술 캠페인이 약간의 폐해를 수반했음을 인정했다. 하지만 맥나마라는 동요하지 않은 것으로 보인다. 맥나마라는 여행을 요약한 글에서 "마침내 인도가 인구문제를 효과적으로 해결하는 쪽으로 움직이고 있다"라고 썼다.[44]• 서구 인구 조절 기관들의 기록이 공개되

• 인도의 엘리트들도 마찬가지로 세계은행에 대해 만족스러워했다. 1977년 맥나마라가 아시아 지역에 대한 자금 지원을 늘리겠다고 발표했을 때 인도의 《이코노믹 앤드 폴리티컬 위클리》는 '전진, 세계은행의 병사들이여!'라는 제목의 기사를 실었다. 이 기사는 "로버트 맥나마라 총재 아래에서라면 필연적인 결과지만, [1977년의 보고서는] 세계은행의 작전이 더 발전했음을 보여준다"라고 극찬했다.

었을 때 이를 꼼꼼하게 살펴본 학자들이 인도에서 벌어지는 성 감별 낙태에 대한 이 기관들의 역할을 간과했던 것도 무리는 아니었다. 세계은행 총재가 남성 수백만 명의 불임수술을 지지한 시기에 수천 건의 자발적 낙태는 아무것도 아닌 듯 보였음이 틀림없다. 전인도의학연구소가 양수 검사 실험을 시작한 것은 비상사태가 절정에 이른 때였기 때문이다.

베디는 의과대학을 졸업한 뒤 12년 동안 LNJP에서 의사로 일했다. 끔찍했던 첫날 밤 이후 그의 감각은 둔화되었다. 그 후로는 어떤 일도 그만큼 충격을 주지 않았다. 후기 낙태는 한동안 계속되었다. 젊은 의대생으로 야간근무를 하면서 베디는 첫날 본 것과 마찬가지로 임신 6, 7개월 된 태아의 낙태 수술을 수없이 목격했다. 그 뒤 정부가 국립병원의 성 감별을 금지하자 LNJP는 성 감별을 전적으로 중단했고 베디는 성 감별이 개인 진료소로 옮아가는 것을 지켜보았다. 성 감별을 홍보한 최초의 진료소는 베디가 태어난 펀자브주에 있었으며 1979년부터 성 감별을 시작했다. 성 감별은 곧 다른 주에서도 인기를 끌었다. 나중에 양수 검사에 대한 정부 청문회에서 증인들은 1978~1983년 인도에서 약 7만 8천 명의 여아가 낙태되었다고 증언했다.[45]

국립 병원에서 성 감별이 금지된 이후 인도의 의사들로서는 자신들이 가치 있는 서비스를 제공한다고 주장하기가 더 어려워졌으리라 생각할 수도 있다. 하지만 서구의 인구 조절 활동가들이 주입한 논리는 쉽사리 사라지지 않아, 성 감별 낙태가 훌륭한 인구 조절 방법이라는 생각이 계속 남아 있었다. 심지어 2001년에도 인구학자 바버라 밀러는 인도의 지성인들이 성 감별 낙태가 "과잉 인구'를 처리하는 조용한 방법이므로" 이를 비판하기 꺼린다는 것을 발견했다.[46]

문제점 중 하나는 인구 증가가 실제로 인도에 위협이라는 점이다. 인도의 출생률은 1960년대 중반 여성 한 명당 5.7명에서 2010년 2.7명으로 35년 동안 절반 이상 떨어졌다.[47] 하지만 인도 인구는 여전히 증가하고 있으며 2026년이면 중국을 추월해 세계 최대의 인구 대국이 될 전망이다.[48] 델리의 정부와 서구의 가족계획 기관(이 기관들은 인도로 돌아왔다. 하지만 이번에는 덜 무례한 접근 방식을 취한다)은 계속 소가족을 강조해왔다. 하지만 다른 면에서 정부는 가족계획 정책의 틀을 잡는 방식에 있어 한 걸음 퇴보했다. 비상사태 시기의 불임수술에 대한 극히 좋지 않은 평판은 인디라 간디 정부의 실각에 한몫을 했고 이후의 지도자들은 남성의 생식기능을 목표로 하는 것은 정치적으로 위험하다고 판단했다.[49] 오늘날 인도에서 출산을 제어하는 책임은 여성에게 있다. 여성 정치인은 자녀가 두 명 이상일 경우 판차야트panchayat에서 일할 자격을 박탈당한다.[50] 판차야트란 인도의 많은 지방에서 지역 생활을 관장하는 일종의 촌락 의회. 여성이 아이를 낳지 말 것과 아들을 낳으라는 두 가지 압력을 모두 받는 세계에서 성 감별 낙태는 뜻밖의 횡재로 보일 수 있다.

하지만 1970년대에 델리의 국립 병원들에서 벌어진 일에 대한 불편한 마음은 계속 남아 있으며 당연히 일부 집단에서는 성별 선택을 지탄해왔다. 지난 몇십 년 동안 인도 지성인들은 나라가 어떻게 이런 혼란에 빠졌는지에 대해 한바탕 괴로운 자기분석을 했다. 그러한 시기 중 하나가 여성 단체 모임이 델리에서 성 감별 낙태의 확산에 대해 논의하는 회의를 개최한 1982년이었다. 회의의 의장을 맡은 교수이자 페미니스트 비나 마줌다르는 점점 더 격앙하다가 맺음말에서 남아의 확산에 대해 불길한 의견을 제시했다. 마줌다르는 도처에 "인구 위기에 대한 히스테리"가 존재하며 성 감별 낙태가 매우 효과적인 인구 조절 기법이 되고 있다고 언급했다. "어딘가의 누군가가 성 감별 낙태를 인구문제에 대한 '마지막 해결책'이라고 생각한 것일 수도 있을까요?"[51] 마줌다르는 나중에 홀로코스트의 계산된 집단 학살을 언급한 것은 지나쳤노라고 술회했다.[52] 누가 그런 책략을 상상이나 하겠는가? 하지만 마줌다르는 그 책략의 절반도 모르고 있었다.

7장

어느 예언자의 입장

인구가 늘면 식량이 부족해질 것이다!

> 무수하게 많은 사람이 아들을 낳을 기회를 붙잡을 것이다.
> 그 기회를 활용하라고 장려하는 데는 어떤 강요도,
> 심지어 선전조차 필요 없을 것이다.
> ─ 미생물학지 존 포스트게이드가 1973년 《뉴 사이언티스트》에 쓴 글[1]

1970년 8월 13일, 조니 카슨의 〈투나잇 쇼〉를 시청하던 미국인들은 중간 광고가 끝난 뒤 이 상징적인 진행자가 세계의 미래에 대한 토론회를 예고하는 것을 보았다. 젊은 카슨은 흰색 포마이카 책상 뒤에서 토론을 개시하며 이번 담판에 대해 설명했다. 『인구 폭탄』의 저자 폴 에를리히가 벤 와튼버그와 정면으로 맞붙을 예정이었다. 와튼버그는 최근 《뉴 퍼블릭》에 실린 기사에서 에를리히를 "재앙의 예언자"라고 부르며 그의 무시무시한 인구 증가 예측을 묵살한 인물이었다. 카슨은 분명 재미있는 토론이 될 것이라고 암시했다. "환영해주세요. 폴 에를리히 박사와 벤 와튼버그입니다, 여러분!"

관객들이 박수를 쳤고 두 사람이 무대 오른쪽에서 등장했다. 그 둘이 동등한 입장이라는 가식은 거의 초반부터 사라졌다. 큰 키에 멀쑥한 에를리히가 먼저 으스대며 걸어가 카슨의 옆자리를 차지했고, 와튼버그는 진행자에게서 먼 소파에 앉았다. 당시 이미 슈퍼스타 비슷했던 에를리히는 의자에 앉아 가뿐하게 다리를 꼰 반면 와튼버그는 무릎으로 팔꿈치를 받친 채 구부정하게 앉았다. 강단 있는 골격의 에를리히 옆에 있으니 와튼버그는 왜소해 보였다. 이 토론이 공정한 경쟁으로 보이지 않았을지 몰라도, 이것이 바로 1970년대 미국에서 인구학 담화가 이루어지는 모습이었다. 윌리엄스버그에서 열린 회의 이후 다가오는 인구 폭발에 대한 우려가 재계와 매카시즘 지지자들에게서 환경 운동가, 과학자, 관심 있는 많은 미국인에게로 확산되었다. 세계은행뿐 아니라 학계와 언론에서도 세계가 인구 재앙으로 나아가고 있다는 생각이 이제 액면 그대로 받아들여졌다. 해결되지 않은 문제는 언제, 얼마나 강하게 닥칠 것인지와 그 충격을 줄이기 위해 그동안 인간이 무엇을 할 수 있을지였다.

카슨은 에를리히에게 먼저 발언권을 주었다. 이 과학자는 카메라를 응시하며, 인구 폭발에 관한 설명으로 이야기를 시작했다. "오늘날 세계에는 36억 명의 사람이 있습니다. 너무 많은 숫자죠. 식량이 절망적으로 부족해지고 있기 때문에 너무 많다는 겁니다. 우리는 심각한 곤경에 처해 있어요."[2] 갈색 재킷, 노란색 셔츠, 다리 위치를 바꿀 때마다 종아리 중간까지 딸려 올라가는 짧은 바지 차림에 짙은 구레나룻이 돋보이는 에를리히는 1970년대에 유행한 전형적인 모습이었다. 하지만 실제로 에를리히는 유명 인사가 될 것 같지 않은 곤충학자였다. 나비 서식지 연구를 전공한 에를리히는 경력 초기의 많은 시간을 스탠퍼드 대학 생물학과 사무실에서 쭈그리고 앉아 보냈다. 하지만 1968년, 시에라클럽•의 사무총장이 라디오에서 그가 카리스마 있게 이야기하는 것을 들은 뒤 『인구 폭탄』의 저술을 의뢰하면서

• 1982년 미국에서 설립된 민간 환경 운동 단체._옮긴이

그의 운명이 바뀌었다.[3] 에를리히는 퇴근 후 아내 앤과 함께 경쾌하고 소설 같은 구문들을 만들면서 저녁 시간을 보냈고 한 달 만에 뚝딱 책을 완성했다.[4] (에를리히는 출판사가 아내를 책의 공동 저자로 인정하려 하지 않았다고 말한다.)[5] 그 결과 탄생한 재치 있고 읽기 쉬운 책은 인구 증가를 식품 가격, 전염병, 전쟁과 연결시켜 무시무시한 숫자, 반이상향적인 시나리오, 외국의 위협에 대한 필요 이상의 불안한 묘사로 독자들을 계속 강타했다. 이 책으로 에를리히는 곤충에서 포퓰리즘으로 옮아갔다.

책은 인도에서 시작된다. 에를리히는 자신과 앤이 어린 딸과 함께 떠난 인도 여행을 묘사한다. "델리에서 어느 지독하게 더운 밤에" 세 사람은 벼룩이 우글거리는 택시를 타고 호텔로 돌아갔다. 가는 길에 빈민가를 지나면서 에를리히는 창밖을 내다보았다. 그가 본 광경은 이러했다.

> 먹는 사람, 씻는 사람, 자는 사람. 찾아와서 다투고 고함지르는 사람, 택시 창문으로 손을 쑤셔 넣어 구걸하는 사람. 버스에 매달리는 사람. 동물들을 몰고 가는 사람. 사람, 사람, 사람. 군중을 헤치며 천천히 움직이는 동안 꽥꽥거리는 핸드호른, 먼지, 소음, 더위, 요리용 불 때문에 그 광경은 마치 지옥같이 보였다. 우리는 호텔로 돌아갈 수 있을까? 솔직히 말해 우리 세 사람은 모두 겁을 먹었다.[6]

택시를 타고 가는 동안 인구 증가 문제는 에를리히와 독자들에게 지적인 몰두의 대상에서 감정적인 집착의 문제로 바뀐다. 에를리히는 인도인들이 "토끼처럼 번식하고 있"다고 넌지시 내비쳤다.[7] 일단 독자들의 마음속에 인구 증가의 위협이 단단히 자리 잡자 에를리히는 미국이 인도에 상당한 양의 밀을 보냈음을 상기시켰다.• 인도인들이 계속 아이를 낳는다면 이들은 미국의 부 외에 어디에 기댈 수 있겠는가?

『인구 폭탄』은 물가가 치솟고 베트남전쟁 반대 시위가 고조되고 전국적으로 시민권을 둘러싼 분열이 심화되던 시기에 나왔다. 어려운 시기에는 다른 사람에게 두려움을 느끼기 쉬운데, 이 책은 이런 성향을 먹잇감으로 삼았다. 사학자 매슈 코널리는 "에를리히는 아마도 대도시에서 길을 잃고 이상한 동네, 델리가 아니라 할렘이나 와츠까지 가게 되는 것을 상상해본 독자들과 정확하게 통할 것이다. 그는 독자들에게 단지 길을 잘못 드는 것을 상상하게 할 뿐 아니라 미국(미국 전체)이 나쁜 동네로 바뀌고 있다고 인식하게 한다"라고 썼다.[8] 공정하게 말하면 『인구 폭탄』이 제시하는 필요 이상의 불안은 가난한 개발도상국에 한정되지 않는다. 뒷부분에서 에를리히는 미국인 부부들에게 자녀를 한 명으로 제한하자고 간청하여 본국에서의 행동을 촉구했다. 하지만 이 책은 다른 무엇보다 미국 해안을 제압한 무서운 아시아인들을 떠올리게 한다. 에를리히는 황화黃禍라고 불리던 현상을 과잉 인구로 그럴싸하게 재포장했다.

인구문제에서의 에를리히는 훗날 기후변화 문제에서의 앨 고어와 비슷했다. 즉 한때 엘리트층의 전유물이었던 개념을 전파하는 똑

• 인도의 대중은 인구 조절 선언문에 오래전부터 등장했다. 토머스 맬서스는 영국 동인도회사가 식민지 관리들을 교육하기 위해 세운 헤일리베리 대학에서 정치경제학을 강의하면서 학생들에게 인도의 기근 동안 굶주리는 사람을 도우면 과잉 인구를 부추길 것이라고 가르쳤다.

똑하고 열정적인 대변인으로 인식되었다. 기자들과 텔레비전의 유명 인사들은 에를리히의 카리스마와 에너지를 좋아했으며 특히 카슨은 에를리히에게 싫증을 내지 않았다. 이 스탠퍼드 대학 교수는 〈투나잇 쇼〉에 여러 차례 나와서 작가로서는 유일하게 한 시간 내내 인터뷰를 했다.[9] 에를리히에 대한 지지는 부유한 기업가와 사업가 사이에 유착되어 있던 인구 조절 운동을 주류로 편입시켰다. 에를리히가 전국 방송에서 와튼버그와 토론을 벌였을 때 그가 쓴 책은 거의 백만 부가량 판매된 상태였다. 또한 책을 읽은 수많은 독자가 행동에 나섰다. 에를리히가 전 세계적으로 인구 조절 로비를 하기 위해 설립한 단체인 인구의 제로성장 Zero Population Growth, ZPG은 전국 지부 회원이 수만 명에 달했다.[10] 에를리히의 촉구에 따라 ZPG 회원들은 친구와 동료 들에게 인구 조절을 전도하고(내 어머니도 이 단체의 활동으로 자녀를 두 명만 낳았다) 국회의원들에게 편지를 썼다.『인구 폭탄』에는 샘플 편지가 수록된 편리한 부록이 들어 있었다.[11]

하지만 인구 증가를 억제하고 싶은 나머지, 에를리히와 추종자들은 노골적으로 방향이 잘못된 극단적인 해결책을 지지했다.『인구 폭탄』에 소개된 정책 중에는 성차별 연구에 대한 자금 지원을 늘려야 한다는 주장도 포함되어 있었다. "첫아이가 아들이라고 보장할 수 있는 간단한 방법이 발견된다면 많은 지역에서 인구 조절 문제가 다소 수월해질 것이다." 전인도의학연구소의 의사들이 성 감별을 가족계획의 도구로 인도에 소개하기 7년 전의 일이었다. 에를리히는 계속해서 "전 세계적으로 딸만 있는 부부들은 아들을 낳기 위해 '계속 시도한다'"라고 썼다.[12]

〈투나잇 쇼〉 토론에서 와튼버그는 에를리히의 예측이 완전히 틀렸음을 지적하려 애썼지만 허사였다. 와튼버그는 "조만간 당신의 말은 신빙성을 잃게 될 겁니다"라고 말했다. 하지만 이런 노력은 관객들의 열정을 약화시키는 데 거의 보탬이 되지 않았다. 관객들은 에를리히가 새로운 주장을 할 때마다 열렬히 박수를 쳤다. 반면 와튼버그에게는 조소에 가까울 정도로 냉담하게 반응했다. 와튼버그가 미국은 3억 명이 함께 살 수 있는 환경을 유지할 수 있다고 말하자(미국은 2006년에 인구가 3억 명에 이르렀다) 관객들은 크게 콧방귀를 뀌었다.[13] 최악은 방송 초반부터 나와 있던 코미디언 버디 해킷이 와튼버그의 말을 중간에 자르며 다시키*를 입고 무대에서 비틀거렸을 때였다.

이 방송으로 『인구 폭탄』의 판매 부수는 200만 부로 뛰었다. 이듬해 드와이트 아이젠하워 대통령의 동생 밀턴 아이젠하워와 전 상원 의원 조지프 D. 타이딩스가 ZPG의 지도자들을 인구 조절 로비 활동을 하는 연합 단체에 가입시켰다.[14] 그리고 곤충학자는 곧 자신이 제안한 정책이 실현되는 것을 보았다. 개발도상국들에 양수 검사와 초음파가 확산되면서 인구가 급속하게 증가하던 국가에서는 성 감별이 이루어졌다. 인구 조절이라는 측면에서 보면 이 기술들이 성공을 거두었음을 부인할 수 없다. 에를리히조차 1억 6천만 명이 태어나는 것을 막으리라고는 감히 상상도 하지 못했다.

폴 에를리히는 아들을 낳도록 보장해주는 것이 인구 증가를 억제하는 데 효과적인 방법이라는 생각을 대중화했다. 하지만 이 생각을

- dashiki. 아프리카 서부의 남성들이 입는 민속의상에서 유래한 화려한 무늬의 헐렁한 셔츠._옮긴이

처음 제안한 사람은 에를리히가 아니었다. 에를리히는 분명 마지막 주창자였다. 1960년대와 1970년대 초에 미국의 수많은 영향력 있는 전문가가 주요 과학 학술지부터 정부가 후원하는 세미나에 이르기까지 모든 곳에서 성별 선택에 찬성하는 목소리를 냈다. 동료들이 심란한 기술적 성차별을 지지하는 동안 뒤로 물러서서 침묵하던 더 많은 사람은 몇십 년 뒤 그런 지지가 없었던 척했다.

미국인들이 성 감별을 인구 조절 기법으로 처음 공개적으로 홍보한 것은 『인구 폭탄』이 서점가를 강타하기 1년 전인 1967년 10월로 보인다. 그달에 미국과학진흥협회와 국립 아동건강 및 인간개발 연구소는 가족계획 분야에서의 선진적인 연구들을 살펴보기 위해 워싱턴에서 열린 회의를 후원했다. 이 행사는 미국신문발행자협회, 국립정신보건원, 캘리포니아 대학 버클리 캠퍼스, 미시간 주립 대학, 런던 사회과학연구위원회, 세인트루이스의 워싱턴 대학 등 많은 유수 기관에서 기자, 학자, 활동가 들을 불러 모았다. 인구 조절과 관련된 주요 조직들도 모두 대표자를 보냈다.

인구위원회 회장 버나드 베럴슨은 개회사에서 인간 행동 연구가 가족계획에 상당한 발전을 불러왔다고 만족스러운 듯 언급했다. 베럴슨은 인구 조절 단체들이 사회학자, 인구학자, 자신과 같은 행동과학자들의 도움을 받아 사람들이 왜 아이를 낳는지에 대해 전보다 더 많이 알게 되었다고 말했다. 나중에 리처드 닉슨 대통령 시절에 국가 인구 위원회에서 일한 베럴슨은 아이를 낳지 않게 설득시킬 방법을 파악하는 데는 사람들이 아이를 낳는 이유를 아는 것이 중요하며 따라서 새로운 연구에서 혁신적인 해결 방법이 나오고 있다고 말을 이었다.[15] 그리고 그런 도구 중 하나를 설명하기 위해 미국가족계획연

맹 회장인 스티븐 폴거에게 마이크를 넘겼다.[16]

잠시 폴거의 이력을 설명하자면, 미국가족계획연맹과 컬럼비아 대학에서 일한 인류학자인 폴거는 인구인류학의 창시를 도왔고 그 수훈으로 베럴슨이 설명한 단체들의 최전선에 서게 되었다.[17] 사회학자들이 아시아인이나 아프리카인의 출산에 대한 태도를 조사하는 동안 폴거의 연구에는 인구 조절 조직들이 다양한 국가에서 출생률을 낮추도록 도울 수 있는 유용한 문화적 전통을 찾아내는 일이 포함되었다. 대를 잇기 위해 아들을 낳는 것이 중요할까? 딸은 조상의 제사를 지내는 데 어떤 역할을 할까? 폴거가 던진 질문은 이런 것들이었다. (이 문제를 탐구함에 있어 폴거에게는 좋은 동료가 있었다. 전설적인 문화인류학자 마거릿 미드는 인구 조절 활동가들에게 아들과 딸에 대한 전 세계의 태도에 관해 강의하여 성별 선택의 토대 마련에 도움을 준 인류학자 중 한 명이었다. 미드 자신도 원치 않는 딸의 출산을 줄인다는 이유로 성별 선택을 지지했다고 알려져 있다.)[18] 폴거는 인구 조절 운동의 주요 목표로 남아 있던 아시아가 아니라 아프리카에서 현장 연구를 진행했다.[19] 하지만 미국가족계획연맹에서 일하는 동안 아시아 지역의 연구에 익숙해졌을 것이다. 강단으로 다가가 연설을 준비하던 그의 머릿속에 아마도 그 대륙이 불현듯 떠올랐을 가능성이 높다.

1960년대 말에 아시아와 다른 지역에서는 한 부부가 낳은 자녀의 수와 그 아이들의 성별 간의 관계가 잘 확립되어 있었다. 게다가 부부들이 아들을 낳을 때까지 계속 아이를 낳는다는 사실에는 이면이 존재했다. 마침내 아들이 태어나면 더는 아이를 낳지 않는다는 점이었다. 소위 '중단 규칙'이 세계적으로(아시아, 북아프리카, 중동, 남아메리카) 널리 퍼져 있어서 인구학자들은 마지막 자녀의 성별만 보면 그 부부가 아이를 더 낳을 것인지 예측할 수 있었다.[20] 심지어 미국에서도 딸만 낳은 여성이 적어도 한 명의 아들이 있는 여성보다 또 다른 아이를 원한다고 대답할 가능성이 높았다.[21]

가족계획연맹은 가정 수준에서 중단 규칙의 증거를 모았다. 타이완에서 국제가족계획연맹과 연계된 조사원들은 방문한 모든 가족의 성별 구성에 관한 정보를 워크시트 형태로 전달했고 이 자료들은 미국 국제가족계획연맹의 기록 보관소에 보관되었다.[22] 한편 다른 연구들에서 개발도상국의 부모들이 아들이 있는 경우 피임할 의사가 더 많다는 것이 밝혀졌다. 이런 경향을 증명한 연구가 처음 나온 것이 1957년이었다.[23] 다른 연구들이 그런 초기 연구 결과를 입증하자 성별 구성과 출생률의 관계는 한국의 인구학자 박채빈과 조남훈의 표현을 빌리자면 "인구통계학자와 인구 계획자 들의 주된 관심사"가 되었다.[24] (중국 지도자들 역시 이러한 연관 관계를 우려했다. 1970년대부터 중국 지도자들은 아들을 낳고 싶어 하는 여성의 욕구가 중국의 인구 증가를 둔화시키는 데 중요한 장애물이라며 조바심쳤다.)[25]

개발도상국에서 인구 조절 운동은 또 다른 과제에 부딪쳤다. 질병으로 인한 사망률이 그제야 떨어지기 시작한 탓에 어려웠던 시절을 기억하는 많은 부모가 자녀가 어른이 될 때까지 살 수 있을지 의심스러워했고 그 결과 많은 사람이 한 명이 아니라 두 명의 아들을 원했다. 1963년에 인구통계학자 민델 셉스는 모든 가족이 아들 두 명을 낳은 뒤 출산을 멈출 경우 평균적인 부부가 3.88명의 아이를 낳을 것이라고 계산했다. 인구 조절 지지자들이 원하던 인구 보충 출생률인 2.1명을 훨씬 웃도는 수치였다.[26] 1967년 폴거가 강단에 섰을 때 인구 조절 운동 앞에 놓인 과제는 어떻게든 개발도상국의 부부들이 자녀 두 명을 낳고 그 아이들의 성별에 만족할 수 있게 만드는 것이었다.

한 가지 분명한 해결책은 (2007년이 아니라 1967년 아시아의 많은 지역에서) 딸의 가치를 홍보하는 캠페인을 시작해 남아 선호 사상과 싸우는 것이어야 했다. 교육적인 노력은 시간과 돈이 많이 들기 때문에 결과가 불규칙적이었다. 하지만 인구 조절 운동에서는 이미 모성, 여성성, 가족의 규모에 관해 단단히 자리 잡은 개념을 바꾸기 위한 노력의 일환으로 외국 드라마와 디즈니의 〈가족계획〉 같은 정보 영화를 후원하고 있었다. 성평등으로 향하는 것이 대단한 확장은 아니었다. 그리고 실제로 점점 더 많은 연구가 교육에 대한 투자와 여성을 위한 연구가 경제개발을 촉진하고 출생률 저하로 이어진다고 밝히고 있었다. 1967년에 열린 회의의 후반부에서 시카고 대학 사회학자 필립 하우저는 대표들에게 다음과 같은 질문을 던져 이러한 연구를 시사했다. "여러분은 정말로 가족계획 홍보와 의료 서비스라는 고전적인 접근 방식이 마을에 길을 내거나 여성이 일할 수 있는 비누 공장을 세우거나 여성의 교육을 확대하는 것보다 출생률을 낮추는 데 유용하다고 생각하십니까?"[27] 하지만 인구 조절 활동가들은 여성의 경제활동 참여와 교육에 대한 강조를 비현실적인 페미니스트들의 전략으로 일축하는 경향이 있었다.[28] 그리고 폴거는 강단에서 이 대안을 언급하지 않았다. 회의록에 따르면 폴거는 대표들을 바라보며 "일부 부모들이 성별 중 하나를 얻기 위해 또다시 아이를 낳으므로 사회학자들이 생물학자들을 격려해 성 감별 기법을 발견하게 해야 한다고 주장했다".[29]

폴거의 단순한 아이디어가 대표들에게 즉시 와 닿았음이 틀림없다. 한국이나 방글라데시의 부모들이 처음부터 적어도 아들 한 명을 보장받을 수 있다면 출산 목표를 세우지 않아도 자발적으로 자녀를 덜 낳을 것이다. 그러나 미국가족계획연맹의 연구원들은 생물학자들이 어떤 성 감별 기법에 노력의 초점을 맞추어야 하는지와 성 감별이 실제 상황에서 어떻게 작용할지의 문제는 미해결 상태로 남겨두었다. 선별된 정자를 이용해 접시에서 아이를 만들어야 할까? 여러 배아 중에 선택해야 할까? 여아를 없애야 할까? 1967년에는 이 중에서 낙태로만 성별 선택이 가능한 자궁 내 태아의 성 감별이 가장 발전된 방법이었다. 하지만 아마도 폴거는 회의가 열리기 6개월 전에 미국가족계획연맹 상관의 책상에 도착한 인도 의학 연구원의 제안을 알고 있었을 것이다. 미국에서 공부한 자스완트 라지 마투르는 빽빽한 타자기를 이용해 얇은 라이스페이퍼에 작성한 긴 문서에서 성 감별에 대한 자신의 연구에 자금을 지원해달라고 호소했다. 그는 미국가족계획연맹이 연구비를 지원해주면 "인간의 생식에서 성별을 제어하는" 방법을 찾는 연구에 착수하겠다고 설명했다.[30]

당시에는 대규모 성별 선택, 혹은 마투르와 다른 사람들이 사용한 용어인 성별 제어가 아직 불가능했다. 과학자들은 양수 검사를 이용해 임신 3기에 태아의 성별을 확인하는 방법을 알고 있었지만 대부분의 나라에서 그 기술은 널리 사용 가능하지도, 합법적이지도 않았다. 그렇다고 미국가족계획연맹 같은 단체들이 다른 아이디어들을 검토하지 않았던 것은 아니다. 미국가족계획연맹 이사 앨런 구트마커(국제가족계획연맹에서도 일했다)는 마투르의 제안서 위쪽에 이 연구에 대한 자금 지원에 관심이 있으며 정확히 이런 종류의 연구를 살살이 찾아왔다고 암시하는 코멘트를 써놓았다. 구트마커는 미국 가족계획연맹의 국내 의료 부문 이사인 리처드 L. 데이 박사에게 이 문서에서 개략적으로 설명한 과학적 내용이 이해되지 않았다고 고백했다. 그는 "내 미미한 지식으로는 이해가 안 됩니다"라고 호소한 뒤 데이에게 문서에서 설명한 방법들이 실제로 "격려할 만한 가치가 있는지" 검토하라고 지시했다.

정자의 구성과 혈액형 간의 관계를 이용한 인도 과학자의 제안서는 과학적으로는 미덥지 못했다. (애초에 마투르는 성 감별에 대한 구트마커의 관심 이외에 자신에게 유리할 만큼 많은 연구를 하지 않았다. 정자를 "정자들"이라고 지칭한 점이 이것을 알려주었을 수 있다.) 하지만 데이는 제안서를 검토한 뒤 연구의 성사 가능성에 희망적이 되었다. 데이는 구트마커에게 유일한 문제는 미국 정부가 외국인에 대한 장학금 지원을 삭감한 것이라고 썼다. 그는 "오하이오 대학에서 박사 학위를 받았고 보스턴 대학에서 박사 후 연구 과정을 밟은 것으로 보아 매우 똑똑한 사람일 겁니다"라고 덧붙이고, 마투르에게는 인구위원회의 장학금을 신청해보라고 권했다. 인구위원회는 셸던 시걸이 전인도의학연구소에서 일한 뒤로 성 감별 연구에도 분명 계속 관심을 가져왔다.[31] 그러자 구트마커는 인구위원회의 인구학 국장 더들리 커크에게 직접 편지를 써서 마투르의 연구에 대한 자금 지원을 제안했다.[32]

인구위원회는 인도 과학자의 연구에 대한 후원을 거절했다. 하지만 이번에도 이유는 단지 관료적인 조항 때문이었다(인구위원회는 인도에서 국가위원회의 승인을 먼저 받은 인도인에게만 자금 지원을 했다).[33] 국제가족계획연맹과 인구위원회가 성 감별 연구에 얼마만큼의 돈을 썼는지, 혹은 그 돈이 정확히 어디로 갔는지는 불분명하다. 하지만 성 감별에 큰 흥미를 느낀 인구 조절 활동가가 구트마커만이 아니었다는 점은 분명하다. 1960년대 말에 『인구 폭탄』이 서점가를 강타하고 성 감별 낙태의 확산이 마침내 가능한 듯 보이면서 다른 활동가들도 미국가족계획연맹의 의도를 지지했다.

가족계획 조직들의 직원뿐 아니라 대중의 지지도 점차 이어졌다. 성 감별 지지자 중에는 과학계의 고위 인사들도 있었다. 1969년 1월, 존스홉킨스 대학의 생물학과장 윌리엄 D. 매컬로이가 학술지 《바이오사이언스》를 통해 다음과 같이 찬성의 목소리를 냈다. "인구 조절에 큰 영향을 미칠 형태의 연구는 성 감별 기법의 발견과 관련된 연구일 것이다. 첫아이가 아들이라는 것을 미리 알 수 있으면 가족의 수에 큰 영향을 미칠 것이다. 대부분의 사회에서는 아니더라도 일부 사회에서는 남아가 여아보다 선호되므로 첫째가 아들일 경우 또 다른 아이를 낳으려는 동기가 줄어들 것이다."[34]

폴거와 마찬가지로 매컬로이는 본질적인 문제의 해결을 간과했다. 그럼 그다음에는 어떻게 될까? 우리가 사람들에게 아이의 성별을 선택할 수 있게 한다면, 그리고 사람들이 아들을 선택하리라는 것을 알고 있다면 그것은 우리 사회에 어떤 영향을 미칠까? 서구의 지배적인 창조 신화까지 거슬러 올라가는 개념인 남성과 여성의 수적 조화는 인류가 지속되는 데 근본적인 요건이 아닐까? 이 질문은 성 감별의 다음 응원단이 된 시애틀 워싱턴 대학의 유전학자 아노 G. 모툴스키의 몫이 되었다. 모툴스키는 《사이언스》에 실린 기사에서 남성의 수가 많으면 "동성애 증가 등 장기적으로 사회에 중요한 영향"이 야기될 거라고 예상하면서 남성이 다수인 사회는 이상적이지 않을 것이라고 조심스레 말했다. 하지만 이 문제는 자신이 신기술에서 떠올릴 수 있는 유일한 표면적인 결점이며 남성의 수가 약간 더 많은 것이 과거에 문제를 일으켰다고 알려진 바는 없다는 부정확한 언급을 덧붙였다. "알래스카주에는 이미 남성이 더 많지만 심각한 사회적 혼란이 일어나지 않았다는 것은 이런 점에서 흥미롭다." 가능한 반대 의견은 이런 식으로 강력하게 묵살되었다. "자녀의 성별을 선택하는 간단한 방법이 발견되면 이상적인 가족계획이 가능하므로 그런 연구는 장려되어야 한다."35)

더 큰 예지력을 보인 사람들도 있었다. 1973년에 영국 미생물학자 존 포스트게이트는 만연한 성 감별의 대단히 심각한 부작용, 특히 남성호르몬이 넘쳐나는 사회에 태어난 여성에게 미칠 부작용을 예측했다. 포스트게이트는 《뉴 사이언티스트》에서 다음과 같이 설명하며 "퍼다•가 필요할지도 모른다"라고 썼다.

> 아마도 여성의 일할 권리, 심지어 자유롭게 혼자 다닐 권리가 일시적으로 잊힐 것이다. 어떤 사회에서는 일처다부제가 받아들여질 것이다. 일부 사회에선 여성을 여왕개미처럼 대우하고 다른 사회에서는 가장 뛰어난(혹은 가장 단호한) 남성에게 주는 상으로 취급할 것이다.

포스트게이트는 세상이 곧 "거대한 남자 공립학교 혹은 남성 감옥"과 비슷해질 수 있다고 말한다.

• purdah. 이슬람 여성들이 남성의 눈에 띄지 않게 집 안의 별도의 생활공간에서 살거나 얼굴을 가리는 것. _옮긴이

하지만 포스트게이트의 비범함은 암울한 예측(그중 많은 예측이 적중했다)이 아니라 성별 선택이 불러올 수 있는 효과들을 검토한 뒤 내린 권고 사항에 있었다. 포스트게이트는 여성이 갇혀 살거나 여러 남성과 결혼해야 하거나 상품처럼 거래될 수도 있지만 "오늘날 인류가 직면한 정말로 중요한 유일한 문제가 과잉 인구"기 때문에 성별 선택은 바람직하며 특히 "계몽되지 않은 저개발 사회"에 권할 만하다고 제안했다.[36]

얼마 지나지 않아 다른 사람들이 성 감별은 인구 조절을 위한 효과적인 방법일 뿐 아니라 가장 혁신적이고 윤리적인 방법 중 하나라고 주장하기 시작했다. 1967년에 열린 국립 아동건강 및 인간개발 연구소 회의의 의장을 맡은 인구위원회 회장 베럴슨은 1969년 《사이언스》에 기고한 기사에서 다양한 가족계획 기법의 실현 가능성과 윤리적 수용 가능성을 평가했다. 베럴슨은 성별 선택의 윤리적 가치를 "높다"고 평가했는데[37] 이런 분석은 베럴슨의 일부 다른 제안들(식품에 불임제 넣기, 아이의 수에 따른 세액공제 체계 마련, 세 명 이상의 자녀를 둔 남성의 강제 불임수술)이 강제성을 띤다는 것을 감안할 때만 이해가 된다.● 남성을 강제로 수술시키는 것에 비하면 여아와 여성의 수를 줄이는 것은 아주 인도적으로 보였다.

1960년대 말과 1970년대 초는 인구정치학에 있어 특히 공격적인

● 베럴슨은 여성의 경제활동 참여도 언급했다. 일하는 여성이 아이를 덜 낳는 것으로 나타났기 때문이다. 다만 이 의견을 전체주의적으로 비틀어 여성의 취업을 강제화해야 할지도 모른다고 주장했다.

시기였다. 폴 에를리히가 토크쇼들을 순례하는 동안 인구위기위원회는 개발도상국의 인구 증가와 싸울 '비상 계획'의 필요성을 강조하는 광고를 《뉴욕 타임스》와 《워싱턴 포스트》에 실었다.³⁸⁾ 다른 기구들은 아시아의 임신 단속 경찰의 필요성에 대해 이야기해 한 자녀 정책을 실시한 중국의 출산 허가 체계를 예견했고, 1년에 한 번 인도 상공에서 비행기로 "분무용 피임제"를 살포하자고 제안하기도 했다.³⁹⁾•
그리고 산아제한의 인종차별적 적용이 더는 개발도상국에 국한되지 않았다. 1973년 미국 남부와 남서부의 아프리카계 미국인과 북미 원주민 들은 복지 혜택을 취소하겠다는 협박 때문에 불임수술을 받았노라고 연방 지방법원에서 증언했다. '렐프 대 와인버거^{Relf v. Weinberger}' 사건을•• 심리한 거하드 게젤 판사는 판결에서 여성들이 수술을 강요받았다고 결론 내렸다. 게젤은 10만~15만 명의 미국 빈곤층 여성이 연방 정부의 프로그램 아래 불임수술을 받았다고 추정하면서 "가족계획과 우생학의 경계가 애매하다"라고 덧붙였다.⁴⁰⁾

하지만 가장 완고한 극단주의자들도 개인의 선택이 가족계획에서 가장 실현 가능성이 높은 토대라고 믿었다. 1970년에 인구위원회

- • 이런 전략들은 오늘날 기후변화에 대한 해결책으로 제시된 지구공학 전략과 비슷하다. 두 경우 모두 문제의 정당성과 시급성이 급진적인 응급책들로 이어졌다. 우주에 거대한 거울을 설치하거나 지구의 바다에 철가루를 뿌리는 것이 수백 년 동안 이어진 환경 오용을 완화하는 데 필요한 지속적인 긴축정책 실시보다 쉽게 느껴진다.
- •• 1973년 14살, 12살인 렐프 자매가 빈곤층 흑인 여성들을 대상으로 시행된 강제 불임수술을 받고 보건복지부 장관인 와인버거를 상대로 제기했던 소송. _옮긴이

가 마련한 과학자들의 비공개 모임 회의록에는 생태학자 개릿 하딘이 "나중의 강제적인 방법에 대비해 먼저 설득력 있는 캠페인을 펼친다면 일이 훨씬 쉬워질 것"이라고 말했다고 요약되어 있다. 이 진영의 의견이 압축된 발언이다(하딘 자신은 네 명의 자녀를 두었다).[41] 따라서 부모들에게 생식의 운명을 통제할 권한을 주는 성별 선택이 신뢰를 얻었다. 극단주의자들은 성별 선택을 강제적인 방법으로 가는 징검다리로 생각했고 온건파들은 출생률을 신속하게 낮출 수 있는 덜 극단적인 방법으로 보았다.

더구나 성별 선택은 잠재적인 어머니의 수를 줄이는 추가적인 장점도 있었다. 중국 인구통계학자 왕평은 나중에 이 현상을 '이중고'라고 불렀다. 그리고 실제로 여성의 제거가 인구 규모에 미친 영향은 상당했다. 1970년의 미국인구협회 회의에서 듀크 대학 인구통계학자 윌리엄 J. 세로와 V. 제프리 에번스는 미국의 인구를 예로 들어 이 효과를 입증해 보였다. 두 사람은 다음 200년간의 인구 증가율을 예측하면서 불균형적인 출생 성비가 인구를 급격하게 바꿀 수 있음을 보여주었다. 신생아 중 여아의 비율이 20퍼센트 증가하면 미국 인구 증가율은 2.4퍼센트로 뛰어 200년 후에는 국경 안에 310억 명이 복작거리게 될 것이다. 반면 신생아 중 남아의 수가 20퍼센트 증가하면 인구 증가율은 0.9퍼센트로 떨어져 인구가 20억 명까지만 증가할 것이다.[42] •

- 오늘날 이 예측은 더 이상 이론만은 아니다. 2007년의 한 인구 예측에서는 중국 출생 성비가 2030년까지 2000년 수준으로 유지된다면 출생 성비가 정상적인 경우보다 인구가 거의 16퍼센트 줄어들 것이라고 추정했다.

1969년 8월 국립 아동건강 및 인간개발 연구소가 인구 조절에 관한 또 다른 워크숍을 개최하면서 성별 선택은 총애받는 계획안이 되었다. 스티븐 폴거가 검토 가치가 있는 아이디어로 즉석에서 성 감별 연구를 제안한 것이 불과 2년 전이었다. 이제 성별 선택은 전 세계적인 출산 조절의 미래를 대표하는 12가지 새로운 전략 중 하나로 제시되었다.[43] 그리고 성별 선택을 홍보하는 과업은 델리의 전인도의학연구소에서 일하다 최근 귀국한 셸던 시걸에게 맡겨졌다.[44] 당시 시걸은 아동건강 및 인간개발 연구소가 최근 설립한 인구연구센터의 자문위원회에 소속돼 있었다. 인구연구센터는 존슨 대통령이 평화를 위한 식량지원법에 뒤이어 설립한 싱크탱크로, 새로운 인구 조절 기법을 연구하는 과제를 맡았다.[45] 강단에서 시걸과 함께 선 사람은 최근 국방부를 떠나 시걸 아래에서 부국장으로 일하게 된 낙태 전문가 크리스토퍼 티체였다. 한 명은 기술의 성차별적인 적용을 열렬히 지지하는 사람이고 다른 한 명은 산아제한 기법으로서 낙태의 유용성을 신봉하는 사람이었다.[46]

워크숍 참가자들 앞에 선 시걸과 티체는 새로운 산아제한 기법 12개를 나열하면서 생식 의학에 있어 미래의 돌파구가 될 기법들이라고 설명했다. 이번에 성별 선택은 장기적인 피하 이식용 피임법, 성관계 후 먹는 피임약, 저용량 경구피임약 등 몸에 덜 해롭고 여성 친화적인 산아제한 방법과 함께 등장했다. 현대의 시각에서 보면 성별 선택은 이 부류에서 가장 걱정스럽고 비윤리적인 방법이며 논쟁이 벌어지면 추궁받을 것이 분명한 후보다. 하지만 1969년 워크숍 회의록에서 반대 의견을 전혀 찾아볼 수 없는 것은 성별 선택이 얼마나 의문의 여지 없이 받아들여졌는지를 보여주는 증거다. 워크숍 참석자 중 그런 기술이 세웠던 윤리적 전례, 사회의 균형에 미치는 영향, 혹은 여성의 지위에 어떤 의미가 될지를 걱정하는 사람이 있었다 해도 그 사람(이 집단은 압도적으로 남성이 많았다)은 침묵을 지켰다. 오히려 이어진 토론에서 참가자들은 성별 선택을 "특히 바람직한" 기법 중 하나로 정했다.[47]

시걸은 몇 년 뒤 회고록에서 "나는 성 감별 낙태에 찬성할 수 없다"라고 썼다. 하지만 그는 인도의 불행한 인구 조절 역사에서 가장 불행한 시기 중 하나를 낳은 기술을 심어놓은 뒤 미국으로 돌아와 다른 땅에도 그 기술의 도입을 추진했다. 1969년의 시걸의 발표 이후 대략적인 합의가 이루어졌다. 신뢰성 있는 성 감별 기술을 대중적으로 이용할 수 있게 되면 그것은 세계 인구를 줄이는 효과적이고 논란의 여지가 없으며 윤리적인 방법이 될 것이었다.

인구 조절 운동 내의 모든 사람이 여기에 동의한 것은 아니다. 차별적이고 사회에 해를 끼칠 가능성이 있다며 성별 선택을 강조하는 움직임에 반대하는 사람들도 있었다. 하지만 이들은 좀 더 극단적인 전술을 선호하는 활동가들에 비해 수적으로 열세였다. 이 마지막 진영, 즉 극단주의자들은 성 감별 낙태로 충분하지 않다고 느꼈다. 이들은 여성이 성관계 전에 먹으면 아들이 임신되는 약의 개발을 추진했다. 열렬한 지지자들이 '아들 낳는 약 manchild pill'이라고 부른 이 약은 완벽한 해결책이었다. 쉽고 간단하며 성 감별 검사나 후기 낙태를 할 필요가 없었다. 1978년에 어느 지지자가 《워싱턴 스타》에 쓴 것처럼 이 약은 성서에서 이스라엘 민족이 광야에서 이동할 때 하느님이 내려주신 양식을 표현한 "하늘에서 내려온 만나!"와 맞먹을 것이었다.[48] 하지만 성 감별 낙태만이 유일하게 효과를 나타냄으로써 결국 극단주의자들의 시도는 실패한 것으로 판명되었다.

에를리히가 〈투나잇 쇼〉에 연이어 출연한 뒤 오래지 않아 지구에서 일어난 일련의 사건들은 에를리히의 다채로운 예측이 틀렸음을 입증했다. 녹색혁명으로 알려진 농업기술의 혁신이 기아로부터 수백만 명의 목숨을 구했다.[49] 특히 인도가 새로운 농법의 혜택을 입었고 대재앙이 코앞에 닥친 것은 아님이 드러났다. 에를리히의 최후의 심판일 시나리오가 실현되지 않자 방송국에서는 더 이상 에를리히를 초대하지 않았고 그는 무명의 학자로 돌아갔다. 에를리히는 계속 스탠퍼드 대학 교수로 재직했지만 나비 서식지 연구로 복귀했다. 이후 학술지에 「암어리표범나비속: 역사적 관점」 같은 논문을 기고했고[50] 들새 관찰에 관한 책도 몇 권 썼다.[51] 에를리히는 자신의 딸이 자라는 것을 지켜보았고(그와 아내는 자신들의 조언에 따라 자녀를 한 명만 고수했다) 시간이 지나면서 손주가, 그 뒤에 증손이 생겼다.[52] 그는 인구에 대해 계속 글을 썼지만 이제 주로 학계의 독자를 대상으로 했으며 기후변화, 자원 이용, 그 외의 환경적 원인을 포함하도록 초점을 확장했다. 또 아내를 필자에 올리도록 요구하여 인구에 대한 후기 저작들은 두 사람의 이름으로 나왔다. 에를리히는 또한 자신이 인종적·경제적 정의에 충실하다는 것을 조심스럽게 강조했다. 하지만 세상의 각광을 받은 뒤에 그것을 모두 되돌리기란 힘들었다. 1968년의 대히트작에서 에를리히가 제시한 생각들은 계속해서 반향을 불러일으켰다.

『인구 폭탄』이 출판된 지 40년 후에 나는 캘리포니아로 가서 에를리히를 만났다. 어느 금요일, 샌프란시스코 시내에서 스탠퍼드 대학으로 가는 기차를 탔다. 창밖으로 희망에 찬 신생 업체들과 스물네 살 된

백만장자가 있는 실리콘밸리가 쌩하고 스쳐 지나갔다. 학교 근처에서 내려 대학 셔틀버스에 올라탄 뒤, 운전사가 캠퍼스를 구불거리며 나아가는 동안 창밖으로 한낮의 햇살 속에 빛나는 강렬한 녹색 잔디를 내다보았다. 이윽고 공대 건물 앞에서 내리자 건물 주위에서 학생들이 반짝이는 금속 탁자에 앉아 노트북에 몰두해 있는 모습이 보였다.

에를리히는 길 건너편 건물의 4층, 생물학과 전용 층에 있는 작은 사무실의 잡동사니들 틈에 편안하게 앉아 행복하게 일하고 있었다. 내가 처음 받은 인상은 그 방에 깃든 약간 제정신이 아닌 과학자의 분위기였다. L자 모양 책상, 커다란 도서관 책상, 벽에 줄지어 선 책장에 기대어 세워진 목발 한 쌍, 닥터페퍼 빈 병 두 개, '문제 학생의 재'라고 쓰인 항아리 등 기묘한 조합이라고 생각할 수 있는 물건들이 흩어져 있었다. 책상 아래에는 신발 몇 켤레가 놓여 있었다. 그중 하나는 발목까지 올라오는 척테일러 운동화였는데, 에를리히가 몇 주 뒤면 일흔여덟 살이 된다는 사실을 감안하면 재미있는 젊은 취향이었다. 사방이 책과 문서 들로, 일부는 정돈되어 포개져 있고 나머지는 되는대로 쌓여 있었다.

"이걸 좀 치울게요." 에를리히가 키보드에서 서류 더미를 쓸어 책상 한구석으로 밀며 말했다. 서류들이 치워진 자리에는 긴 고무 이쑤시개가 자판 몇 개 사이에 끼어 있었지만 에를리히는 알아차리지 못했다.

"이제……." 그가 몸을 돌려 나를 보면서 이를 다 드러내고 씩 웃었다. 불룩한 배와 숱이 빠진 머리카락 외에는 〈투나잇 쇼〉에 나왔을 때와 그리 변하지 않은 모습이었다. 심지어 카슨의 쇼에 나갔을 때와 같은 스타일의 짧은 바지를 입고 있었지만 이번에는 좀 더 은은한 격자

무늬 셔츠를 받쳐 입었다. "나를 왜 찾아오신 거죠?" 그가 물었다.

나는 책을 쓰기 위해 인터뷰하러 왔다고 대답했다. 한데 알고 보니 에를리히는 무엇에 관해서든 얘기하기를 좋아하는 사람이었다. 사무실처럼 에를리히의 정신도 별나고 지식이 빽빽하게 들어차 있었으며 정리되지 않거나 불완전한 생각을 두려워하지 않았다. 우리가 만난 후 몇 분 동안 에를리히는 유전자 결정론의 위험성, 롤스의 윤리학에 대한 미국인의 무지, 인간의 성적 반응의 진화적 기원 등에 관해 이야기했다. 그는 자기 머릿속에 있는 것들을 조심스럽고 다정하게 전해주었다. 각각의 새로운 이야기가 그와 나 사이의 비밀이라도 되는 것 같았다. 그러다 말을 중간에 멈추더니 물었다. "그런데 이 헛소리들을 녹음하고 있나요?"

마침내 에를리히의 말이 끝나자 나는 화제를 인구 쪽으로 돌려, 몇 달 전에 『인구 폭탄』을 읽은 뒤부터 계속 궁금했던 주제를 꺼냈다. 에를리히가 "첫아이로 아들을 낳도록 보장하는 간단한 방법"을 지지한 문제였다. 나는 "성 감별 기술이 어떻게 도입되었는지 조사했어요. 그리고 선생님이 『인구 폭탄』에서 이 기술을 언급한 것을 읽었지요"라고 서두를 연 뒤, 방어적인 대답을 예상하며 뒤로 기대앉았다. 아마도 그는 성 감별이 개발도상국에 미칠 피해를 예견하지 못했다고 대답하리라. 혹은 이전의 입장을 고수하여 왜 성별 선택이 세계에 그렇게 중요한 문제인지를 설명하리라. 한마디로 나는 에를리히가 실제로 한 대답만 빼고 다 예상했다. 그는 나를 신기한 듯 바라보더니 "내가 그랬어요?"라고 상냥하게 물었다. "재미있군요. 기억이 안 나요."

그러고는 침묵하던 에를리히가 이윽고 입을 열었다. "내가 진짜 그렇게 말했다면 사람들이 아이를 덜 낳고 원하는 아이를 갖기 위해 선택하게 하는 건 좋은 생각이어서일 거예요." 『인구 폭탄』에 나온 것과 같은 논리였지만 방금 떠오른 생각인 것처럼 말했다. 그는 평상심을 되찾았고 이제 그의 목소리는 호기심으로 가득 차 있었다. "입증되지 않은 상황들이지만 아들을 낳기 위해 계속 노력하는 사람들이 분명 있어요. 당신이 그들에게 첫아이로 아들을 줄 수 있다면 분명……."

에를리히는 계속 말을 이었다. 그리고 이제 자신의 옛 주장들에 대해 더욱 상세하게 설명했다. 어떤 경우에는 태어나자마자 여아를 기다리고 있는 운명보다 성별 선택이 나을 수 있다고 했다. "태아일 때 낙태를 당할 수 있습니다. 혹은 태어나자마자 죽거나 노예로 팔려 가거나 빈민가 같은 곳에서 죽을 수도 있죠." 에를리히는 성 감별 낙태는 여아의 출생을 막아 이들을 험난한 인생에서 구해줄 수 있다고 설명했다. "얼마나 많은 여성에게 끔찍한 상황을 피하게 해주는지 안다면 흥미로울 겁니다. 죽음을 당하지는 않지만 귀하게 여겨지지 않는 여성들 말이에요." 그러면서 내게 이 문제를 연구해보라고 제안했다.

하지만 한 집단의 구성원 수를 바로 그 집단을 위해 줄이는 것을 용인할 수 있다 해도 지구에 태어난 여성들, 가부장적인 사회에서 소수집단인 여성들의 삶이 악화되었다는 사실은 여전하다. 나는 아시아에서 성매매와 중매 사업이 증가하고 있으며 사람들이 원하는 아들을 갖자 중상층의 자율권이 높아지는 대신 다른 모든 사람, 특히 사회계층에서 가장 아래에 있는 여성들의 자율권이 줄어들었다는 사실을 지적했다. 에를리히는 반박하지 않았다. 심지어 내가 제기한 목록에 다른 문제를 추가하기도 했다. "중국에 거대한 수의 흥분한 젊은 남성들이 생겨날 겁니다." 하지만 그는 곧이어 주저하지 않고 그 문제를 단순한 부작용으로 묵살했다. "기본적으로 당신이 보고 있는 것은 의도하지 않은 결과라는 오래된 문제입니다. 나는 일을 하면서 내가 상상하지도 못한 일들이 중요한 요인으로 밝혀진 것을 여러 차례 경험했습니다."

나는 에를리히가 한 주제에서 다른 주제로 훌쩍 뛰어넘는가 하면 자신이 잊어버렸다고 말했던 생각을 변호하는 것을 보며, 그가 현실 세계에 미칠 파문은 크게 걱정하지 않고 단지 자신의 발상과 사랑에 빠진 몽상가가 아닐까 생각했다. 하지만 이제 그 이상이라는 것을 알 수 있었다. '의도하지 않은 결과'는 목적이 수단을 정당화한다는 말의 다른 표현이었다. 에를리히는 몽상가만은 아니었다. 더 큰 대의를 위해 개인의 희생을 기꺼이 묵인하려는 공리주의자, 일의 전체를 보는 사람이었다.

오늘날 에를리히는 많은 주제에 대한 자신의 생각이 바뀌었다고 말한다. 내가 그의 가장 중요한 저서에 대해 다시 이야기를 꺼내자 에를리히가 말했다. "들어보세요. 내가 『인구 폭탄』을 다시 쓴다면 매우 다른 책이 될 거예요." 『인구 폭탄』 출간 40주년을 기념해 2009년에 발표한 글에서 에를리히는 최후의 심판일 시나리오를 사용한 것과 선정주의적인 제목을 단 것을 후회했다.[53] 그는 여성에게 일과 교육의 기회를 제공하는 것이 출생률을 낮추는 효과적인 방법이라는 사실을 받아들였다. 보수주의자들은 그의 심경 변화를 눈치 채지 못한 것으로 보인다. 에를리히는 우익 평론가들에게서 공격을 받았다. 이들은 1977년에 에를리히와 앤이 오바마 대통령의 과학 자문이었던 물리학자 존 홀드런과 공저한 책을 들추어냈다.[54] 이 책에서 세 학자는 이전 몇십 년 동안 인구 조절 단체들에서 회자되던 해결책, 즉 불임제를 도시 상수도에 넣어 사람들이 복원 허가 신청을 할 때까지 불임으로 만드는 방안에 대해 평가했다. 그들은 이 해결책이 현실성 없다고 일축했는데 에를리히의 말에 따르면 평론가들이 전후 맥락을 무시하고 책의 구절을 인용했다고 한다. 에를리히는 몇 개의 위협적인 음성 메시지도 받았다.

하지만 내게 그 야단법석을 설명하면서 에를리히는 대규모의 복원 가능한 불임법 뒤에 숨은 기본 개념을 옹호했다. 이 방법의 장점은 부부가 임신을 피하려고 노력하는 것이 아니라 임신을 하기 위해 무언가를 해야 하는 세상이 되는 것이라고 설명했다. 에를리히는 사람들이 자신의 생식기관에 대한 제어를 정부에게 양도하기를 거부하기 때문에 이 접근 방식이 논란의 여지가 있다고 하면서도 어떻게든 그런 거부감에서 벗어날 수 있다면 대규모 불임법(기술적으로 가능하다면)은 전 세계적인 불치의 병폐 중 일부를 해결하는 데 도움이 될 수 있다고 말한다. "내가 지금 마법 지팡이를 휘두른 뒤 모든 사람이 아이를 갖기 위해 X라는 일을 해야 하는 시스템이 생길 것이고 그 일에 안전장치가 되어 있다고 말한다면 사람들이 가장 불안해하는 많은 문제를 해결할 수 있을 거예요. 그건 모든 아이가 원하는 아이가 되고 기본적으로 더는 낙태가 벌어지지 않을 거라는 의미죠." 그 순간 나는 내 방문이 그에게 인구 조절 도구로서 성별 선택의 잠재력을 상기시켜주었음을 깨달았다. 부부가 신청해서 몸속에 넣는 불임제를 화학적으로 강화하여 자녀의 성별까지 선택할 수 있게 한다면, 남아 선호 사상을 이용해 대규모 불임법을 재정비할 수 있다는 생각이 지금 막 떠오른 것이 분명했다. 에를리히는 말을 이었다. "당신이 그 일을 할 수 있다면[복구 가능한 불임법을 세계에 소개할 수 있다면]? 그리고 동시에 성 감별을 해줄 수 있다면?"

8장
유전학자들의 입장
과학의 발전과 태아 선택하기

> 요약하자면 우리가 이 일을 하는 이유는 자연스러운 필연성 때문이다. 당신이 과학자라면 그런 일을 그만둘 수 없다.
> ─ 로버트 오펜하이머[1]

성 감별에 관한 연구의 대부분은 폴 에를리히처럼 정책 수립 분야로 쉽게 진출하고 세계적으로 중요한 문제들을 해결하기 위해 과학의 잠재력에 의존하는 과학자들이 수행한 것이 아니었다. 에를리히는 아이디어의 전파자로 중요했을 뿐 아니라 국제가족계획연맹과 인구위원회의 활동가들과 함께 성 감별 기술을 개발도상국에 전하는 데도 기여했다. 하지만 에를리히가 이 일에 참여했을 무렵에는 대중적인 논쟁과 동떨어진 채 다른 동기에 따라 조용히 수십 년 동안 실험실에서 연구에 몰두한 소수의 의학 연구원들 덕분에 기술 자체가 이미 잘 개발되어 있었다. 이 과학자들은 세계를 바꾸기를 열망하지 않았다. 기껏해야 약간의 사람들을 도울 수 있기를 바랐다. 어떤 과학자들에게는 발견에서 얻는 도취감이 동기가 되었다. 이런 도취감은 인류가 이룬 수많은 위대한 성취뿐 아니라 가장 저주스러운 도구들이 탄생하는 바탕이었다. 한데 성별 불균형의 이야기에는 이 과학자들도 관여되어 있다.

성 감별의 토대는 1940년대에 마련되었다. 그 무렵 과학자들은 인간에게 46개의 염색체(23개는 어머니에게서, 나머지 23개는 아버지에게서 받은 것)가 있다는 것과 그중 2개가 성별을 결정한다는 것을 알고 있었다. 과학자들은 이 염색체를 성염색체 X, Y라고 이름 붙였으며 남성에게는 X, Y 염색체가 둘 다 있는 반면 여성은 X염색체 한 쌍이 있다는 것을 알게 되었다. 여기서부터 동물, 성인, 그리고 마침내 인간 태아의 성별을 확인하는 점진적이지만 꾸준한 연구가 시작되었다. 하지만 당시의 문제는 여전히 세포 수준에서 성별을 구별하는 방법이었다. 세포 수준에서는 성염색체를 포착하기가 매우 어려웠기 때문이다. 기존의 방법으로는 세포분열 과정에서만 성염색체를 포착할 수 있었다. 따라서 하나의 세포가 분열 주기를 완료할 때까지 현미경을 들여다보며 기다려야 했는데, 그 과정이 하루 종일 걸릴 수도 있었을 뿐 아니라 그러고도 끝내 염색체를 보지 못할 수도 있었다. 당시 나와 있던 저해상도의 도구들로는 세포의 미세한 특징들이 흐릿하게 보였다. 그러다 1949년 어느 날, 캐나다 공군의 유전학자가 고양이 암컷의 세포를 현미경으로 자세히 살펴보았다.[2]

그가 본 것은 예전에 발견하지 못했던 작은 세포 내 소기관이었다. 즉시 다른 고양이들의 세포를 조사해보았더니 암컷에만 그런 세포소기관이 있는 것으로 나타났다. 수컷 세포에서는 전혀 보이지 않았다. 유전학자 머리 L. 바는 곧 이 새로운 기관이 성 감별 문제에 지름길이 될 수 있음을 깨달았다. 성염색체와 달리 세포체는 세포가 분열하지 않을 때도 보여서 염색체 관찰보다 유기체의 성별을 쉽게 알 수 있는 방법이었기 때문이다. 바가 《네이처》지에 흥분해서 쓴 것처럼 새로운 발견은 "복합현미경보다 정교한 도구 없이도 성별을 알아낼 수 있"음을 의미했다.³⁾ 4년 뒤 바는 인간 세포에도 고양이와 같은 성 염색질(바소체Barr小體라는 이름이 붙었다)이 존재한다는 것을 확인했다.⁴⁾ 이 발견으로 바는 노벨상 후보에 올랐다.⁵⁾

그 후 몇 년 동안 바소체는 성인의 성별이 불분명한 경우 유용한 판단 도구가 되었다. 예를 들어 올림픽에서 남성으로 의심되는 소련 선수들이 여성 종목에서 금메달을 딴 이후 1968년에 언론은 이 미시 물질에 관해 대서특필했다. 국제올림픽위원회가 1968년 올림픽부터 선수들의 세포에 성 염색질이 있는지 분석하기 시작해 성별 검사 논란의 시대를 연 것이다(어떤 경우든 성 염색질 검사는 선수들에게 옷을 다 벗으라고 요구하는 기존의 방법보다 나았다).⁶⁾

그러나 바소체는 또 다른 분야에도 응용되었다. 과학자들은 바소체를 이용해 특정 성별과 관련 있는 질병을 보유한 사람이 건강한 아이를 임신하게 도울 수 있다는 것을 발견했다. 예를 들어 혈우병은 X염색체에 존재하지만 남성에게서 나타난다. 어머니가 병을 아들과 딸에게 다 물려주지만 보통은 아들에게만 발생하기 때문이다(혈우병에 걸린 여성은 어머니만이 아니라 부모 양쪽에게서 결함 있는 유전자를 물려받은 것이 분명하지만 매우 드문 경우다). 따라서 임신부가 자신이 혈우병 유전자 보유자라는 사실을 알고 있고 의사가 태아의 성별을 어떻게든 확인해줄 수 있다면, 낙태를 함으로써 혈우병에 걸린 남아의 출산을 피할 수 있을 것이었다.

이러한 절차에 대한 요구가 쌓여온 상태였다. 유전자 검사가 발전해 20세기 중반에 살던 사람들은 자신의 DNA에 새겨진 장애에 대해 이전보다 많이 알게 되었다.• 유전 상담 산업의 급성장 덕분에 카운슬러들은 예비 부모에게 유전정보와 관련된 사항들을 조언해줄 수 있었지만, 유전물질을 물려줄지 말지 제어할 수 있을 정도로는 과학이 발전하지 않아 한계를 느끼던 터였다.[7] 성별과 관련 없는 질병을 앓는 환자들에게는 특정한 사람과 결혼하라고 조언해줄 수 있고, 이미 결혼한 사람에게는 비록 소용없는 조언이지만 아무 정보도 없는 것보다는 나았다.[8] 하지만 특정 성별에 따른 질병을 보유한 여성은 아이의 아버지가 어떤 남자든 아이에게 질병을 물려줄 위험을 각오해야 했고 이들에게 카운슬러가 할 수 있는 일은 유전자 검사 결과의 충격을 누그러뜨려주는 것뿐이었다. 따라서 여성들은 알고는 있지만 조치를 취할 수가 없었다. 이런 여성들은 예전에는 적어도 본인의 DNA에 설정된 장애를 몰랐기 때문에 자녀에게 물려줄지도 모르는 병에 대해 걱정하지 않고 다른 모든 이와 마찬가지로 행복하게 가정을 꾸릴 수 있었다. 하지만 유전학의 획기적인 발전으로 인해 결혼과 자녀에 대한 결정이 더욱 어려워졌다.

그러나 희망은 있었다. 과학자들이 태아가 여아인지 남아인지 감별하는 방법을 찾는다면, 이 여성들이 엄청나게 부담스러운 병원비와 걱정으로 지새우는 밤들과 비통함을 피하게 돕고 유전 카운슬러들에게는 새로운 의지처를 제공할 수 있을 것이었다. 따라서 DNA에 관한 연구 결과들은 태아 검사 연구를 촉진시켰다. 하나를 발견하면 또 다른 발견이 필요했다. 하지만 머리 바는 성인에게 성 염색질이 존재한다고만 기록했다. 질병이 있는 여성이 건강한 아이를 낳

● DNA는 대중이 이해하려고 노력하는 매우 흥미로운 개념이다. 1953년에 이중나선 구조가 발견되었고 같은 해에 바가 인간에게서 성 염색질을 확인했다.

게 도우려면 태아 세포에서 바소체를 확인하는 데 성공해야 했다. 바의 보고서가 《네이처》에 실린 뒤 여러 대륙의 의학 연구팀들은 이 과제에 착수했다.

태아에게서 성 염색질을 확인할 수 있는 도구들은 이미 준비되어 있었고 문제는 이 도구들을 정확하게 적용하는 일이었다. 첫 단계가 태아의 세포 추출이었다. 이를 위해 연구진은 당시 특정한 임신 합병증을 앓는 여성을 돕기 위해 임신 3기에 사용되던 양수 검사에 의지했다. 즉 주삿바늘로 양막에서 태아 세포를 추출한 뒤 성 염색질을 성인 세포에서와 마찬가지로 쉽게 볼 수 있는지 현미경으로 관찰했다. 결과는 성공이었다. 기술의 역사에서 등장한 다른 중요한 발견들과 마찬가지로 태아 성 감별 기술은 세계의 여러 지역에서 개별적이지만 거의 동시에 개발되었다. 1955년 몇 달 사이에 4개 연구팀이 결승선을 통과했다. 미니애폴리스, 코펜하겐, 뉴욕, 이스라엘 하이파의 연구팀들은 오늘날 인간 태아에 대한 성 감별 개척의 공로를 나눠 갖는다.[9]

그중 덴마크의 의사 포블 리스와 프리츠 푹스는 특정 성에 따른 질병을 보유한 여성들을 모집해 연구를 수행했다. 두 사람은 여성들의 자궁에서 추출한 태아 세포를 검사한 뒤, 도움이 될지도 모른다는 생각으로 피험자들에게 결과를 알려주었다. 리스와 푹스는 세계의 다른 지역에서 인구학자들이 성별 구성과 출생률 사이의 관계를 기록하고 있다는 사실을 몰랐던 듯하며 따라서 검사 결과를 피험자에게 공개하겠다는 결정에는 별다른 고민이 필요하지 않았을 것이다. 어떤 의사가 혈우병을 아이에게 물려줄 위험이 있는 여성이 이를 피하도록 도우려 하지 않겠는가? 덴마크의 이 2인조는 많이 알수록 더 낫다고 결정함으로써 성별 선택을 처음으로 실현시켰다. 아들을 임신했다는 것을 안 실험 대상자들은 낙태를 선택했다. 이렇게 최초의 성 감별 낙태는 아들을 냉대했다.

의학 전문지 《더 랜싯$^{The\ Lancet}$》에 실린 기사에서 리스와 푹스는 자신들의 발견을 활용할 수 있는 분야를 추론했다. 이들의 뒤를 이은 과학자 대부분과 달리 두 사람은 성별 선택의 윤리성을 중요시했고 의사들이 단지 "부모들의 호기심을 충족시키기 위해" 태아 성 감별을 해서는 안 된다고 경고했다.[10] 하지만 그들은 실제로 그리 많은 부모가 호기심을 느낀다고 믿지 않았다. 이 덴마크 의사들은 코펜하겐의 환자들에게서 성별 선택 요구를 받은 적이 없다고 말했다. 하지만 스칸디나비아 국가들에서만 "우생학적 치료용 낙태(당시 선택적 낙태를 부르던 용어)"가 허용되었기 때문에 리스와 푹스는 세계의 다른 지역에서 이 기술이 끌 관심을 가늠할 방법이 없었다.[11] 초기에는 절차도 까다로웠다. 1950년대 말에는 의사들이 임신 3기에만 양수 검사를 실시할 수 있었기 때문에 특정 성별의 태아를 낙태하려는 여성은 태아에게 모체 밖 생존력이 생기는 순간 혹은 그에 가까워졌을 때 낙태를 해야 했다. 이런 수술에 대한 수요가 최소일 것이라는 예상은 타당했다. 하지만 리스와 푹스는 상황이 얼마나 빨리 변화할지 예상하지 못했다.

양수 검사가 처음에 여아를 선택하는 데 사용되다가 남아를 확인하는 쪽으로 옮아갔다면 초음파의 궤적은 더욱 기이했다. 결과적으로 전 세계에서 성별 선택의 지배적인 방법이 된 이 기술은 처음에는 항해 도구였다. 이 이야기는 박쥐들이 어둠 속에서 어떻게 길을 찾는지 궁금해한 이탈리아의 생물학자가 음파탐지, 즉 멀리 떨어진 물체에 음파를 발사하여 물체에 부딪쳐 되돌아오는 데 걸리는 시간을 측정해 거리를 알 수 있다는 사실을 발견한 1794년으로 거슬러 올라간다.[12] 몇백 년 뒤 제1차 세계대전 중에 독일 잠수함의 성능이 우수해지자 연합군은 전쟁에서 이기려면 수중에서 잠수함을 찾아낼 방법이 필요하다고 확신하게 되었고 과학자들은 음파탐지를 이용했다. 미국, 영국, 프랑스 정부가 공동으로 연구 자금을 지원했다. 노력은 성공을 거두어 1918년에 연합군은 반향음을 이용해 독일 잠수함의 위치를 정확하게 찾아냈다.[13]

전쟁이 끝난 뒤 의사들은 음파를 의학 분야에서도 응용할 수 있을 거라고 생각했다. 그에 따라 먼저 초음파를 수술에 사용했는데, 초음파로 조직을 가열해서 파괴하는 궤양 치료부터 개두술●에 이르기까지 모든 분야에 도움이 된다는 것을 알게 되었다. 그 후 머리 바가 고양이의 세포에서 성 염색질을 확인한 해인 1949년에 메릴랜드주 베데스다에 위치한 해군의학연구소의 화학자가 초음파를 이용해 개의 쓸개에서 담석을 찾아냈고, 이제 초음파는 진단 도구로도 사용되었다.[14] 제1차 세계대전의 잠수함들이 어두운 물속을 항해한 것처럼 의사들은 내부 기관에 음파를 쏘아 인간의 몸속을 항해하기 시작했다. 초음파의 쓰임새는 놀라울 정도로 다양한 것으로 입증되었다. 초음파를 이용해 이를 닦고 낭종을 치료하는 데다가 신장의 결석을 녹일 수도 있었다. 1959년에 스코틀랜드인 산부인과 의사 이언 도널드가 우연히 임신을 하게 된 한 여성에게 신기술을 사용한 것은 이러한 응용 분야 중 하나를 기대했던 것일 수도 있다. 도널드는 태아

● 두개를 절개하여 뇌를 노출시켜서 하는 수술. _옮긴이

역시 반향을 보낸다는 것을 발견했다.[15]

의사들은 태아에게 해를 미칠 위험 때문에 임신부에게는 엑스레이 검사를 할 수 없었다. 따라서 도널드의 발견은 대안적인 형태의 태아 촬영 가능성을 높여주어 의사들에게 고위험 임신을 관찰할 수 있다는 희망을 주었다. 양수 검사와 마찬가지로 과학은 소수의 환자들을 돌보다가 발전했다.

최초의 태아 초음파검사는 태아의 머리 크기를 대략적으로 측정하는 데 사용되었고 의사들은 그 결과에 따라 자궁 내 태아의 성장을 추적할 수 있었다. 이런 목적으로 도입된 기계는 검사를 받는 임신부 위로 우뚝 솟은 크고 무거운 장치였다. '관절형 팔 스캐너'라고 불린 초기의 초음파 기계는 축제에 온 사람들이 동전 몇 개를 내고 봉제인형을 잡으려고 시도하는 장난감 크레인의 대형 버전 같았다.[16] 이 초음파 기계가 보여주는 상은 흐릿해서 의사들이 작은 성기나 질은 고사하고 손가락과 발가락을 구별하기도 힘들었다.

하지만 초기 초음파 기계의 상이 흐릿했다거나 소수의 임신에만 도움이 되었다거나 하는 점은 중요하지 않았다. 1960년대의 대중에게 이 기술은 분명 선진적으로 보였다. 서구에서 임신이 필수가 아니라 선택이 되고 아이를 낳는 일이 농사지을 노동력을 생산하는 것 이상의 의미가 되었을 무렵 사람들은 출산 전에 아이와 유대감을 나눌 방법을 찾기 시작했다. 부모들의 희망이 걸린 아이의 영상으로 이러한 유대감을 느끼기가 훨씬 쉬워졌고 따라서 아무리 흐리더라도 어머니의 자궁에서 자라는 아이를 미리 본다는 것은 획기적인 발전이었다. 미국인들이 우주와 주방 용품에 열광하던 기술적 낙관주의의 시대, 일부 사람들이 '생물학적 혁신'이라고 칭한 시대에 등장한

초음파는 대중의 상상력을 사로잡았다.[17]

태아의 성별과 더 세부적인 다른 특징들을 확인할 수 있는 고해상도 기기가 나오려면 아직 몇 년 더 지나야 했지만 언론은 출산 전에 아이의 모습을 볼 수 있으면 신비한 출산 과정을 제어하는 데 도움이 될 수 있다는 가능성을 포착했다. 신기술을 환영하는 한바탕의 소란스러운 언론 보도는 광범위한 생식 조작을 예견했는데, 신문 편집자들은 생식 조작을 대단한 일로 보았다. 신문의 표제들은 "초음파 기기가 임신을 추측하다", "지식은 행복한 출산에 필수", "자궁을 보는 새로운 눈" 등 과감하고 낙관적이었다. 한 기사는 초음파를 "전자 의사"라고 부르기도 했다.[18] 1965년 9월 10일자 《라이프》지 표지에는 검사를 받는 여성의 몸을 육중한 인공 팔이 거의 가리다시피 한 거대한 기계 사진과 함께 "생명의 제어: 과감한 실험이 생명 연장, 우수한 정신과 신체를 갖춘 슈퍼베이비, 심지어 일종의 불멸까지 약속한다"라는 카피가 실렸다.[19]

하지만 대중이 매료되자 비판도 생겨났다. 언젠가 개발도상국에서 여아들이 사라지도록 유도한 다른 기술들과 달리 초음파는 상당한 윤리적 심사숙고를 이끌어냈다. 어떤 비평가들은 지나치게 영향력 있는 과학자들을 걱정했다. 낙태 권리를 요구하는 페미니스트들은 기계가 태아를 인간으로 만든다고 조바심쳤는데 충분히 그럴 만했다. 인구 조절에 몰두한 정부가 새로운 생식 기술을 이용할 거라고 우려하는 사람들도 있었다. 결국 나치는 우생학 프로그램의 일환으로 신혼부부들을 대상으로 유전적 질병이 있는지 검사했다. '슈퍼베이비'를 만들어내는 힘이 악한 독재자의 손에 주어진다면 어떻게 될까?[20] 문제는 이러한 비판 중 무엇도 초음파의 가장 치명적인 위협으로 드러난 문제를 파악하는 데 접근하지 못했다는 점이다. 지나고 나서 보니 1960년대의 미국인들은 과학이 알려준 새로운 지식으로 대담해진 보통의 부모들이 무해해 보이는 작은 선택을 할 수 있고 그 선택이 모이면 재앙에 이를 수 있다는 가능성만 빼고 모든 것을 걱정했다.

새로운 성 감별 기술을 둘러싼 열광이 한창일 때, 외로운 자제의 목소리가 등장했다. 주인공은 컬럼비아 대학 사회학자이자 나치 독일에서 피신한 유대인 아미타이 에치오니였다. 에치오니는 1968년 《사이언스》에 실린 기사에서 성별 제어를 널리 이용할 수 있게 될 경우의 영향력을 검토했다. 그는 부모들이 딸보다 아들을 선택할 것이며 불균형적인 사회는 나쁘다는 전제하에 논의를 시작한다. "우리는 전쟁이나 이주로 성비가 균형을 잃은 사회에 관한 많은 경험과 자료를 보유하고 있다. 누적된 현저한 남성 과잉은…… 윤리 교육을 하는 사람의 수가 줄고 범죄자의 수는 늘어나는 등 국경 마을의 거친 특징 중 일부가 나타나는 사회를 낳을 것이다." 한쪽으로 치우친 사회에서 힘든 사람은 여성만이 아니다. 에치오니는 "짝을 찾을 수 없는 남성들의 슬픔"에 관해 쓰면서 남성이 더 많다는 것은 남성들의 불행을 의미할 것이라고 예측했다. "우리는 그 대가가 정당한지 질문해야 한다. 이것은 종말론적인 위험은 아니다. 하지만 얻을 수 있는 이점만큼의 가치가 있을까?"[21]

에치오니가 이 문제에 흥미를 느끼게 된 계기는 자신이 아들을 여러 명 낳은 후 딸을 원했기 때문인데, 사실상 더 중요하게 생각한 점이 있었다.[22] 1960년대에 과학은 에치오니가 "인간 기니피그"라고 부른 대상의 권리를 새로이 평가하는 단계에 이르렀다. 과학자들은 사전에 고지하여 동의를 얻은 대상자에게 실험을 하고 자신들의 연구가 어떤 식으로든 피험자에게 피해를 주지 않게 주의를 기울였다. 하지만 에치오니는 기술이 전체적인 사회에 미치는 영향 문제에 이르면 과학자들의 행동이 달라진다고 말한다.

> 증기기관이 발명된 후 서구에서는 사회가 신기술에 적응해야 한다는 전제가 통용되어왔다. 이것이 우리가 산업혁명에 관해 이야기할 때 언급하는 핵심적인 내용이다. 우리는 우선적인 가치와 제도가 계속 유지되는 사회에 단지 새로운 기술이 도입되는 것이 아니라 사회가 변화하고 있다고 생각한다.[23]

더구나 기술혁신의 속도가 가속화하면서 과학자들(그리고 이들이 사용하는 자금 대부분을 지원하는 정부 기관과 기업들)은 연구 자체가 목적이 아님을 인식하게 되었다. 에치오니는 "과학계는 자신들의 노력이 사회에 어떤 영향을 미치는지 질문해야 하는 책임을 면제받을 수 없다"라고 말을 이었다. 그리고 암 치료 연구는 인종 간의 생물학적 혹은 지적 차이를 입증하려는 연구보다 중요하다고 지적했다. 결국 성별 제어에 대한 연구는 사회가 치를 대가만큼의 가치가 없다는 것이다.

에치오니의 기사는 성 감별 기술 개발과 관련해 중요한 순간에 발표되었다. 그러나 초기의 연구를 중단시키기는 어려웠을 것이다. 결국 성 감별 낙태 기술은 전 세계에 흩어진 연구팀들에 의해 거의 동시에 개발되었다. 게다가 이들은 부모에게 자녀의 성별을 자유롭게 선택할 권리를 주려는 목적이 아니라 질병 치료의 목적에 전념했다. 그러나 1968년에 과학은 기로에 서 있었다. 성별 선택 기법은 아직 널리 적용될 만큼 발전하지 않았고 국립 아동건강 및 인간개발 연구소와 연계된 인구 조절 활동가들은 질병 예방과 전혀 관계 없는 목적에 더 많은 자금을 요구하고 있었다. 자신들의 일시적인 생각대로 개발도상국을 개조하는 데 관심을 가진 좁은 시야의 연구자들과 사회과학자들이 수행한 연구가 마침내 한데 모였다. 미국 정부는 연구에 자금을 지원하거나 좌절시키는 선택을 할 수 있었다.

에치오니의 기사가 작은 동요를 불러일으키긴 했지만 결과적으로 어둠 속의 외침에 지나지 않았다. 셸던 시걸 같은 인구 조절 활동가들은 성 감별로 바라던 것을 얻었고 생물학적 혁명이 계속되었다. 에치오니는 결국 마음을 바꿔 성별 선택에 관해 매우 자율적인 입장을 취했다.• 1960년대 말과 1970년대 초에 미국이 보건 분야에 쓴 연구 개발비는 매년 평균 10퍼센트씩 상승했다. 이 돈의 상당 부분이 유전학 분야에 투입되었고 유전학은 다른 분야보다 빠른 속도로 발전했다.[24] 과학자들은 성 감별을 발전시킬 수 있는 방법을 계속 찾았으며 새로운 목표, 즉 임신 3기가 아니라 2기에 태아에 관한 정보를 얻겠다는 목표를 세웠다. 1970~1974년에 미국국립보건원의 분과인 국립종합의료서비스연구소에서 양수 검사 연구에 지원한 자금은 거의 두 배로 증가했다.[25]

• 이 책을 쓸 당시 여든두 살이었던 에치오니는 조지워싱턴 대학 커뮤니케이션정책연구소 소장이었다. 내가 성별 제어 연구에 대한 그의 반대 주장을 논의하기 위해 전화하자 에치오니는 자신이 성별 불균형에 관해 좀 더 자세히 연구했다면서, 알래스카의 경우를 토대로 성비 불균형이 그리 나쁘지 않다고 판단했노라고 말했다. "나는 우리가 연구를 중단해야 할 만큼 강력한 피해를 발견하지 못했어요."

또한 몇몇 연구원은 자궁 내에서 태아와 모체를 나누는 얇은 막인 융모막의 조직을 떼어내 검사하는 융모막 융모 생검법CVS의 연구에 착수했다. 융모는 융모막에 솟아 있는 미세 돌기로 태아 세포를 얇게 덮고 있다. 과학자들은 이를 추출하여 1953년에 머리 바가 개발한 기법을 적용해 성 염색질의 유무를 확인하는 데 성공했고 이 검사는 양수 검사보다 더 일찍 가능했다. 양수 검사 기법과 마찬가지로 CVS에 대한 개척적인 연구도 덴마크 연구원들이 수행했다. 선택적 낙태에 관한 덴마크의 법이 관대했기 때문이다.[26] 하지만 덴마크 과학자들은 태아의 영상을 얻기 위해 사용하던 광섬유 기기가 다루기가 힘들어 유산율이 높아진다는 것을 알고 실험을 포기했다. 그리하여 중국과 소련의 과학자들이 이 연구를 추진했는데 이번에는 좀 더 미심쩍은 동기가 밑바탕이 되었다.[27]

전인도의학연구소가 델리에서 실험을 시작한 1975년에 랴오닝성에 있는 톄퉁 병원의 중국인 의사들이 《차이니즈 메디컬 저널》에 100번의 CVS를 실시하여 93명의 태아 성별을 확인하는 데 성공했다고 보고했다. 중국 연구원들은 광섬유를 이용하지 않은 가장 기초적인 기구를 사용했고 검사를 받은 100명의 여성 중 적어도 3명이 유산했다. 하지만 이들의 가장 중요한 목적은 성별 확인 결과 성 감별 낙태가 이루어진 비율을 파악하는 것이었던 듯하다. 태아의 성별을 확인해준 93명 중에서 30명이 낙태를 선택했고 그중 29명이 딸을 임신하고 있었다.[28]

세계의 다른 지역에서는 1970년대 중반에 열린 출산 전 진단에 관한 회의에서 대표단들이 "원하는 성별이 아닌 경우 태아를 낙태시키려는 목적으로 실시하는 태아 성 감별"에 반대하는 성명서를 채택했다.[29)] 하지만 여전히 중국의 연구를 공개적으로 비난하려는 사람은 없었던 것으로 보인다. 반면 1980년대에 CVS 연구가 다시 활성화되었을 때 서구 과학자들은 중국 의사들의 성공을 복제하는 데 초점을 맞추었다.[30)] 이들은 1975년의 연구에 나타난 분명한 성차별을 무시하고 자신들의 연구를 대변하는 부분만 검토했다.

몇 년간의 실험 뒤, 1976년 미국 정부는 양수 검사가 임신 2기에 일상적으로 사용하기에 안전하다고 판단했다.[31)] 미국 국립 아동건강 및 인간개발 연구소가 이를 발표했고 당시 성 감별을 인구 조절 기법으로 제시한 두 개의 회의를 후원했다.

개발도상국에서 양수 검사가 받아들여지리라는 것은 예상 가능한 일이었다. 사회학자와 가족계획 관련자 들이 몇 년 동안 성별 선택에 대한 개발도상국의 관심을 기록해왔기 때문이다. 하지만 미국에서 일어난 신기술에 대한 열광은 아마도 더 놀라웠을 것이다. 양수 검사가 승인되자마자 의사들은 임신부들에게서 검사 요청을 받기 시작했다. 여성들이 태아의 성별을 알고 싶어 하는 이유는 다양했지만 공통된 하나는 1959년에 덴마크 의사 리스와 푹스가 호기심이라고 칭한 것이었다. 즉 태아가 아들일지 딸일지에 대한 궁금증이었다.

이제 미국인들은 성 감별이 여성이 병에 걸린 아이를 낳지 않도록 돕는 방법이라고 인식하지 않게 되었고 갑자기 미국에서 새로운 기술에 대한 윤리적 논란이 일어났다. 머리 바가 성 염색질 연구를 시작한 지 27년 뒤, 그리고 인구 조절 활동가가 성 감별을 세계의 출생률을 낮추는 도구로 처음 제안한 지 거의 10년 뒤의 일이었다. 법학자 제인 M. 프리드먼은 《펜실베이니아 대학 법률 리뷰University of Pennsylvania Law Review》에 실린 기사에서 "유전자풀 조작", "성비 불균형의 발생 위험" 등 위험 요소들을 규명하며 양수 검사의 윤리성을 평가했다.[32] 다른 곳에서는 다윈이 수면으로 떠올랐다. 전국 신문들에 실린 한 기사에서 퍼트리샤 매코맥 기자는 "가장 적합한 태아만 생존하고 적합하지 않은 태아는 죽도록 선택하는 시대"에 대해 걱정했다. 매코맥은 양수 검사는 "아들을 원하는데 태아가 여아라면 낙태하시겠습니까?", "아들만 원한다면 딸을 임신할 때마다 낙태하시겠습니까?"와 같은 질문을 제기한다고 말한다.[33] 한편 《마드무아젤》 1977년 5월호는 "여성 : 멸종 위기에 처한 다음 종인가?"라고 부르짖었다.[34]

동시에 인구 조절 운동 내에서도 변화가 진행되고 있었다. 좌파 쪽 페미니스트들과 다른 인사들이 조직화되어 의사 결정 과정에서 발언권을 요구했다. 이러한 변화는 인구 분야에서 남성의 우위에 대응하기 위해 1969년에 《컨선드 데모그래피Concerned Demography》라는 잡지를 창간한 미국의 대학 졸업생들에게서 시작되었다. 캘리포니아 대학 버클리 캠퍼스의 인구통계학자 주디스 블레이크는 성교육 완화, 세금 우대 조처와 그 외의 출산 장려책 철폐, 동성애에 대한 법적·사회적 제재 변화 등의 계획안을 나열하며 인구 조절에 대한 좀 더 인도주의적으로 보이는 대안적 접근 방식을 간략하게 서술했다.[35]

다음 몇 년 동안 여성들은 포드재단, 국제가족계획연맹, 그 외의 기구들에서 오랫동안 남성이 차지해온 자리를 물려받았다. 지배적인 분위기가 좌파 쪽으로 선회하면서, 인구 조절 운동의 남성 우월주의가 절정에 달했을 때 자금을 지원했던 존 D. 록펠러 3세도 태도를 바꾸었다. 1974년 루마니아 부쿠레슈티에서 열린 유엔세계인구회의에서 록펠러는 "우리가 인구 목표를 성취하기 위해 나아가려면 여성이 사회에서 자신의 역할을 결정하는 데 점차 더 많은 선택의 자유를 가져야 합니다"라고 말해 대표단을 놀라게 했다.[36] 록펠러의 연설은 성차별적인 인구 정책이 끝나는 신호탄이 되었고 다음 10년 동안 인구 관련 기구들은 극적인 변화를 겪었다. 그 변화는 1987년에 파키스탄 여성 나피스 사딕이 유엔인구기금 상임 이사 자리를 차지하면서 절정을 이루었다.[37] 1990년대에 인구 관련 기구들의 업무는 인구 조절이 아니라 생식권에 초점이 맞추어졌다.

이러한 변화는 여성 친화적인 피임법과 교육 프로그램의 개발에 큰 도움이 되었다. 하지만 놀라울 정도로 빠르게 아시아 전역에 퍼지고 있던 성별 선택과 관련해서는 타이밍이 최악이었다. 1979년에 양수 검사로 태아의 성별을 거의 100퍼센트 정확하게 확인할 수 있게 되었고 몇 년 뒤 아시아에서는 대량생산된 저렴한 초음파 기계들이 등장했다. 하지만 새로운 여성 활동가들은 하나의 인구 위기에 대한 해결책으로 제시된 기술이 다른 위기, 이번에는 바로 여성들에게 영향을 미치는 위기의 발생에 중요한 역할을 하는 것을 지켜보며 침묵을 지켰다. 이들은 '로 대 웨이드 Roe v. Wade 사건'•을 기리느라, 성별 선택을 중단시키는 활동을 등한시했다. 이들이 처음 정치적 경험을 쌓은 1970년대의 페미니스트 운동에서는 생식권이 다른 무엇보다 중

• 미국에서 여성이 자유의사로 낙태할 권리가 있다고 인정된 1973년 최고법원의 판례. _옮긴이

요했고 낙태에 제약을 두는 것은 여성의 자유에 타격이 되었다. 여성 운동가들이 태아 성 감별을 혐오할 수는 있었다. 하지만 그와 상관없이 이들의 정치적 입장은 심화되고 있는 성비 불균형의 다른 요인을 해결하기 힘들게 만들었다. 초기 세대의 인구 조절 활동가들 덕분에 아시아에서는 낙태가 불안할 정도로 만연해졌다.

9장

장군들의 입장

인구 조절 '군사작전' 시대

> 정신은 하늘에서 받은 것이지만 신체는 땅이 준 것이다.
> 그러므로 하나는 둘을 낳고 둘은 셋을 낳고 셋은 무수히 많은 사물을
> 낳는다고 한다. 만물의 뒤에는 음이, 앞에는 양이 있으며 기가 나와서
> 음과 양이 조화된다. 그러므로 첫 달에는 작은 기름 덩어리가 만들어지고
> 둘째 달에는 힘줄이, 여섯째 달에는 뼈가 만들어진다고 한다.
> 일곱째 달에는 [태아가] 완전히 형성되고 여덟째 달에는 움직이며
> 아홉째 달에는 활기가 넘치다가 열째 달에 태어난다.
> ― 『회남자淮南子』에서[1)]

다른 시대에 살았다면 윌리엄 드레이퍼 장군은 낙태 반대 활동가가 되었을지 모른다. 드레이퍼는 생명이 시작되는 모호한 첫 단계에 초점을 맞춘 정치 활동의 무대로 아시아를 선택했을 수도 있다. 강요된 낙태를 비난하고 한 자녀 정책의 대상이 된 중국 여성들이 정치적 망명을 할 수 있게 노력했을지도 모른다. 하지만 드레이퍼는 1894년에 태어났고 1940년대에 미 육군 차관 자리에 올랐다. 1940년대는 공산주의가 세계의 안정에 가장 큰 위협으로 비치고 이념이란 미국과 공산주의자들의 대립을 의미했으며 복잡하게 얽힌 윤리적 문제를 중심으로 한 정치는 몇십 년 후에야 가능했던 시기였다. 그리하여 제2차 세계대전 이후 아시아와 유럽에서 연합군의 활동을 지휘했고 드와이

트 아이젠하워 대통령의 절친한 친구이자 다른 면에서는 철저한 보수주의자였던 드레이퍼는 낙태의 열렬한 지지자가 되었다.[2]

두꺼운 뿔테 안경을 쓰고 비틀린 미소를 짓는 거만한 인상의 드레이퍼는 히로시마와 나가사키에 원자폭탄을 투하한 뒤, 이어진 더글러스 맥아더 장군의 일본 점령을 지휘했다.[3] 드레이퍼는 점령 작전이 일본이 다시 힘을 축적하지 못하게 막는 데 중요할 뿐 아니라 미국이 공산주의와의 투쟁에서 승리하는 데도 중요하다고 믿었다. 1940년대 말 중국공산당이 일본인들이 남긴 무기를 모아 국민당의 중국 장악을 위협하자 드레이퍼의 우려는 더욱 심해졌다. 일본은 아시아에 사회주의의 확산을 막는 방어벽을 제공할 미국의 유일한 희망으로 보였다.

그러려면 나라가 평온하고 안정적으로 유지되어야 했다. 1947년 드레이퍼가 도쿄에 도착했을 때 일본은 미국의 확고한 통제 아래 있었다. 나중에 드레이퍼는 히로히토 천황이 권력을 거의 행사하지 못해 황제라고 불릴 만한 가치도 없다는 듯이 "맥아더 장군이 황제 1번, 다른 장군이 황제 2번이었어"라고 농담을 했다.[4] 하지만 미국도 어쩔 수 없었던 몇 가지 요소가 있었다. 장기적인 전쟁을 치른 뒤의 많은 나라와 마찬가지로 일본에서도 귀환병들이 아내와 재회하면서 베이비붐이 일었다. 인구 규모와 경제성장을 직접적으로 연결하는 1940년대의 이론을 믿었던 장군에게 이것은 매우 불안한 현상이었다. 드레이퍼는 높아지는 출생률이 일본 경제를 위협하고 아시아에서 미국의 전략적 거점의 안정성을 약화시킬까 봐 걱정했다. "주로 우리가 나라 전체를 먹여 살리고 있다"라며 조바심을 치고,[5] 미국이 조치를 취하지 않으면 빈곤(드레이퍼는 빈곤이 공산주의를 불러온다고 믿었다)이 일본을 점령할 거라고 생각했다.

당시는 서구에서 인구 조절이라는 개념이 막 관심을 끌기 시작했고 논의 중인 많은 방법이 아직 대규모로 시도되지 않은 상태였다. 서구의 인구 조절 지지자들은 일본이 이 방법들을 시험하기에 적소임을 알게 되었다.[6] 한편 산아제한은 매우 다른 이유로 일본 엘리트층의 관심을 끌었다. 상류층 사이에서 우생학이 유행했는데 이들은 정신적·신체적 장애가 있는 사람들의 임신을 강제로 금지하여 일본이 개선될 수 있다고 믿었다.[7] 이러한 서양과 동양의 이해관계가 일치해 1948년에 미국의 고문들은 일본에서 낙태와 불임수술을 합법화하는 '우생보호법'을 통과시켰다.● 이 법으로 일본은 다양한 이유로 낙태를 허용하는, 세계에서 유일한 나라가 되었다.[8]

일본에서의 실험은 적어도 가공되지 않은 원수치 수준에서는 성공을 거두었다. 낙태가 널리 보급되고 생식에 부적합하다고 여겨지는 사람들을 불임으로 만들면서 일본의 출생률은 급락했다. 더 순하고 일시적인 피임법은 불법이었음에도 출생률이 곤두박질쳤다(일본은 1999년이 되어서야 여성의 경구피임약 복용을 허용했다).[9] 1955년에 일본 의사들은 출산보다 낙태를 30~50퍼센트 더 많이 다루었다.[10] 한편 빈곤도 줄어들어 다음 몇십 년 동안 일본은 세계 경제 대국 중 하나이자 미국의 중요한 동맹국이 되었다. 이러한 변화를 지켜본 드레이퍼는 산아제한 기법으로서 낙태의 효능에 깊은 인상을 받았다. 나

● 장애인에 대한 나치의 강제 불임수술이 대중의 기억에 생생했기 때문에 미국의 고문들은 우생학을 지지하는 듯 보이고 싶어 하지 않았다. 그래서 법이 일본 내에서 주도된 것처럼 보이게 하려고 주의를 기울이며 막후에서 일을 추진했다.

중에 드레이퍼의 비서관 필리스 피오트로는 장군이 "합법적인 낙태와 대대적인 홍보로 일본인들이 출생률을 어떻게 급격히 낮추고 '경제 기적'을 이루는지 직접 목격했다"라고 회상했다.[11] 드레이퍼는 해외에서 미국의 이해관계를 증진시키는 데 낙태가 지닌 잠재력의 열렬한 지지자가 되어 귀국했다. 1958년에 아이젠하워 대통령이 드레이퍼를 미국 해외 원조의 우선순위를 평가하는 대통령 자문위원회 의장으로 임명하자 젊은 장군은 아시아의 인구 증가 문제를 가장 중요한 사안으로 책정했다. 드레이퍼는 상원외교위원회 앞에서 위원회의 업무를 요약하면서 "저는 인구문제가 우리의 전반적인 경제 원조 프로그램과 세계의 발전에 가장 큰 장애물이라고 생각합니다"라고 말했다.[12] 그는 해외의 낙태 합법화를 노골적으로 지지했고 그의 지원은 인구 조절 운동의 주변부에서만 중요시되던 낙태 권리를 미국의 대외 정책 엘리트들 사이의 중요 관심사로 끌어 올리는 데 기여했다.[13] (드레이퍼는 또한 유엔인구기금의 설립에 영향력을 행사하고 국제가족계획연맹을 위해 자금을 모았으며 출생률을 낮추는 국가에만 식량 원조를 하는 개념을 대중화했다.)[14]

종이컵을 발명한 재계의 거물 휴 무어의 인구위기위원회 설립을 돕기도 했던 드레이퍼는 냉담한 성격이어서 그를 비방하는 사람들도 있었다. 그리고 인구 조절 운동 내부에는 낙태보다 콘돔과 자궁내 피임기구를 선호하는 사람들도 있었다. 이들은 반복되는 낙태가 모체의 건강에 위험하다고 판단했고 정서적인 면에서 여성이 임신에 대응하게 하는 것보다 임신을 피하게 하는 편이 더 쉽다는 것도 알았다. 혹은 단순히 해외든 국내든 낙태를 조장하는 것처럼 비치는 것이 정치적으로 위험하다고 생각했을 수도 있다.[15] 하지만 아시아인들에게 피임을 하라고 설득하려면 지속적인 교육 활동이 필요한데, 드레이퍼의 진영은 그럴 만한 시간이 없다고 주장했다. 또한 노골적으로 말하자면 낙태가 더 실용적이기도 했다. 잠재적인 새로운 대상을 찾는 가족계획 실무자들에게는 임신 계획이 있는 여성보다 임신한 여성을 발견하는 편이 쉬웠다. 그리하여 이후 몇 년 동안 낙태는 개발도상국, 특히 우리의 이야기에서 가장 중요한 아시아의 출생률을 낮추는 데 중요한 도구로 받아들여졌다.

1960년대와 1970년대 초에 가난한 개발도상국 수십 개국이 낙태법을 완화했는데 그중 상당수는 미국의 압력에 대응하여 그런 조치를 취했다.[16] 이와 같은 법의 통과를 둘러싼 정치 활동은 본국에서 낙태를 합법화하기 위한 미국 페미니스트들의 노력과 전혀 달랐다. 개발도상국에서는 여성 단체들의 집회도, 서투른 불법 낙태로 목숨을 잃는 여성의 수에 대한 토론도, 생명이 시작되는 시점이 언제인지에 대한 열정적인 논쟁도 없었다. 가난한 국가에서는 낙태할 권리가 여성이 아니라 국가에 도움이 되는 것으로 그려졌다. 국력에 도움이 된다는 생각도 환상에 불과할 수 있었지만 말이다. 한 가지 사례만 들어보더라도 1971년 인도에서 제정된 의학적 임신중절법은 전체 내각을 유지하는 데 미국의 자금에 의지했던 정부의 작품이었다.[17] 보건 활동가 사부 조지는 "1960년대부터 서구 국가들은 인도와 중국이 쥐처럼 번식하고 있다고 말하며 압력을 가했습니다. 인도는 맬서스의 이론에 해당되는 곳이기 때문에 거대한 압력을 받았어요. 정부가 낙태법을 완화해 낙태가 인구 조절 방법으로 사용될 수 있었죠"라고 설명한다.

한편 낙태가 가능한 전 세계적인 환경을 추진하면서 미국에서는 뜻밖의 정치적 동료들이 연결되는 일이 일어났다. 예상대로 폴 에를리히는 산아제한의 방법으로 낙태를 열성적으로 지지했다. 그러나 다른 점에서 낙태의 초기 지지자 목록은 마치 공화당 명부처럼 보였다. 드레이퍼의 지지는 다른 보수주의자들을 끌어들였고 그중 많은 사람이 뻔뻔스럽게도 위선적인 태도를 보여주었다. 이 인구 활동가들은 낙태를 권리가 아니라 도구로 보았으며 국내에서는 합법화를 지지하려 애쓰지 않으면서 해외에 낙태의 효용성을 홍보했다.[18] 예를 들어 조지 H. 부시는 자신을 드레이퍼가 하는 활동의 팬이라고 선언했다. 공화당원들이 태아의 권리를 위해 집회를 열기 불과 몇 년 전인 1973년에 부시는 드레이퍼의 오랜 비서관인 피오트로가 인구 조절 운동에 관해 기술한 책인 『세계의 인구 위기 World Population Crisis』의 서문을 썼다. 부시는 자신의 하원 의원 시절을 언급하면서 "인구와 지구 자원에 관한 공화당 특별대책위원회 위원장으로서 나는 개발도상국들이 가정의 출생률을 제어하기 위해 필요한 지식과 물자를 보유하고 있지 않다면 불행한 실패를 겪을 것이라는 윌리엄 H. 드레이퍼 주니어의 주장에 깊은 감명을 받았다"라고 말했다.[19] 해외에서의 낙태를 지지한 또 다른 중요한 인물로는 당시 리처드 닉슨 대통령 아래에서 국무 장관을 맡고 있던 헨리 키신저를 들 수 있다. 인도 전인도의학연구소의 실험이 시작되기 전날 밤 키신저는 "낙태는 세계 인구 증가의 해결에 필수적이다"라고 명시된 미국 정부의 기밀 메모에 서명했다. 메모에는 "낙태에 의지하지 않고 인구 증가를 줄인 나라는 없다"라고 적혀 있었다.[20] 그 뒤 해외 낙태 합법화는 미국 정치권 양쪽에서 지원을 받게 되었다.

하지만 개발도상국의 여성들이 원치 않는 임신을 끝낼 수 있게 보장하는 것은 시작에 불과했다. 낙태가 효과적인 인구 조절 방법임이 입증되려면(서구의 이익에 정말로 도움이 되려면) 여성들에게 낙태를 하라고 설득해야 했다. 오늘날 아시아발 언론 보도들은 아시아인이 낙태를 해도 전혀 괴로워하지 않고 유대-기독교 국가들에서 벌어지는 생명의 시작을 둘러싼 윤리적인 논쟁도 없는 실용적인 도덕관을 지녔다고 묘사하는 경향이 있다. (1970년대에도 이러한 해석이 일반적이었다. 전인도의학연구소의 의사들이 자신들이 수행한 성별 선택 실험을 묘사하면서 여성들이 "크게 근심하지 않고" 여아의 낙태를 선택했다고 설명한 것을 회상해보라.) 그러나 1950년대에 인구문제 관련 실무자들이 인도에 도착해 발견한 현실은 매우 달랐다.

아시아 도처에서 낙태는 못마땅하게 인식되었다. 낙태가 이루어지는 지역에서도 쉬쉬해야 할 부끄러운 일이었다. 아시아의 종교와 철학적 전통은 정도는 다양하지만 기본적으로 낙태를 반대했다. 유교에서는 생명이 출산 몇 달 전에 시작된다고 주장한다.[21] 또한 조녀선 덩컨이 식민지 인도의 여아 살해를 없애려고 노력하면서 지적했듯 힌두교 경전들도 태아를 죽이지 말라고 일렀다.[22] 한편 불교 수도승들이 읽는 경전에는 생명이란 수정되는 순간 시작되며 여성의 낙태를 돕는 수도승은 축출될 수 있다고 명시되어 있다.[23]

현지 문화와 의료계의 규범 속에는 이러한 금계가 스며들어 있었다. 중국을 예로 들어보자. 13세기 중국의 어느 저명한 의술 윤리학자는 낙태를 시행하는 의원과 조산사에게 경고를 보내는 불길한 우화 한 편을 썼다.

수도에 바이라는 성을 가진 여자가 살았다. 바이는 낙태 약을 팔아 생계를 이었다. 어느 날 바이는 머리가 심하게 아프기 시작했다. 머리가 부풀어 오르더니 날마다 크기가 커졌다. 유명하다는 의사들이 바이를 치료했지만 아무도 고치지 못했다. 여러 날이 지난 뒤 궤양이 생기더니 참을 수 없을 정도로 냄새가 지독해졌다. 바이는 밤마다 눈물을 흘렸고 그 울음소리는 멀리서도 들을 수 있었다. 마침내 바이는 가족들을 모아놓고 간청했다. "내가 썼던 모든 처방전을 태워주세요." 그리고 아이들에게 자신의 직업을 물려받지 않겠다고 맹세하게 했다. 당황한 아들이 물었다. "어머니는 이 일에서 경력을 쌓아왔습니다. 왜 그 모든 것을 포기하려 하십니까?" 그러자 바이가 대답했다. "매일 밤 나는 어린아이 수백 명이 내 머리를 빨아대는 꿈을 꾼단다. 내가 고통으로 울부짖는 건 그 때문이야. 이 모든 건 내가 태아를 해치는 약을 판 벌이란다." 이 말을 맺자마자 바이는 세상을 떠났다.[24]

중국의 다른 윤리학자들이 낙태를 용납한 반면 적어도 제정 시대에는 낙태가 많은 논란의 대상이었다. 1950년대에 낙태에 대한 우려는 언어에도 영향을 미쳤다. 당시 사용되던 중국 표준어에서 태아는 생명, 낙태 행위는 폭력이라는 의미를 담고 있었다. 낙태를 표현하는 단어로는 '살아 있는 태아를 떨어뜨리다'는 뜻의 뒈성타이墮生胎와 '태아를 때리다'는 뜻의 뒈타이墮胎가 있었다. 유산을 뜻하는 단어조차 일종의 출산을 암시했다. 유산을 가리키는 샤오찬小産은 '작은 노동'이라는 뜻이다.[25]

하지만 낙태에 대한 거부감은 종교적인 인습의 결과만은 아니었다. 여성성에 대한 대중적인 개념도 영향을 미쳤다. 20세기 중반 아시아에서는 어머니가 된 여성을 우대하는 문화가 존재했다. 아이를 많이 낳은 여성은 매력적인 여성으로 비쳤다. 이웃들은 다산한 여성을 우러러보았고 가족들도 존경한 반면 아이를 낳지 못한 여성은 동정을 받았다. 한국에 가족계획 프로그램이 도입되기 전에 사회학자 문승숙은 "다산이 다복을 의미한다고 믿는 대부분의 한국인들에게 피임은 낯선 개념이다"라고 썼다.[26] 따라서 아시아 여성들에게 낙태가 윤리적으로 허용될 뿐 아니라 때로는 출산보다 낫다고 설득하는 일은 매우 힘든 과업이었다. 가족계획 관련자들이 운이 좋다면 교묘하고 영리한 사회공학이 필요할 것이고 운이 나쁘다면 강제력의 사용이 필요할 것이었다.

일본이 낙태가 유용한 인구 조절 도구임을 보여주는 실험장이었다면 한국은 그 도구가 제련된 곳이었다. 1950년대 중반 전쟁에서 벗어난 한국은 10년 전 일본이 우선순위가 되었던 것과 매우 비슷한 상황에 놓여 인구 활동가들에게 차기 주요 위기 지역이 되었다. 한국에서도 전쟁이 끝나면서 베이비붐 현상이 나타났고 미국의 효과적인 통제가 실시되었다. 전쟁 직후 취임한 이승만 대통령은 인기가 없었으며 본질적으로 미국의 고문들이 한국의 경제 및 사회 정책에 광범위한 영향력을 행사하게 한 꼭두각시일 뿐이었다. 이승만이 물러난 뒤 미국은 쿠데타로 정권을 잡은 박정희 장군을 재빨리 자기편으로 끌어들였다. 박정희는 오클라호마의 포트실Fort Sill에서 훈련받은 적이 있는 직업군인이었다.[27] 하지만 냉전이 최고조에 달하고 매카시즘이 미국을 휩쓸고 있었기 때문에 이해관계는 일본에서보다 더 높았다. 당시 새로 조직된 NATO의 미국 대표이던 드레이퍼는 "한국전쟁이 벌어지고 러시아가 서유럽을 위협하면서 서구 사회의 상호 방위 체제 구축의 필요성이 분명해졌다"라고 회상했다.[28]

드레이퍼의 관점에서는 다행스럽게도 인구 조절 활동가들이 정치권에 접근할 수 있다는 것은 이들이 한국에서 거의 자유로운 통제권을 보유했다는 의미였다. 1961년 4월 1일 국제가족계획연맹이 한국가족계획연맹을 설립하며 먼저 진출했다.[29] 인구위원회는 1962년부터 한국 정부와 공식적으로 일하기 시작했다.[30] 그 후 몇 년간 서울로 자금이 유입되면서 두 기구의 직원들이 그 도시에 상주했다. 하지만 가족계획이 전적으로 서구의 활동만은 아니었다. 외국 전문가들과 현지 직원들 및 자원봉사자들이라는 광범위한 네트워크가 결합되었다. 1964년 서구의 고문들에게는 마음대로 활용할 수 있는 가족계획 현장 요원 1,500명이 있었다.[31]

미국의 인구 조절 대사들은 풍부한 자금과 정치권의 의지를 자랑했지만 다른 장애물이 가득 찬 세상으로 발을 들여놓았다. 1960년대에 한국인의 20퍼센트는 의사가 없는 마을에 살았고 시골 지역에는 기본적으로 대중교통이 없었다. 때로 현장 요원들은 잠재 대상자들을 만나기 위해 몇 킬로미터를 걸어가야 했다.[32] 마침내 만난다 해도 부부를 설득하는 것은 또 다른 과제였다. 현장 요원들은 창의적인 비유를 사용하고(이들은 회의적인 반응을 보이는 농부들에게 정관수술을 받은 남성은 "씨 없는 달콤한 수박"과 같다고 말했다) 가벼운 피임법을 사용하는 데 초점을 맞추라고 훈련받았다.[33] 하지만 한국의 지역 주민들은 그리 쉽게 설득되지 않았다. 서구의 한 고문은 출산 "습관"을 "깨뜨리기 힘들다"라고 냉담하게 언급했다.[34] 다른 고문들은 많은 여성이 아들을 낳고 싶어서 피임을 거부했다고 진술했다.[35]

그러나 이러한 비협조적인 태도는 가족계획 고문들을 저지하기보다는 위기감을 고조시켰다. 얼마 지나지 않아 서구의 단체들은 나중에 인도를 비롯한 다른 지역에서 했던 것처럼 한국에 가족계획의 '속성' 단계가 필요하다고 주장했다.36) 인구위원회에서 발간하는 잡지 《가족계획 연구Studies in Family Planning》의 한 보고서는 "이 캠페인에서 유일하게 의미 있는 성과는 연간 증가율의 감소"라고 주장했다.37) 뉴욕의 투자자들은 "증가율"의 의미를 정확하게 알고 있었던 것으로 추정된다. 그것은 인구 증가율을 가리켰다. 그보다 중요한 다른 측정 기준은 없었다.

박정희 정부는 기꺼이 협조했다. 노련한 장군인 박정희는 "군사 작전과 매우 비슷하게" 산아제한에 접근했고 현역 군인들을 배정하여 지원한 적도 있었다.38) '속성' 단계가 시작되면서 한국의 보건 예산에서 가족계획에 할당된 비율이 25퍼센트로 증가했다(보건부 장관은 예산 중 일부를 홍역 퇴치에 사용해야 한다며 편향된 분배에 반대했지만 서구의 고문들이 이긴 것으로 보인다).39) 한편 교통 문제는 국제개발처가 미군 구급차 11대를 수리해 기부함으로써 해결되었다. 한국전쟁에서 사용된 것 같은 튼튼한 지프였다(캠페인 사진들에 찍힌 이 지프들은 텔레비전 드라마 〈매시M.A.S.H.〉에서 바로 튀어나온 것처럼 보인다).40) 국제개발처는 민간인들에게 친숙해 보이도록 지프를 흰색으로 칠한 다음 1965년 12월에 차량 8대를 지방에 있는 가족계획 지부들에 보냈다. 이곳에서 구급차들은 이동 진료소로 변신했다. 국제개발처는 나중에 버스 50대, 0.5톤 트럭과 함께 지프 50대를 추가 지원했다. 스웨덴의 국제개발국도 랜드로버 30대를 기부했다.41)

1960년대 후반 한국에서는 인구 조절 차량들이 시골 지역을 돌아다녔다. 각 이동 진료소는 의사, 간호사, 조산사, 교육 전문가 한 명씩과 자원봉사자들로 구성되었다.[42] 이 팀은 차 뒷좌석에 마련된 1.8×2.3미터 정도 면적의 작은 '수술실'에서 자궁내피임기구 삽입과 불임수술을 행했다.[43] 직원 중에는 산부인과 경험이 없는 사람이 많았고 의사들은 현장에 투입되기 전에 길어야 이틀간 교육을 받았다.[44] 하지만 이들은 신속하게 일을 해야 했고 시술 건수로 일당을 받았다. 예를 들어 현장 요원은 불임수술의 경우 건당 36센트, 자궁내피임기구 삽입은 그 절반을 받았다.[45]

아시아생명윤리학회의 전 부회장으로 큰 키에 목소리가 깊고 편안하며 자상한 남성이었던 송상용은 1960년대의 이동 진료소를 기억했다. 당시 송상용은 인구 조절 캠페인과 깊이 연관된 서울대 화학과 학생이었다. 인구위원회는 서울대 인구 연구 전담 센터의 설립을 후원했으며, 서울대 과학자들은 위원회 자금을 이용해 출산 동향을 관찰하고 동물을 대상으로 불임 실험을 했다.[46] 학생 인도주의 조직을 결성한 송상용은 시골을 돌아다니며 산아제한의 중요성을 강의하는 등 자신의 역할을 했다. 그는 이동 진료소와는 관계가 없었지만 그 영향력은 기억했다. 수십 년 뒤 서울의 한 해산물 식당에서 저녁을 먹으면서 송상용은 내게 "끔찍했습니다"라고 말했다. "한국은 군사정권의 통치 아래 있었고 1인당 국민소득이 60달러였어요. 믿기 힘든 온갖 일이 일어났죠. 인권이라는 개념이 없었어요." 그렇게 덧붙인 뒤 그는 한국 곡주인 막걸리 한 병을 거의 다 비웠다.

외국 인구문제 조직들의 기록에는 한국에서 법적으로 금지되어 있던 낙태에 대한 보상에 관한 언급은 나와 있지 않다. 하지만 이동 진료소의 직원들은 낙태도 시행했다고 알려져 있다. 서울 근교의 산부인과 의사 조영열은 당시 의과대학생이었다. 내가 한국에서 성별 선택이 어떻게 일반화되었는지 물어보자 조영열은 인구위원회의 공세를 설명하는 것으로 말문을 열었다. "1970년대에 시골 지역과 소도시를 돌아다니며 여성들을 [이동] 진료소로 데려가는 중개인들이 있었어요. 데려가는 여성의 수가 중개인들이 받는 수당에 가산되었죠. 그들은 임신한 여성이든 아니든 상관없이 데려갔습니다." 많은 여성이 억지로 진료소에 갔다. "중개인들은 임신하지 않은 여성에게는 더는 아이를 낳지 못하게 난관결찰술을 받게 했어요. [낙태와 불임 수술만] 전문으로 하는 의료단도 있었죠."

인구위원회의 문서에 설명된 금전적 보상 체계(자궁내피임기구 삽입 시술 한 건당 18센트)는 현장 요원들에게 가능한 한 많은 여성을 모으려는 동기가 있었음을 확인해준다. 같은 보고서는 한국 여성들이 자발적으로 트럭을 찾지 않았다는 사실을 간접적으로 시사한다. 즉 "여성들은 진료소에 오는 것을 꺼리지 않는 듯 보인다"라고 우유부단하게 언급했다.[47] 그러나 가족계획 차량들이 다녔던 마을에서 찍은 사진을 보면 여성들은 빗속에 차량 뒤로 줄을 서 있거나 팔짱을 끼고 거부하는 듯한 시선으로 처다보며 멀찍이 떨어져 한쪽에 서 있다.[48]

국제가족계획연맹과 인구위원회는 한국의 조직들을 통해 일을 하면서 직접적이든 간접적이든 이동 진료소를 관리하고 현장 요원들을 감독했으며, 10년 이상 한국에서 정관수술과 자궁내피임기구 삽입 시술의 목표를 제시했다. 가족계획에 대한 해외의 자금 지원은 유엔인구기금이 5년간 600만 달러를 지원하겠다고 약속한 1974년에 절정에 달했다. 이 자금 지원으로 다른 무엇보다 현장 요원의 수가 2,780명으로 늘어났다.[49] 서구가 개입한 시기 동안 한국의 출생률은 1960년의 천 명당 47명에서 1975년에는 24명으로 급락했다.[50] 당시 한국의 출생률 급락에 관한 인구 조절 고문들의 설명에는 개조된 미군 트럭에서 실시된 강제 낙태에 대한 언급은 없지만 낙태 수술을 받은 직후의 한국 여성들이 자궁내피임기구 삽입과 불임수술의 적합한 대상자였음이 시사되어 있다. 강제 낙태에 뒤이은 난관결찰술에 대한 조영열의 증언을 확증하는 대목이다.[51] 한국의 가족계획 역사를 연구한 이화여대 사회학자 전희란은 "인공유산이 일상적으로 시행되었습니다"라고 말한다. "알고 받았든 모르고 한 선택이든 혹은 강제로 받은 것이든 인공유산은 기혼 여성들 사이에서 일종의 피임법이었죠."[52]

서구의 보고서들 역시 한국에서 콘돔과 피임약 도입은 목표에 미치지 못했으며 낙태가 출생률 저하의 원인이라고 거리낌 없이 인정했다.[53] 1969년에 성별 선택을 인구 조절의 한 방법으로 장려했던 미국방성의 전 연구원이자 셸던 시걸의 동료 크리스토퍼 티체는 《가족계획 연구》에 "인공유산은 그 법적 상태에 관계없이 한국의 국가적 가족계획 프로그램이 출생률 감소에 성공하는 데 상당히 기여한 것이 분명하다"라고 썼다.[54] 한국에서 낙태가 수행한 역할을 부인하기란 어려울 것이다. 1977년에 서울의 의사들은 1명 출생 대비 2.75건의 낙태 수술을 했다. 인류 역사상 기록된 최고의 낙태율이다.[55]

곧 한국에서는 10대 청소년의 수가 아동보다 많아졌고 1983년에는 인구 보충 출생률에 도달했다.[56] 하지만 인구 이론들은 쉽게 사라지지 않았다. 한국의 출생률 급락은 경제성장과 나란히 진행되었으며 박정희의 뒤를 이은 군인 출신 통치자 전두환은 경제성장에 더욱 박차를 가했다. 인구 조절 역시 해외 원조를 얻을 수 있는 믿을 만한 창구임이 입증되었다. 1980년에 세계은행은 한국에 가족계획 사업 착수용으로 3천만 달러의 차관을 제공했고 얼마 지나지 않아 국제부흥개발은행을 통해 수백만 달러를 더 전달했다.[57] 전두환은 가족계획이 성공했음을 선언한 뒤, 인구 목표를 완화하는 대신 노력을 배가하여 권장 자녀 수를 두 명에서 한 명으로 줄이고 제한을 어기는 여성들에게는 사회적 혜택을 주지 않았다.

1983년에 전두환이 두 번째 '속성' 단계를 개시하자 "두 명도 많다"라는 구호가 전국에 등장했다.[58] 이동 진료소가 다시 확산되었고 이번에는 엄격성 면에서 중국의 한 자녀 정책에 가까운 목표를 강요했다. 캠페인이 시작된 지 몇 달 뒤 미 국가안전보장회의에 제출된 기밀 보고서에는 "더욱 엄격해진 새로운 정책은 명시된 인구 목표의 달성을 위태롭게 하는 몇 가지 동향을 바꾸기 위해 설계되었다"라고 적혀 있었다. "가장 심각한 것은 아들을 중시하는 문화가 지속되었다는 점이다. 한국인들은 아들을 낳을 때까지 산아제한을 거부한다."[59] 이 보고서는 정부가 딸을 더 바람직하게 여기도록 설계된 정책을 발표하고 있다고 설명했다. 하지만 전두환 대통령과 세계은행의 후원자들은 완고한 남아 선호 사상 때문에 발생하는 문제를 해결할 지름길이 여아와 여성의 지위 향상이 아니라 (폴 에를리히와 셸던 시걸이 몇 년 전에 생각한 것처럼) 새롭게 보급된 성별 선택 기술에 의존하는 것임을 알고 있었다. 1980년대 한국에서 성 감별 낙태가 성행한 데는 여성들에게 출산을 제한하라고 더욱 압력을 가한 캠페인이 분명 한몫을 했다.

지방 주민들에게 산아제한에 대해 교육하는 학생 자원봉사자로 몇 달간 일한 송상용은 이후 인디애나 대학 블루밍턴 캠퍼스에서 박사 학위를 받았다. 이 대학에서 그는 "과학 비판가"가 되었다. 생명윤리학자로서 그는 훗날 인간의 태아에서 줄기세포를 복제했다고 주장했으나 연구 조작으로 밝혀진 2005년 황우석 사태 같은 논란들로 관심을 돌렸다. 하지만 1960년대 자신이 목격한 일들에 대해 계속 생각했다.

송상용은 황우석의 실패 역시 인구 조절 운동에 뿌리를 두고 있다고 믿었다. 줄기세포 연구 소식이 알려지자 한국 여성들이 난자를 기증하겠다고 줄을 서는 바람에 황우석은 인간 난자 2천 개를 모을 수 있었다. 송상용은 난자, 태아, 혹은 태아에 대한 가벼운 태도는 분명 유교와 어긋나며 이러한 윤리상의 이탈은 한국에서 수십 년간 벌어진 강제적인 인구 조절 캠페인까지 거슬러 올라갈 수 있다고 말했다.[60] 저녁을 먹으면서 그는 오늘날 한국인들이 자신의 유전물질을 가볍게 생각하는 것은 당시 한국이 "낙태의 천국"이 된 사실과 관련 있다고 말했다. 그리고 막걸리에 취하기 전에 오늘날 한국에서는 "낙태를 하지 않은 기혼 여성이 거의 없어요. 나는 낙태 논란에 대해서는 크게 신경 쓰지 않습니다. 낙태도 지지하고 안락사도 지지해요. 그 정도로 진보적이죠. 하지만 공리주의에는 반대합니다. 생명은 무척 소중한 것이고 우린 그것을 가볍게 다루어서는 안 돼요"라고 서글프게 말했다.

미국에서는 한국의 가족계획 프로그램 성공을 칭송했다. 서구가 개입하기 전과 후의 한국의 산아제한 현황을 비교한 《데모그래피》의 기사가 전형적이다. "산아제한 기법들은 거의 알려지거나 사용되지 않았다. 가임기 여성의 7퍼센트만이 낙태를 시도했고 상용 피임제는 기껏해야 군청 소재지에서만 판매되었다. 이런 상황에서 대중매체를 통해 정보가 제공되고 엄격한 관리하에 현장 요원과 서비스가 투입되었다. 그 결과 역사에 남을 만한 반응이 나타났다."[61] 물론 엄격한 관리란 강제성을 완곡하게 표현한 말이었지만 이 점에 의문을 제기한 사람은 거의 없었다. 1960년대 말은 아직 윌리엄 드레이퍼 장군의 시대였고 보수주의자들이 해외의 낙태 후원을 정치적으로 지지하지 못하게 되기 전이어서 한국의 가족계획 프로그램은 아시아 다른 국가들을 위한 본보기가 되었다.[62] 타이완에서는 한 번 이상 낙태한 여성의 비율이 1965년의 10퍼센트에서 1973년에는 20퍼센트로 불과 8년 사이 두 배로 증가했다.[63] 낙태율은 인도에서도 빠르게 증가했다. 인도가 낙태를 합법화한 지 불과 2년 뒤인 1973년에 인도의 병원과 진료소는 2만 3천여 건의 낙태 수술을 한 것으로 추정된다.[64] 몇십 년 뒤 인구통계학자 제프리 맥니콜은 아시아를 휩쓴 변화를 직설적으로 요약했다. "광범위한 절차를 보면 처음에 전형적으로 권위주의적이고 효과적인 지방행정 체계가 세워져 (때로는 우연히) 보건, 교육, 가족계획의 홍보 및 서비스의 틀을 제공했다."[65]

가족계획 조직들이 새로운 국가로 진출하면서 서구의 고문들은 더 대담해졌다. 심지어 어떤 사람들은 낙태가 산아제한보다 낫다고 찬양하기도 했다. 국제가족계획연맹 의학국장 맬컴 포츠는 1976년 《런던왕립학회보 Proceedings of the Royal Society of London》에 "초기 낙태는 안전하고 효과적이며 저렴하고 관리하기 가장 쉬운 방법"이라고 썼다. "흔히 그러하듯 낙태를 '차선책' 혹은 '예비책'이라고 부르는 것은 여성의 요구, 기존 아동의 복지, 인류의 미래 번영 혹은 아마도 생존에 직접적으로 역행하는 신화를 믿는 것이다."[66] 다른 고문들은 한 자녀 정책에 앞서 출산 한도를 강화하고 있던 중국으로 관심을 돌렸다. 1970년대 초부터 의사와 조산사 들로 이루어진 팀들이 돌아다니며 여성에게는 자궁내피임기구 삽입과 불임수술 및 낙태를 하고 남성에게는 불임수술을 하는 "충격 전술"을 펼쳤다.[67] 거의 처음부터 많은 캠페인이 강제적이었다. 1973년 홍콩에 본거지를 둔 서구의 기자들은 중국 본토에서 자녀가 둘 이상인 여성이 임신하면 낙태를 하거나 이후 태어나는 아이는 배급 없이 키워야 한다고 보고했다.[68]

중국은 문화혁명의 진통을 겪고 있었고 세계의 다른 지역과 고립되어 있었다. 그러나 가족계획과 관련해서는 서구에서 꿈꾸어오고 한국에서 이미 추진된 접근 방식을 따르고 있었는데, 이런 점은 인구조절 지지자들, 특히 아시아를 잊지 않았던 윌리엄 드레이퍼를 크게 만족시켰다. 드레이퍼는 베이징에서 인구정책을 입안할 때 인구위기위원회가 관여하기를 바랐다.

1971년 3월 24일, 미국 탁구팀이 중국에 역사적인 방문을 하기 위해 준비할 때 드레이퍼는 저우언라이 총리에게 가족계획은 탁구처럼 "특별한 이념이나 정치적 의미"가 없다고 설명하면서 정보 교환을 요청하는 서신을 썼노라고 회상했다.[69] 답신을 받지 못하자 드레이퍼는 중국에 관해 광범위하게 보도한 최초의 미국 기자 중 한 명인 에드거 스노에게 중국의 가족계획 프로그램을 조사해달라고 요청했다.

중국 정부에 호의적인 성향이어서 접근이 용이했던 스노는 곧 인상적인 일화들이 많이 담긴 긴 보고서를 제출했다. 마오쩌둥이 직접 기자에게 중국 여성들이 가족계획을 받아들이는 데 중요한 장애물은 남아 선호 사상이라고 말하기도 했다. 스노는 마오쩌둥이 "시골 지역에서는 여성이 여전히 아들을 낳고 싶어 합니다. 첫째와 둘째가 딸이면 또 아이를 낳으려고 시도하죠. 셋째를 낳았는데 이번에도 딸이면 또 아이를 낳습니다. 곧 딸이 아홉 명이 됩니다"라고 말했다고 회상한다.[70] 그러나 스노는 다른 현상을 발견하고 이를 커다란 발전의 징후라고 해석했다. 드레이퍼에게 제출한 뒤 인구위기위원회가 발간하는 잡지의 중국 특별판에 실린 기사에서 그는 자신이 목격한 새로운 낙태 기법을 묘사했다. 출산 한도를 넘긴 여성에게 마취제 대신 침술을 사용하는 방법이었다. 스노는 어수룩하게 "미소를 짓고 있는 환자에게 임신중절이 시행되고 있었다"라고 썼다. "공장 노동자인 젊은 여성은 귓불에 침 두 개를 아프지 않게 꽂은 것 외에는 마취를 받지 않았다....... '아프신가요?'라고 중국어로 물었더니 그녀는 미소 지으며 고개를 저었다. 그리고 마오쩌둥 사상을 이용한다고 말했다. 아마 '고통도 죽음도 두려워 말라'라는 마오쩌둥의 말을 의미하는 것이리라. 10분도 지나지 않아 그녀는 수술대에서 일어났다."[71]

이러한 일화들로 드레이퍼는 중국을 인구 관련 활동의 더욱 매력적인 파트너로 느끼게 된 듯하다. 중국 특별판의 서문에서 드레이퍼는 중국 지도자들에게 두 번째로 호소했는데 이번에도 인구 조절을 탁구에 비교했다. "탁구 외교의 1회전이 세계 관중 앞에서 훌륭하게 치러진 지금, 우리는 저우언라이 총리에게 가족계획 프로그램과 이 프로그램들이 전체적으로 인류의 미래에 미칠 영향력 같은 공통되고 기본적인 관심사에 대한 의사소통 수단을 마련하면 유용할 것이라고 다시 한 번 제안합니다."[72]

한데 세계 최대 인구 대국에 확고한 발판을 마련하는 꿈을 꾼 미국의 인구 활동가가 드레이퍼뿐이었던 것은 아니다. 톄통 병원의 중국인 연구원들이 여아 감별과 낙태에 성공했다고 발표한 직후인 1976년, 뉴욕에 본부를 둔 가족계획 단체인 구트마커연구소는 연구소가 발간하는 잡지에 "다른 나라에 전할 만한 중국의 '출산 계획' 접근 방식"이라는 제목으로 중국의 방식을 인정하는 기사를 실었다.[73] 그리고 이듬해 쑹젠이 네덜란드 수학자들의 공식을 사용하기 시작했을 때 국제가족계획연맹은 대표단 20명을 중국에 보내 17일 동안 6개 도시와 2개 집단농장을 방문하게 했다.

정부의 엄격한 감시에도 불구하고 이들은 계속해서 강제성을 눈치 챘다. 대표단의 한 사람은 기자에게 "설득이 실패하면 매우 엄한 조치가 사용될 수도 있다. 셋째 아이를 임신한 여성은 낙태하라는 압력을 받을 수 있다"라고 말했다.[74] 하지만 국제가족계획연맹 지부장 벤저민 비엘이 베이징에서 돌아오자마자 작성한 긴 보고서에는 적어도 산아제한 문제와 관련해서는 엄한 조치에 대한 언급이 없었다. 비엘은 출산과 출산 사이에 3년을 기다려야 한다는 요건을 어긴 중국 여성이 낙태를 한다는 것은 인정했지만 자발적이라고 암시했다. 또 서구의 기부자들뿐 아니라 중국 당국을 겨냥한 것일 수도 있는 논평에서 "이 프로그램에 강제성이 없다는 증거로 우리는 다수의 지역에서 90퍼센트의 아이가 계획하에 태어나지만 계획된 아이가 전체의 50퍼센트에 지나지 않는 지역도 있다고 들었다"라고 썼다.[75] 그리고 중앙정부의 지시가 "이상적인 분권화 과정에 따라 주변부로 전해지는" 것처럼 보였다고 덧붙였다.

그러한 찬사가 베이징의 간부단에게 어떤 영향을 미쳤는지는 불분명하다. 하지만 2년이 지나지 않아 인구 조절 단체들은 자신들의 찬사를 현금으로 뒷받침했고 마침내 중국은 완강한 태도를 풀고 서구 고문들의 진출을 허용했다.

10장
페미니스트들의 입장
낙태를 둘러싼 인권의 줄타기

> 행동하는 것이 아무것도 하지 않는 것보다 확실히 더 낫다.
> ―『바가바드기타』

    1979년 12월, 베이징에서 한 자녀 정책의 준비 작업이 진행되고 있을 무렵 유엔인구기금은 중국에서 첫 인구 프로젝트를 수행하기로 중국 정부와 협정을 체결했다.[1] 유엔인구기금이 4년간 지원하기로 약속한 5천만 달러는 1961년 중국이 소련과의 관계를 단절한 뒤 받은 해외 원조 중 최고 액수로, 재정난에 처한 중국 정부에는 요긴한 자금이었다.[2] 협정에는 이 자금을 컴퓨터 구입, 가족계획 요원 7만 명의 교육, 소가족을 장려하는 광범위한 정보 캠페인에 사용할 것이라고 명시되었는데 이는 중국 지도자들이 전에는 꿈만 꾸던 조치들이었다.[3] 또한 이 협정은 국제가족계획연맹, 포드재단, 인구위원회 같은 서구의 다른 인구 단체들과 협력할 수 있는 길을 열었다.

    6년간 중국에서 강제 낙태를 비롯한 강압적인 산아제한 형태에 대한 보도들이 조금씩 흘러나온 것을 의식했는지 유엔인구기금 사무총장 라파엘 M. 살라스는 협정을 발표하면서 중국의 출산 계획 네트워크는 대중 동원이라는 문화적 특성이 이용되었다고 언급했다.

그는 기자들에게 다음과 같이 밝혔다. "프로그램이 효과적으로 운영되고 관리가 잘되는 관료 체계가 잡혀 있을 뿐 아니라, 가족계획을 촉진시키는 사회적 인식 및 모든 단계에서의 공동체의 압력 또한 작용하고 있다."[4]

이러한 언급은 여성이 마취도 하지 않은 채 수술대에 누워 마음을 단단히 먹고 마오쩌둥의 사상을 암송하면서 낙태 수술을 받는다고 믿게 한 것과 같은 유형의 잘못된 문화상대주의에서 나온 것이다. 여기에는 서구인들은 자신의 이익에 따라 행동하는 반면 중국인들은 집단의 필요를 위해 자신의 요구를 희생한다는 생각이 바탕에 깔려 있다. 1970년대 말 서구의 관찰자들은 집산주의가 산업과 농업 생산 면에서는 중국에 도움이 되지 않았다는 것을 알게 되었다. 하지만 생식 영역에서 중화인민공화국은 개인이 자신보다 집단을 우선시하는 사회주의자들의 천국이라는 개념이 끈질기게 남아 있었다. 국제가족계획연맹의 벤저민 비엘은 1977년의 보고서에서 "사회주의국가 건설에 협조하지 않는 사람들에게 사회적 제재가 가해질 수 있는 사회에서 설득과 동기 부여라는 방식은 매우 효과적이다"라고 썼다. 몇 년 뒤 세계의 산아제한을 검토한 미국기술평가국의 보고서는 다음과 같이 설명했다.

> 출산 계획 정책의 기저를 이루는 원리는 국가의 지도(행정적 명령이 아니라 교육과 설득)와 사람들의 '자발성'을 결합하는 것이다……. 지역사회의 결정을 무시한 무계획적인 모든 출산은 자격 있는 다른 부부가 마땅히 받아야 할 출산 허가를 포기해야 한다는 의미기 때문에 지역사회의 출산 계획이 성취되는지는 공동의 관심

사다. 이렇듯 중국의 출산 계획 프로그램은 국가적으로 중요한 정책의 계획과 실행에 지역사회를 연결시켰다.[5]

그러나 유엔인구기금의 협정이 체결된 지 몇 달 지나지 않아 언론 보도들은 중국에서의 '자발성'의 실체를 밝혔다. 간부단이 할당량을 넘어서는 출산을 엄중하게 단속하기 시작하자 강요된 낙태와 관련된 이야기들이 나라 밖으로 조금씩 새어 나왔다. 1980년 5월 연합통신사는 광둥성을 방문했다가 중국의 병원들 밖에서 "태아가 담긴 양동이"를 목격했다는 여행객들의 이야기를 보도했다.[6] 8월에는 강제 낙태가 이루어지고 있음을 시사한 쓰촨성의 마을 간부단과 진행한 인터뷰가 보도되었다. 여단 지도자 푸샤오롱은 빅토리아 그레이엄 기자에게 "여성들이 우리 계획에 어긋나는 임신을 하면 낙태를 해야 합니다"라고 말했다. 지역여성연맹 위원장인 천펑리엔은 좀 더 자세히 진술했다. "[여성들] 대부분이 낙태를 거부합니다. 하지만 간부단이 집으로 찾아가서 중국이 얼마나 가난한지 설명하면 마음을 바꾸죠." 천펑리엔은 설득이 필요했던 여성 중에는 임신 7개월의 임신부도 있었다고 덧붙였다.[7]

강요된 낙태는 가족계획 단체들에게도 알려졌다. 1980년 1월 국제가족계획연맹 공보관 페니 케인은 사무총장 칼 와렌에게 제출한 메모에서 최근 중국을 방문한 국제가족계획연맹 직원들이 "인구 증가율을 낮추기 위해 임신 8개월 된 태아를 낙태시키는 등 매우 강력한 조치가 취해지고 있다"라고 경고했음을 알렸다. 케인은 그런 사건과 연루되는 것은 국제가족계획연맹에 불리하다고 내다봤다. "그리 멀지 않은 미래에 언론에서 이 일을 주요 기사로 터뜨릴 것이다.

공산주의, 강요된 가족계획, 생존 가능한 태아의 살해, 인도와의 유사점 등 모든 선정주의적 요소를 담고 있기 때문이다. 시끄러워지면 방어하기가 굉장히 힘들 것이다."[8]• 하지만 국제가족계획연맹과 다른 단체의 관료들은 공개적으로는 중국의 공동체 의식 덕분에 순조롭고 수월한 가족계획이 가능하다고 계속 주장했다.

서구 단체들은 세계 최대의 인구 대국에 진출하기 위해 거의 10년 동안 노력해왔고 이제 마침내 대환영을 받고 있었다. 유엔인구기금은 중국 정부와의 거래의 일부로 중국에 2년간 6명 정도의 해외 전문가를 배치하고 20명을 순환 근무시킬 수 있는 권한을 포함해 베이징 관료들에게 접근할 수 있는 중요한 기회를 얻었다.[9] 서구의 인구통계학자들도 비슷한 이유로 침묵을 지켰다. 유엔인구기금 협정에는 1982년도 중국 인구조사에 대한 기술 지원과 현지 인구학자들에 대한 교육이 포함되어 있었다. 수십 년 동안 통계의 블랙홀이던 국가에 전문적인 학문이 등장했다는 것은 신뢰성 있는 통계를 얻을 수 있다는 의미였다.[10] 또한 많은 인구통계학자가 여전히 어떤 대가를 치르더라도 인구 증가와 싸워야 한다고 믿고 있었다. 1978년 미국인구협회 회원들을 대상으로 실시한 조사에서 응답자의 34퍼센트가 "적어도 몇몇 국가에서 강제적인 임신 제어 프로그램이 즉시 시작되어야 한다"라는 항목에 동의했다.[11] 아무튼 강제성은 인도와 한국에서 이미 시도되었고 서구의 고문들과 인구통계학자들은 비교적 큰 탈 없이 이 국가들에 대한 개입에서 손을 뗄

• 그해 말에 케인은 중국의 지도자들이 신체적·정신적 장애가 있는 아동을 추려내기 위해 우생학에 큰 관심을 보인다고 경고했다.

수 있었다. 아마도 이들은 중국에서도 쉽게 빠져나올 수 있으리라고 생각했을 것이다.

1980년 말에 중국의 국가인구계획생육위원회가 한 자녀 정책을 시행하기 시작했을 때 관료들은 신속하게 해외 자금을 활용했다. 위원회는 유엔인구기금이 이러한 목적에 배정한 자금으로 가족계획 중개인들을 교육하고 중국이 산아제한에 진지하게 대응하고 있음을 세계에 알리는 야심 찬 선전공세를 시작했다.[12] 아마도 유엔인구기금은 교육에 할당된 자금이 딸의 가치와 소가족의 장점을 분명하게 보여주는 벽보 제작에 사용되리라 생각했을 것이다. 하지만 효과적인 의사 전달에 대한 현지 관료들의 생각은 달랐다. 마을 벽들에서는 곧 다음과 같은 글들을 읽을 수 있었다.

> 허가된 것보다 한 명 더 낳느니 강처럼 피를 흘리는 편이 낫다.

> 당신은 태아를 쫓아낼 수 있다! 떨어져 나가게 할 수 있다! 낙태할 수 있다! 하지만 낳을 수는 없다.[13]

새로 교육받은 가족계획 중개인들이 전국에 흩어져 출산 목표를 달성하기 위한 작업에 착수했다. 중국의 마을과 도시에 도착한 중개인들은 여성에게 자궁내피임기구를 삽입하고 남녀 모두에게 불임수술을 하는 등 여러 가지 산아제한 방식을 시도했다. 하지만 정부가 기록한 수치는 곧 낙태가 중국의 주요 산아제한 방법 중 하나로 등장했음을 알려준다.[14]

한국에서와 마찬가지로 가족계획이라는 명목 아래 이루어진 낙태의 상당수는 자발적이었지만 그렇지 않은 경우도 있었다. 1980년대 중반 중국에는 자유의지와 강제 사이의 경계가 모호해서 어떤 경우는 구분하기가 힘들었다.

중개인들이 임신한 여성에게 낙태를 강요하기 위해 사용한 방법은 다양했다. 1981년 7월 홍콩의 한 기자는 낙태를 거부한 광둥성의 여성들이 벌금이나 다른 처벌에 더해 수도나 전기가 끊기고 기왓장을 떼어 가고 집이 봉쇄될 위험을 각오한다는 것을 알게 되었다.[15] 석 달 뒤 《월스트리트 저널》은 여성들을 "수갑을 채우거나 밧줄로 묶거나 돼지를 넣는 바구니에 집어넣어" 낙태를 할 병원으로 보낸다고 보고했다.[16] 이 신문은 또한 광둥성의 한 농업공동체에서 현장 연구를 하던 중 강제 낙태를 목격한 스탠퍼드 대학 인류학 박사과정 학생 스티븐 모셔의 글을 실었다. 모셔는 마을 회관 회의에서 벌어진 일을 다음과 같이 설명했다.

> 여성 열여덟 명이 있었다. 모두 임신 5개월에서 9개월 된 임신부였으며 제대로 잠을 자지 못하고 울어서 눈이 충혈된 사람이 많았다. 여성들은 방 앞쪽에 반원형으로 놓인 널빤지 의자에 힘없이 앉아 있었고 공동체의 간부이자 수년간 공산당원이었던 허카이펑이 회의의 목적을 애매한 표현으로 설명했다. "여러분은 산아제한에 대해 '명확하게 생각'해야 하기 때문에 이곳에 왔습니다. 그리고 그렇게 할 때까지 여러분은 여기 남아 있을 겁니다."[17]

모셔에 따르면 간부는 먼저 여성들을 설득하려고 시도했다. 여성들을 병원까지 태워다주었다가 데려올 차량을 공동체에서 제공할 것이며(대부분이 차에 타지 않았다) 수술받는 동안 모기장을 쳐줄 것이라고 말했다. 그러고 난 뒤 그는 작전을 바꾸었다.

> "여러분 중 아무도 이 일에 대한 선택권이 없습니다. 여러분은 자신의 임신이 공동체의 모든 사람, 그리고 실제로 전 국민에게 미칠 영향을 깨달아야 합니다." 그러고 나서 허카이펑은 방 안의 여성들의 임신 상태를 가늠해보며 덧붙였다. "임신 8, 9개월인 두 명은 제왕절개수술을 받을 것이고 나머지는 낙태 주사를 맞을 겁니다." 이때 여성 몇 명은 울고 있었다.[18]

모셔는 광둥성에 머물 당시 낙태 합법화 지지자였고 관찰자 입장이었으며 스탠퍼드 대학을 다닐 때는 폴 에를리히의 사상에서 큰 영향을 받아 『인구 폭탄』을 네 번가량 읽었을 정도였다. 모셔는 "중국은 인구 과잉 문제를 안고 있고 중국 정부는 이 문제를 해결하기 위해 중대한 조치를 취해야 한다"라고 믿으며 중국으로 향했다. 하지만 괴롭힘을 목격한 모셔는 분노했으며 중국을 떠날 때 만삭의 여성이 낙태 수술을 받는 사진들을 몰래 가지고 나갔다.[19] 한 사진에는 임신 7개월 반 된 여성이 수술대에 누워 있고 의사가 그녀의 배 쪽으로 메스를 가져가는 모습이 담겨 있다. 의사는 여성에게 가운도 주지 않아 농부들이 입는 거친 질감의 바지가 무릎께에 접혀 있었다.[20]

다른 관찰자들은 한 자녀 정책에 대한 거부감은 아들을 원하는 중국 부부들 사이에서 가장 강했다고 언급하기 시작했다. 1982년, 《뉴욕 타임스》의 기자 크리스토퍼 S. 렌은 "부부들이 의료와 교육 혜택을 제공받는 대신 더는 자녀를 낳지 않겠다고 서약하는 '한 자녀 증명서'를 취득하지 않는 주된 이유는 아들을 갖고 싶기 때문인 것으로 나타났다"라고 썼다.[21] 렌은 여성들이 여아를 낙태한다고 보도한 중국의 잡지 《헬스 뉴스》를 언급했다.[22] 몇 달 뒤, 미국 전역의 신문에 보도된 통신사 기사에서 빅토리아 그레이엄은 다음과 같이 경고했다. 그레이엄은 한 자녀 정책이 시행되기 직전에 강제 낙태에 대한 주의를 환기시킨 기자다. "아들이 더 낫다고 확신한 많은 중국 여성이 뱃속의 아기에 대해 비윤리적인 성 감별을 하여 건강한 여아를 서둘러 낙태하고 있다……. 일부에 국한된 이야기가 아니다. 인구통계학자들은 낙태와 여아 살해로 성별 균형이 바뀐다면 대단히 무서운 결과를 낳을 수 있다고 경고한다."[23] 하지만 베이징에 사절단을 파견한 서구 단체들은 아무런 조치도 취하지 않았고 이듬해 중국 정부는 전체적인 억압 공세의 일부로 산아제한을 더욱 엄격하게 추진했다(아울러 청바지와 그 외의 '정신적 오염'을 단속했다).[24] 그해에 전체 임신부의 5분의 2에 해당하는 1,400만 명의 여성이 낙태 수술을 받았다.[25] 성별 선택 역시 증가했다.

게다가 서구 단체들은 중국에서 철수하는 대신 지원을 늘렸다. 1983년 국제가족계획연맹 사무총장 칼 와렌은 중국에 대한 자금 지원을 늘려달라고 요청했다.[26] 비슷한 시기에 스탠퍼드 대학은 강제 낙태로 주의를 환기하는 보고서를 제출한 박사과정 학생 스티븐 모셔를 퇴학시켰다. 표면적으로 내세운 모셔의 잘못은 두 가지였다. 모셔가 연구 대상자의 사진을 공개하여 인류학 윤리를 위배했고 중국 당국의 사전 허가를 받지 않고 여행했다는 것이다.[27] 하지만 사실은 중국 사회과학원의 한 관료가 검토 과정에서 스탠퍼드 대학 측이 모셔에게 학위 연구를 계속하도록 허용한다면 다른 연구원들의 중국 출입도 금지할 것이라고 암시적으로 위협하며 압력을 가했기 때문이었다.[28]

인구 조절에 대한 중국 정부의 열의는 특히 유엔인구기금 지도자들을 만족시켰다. 1983년 유엔인구기금은 한 자녀 정책의 관리 책임자인 전 인민해방군 장군 첸신중과 1970년대에 인도의 대규모 불임 수술과 전인도의학연구소의 성별 선택 실험을 관장한 인디라 간디에게 첫 번째 유엔인구상을 공동 수여했다. 상금은 1만 2,500달러였으며 뉴욕에서 열린 시상식에서 사무총장 하비에르 페레스 데케야르는 두 사람을 야단스럽게 치하했다. "중국과 인도의 인구가 인류의 40퍼센트 이상을 차지한다는 사실을 고려하면 이 두 정부가 대규모의 인구 정책 실행에 필요한 자원들을 결집시킨 방식에 대한 우리의 깊은 감사를 모두 기록으로 남겨야 합니다."[29]

하지만 인구 증가율 감소뿐 아니라 인권에 대해 걱정하는 사람들에게 수상자 발표는 마지막 결정타였다. 수상자 선정 위원회의 고문이던 노벨 경제학상 수상자 시어도어 W. 슐츠는 곧 찬성하지 않는다는 뜻을 공개적으로 밝혔다. 슐츠는 이번 결정이 가족계획의 대의를 해친다고 말하며 위원회의 모든 자료에서 자신의 이름을 삭제해달라고 유엔인구기금에 요청했다.[30] 그때부터 인구 조절 활동(그리고 유감스러운 연상이지만 생식 건강 활동)은 많이 힘들어졌다.

수상자가 발표된 뒤 초기 단계이던 미국의 낙태 반대 운동 진영은 중국의 강제적 산아제한을 걸고넘어지며 유엔인구기금의 자금 지원을 전적으로 중단하라고 압력을 넣었다. 인구 단체들이 강제 낙태에 재정 지원을 했다는 생식권의 문제는 1980년 국제가족계획연맹 공보관 페니 케인이 예측했던 것처럼 지나치기에는 너무 흥미로웠다. 결국 1984년 멕시코시티에서 열린 유엔세계인구회의에 낙태 반대 시위대가 등장했고, 이들은 중국의 강제 낙태, 여아 살해, 성 감별 낙태의 증거를 제시하고 국제가족계획연맹과 유엔인구기금을 신랄하게 비판했다.[31] 이듬해 의회는 강제 낙태나 불임수술에 도움을 준 모든 조직에 미국 정부의 자금 지원을 금지하는 캠프-카스텐 개정안 Kemp-Kasten Amendment을 통과시켰고, 로널드 레이건 대통령이 국제개발처의 유엔인구기금 지원 자금을 4,600만 달러 삭감하면서 이 기구의 가장 큰 정부 자금원이 고갈되었다.[32] (외국에서 강제적 낙태에 영향력을 행사하거나 이를 실행 및 추천한 NGO에 대한 미국 정부의 자금 지원을 보류하는 레이건의 대통령령은 오늘날 때때로 '세계적인 금지령'이라 불린다.)

그 무렵 더 많은 여성이 힘 있는 자리를 차지하면서 유엔인구기금 같은 조직의 구조가 바뀌기 시작했다. 하지만 새로운 지도자들은 미국에서 여성의 낙태 권리를 위해 싸웠고 세계의 일부 지역에서는 생식권을 위한 투쟁이 아직 승리를 거두지 못했다. 적어도 세계 여성의 4분의 1은 낙태가 대체로 금지된 국가에서 살았다(오늘날도 마찬가지다).[33] 하지만 분명 중국의 경우는 아니었다. 1980년대 내내 유엔인구기금 지도자들은 한 자녀 정책의 강제성을 번갈아가며 부인하고 중국 정부가 유엔인구기금의 자금을 교육과 중국 인구통계학의 발전에만 사용했다고 주장하면서 공모 혐의에 대응했다.●

- 이는 확인하기 힘들다. 예를 들어 유엔인구기금 자금으로 들여온 컴퓨터는 표면적으로는 인구조사 결과를 도표화하기 위한 목적이었다. 하지만 당시 중국에는 다른 컴퓨터가 거의 없었기 때문에 출산 목표가 지켜지는지 추적하는 데도 이 컴퓨터들이 사용되었음이 분명하다.

1989년 유엔인구기금은 중국의 5,700만 달러 규모의 5개년 프로그램에 자금을 지원하기로 합의했고, 사무총장 나피스 사딕은 중국 관료들이 강제 낙태가 일부에서 개별적으로 시행된 것은 인정하지만 이를 근절하겠다고 약속했으며 중국 당국은 분명 자발적 낙태만 허용했음을 장담했다고 《뉴욕 타임스》에서 말했다.[34] 미국은 계속해서 자금 지원을 보류했다.

레이건 이후 모든 미국 대통령이 취임한 지 얼마 지나지 않아 당의 방침에 따라 자금 지원을 보류하거나 금지령을 복원하면서 유엔인구기금 자금을 둘러싼 투쟁은 지금까지도 계속되어왔다.[35] 낙태 반대 단체들은 그렇지 않다고 주장하지만 더는 출생률에만 사로잡혀 있지 않은 유엔인구기금은 오늘날 중국에서 매우 다른 역할을 수행한다. 중국의 국가인구계획생육위원회도 마찬가지다. 하지만 중국에서 강제성을 둘러싼 논쟁은 중요한 동향을 가리는 유감스러운 부작용을 불러왔다. 바로 중국의 성비 불균형과 관련된 문제다. 여성의 건강을 우려하는 활동가들에게는 한 자녀 정책 아래 실시된 낙태 건수와 임신 중기와 후기의 낙태 빈도가 걱정스러웠을 것이다. 한 자녀 정책이 도입된 직후인 1981년 1월에서 1986년 12월 사이 중국 여성들의 낙태 건수는 6,700만 건에 이르렀다.[36]

아시아와 서구를 비교해보면 아시아에서의 낙태가 뭔가 심각하게 잘못되었음을 잘 알 수 있다. 북아메리카와 서유럽에서 낙태 합법화는 보통 낙태 건수의 감소로 이어진다. 이것은 보기만큼 역설적인 현상이 아니다. 사회에서 낙태법을 완화할 때는 피임도 함께 촉진하는 경향이 있기 때문에 아이를 낳지 않을 권리와 아울러 애당초 임신하지 않을 권리가 대두된다.[37] 하지만 가족계획 정책이 여성의 요구에 대한 배려 없이 수립되고 낙태가 피임을 보완하는 방법이라기보다 속성 인구 조절 방법으로 도입된 아시아와 동유럽의 많은 지역에서 합법적 낙태는 더 많은 낙태를 의미했다. 한국여성개발원의 연구원 변화순은 "가족계획 정책에는 성 인지적 관점●이 빠져 있습니다"라고 설명했다. 그녀는 한국에서 "여성의 몸은 도구죠. 그래서 우리는 약 대신 낙태를 이용합니다"라고 말한다.[38]

미국에서 낙태를 하려는 여성들은 일반적으로 미혼이며 첫 번째 임신인 경우다. 대개 나이가 어리며 실수로 일어난 상황에서 벗어나려는 경우가 많은 반면, 동유럽과 아시아에서 낙태를 하는 여성들은 보통 기혼이며 자녀가 있다. 이미 두세 번 낙태를 했을 가능성도 있다는 것이다(아제르바이잔 여성들은 평생 동안 평균 3.2건, 그루지야 여성들은 3.7건의 낙태를 한다).[39] 그리고 몇 년 동안 의식 속에 인구 목표가 주입되고 나면 자녀 수를 조절하는 데 낙태를 이용하기가 쉬워진다.

한번은 1980년대에 성장기를 보낸 한국 친구에게 내 연구를 설명한 적이 있다. 그녀는 내가 많은 얘기를 하기도 전에 침통해졌다. 그리고 "내가 어렸을 때 어머니가 세 번 낙태를 하셨어"라고 말했다. 아마 내 표정에 관심이 드러났을 것이다. 그녀가 어깨를 으쓱하며 말했다. "그때는 흔한 일이었어."

강제성의 위협 속에서도 여성들은 구식 생각을 버리기 힘들어했

● 남성과 여성에게 미칠 영향을 중심으로 개념과 정책을 검토하는 관점._옮긴이

다. 종교를 무시하고 여성다움에 대한 생각을 바꾸라는 요구를 받은 여성들은 반발했다. 1990년대 말에 생명윤리학자 니징바오가 낙태 경험이 있는 중국 여성들을 조사했을 때 응답자 몇 명은 "살고 싶지 않을 정도로 고통스러웠다", "너무 비통해서 무슨 말로도 표현할 수가 없었다"라고 말했다.[40] 한 여성은 "오늘 아침에 일어난 일인 것처럼 생생해요. 영원히 그 일을 잊지 못할 거예요. 낙태를 하려고 기다리는 동안 엄청나게 혼란스러웠어요. 다시는 아이를 낳지 못하게 될까 봐 걱정했지요. 건강이 나빠질까 봐도 걱정했고요. 수술을 받는 동안 나는 여성으로 산다는 것이 정말 쉽지 않다는 걸 깨달았어요. 고통스러운 일이에요. 너무나 고통스러운 일이죠"라며 침통하게 말했다.[41] 다른 지역에서도 여성들은 국가의 인구 조절 프로그램에 적응하면서도 각각의 임신을 소중하게 여긴다. 베트남에서는 많은 여성이 낙태하기 전에 뱃속에서 자라고 있는 딸에게 이름을 지어준다.[42] 인도의 NGO인 청년 육성 및 활동 센터가 2007년 발간한 보고서는 수십 년간 국가가 허가한 낙태가 이루어진 뒤에도 많은 인도인이 "낙태는 분명히 생명(인간과 같은 상태의 생명체)을 살해하는 것이고 따라서 윤리적으로 잘못된 일이라고 생각한다"라고 결론을 내렸다.[43]

하지만 아시아인들의 생각은 크게 변화해왔다. 오늘날 중국의 마을에 들어서면 어김없이 저렴하고 손쉬운 낙태를 홍보하는 전단을 보게 된다. 굵고 검은 글씨로 인쇄, 복사된 광고지들이 집, 상점, 공중화장실 벽에 붙어 있다. 한번은 쑤이닝의 한 옥외 화장실에서 소변을 보다가 흙벽에 그런 전단이 다섯 장이나 붙어 있는 것을 보았다. 중국의 낙태 시술 병원들은 황금시간대에 텔레비전 광고를 하며 홍보 전략도 넘쳐난다. 일부는 학생들에게 할인을 해주기까지 한다.[44] 중국에서 사는 서양 여성으로서 나는 낙태를 하려면 반대 시위자들과 용감하게 맞서야 할지도 모르는 미국과 선명하게 대조되는 이러한 개방성이 때로는 안심이 되기도 했다. 하지만 대부분의 경우 낙태에 대한 태연함이 당황스러웠다. 언어를 예로 들어보면 임신의 마법과 유산의 슬픔을 암시하는 단어들이 사라졌다. 류리라는 여성이 자신이 했던 성 감별 낙태를 설명하기 위해 사용한 중국어는 없애버린다는 뜻인 다댜오打掉였다.

니징바오의 연구에서 낙태로 정신적 충격을 받았다고 인정한 여성들의 수는 낙태가 아주 흔한 일이라고 생각하는 사람들의 수와 같았다. 1997년에 니징바오가 600명이 넘는 남성과 여성을 대상으로 조사한 설문에서 응답자의 29퍼센트가 임신이 모체의 외모에 영향을 미친다면 낙태를 받아들일 수 있다고 믿었고 34퍼센트가 심한 입덧이 낙태의 이유라고 생각했다.[45] • 어떤 사람은 낙태는 "먹고 마시는 것처럼 매우 자연스러운 일이다"라고 했고 다른 한 사람 역시 "평범한 음식[을 먹는 것]처럼 상당히 흔히 일어나는 일이죠"라고 똑같은 말을 했다.[46]

이러한 태도는 델리의 엘리트들 사이에서도 일반적이다. 심지어 비유 대상까지 동일하다. 푸니트 베디는 자신의 환자 중 일부에게 있어 낙태란 "커피 한 잔을 마시는 것과 같아요. 병원에 와서 '이 아이가 태어나면 쌍둥이자리가 될 거라서 낙태를 하고 싶어요. 전 천칭자리

• 충격적이게도 75퍼센트의 응답자가 (그리고 남성과 여성이 같은 수로) "어떤 상황에서는 여성에게 낙태를 강요할 필요가 있다"라는 항목에도 동의했다.

아이를 원하거든요'라고 말하는 환자들이 있어요. 믿거나 말거나"라고 말했다. 인도의 다른 지역에서는 낙태에 대한 대중적인 거부감이 더 확고했지만 정부가 인구 조절 방법으로 계속 낙태에 집착하면서 이러한 거부감이 완화되었다. 라자스탄주의 생식 건강 소책자들을 평가한 한 연구에 따르면 일부 플립 차트들은 "가난하거나 이미 자녀가 셋인 여성의 경우 아이를 더 원하는지와 상관없이 낙태를 시도해야 한다"고 암시하고 있었다.[47] 그 결과 많은 인도 여성이 낙태를 도덕적으로 잘못된 것이라고 생각하면서도 윤리와 분리하여 일종의 숙명론에 따라 받아들인다. 청년 육성 및 활동 센터의 보고서는 인도 여성들이 "[낙태를] 법적 권리나 인권의 문제로 보지 않는다"라고 명시했다.[48]

아시아의 학자들은 인구 조절이라는 명목으로 수년간 낙태가 가볍게 실시되면서 여성들이 태아의 성별 같은 경솔한 이유로 낙태를 하는 것이 훨씬 쉬워졌다고 말한다. 서울의 사회학자 전희란은 "고출산 시대에 [한국] 정부가 대단히 손쉬운 낙태를 염두에 두지 않았다면 어떻게 되었을까요?"라고 질문을 던졌다. "정부가 낙태를 허용하지 않았다면?" 전희란은 머리를 갸웃거리더니 다음과 같이 대답했다. "저는 성 감별 낙태가 그렇게 대중화되었을 거라고 생각하지 않아요."

유엔인구기금이 중국의 강제 낙태에 간접적으로 관여한 것을 이유로 레이건 대통령이 자금 지원을 철회한 지 몇 년이 지난 뒤에도 이 문제는 계속 이 조직을 괴롭혔다. 오늘날 개발도상국에서 페미니스트들과 생식권 활동가들은 대개 낙태가 불법인 국가들에서 서투른 수술로 목숨을 잃는 여성이 얼마나 많은지 지적하기 위해 낙태 문제를 제기한다. 이들은 낙태가 나쁜 목적에 이용되는 것에 대해서는 말하지 않는다. 아시아에서 낙태를 둘러싼 문화가 어떻게 바뀌었는지, 심지어 수술을 실시하는 의사들조차 놀랄 정도로 낙태가 만연한 점에 대해서는 말하지 않는다. 그리고 성 감별 낙태 건수가 음성적인 수술로 인한 사망자 수를 훨씬 웃돈다는 것도 물론 밝히지 않는다.[49]

실제로 생식권을 주장하는 조직들 대부분은 낙태 문제를 전적으로 회피하면서 성별 선택 문제를 다룬다. 유엔인구기금의 인도 사무소가 성별 선택 반대 캠페인에 관심 있는 예술가와 배우 들에게 배포한 소책자는 '낙태'라는 단어를 사용하지 말라고 경고하면서 대신 유엔인구기금이 선호하는 공식 용어인 '태아 성별 선택'이라는 단어를 제시했다.[50] 인도 측 대표 다나슈리 브라메는 "문제를 해결할 근본적인 방법 중 하나는 낙태가 아니라 선택과 차별에 초점을 맞추는 것"이라고 설명했다.[51]

이 문제에 정통한 사람들은 이런 논리에 당황한다. 크리스토프 길모토는 유엔인구기금을 위해 여러 차례 연구를 수행하여 기자들과 학자들을 대상으로 한 상세한 분석과 인구통계학적 예측이 담긴 문서를 작성한 저명한 성별 선택 문제 전문가 중 한 명이다. 길모토의 몇몇 보고서는 정치적 우려 때문에 고쳐 써야 했다. 그는 내게 유엔인구기금은 "'낙태'라는 단어를 노골적으로 싫어합니다. 그들은 낙태가 성별 선택의 궁극적인 이유로 비치길 원하지 않아요. 그들의 주장을 이해는 합니다. 하지만 놀랐죠. 태아 성별 선택이라고 부르면 의미가 명확하지 않기 때문이에요. 대부분 그건 낙태를 가리킵니다. 95~99퍼센트의 경우에요"라고 강조했다.

임신의 결과를 선택할 수 있는 여성의 권리를 위해 수십 년간 싸운 뒤에 의견을 바꾸어 여성이 그 권리를 남용하고 있으며 인구에 대한 압력과 기술이 결합해 왜곡된 선택으로 이어졌다고 지적하기란 어렵다. 유엔인구기금의 관료들은 사적으로는 자신들이 곤란한 입장에 빠졌다고 말한다. 한 직원은 내게 "우리는 여성이 낙태할 수 있는 권리가 있다고 말하면서 동시에 태어날 아이의 성별에 따른 선택은 차별로 이어질 수 있으므로 옳지 않다고 말해야 하는 상황에 직면했어요"라고 말한다. "어떻게 그와 같은 차별이라는 문제를 놓치지 않으면서 동시에 안전한 낙태와 낙태권에 관해 이야기할 수 있겠어요? 우리에게는 큰 과제입니다. 우리는 줄타기를 하고 있어요."

하지만 관료들은 낙태 논쟁의 틀을 다시 잡기 시작하는 대신 아시아 여성들에게는 일반적으로 임신을 할 것인지에 대한 결정권이 없기 때문에 성별 선택이 자유의지에 따라 내리는 결정이 될 수 없다고 주장하면서, 성별 선택을 낙태뿐 아니라 선택이라는 개념과도 분리했다. 유엔인구기금의 자료를 바탕으로 한 신문과 잡지 기사들은 아내를 때리거나 아이를 낳지 않으면 이혼하겠다고 위협하는 남편을 둔 여성들을 묘사했다. 한편 내부적으로는 직원들에게 성별 선택을 요청하는 여성들의 무력함을 강조하라는 명확한 지시가 내려졌다. 예를 들어 인도에서 예술가와 배우 들을 위해 만든 소책자에는 다음과 같은 문구가 나온다. "어머니에게 성별 선택의 책임을 지우는 표현을 피하라. 그녀는 거의 결정권이 없다. 자율성이 없는 선택은 선택이 아니다."[52]

길모토는 여기서도 조직들의 거부감과 부딪쳤다. "때때로 나는 유엔인구기금과 문제가 생겼어요. 내가 '이 일을 했던 여성'이라고 말하면 그들은 '이 일을 했던 부부' 혹은 '이 일을 했던 부모'로 고쳤기 때문이에요. 남성이나 남편을 상황 속에 넣는 것 자체는 아주 좋아요. 하지만 약간 혼란스럽죠. 우리는 그 과정에서 여성에게 어느 정도 독립적인 힘이 있다는 것을 알기 때문에 이를 배제해야 할 이유를 찾을 수 없어요."

하지만 대부분의 경우 낙태의 자율성과 여성의 자율성을 무시한 빈약한 설명조차 잘 유포되지 않았다. 유엔인구기금 관료들은 세계의 성비 불균형이 시작된 무렵부터 이 문제를 알고 있었다. 심지어 아마르티아 센이 1990년 《뉴욕 리뷰 오브 북스》에 게재한 글로 사회과학계를 뒤흔들기 훨씬 전부터 이 문제를 인식하고 있었다. 인구통계학자 조지프 채미는 유엔인구국에서 수십 년간 일했으며 그중 12년 동안 국장을 역임했다. 인구국은 통계자료를 수집하는 책임을 맡고 있으며 유엔인구기금과 달리 인구 조절을 지지하는 일에는 관여하지 않는다. 채미는 아시아의 남성과 여성의 수적 차이는 초기부터 유엔 내에서 누구나 아는 사실이었다고 말한다. "우리는 1980년대에 그 문제에 대해 알았어요. 1990년대에도 알았죠. 인구학과 관련된 출판물에 항상 보고되는 두 가지 요소가 있어요. 하나는 성별 분포고 다른 하나는 나이예요. 법률가는 법적 측면을, 의학박사는 의학적 측면을 보지만, 인구통계학자인 우리는 성별과 나이를 제일 먼저 보죠." 하지만 유엔 내에서 회자된 것은 수치만이 아니었다. 관료들은 "기술이 계속 발전하고 있다는 것"도 알고 있었다. 즉 휴대용 초음파기기의 개발에 대해 알고 있었다. 이런 사실들이 유엔인구기금의 다른 목표들과 충돌했을 뿐이다. (채미는 자신이 이 수치들을 발표했을 때 유엔인구기금의 지도자들이 난색을 표했다고 말한다. 이들은 세계적인 인구 노령화의 증거처럼 이 수치들이 자신들의 업무와 상충된다고 믿었다.)

유엔인구기금은 아시아에서 남아와 여아의 총 출생 수에 처음 차이가 나타난 지 몇십 년이 지나도록 성별 선택에 대한 공식적인 입장을 밝히지 않았다. 뉴욕 사무소는 웹사이트에서 성별 선택 항목을 아래쪽으로 내리고 부정을 저지른 여성의 살해와 가정 폭력을 더 우선순위로 두었다. 중국 사무소는 성 감별 낙태에 대해 거의 침묵을 지켰고 알바니아 사무소는 이 문제와 관련해 사실상 퇴보를 계속했다. 인도와 베트남의 유엔인구기금 사무소는 더욱 적극적으로 인구 관련 활동을 펼친 곳이지만 인도 사무소의 경우 성별 선택에 대해서는 몇 년간 부인하다가 뒤늦게 대응했다. 활동가 사부 조지는 1990년대 중반 인도 사무소의 책임자에게 이 문제에 대해 조치를 취하라고 간청했던 일을 기억한다. 당시 조지는 이 분야에서 10년 넘게 일해왔고 인도의 언론은 성별 선택을 더 오랫동안 보도해왔다. 인도 페미니스트들은 1970년대 후반에 조직되기 시작했다. 하지만 조지는 유엔인구기금의 관료가 자신의 요청을 거부했다고 말한다. "그 사람들에게 이것은 문제가 아니에요. [성별 선택을] 하나의 쟁점으로 보지 않아요."●

몇 년 뒤 인도 사무소는 마침내 성비 불균형으로 관심을 돌렸고 델리에 있는 본부는 이제 '딸들에게서 기쁨을'이라는 캠페인 포스터로 도배되어 있다. 하지만 길모토는 낙태 권리가 유엔인구기금의 "우선순위 사안"으로 남아 있다고 말하고 조지는 낙태 권리에 지장을 줄지 모른다는 두려움이 인도 사무소의 업무 대부분을 부적절하게 만든다고 주장한다. "그들이 하고 있는 일을 보세요. 대부분의 돈을 낭비하고 있어요. 그들은 어떤 강력한 조치도 원하지 않아요. 쟁점과 관련해 일

● 포드재단은 딸을 장려하고 국가의 태아 성 감별 금지 조치를 따르도록 설계된 중국의 한 프로그램에 자금 지원을 하여 성별 선택과의 투쟁에서 명예롭게도 좀 더 적극적인 역할을 수행했다.

하고 있는 척하지만 기본적으로 이루어지는 일은 거의 없어요."

유엔인구기금 지도자들은 중국에 대한 개입으로 말썽이 되었던 기억 때문에 침묵할 필요가 없다. 이들은 과거를 현재와 분리할 수 있었다. 윌리엄 드레이퍼가 남긴 폐해로 주의를 돌리면서 아시아에서 산아제한의 방법으로 낙태를 이용하는 것이 그 폐해가 남긴 유산이라는 점을 상기시킨 뒤, 생식권 운동이 얼마나 극적으로 변화되었는지 지적하는 데 성공했다. 최소한 유엔의 또 다른 부문이 세워놓은 전례를 유지할 수 있었던 것이다.

1995년에 유엔여성지위위원회는 베이징에서 열린 제4차 세계여성회의를 후원했다. 베이징은 세계 성비 불균형 문제를 다루기에 적절한 장소였다. 회의를 끝내면서 대표단이 채택한 결의안은 여성에 대한 폭력 증가로 주의를 환기시켰다. 대표단은 여성에 대한 폭력을 "무력 분쟁 상황에서 여성의 인권침해, 특히 살인, 조직적 강간, 성노예, 강제 임신, 강제 불임수술, 강제 낙태, 강압적/강제적 피임, 태아 성 감별, 여아 살해"라고 정의했다.[53]

하지만 오늘날 유엔인구기금 지도자들은 베이징 회의 선언문을 심각해지고 있던 문제에 대한 유엔의 초기 대응 증거로 제시하는 대신 이를 인정하기를 거부한다. 몇 년 뒤 문서를 검토한 유엔인구기금의 한 인사는 선언문이 태아에 인간성을 부여한 것으로 이해될 수 있다고 우려했다. 2010년의 한 내부용 메모는 지역 관료들에게 베이징 회의에서 내린 정의들과 항상 거리를 두어야 한다고 경고했다. 이 메모는 지역 사무소가 이 문제를 다루기로 선택할 경우에는 "성별 선택과 관련된 인권 문제(예를 들면, 전반적인 성차별 혹은 강제로 낙태를 한 여성 같은 특수한 경우)나 그 결과로 나타난 인권 문제(인신매매, 조혼 등)"

를 언급하라고 조언했다. 그리고 관료들이 "성별 선택 자체를 인권침해와 동일시하지 않도록 주의를 기울여야 한다"라고 강조했다.54)

인구문제 지지 임무를 맡은 주요 유엔 기관이 성별 선택 문제와 거리를 둔 영향력은 엄청났다. 유엔인구기금이 늑장을 부리자 다른 세계적인 기금들도 성비 불균형에 관한 의미 있는 활동을 지원하지 않았다. 어느 날 나는 파리에 있는 크리스토프 길모토의 거실에서 논문 협력 작업을 논의하고자 방문한 토론토 요크 대학의 페미니스트 사회학자 샤라다 스리니바산을 만났다. 손질하기 힘들게 고불거리는 새까만 더벅머리에 호방한 성격의 스리니바산은 2009년 네덜란드에서 열린 여성 문제 관련 회의에 참석한 일을 회상했다. 회의에서 옆자리에 앉은 여성이 세계보건기구에서 '여성 성기 절제' 문제에 관한 교섭 대표로 일한다고 자신을 소개했다.• 스리니바산은 성별 선택과 관련해서는 국제조직에 그와 비슷한 역할이 존재한다는 얘기를 들어본 적이 없다는 생각을 했다. 성비 불균형 문제는 여성 성기 절제 문제보다 더 많은 지역에서 일어나고 있고 더 많은 여성(그리고 잠재 여성)에게 영향을 미치고 있는데도 성비 불균형에 관한 교섭 대표는 없었다.•• "유니세프, 유엔인구기금, 세계보건기구의 웹사이트에 가면 여성 성기 절제에 관한 자료들을 쉽게 볼 수 있을 겁니다. 첫

- • FGM이라고도 불리는 여성 성기 절제는 청소년기에 이른 소녀의 음핵이나 생식기의 다른 부분을 잘라내는 것으로 아프리카와 중동의 일부 문화권에서는 흔한 풍습이다.
- •• 10년 동안 일정 형태의 생식기 절단을 당한 여성과 여아의 수는 9,100만 명으로 추정된다. 아시아의 인구에서 사라진 것으로 여겨지는 여아의 숫자보다 7,200만 명이 적은 숫자다.

페이지에서 바로 읽을 수 있어요. 하지만 사라진 여아에 관해서는 볼 수 없을 겁니다. 그 문제를 왜 지역 문제로 보이도록 동남아시아와 남아시아의 현지 관료들에게 맡겨놓는 거죠? 국제 토론회에서 사람들은 [여성 성기 절제] 문제에 대해 말합니다!● 하지만 성 감별 낙태에 대해선 말하지 않아요. 사라진 여아들도 마찬가지고요."

스리니바산은 성별 선택에 관심 있는 사람들은 여성 성기 절제 문제 활동가들에게서 한두 가지를 배울 수 있다고 믿는다. 여성 성기 절제의 가장 분명한 문제는 인권침해다. 1990년대 초부터 활동가들은 여성 성기 절제가 여성의 건강을 위협한다고 주장하면서 이 사안이 부당성이라는 틀을 넘어서는 문제임을 보여주었다. "세계보건기구는 현재 여성 성기 절제를 보건 문제로 보고 있어요. 바로 그거예요. 이들은 임신부 사망, 누관(샛길) 등 여성에게 나타날 수 있는 온갖 건강 문제에 관해 이야기해요. 여성 성기 절제는 온갖 건강 문제와 관련되어 있죠. 따라서 정부들을 동원해 조치를 취하고 여성 성기 절제를 실시하는 아프리카의 여러 국가에 압력을 넣는 건 매우 설득력 있는 방법이에요." 스리니바산은 연달아 여러 번의 후기 낙태를 해도 건강에 영향을 미칠 수 있다고 지적한다. 내가 인터뷰한 의사들이 거듭 말했던 점이다. 인도에서 전체 임신부 사망의 13퍼센트가 안전하지 않은 낙태, 그중 일부는 딸을 낳지 않기로 결심한 임신부에게 행해지는 낙태에서 일어난다.[55] 하지만 스리니바산은 자신의 전략이 소망일 뿐이라는 것을 인정한다. 후기 낙태, 그것도 여아와 관

● 심지어 유엔은 FGM 인식의 날도 정했다. 2월 6일은 세계 여성 성기 절제 철폐의 날이다.

련된 후기 낙태가 건강에 미치는 영향에 주의를 환기시키는 것은 간단히 말해 여성 단체들로서는 정치적 책임을 지기가 굉장히 부담스러운 주제다. "'아들을 낳기 위해 여러 번 낙태를 하는 여성들이 여기 있습니다'라고 말하는 순간 누구보다 먼저 로마교황청이 '낙태를 금지하라, 낙태를 불법화하라!'라고 말할 것임을 알고 있어요. 바로 그거예요. 유엔인구기금은 그런 상황을 피하기 위해 이 문제를 건드리고 싶어 하지 않아요."

하지만 스리니바산은 성별 선택 문제와 싸우는 책임을 져야 하는 것은 유엔인구기금 같은 인구 단체만은 아니라고 덧붙였다. 언젠가는 페미니스트들이 위험을 무릅쓰고 성별 선택을 인권침해로 정의해야 한다는 것이다. "성 감별 낙태든 여성 성기 절제든 혹은 가정 폭력이든 모두 가부장적 억압의 한 형태라고 전면에 내세우는 것이 매우 중요해요. 이 모두에는 공통된 뭔가가 있어요."

하지만 "그 말"에 대한 두려움은 억압에 반대해야 하는 바로 그 사람들도 무력화시킨다. 성별 선택 반대 활동가로 장기간 활동해온 기타 센은 한 기자에게 "가장 큰 위험은 성별 선택 반대 운동이 낙태 반대 운동으로 변해서는 안 된다는 점이고 현재 우리는 그 점에 대해 다루고 있어요"라고 말했다.[56] 하지만 누군가는 우리가 처한 가장 큰 위험은 여성과 여아의 숫자가 극적으로 줄어드는 것, 그리고 성매매, 신부 매매, 전반적인 불안 같은 문제들이 한꺼번에 닥치면 엄청난 위험이 되리라는 것이라고 말할 수도 있다. 여성이 부자연스럽게 부족해진 세상에서 낙태 권리는 우리의 가장 하찮은 걱정거리일 것이다.

III부

여성이 없는 세상

11장

신부들의 입장

베트남에서 사온 아내들

> 재산깨나 있는 독신 남성에게 아내가 필요하다는 것은
> 보편적으로 인정되는 진리다.
> ─제인 오스틴, 『오만과 편견』
>
> 당신의 아내를 상품처럼 취급하지 말라.
> ─말레이시아중국인연합 공공서비스 및 분쟁조정국 국장 다투크 마이클 총,
> 베트남인 아내를 둔 남성들에게 한 연설에서[1]

    청칭황과 응우옌티마이쩌우는 처음 만난 주에 약혼했다. 두 사람 모두에게 빠른 결정이었지만 다른 방법이 없었다. 청은 타이완으로 돌아가는 비행기를 타야 했고 중매를 하는 지인에게 이끌려 청이 머무는 호찌민시의 호텔에 온 응우옌은 약혼을 못 하면 고향에 돌아가지 못할 형편이었다. 두 사람에게는 교제할 시간이 없었지만 시간이 있었다 해도 연애 감정은 싹트지 않았을 것이다.

    청과 응우옌은 사용하는 언어가 다른 데다 공통점이 거의 없었다. 청은 타이완이 번영을 누리던 시기에 자랐다. 과수원을 운영하고 있지만 교육을 받았고 자기가 사는 마을 밖의 세계에 관심이 많았다. 또한 살집이 어느 정도 있고 영양 상태가 좋은 체격에서 알 수 있듯

서른한 살의 나이에도 비교적 부유한 편이었다. 스무 살의 응우옌은 몸집이 자그마한 베트남인이었다. 빈롱주의 가난한 가정에서 열 명의 자녀 중 아홉째로 태어난 응우옌은 열네 살 때 학교를 그만두고 하녀로 일했다. 응우옌과 청을 연결할 만한 점은 거의 없었고 둘 다 분명 상대에게 끌리지 않았다. 응우옌은 청을 처음 봤을 때 '너무 뚱뚱하다!'고 생각했다. 한편 청은 자기 앞의 여성이 겁먹은 소녀 같아 보인다는 사실이 신경 쓰였다. 그녀에게 생활에 관한 모든 것을 가르쳐야 할까 봐 걱정했다.

아무튼 청은 응우옌에게 청혼했다. 몇 년 전에 청은 결혼하겠다는 생각을 포기했었다. 청과 함께 타이중현 외곽의 구릉에 있는 가족 전답에서 농사를 짓는 형은 타이완인들이 수천 명의 여아를 낙태하던 시기에 태어난 불우한 많은 또래 남성과 마찬가지로 독신으로 남았다. 청의 세대는 모두 합하면 남성이 여성보다 거의 75만 명이나 많았다. 노동 연령의 성인이 수백만 명에 불과한 나라에서는 상당한 차이라 할 수 있다.[2] 설상가상으로 성 역할이 변화되었다. 타이완에서는 여성이 부족해졌을 뿐 아니라 이제 여성들이 가정보다는 직업을 갖고 싶어 했다. 그래서 고등학교 졸업 후에 시골을 떠나 대학 학위나 좋은 직업을 찾아 타이베이 같은 도시로 향했다. 청은 이제 타이완 여성들에게 농사를 지으며 살자고 설득하기 어려워졌음을 알고 있었다. 그때 누이가 베트남에서 아내를 구해보라고 제안했다.

만난 적도 없는 낯선 남자와 결혼해 낯선 땅으로 가려는 베트남 여성들은 배로만 갈 수 있는 메콩삼각주의 외딴 마을 출신이 많다. 부모들은 딸을 결혼시키는 대가로 돈을 기대했으며 협상 절차가 복잡할 수 있었다. 하지만 청이 처음 베트남 여성과의 결혼에 대해 알아본 1999년에는 이미 많은 타이완 남성이 베트남의 시골 여성들과 결혼을 하여, 타이완에 먼저 도착한 아내들이 남편의 독신 친구들을 위해 중매쟁이 역할을 하는 네트워크가 형성되어 있었다. 적극적인 여성 몇 명은 베트남으로 가는 모든 경비가 포함된 여행 상품을 제공해 절차를 간소화한 대행사를 차렸다. 1만 달러만 있으면 남성 한 명이 호찌민시로 가는 비행기 티켓, 호텔 숙박비, 식비, 교통비, 그리고 아내까지 구입할 수 있었다. 청은 한번 시도해보기로 결심했다.

앞으로 몇 년간 더 미혼으로 살 거라고 생각했던 응우옌에게도 결혼은 최근에 갑자기 닥친 문제였다. 응우옌은 하녀 일을 그만둔 뒤 몇 년 동안 여러 직업을 전전했다. 구두 공장에서 하이힐을 만들기도 했고 호찌민시 근처의 커피숍에서도 일했다. 그리고 항상 수입의 일부를 가족에게 보냈다. 어머니가 아프다며 고향으로 돌아오라고 불렀을 때 응우옌은 커피숍에서 일하고 있었다. 그녀가 고향으로 돌아가보니 어머니는 건강했지만 한 가지 일에 마음이 쏠려 있었다. 막내딸이 정말로 가족을 도울 때가 된 것이다.

응우옌은 그 말의 의미를 알고 있었다. 고향 마을의 처녀 몇 명이 타이완 남성과 결혼했는데 결혼으로 들어온 돈과 선물이 가족의 지위와 부를 올려놓아서 마을 사람들이 타이완드림에 관한 이야기에 열중했을 정도였다.[3] 하지만 그 외에는 모든 것이 흐릿했다. 응우옌은 타이완에서의 삶에 관해 전혀 몰랐다. 베트남 외에는 이름을 아는 나라가 몇 개 없었고 타이완 남성을 접한 것은 구두 공장의 상사가 내지르던 몇 마디 말뿐이었다. 하지만 순종적인 딸이던 응우옌은 어머니의 계획을 따르기로 했다. 그 뒤 정신을 차려보니 다른 여성들과 함께 음산한 호찌민시 공항 호텔에서 타이베이발 비행기가 도착하기를 기다리고 있었다. 손에는 중매쟁이가 사라고 지시한 꽃다발이 들려 있었다(응우옌은 왜 자기가 꽃을 주어야 하는지 궁금했지만 수줍어서 물어보지 못했다).

마침내 남성들이 도착했다. 중매쟁이가 짝을 소개했고 그 뒤 응우옌은 조용히 청 앞에 서서 시선을 피한 채 기다렸다. 청이 몇 분간 응우옌을 쳐다본 뒤 중매쟁이가 물었다. "어때요? 이 여자와 결혼하시겠어요?"

두 사람은 응우옌의 고향 마을에서 결혼식을 올렸고 청은 타이완 서부 해안 가까이에 있는 자신의 농장으로 아내를 데려왔다. 타이중 현 외곽의 완만한 구릉에 있는 농장이었다. 집의 진입로에 도착했을 때 차창 밖을 내다본 응우옌의 눈에 들어온 것은 언덕에 질서 정연하게 늘어선 감나무들이었다. 나무의 몸통이 금속 막대처럼 단단했다. 응우옌의 부모도 청처럼 과일 농사를 지었기에 응우옌은 처음에는 거기에 의지했다. 타이완에서 감나무를 기르는 것은 베트남에서 용안을 기르는 것과 그리 다르지 않았다. 하지만 타이완의 농장은 외로운 곳이었다. 농사가 기계화되고 체계화되었으며 사람 구경하기가 힘들었다. 그래서 응우옌은 자기보다 먼저 타이완에 온 베트남인 아내가 그 지역에 작은 카페를 열었다는 소식을 들을 때까지 힘든 시간을 보냈다. 시간이 지나면서 마을에는 신부를 사 온 남성이 늘었고 청의 농장 주위 집들에 베트남 여성이 가득해져 응우옌은 생활하기가 조금 더 나아졌다. 응우옌은 딸 한 명, 아들 한 명을 낳았다. 타이완식으로 닭 요리를 하는 법과 청의 입맛에 맞게 국수 맛을 내는 법을 배웠고 마침내 표준 중국어로 말할 수 있게 되었다. 그렇게 세월이 흘렀다.

두 사람이 결혼한 지 11년 뒤, 나는 창고에서 양동이를 뒤집어놓고 앉아 상자에 감을 담고 있는 부부를 만났다. 입술이 도톰하고 눈가에 작은 주름이 잡힌 응우옌은 산호색 모크터틀넥을 입고 달랑거리는 은귀고리를 하고 있었다. 다부진 몸이 강조되어 보이는 검은색과 빨간색이 섞인 가죽 항공재킷을 입은 청 옆에 있으니 응우옌이 가냘프게 보였다. 그녀는 성격도 수줍어서 처음에는 청만 말을 했다. 청은 보호용 스티로폼 싸개에 붉은 감을 넣으며 자신들의 결혼을 회상했다. "우리는 결혼한 뒤에 사랑에 빠졌어요." 청은 빙그레 웃으며 행복하게 단언했다. 몇 분 뒤 응우옌은 그 말에 무언의 대답이라도 하는 것처럼 양동이에서 일어나 남편 쪽으로 걸어가더니 청의 오른쪽 눈썹에서 스티로폼 부스러기를 조심스럽게 떼어냈다.

나는 하루를 두 사람과 보냈다. 떠날 무렵이 되자 결혼으로 청의 생활이 나아졌음을 분명히 알 수 있었다. 친척들은 청이 항상 장난기 있고 매력적이었다고 말하지만, 아내를 얻고 귀여운 자식 둘과 농장에서 함께 일할 동료, 진한 수프와 향료 냄새 가득한 부엌이 생기면서 그의 외향적인 성격이 꽃을 피웠음을 쉽게 알 수 있었다. 결혼은 청의 시야도 넓혀놓았다. 청은 응우옌의 가족을 방문하기 위해 아내와 함께 여러 번 베트남에 갔고 장인, 처삼촌들과 함께 곡주를 마시는 것을 즐겼다. 베트남어는 몇 마디밖에 못 하지만 의사소통이 안 되는 데서 기묘한 자유로움을 느꼈다. 청은 "베트남에서 저는 머리를 식힐 수 있어요"라고 말한다. 점심을 먹은 뒤 청은 나를 가족 서재로 데려가 지난번 베트남을 방문했을 때 찍은 홈비디오를 틀어주었다. 텔레비전 화면은 화려하게 칠한 집들, 혼다 드림 오토바이를 탄 남성들, 물이 불어난 탁한 강을 따라 달리는 아이들로 가득 찼다. 이러한 영상들 위로 만다린어로 열정적으로 내레이션을 하는 청의 음성이 깔렸다.

베트남은 청에게 하나의 모험이었고 그런 점은 필름에서 고향의 모습을 보며 눈을 반짝거리는 응우옌에게는 의미를 지닐 것이다. 하지만 내가 베트남이 그립냐고 물어보자 그녀는 질문을 피했다. 그리고 "우리는 베트남에 가서 재미있는 시간을 보내고 아버지, 어머니를 만납니다"라고 무미건조하게 말했다. "하지만 재미있는 시간을 보내고 난 뒤에는 돌아와요." 응우옌은 자신을 타이완에 오게 한 인구통계학에 대해서는 별로 아는 바가 없었지만 여기 머무는 것이 운명이라고 판단했다. "저는 그곳에서 살고 싶지 않아요. 여기 생활이 더 나아요. 그렇게 됐어요."

장기간 성 감별 낙태가 이루어진 모든 곳에는 응우옌 같은 여성들이 있다. 학자들은 이들을 결혼 이민자라고 부르고 현지인들은 간단히 외국인 아내라고 부른다. 여러분은 그들을 구매한 신부라고 생각할 수도 있다. 편향된 성비 불균형이 처음 나타난 타이완, 한국, 싱가포르 같은 부유한 국가들에서는 현재 여성 거래가 하나의 산업으로 자리 잡아 기존 대행사들이 협상을 한다. 아내를 구하는 싱가포르 남성은 J&N 베트남신부 중매대행사, 제일 국제 중매회사, 이상적 결혼센터 중에서 선택할 수 있다.[4] 한국에는 몇몇 가난한 아시아 국가들의 신부를 소개하는 인터웨딩이 있다.[5] 타이완에서는 로터스 2000이 베트남 여성들을 전문으로 다룬다.

보통 탐색은 온라인에서 시작된다. 남성들은 인터넷에서 다양한 대행사의 상품 사진을 둘러본다. 대개 소녀에 가까운 마르고 얌전한 여성들이 하이힐을 신고 시멘트 바닥에서 몸의 균형을 잡고 있는 전신사진이 올라와 있다. 중개 산업이 호황을 누릴 정도로 많은 남성이 검색을 한다. 2003년 타이완에서는 전체 결혼 중 3분의 1이 현지인과 외국인 배우자의 결합이었고 그중 대다수가 현지 남성과 외국인 여성으로 이루어진 부부였다.[6] 한국에는 정부에 등록된 국제결혼 대행사가 천 개가 넘는다.[7] 2008년 한국에서 외국인과의 결혼은 전체 결혼 중 거의 11퍼센트를 차지했다.[8] 이 비율은 시골 지역에서 더 높았는데 그해에 결혼한 한국의 농민과 어민 중 40퍼센트가 외국인과 결혼했다.[9] 부유한 아시아 남성과 가난한 이웃 나라 여성의 결혼이 매우 흔해져 영화(한국의 〈나의 결혼 원정기〉), 베스트셀러 도서(타이완의 『나를 외국인 신부라고 부르지 마세요』), 데이트 프로그램(타이완의 한 쇼에서는 미혼 남성들이 베트남 여성을 공짜로 얻으려고 노력한다)이 나올 정도다.[10]

한 사회에서 결혼 적령기 남성과 여성의 수에 상당한 차이가 발생하면 "결혼 압박" 현상이 나타난다고 인구통계학자들은 말한다. 결혼 압박 현상이 발생하는 역학 관계는 쉽게 이해할 수 있고 어느 정도까지는 그러한 직관이 맞다. 즉 여성이 부족하면 남성들이 아내를 구하는 데 어려움을 겪는다. 하지만 압박이 큰 덩어리로 불어나는 데는 다양한 요인이 작용한다. 남성의 수가 여성보다 많아진 최초 세대에서 잉여 남성들은 대개 자신보다 어린 여성과 결혼했다. 이는 여성 부족이 실제로 이 남성들에게 영향을 미치지 않았다는 의미다. 하지만 몇 년 뒤 그보다 어린 남성들이 성년이 되면서 상황이 곤란해졌다. 동년배 남성뿐 아니라 나이가 더 많은 남성과도 경쟁해야 하게 된 이 새로운 남성 집단은 여성 부족 문제를 절감한다. 파리에서 크리스토프 길모토가 내게 말했듯 잉여 남성이 "축적"되었고 두 번째 세대의 많은 남성이 결혼을 하지 못했다.

(타이완과 한국에서처럼) 부모들이 아들을 선택한 것과 같은 시기에 한 나라의 출생률이 떨어질 경우 압박이 심해진다. 세대가 내려갈수록 인구가 감소되는 현상이 여성의 감소를 의미한다면 뒤 세대의 미혼 남성들은 아내를 얻기가 더욱 힘들어진다.

물론 애초에 여성을 원하지 않는 남성에게는 결혼 압박이 그리 나쁘지 않을 수 있다. 많은 개발도상국에서 동성애자와 양성애자는 여성과 결혼하라는 상당한 압력을 받는다. 따라서 남성들이 독신으로 남는 일이 흔해지면서 일부 남성은 거짓 생활을 피할 수 있게 되었다(반면 여성 동성애자들에게 성비 불균형은 역효과를 낳았다. 아내가 될 가능성이 있는 여성이 부족해지면서 여성들은 원하든 원하지 않든 결혼해서 아이를 낳도록 떠밀린다).[11]

1980년대부터 중국의 성비 불균형에 관해 저술해온 인구통계학자 주추주는 동성애자 권리 집단이 자신의 연구에 관심을 보인다고 말했다. 주추주는 2009년 베이징에서 열린 성별 문제에 관한 회의에서 한 남성 활동가가 다가와 그녀가 조금 전에 했던 발표를 비판했다고 회상했다. 그 활동가는 "당신은 이성애 관계에만 초점을 맞췄어요. 하지만 동성애자들은 거기에 관심이 없어요. 그러니 성비 불균형은 당신이 말한 것만큼 심각하지 않을 수 있어요"라고 말했다.[12] 한국의 학자들은 남성 과잉과 초기의 남성 동성애 행위 증가의 관련성에 대해 추론했다. 또한 인도 북서부에서 성비 불균형이 큰 지역인 마헤사나의 신문들은 여성 부족으로 남창에 대한 수요가 나타났다고 보도한다.[13] 《타임스 오브 인디아》는 성매매업에 종사하는 남성의 말을 인용했다. "저는 마헤사나의 남성들에게서 매달 적어도 8~10통의 전화를 받습니다. 그들은 아마다바드로 저를 데리러 와요. 우리는 아마다바드와 마헤사나 간 고속도로변에 있는 작은 호텔에 투숙하죠."[14]

하지만 대부분의 아시아 남성들은 결혼을 원한다. 지방이 발달하면서 시골의 결혼식은 사치스러운 행사가 되었다. 오늘날 중국의 결혼식에는 대여한 자동차와 흰말이 등장한다. 내가 쑤이닝에서 만난 사람들은 결혼에 온통 마음을 빼앗겨 때로는 다른 일에 대해서는 얘기하지 않는 것처럼 보일 정도였다.[15] 한 미혼 남성은 "결혼하지 않는다면 아이와 마찬가지죠"라고 말했다.

베트남은 필사적인 동아시아 남성들이 아내를 구할 수 있는 가장 인기 있는 국가 중 하나다. 하지만 부유한 미혼 남성들은 타이, 필리핀, 우즈베키스탄, 러시아, 말레이시아, 북한, 그리고 중국 본토에서도 신부를 산다. 여성들을 보내는 나라들 중 일부에는 여분의 여성들이 있거나 혹은 한때 여분의 여성들이 있었다. 지역 분쟁으로 남성이 많이 죽은 경우도 있고(메콩삼각주에서는 베트남전쟁이 그런 역할을 했다. 돈을 주고 베트남인 아내를 사는 타이완 남성들에 관해 이야기하기 위해 타이베이에서 만난 인구통계학자 양원산은 "이 일에는 미국이 한몫을 했어요"라고 말했다) 성인 남성의 상당수가 외국으로 일하러 나간 경우도 있다. 하지만 다른 국가들에서는 잉여 남성들이 성년이 되면서 잉여 여성도 빠르게 줄어들었다. 캅카스 국가들, 발칸반도 국가들, 정도가 덜하긴 하지만 인도는 모두 다음 20년 동안 대규모의 결혼 압박을 겪을 것으로 보인다.• 그리고 중국, 베트남처럼 외국에 여성을 보내는 일부 국가들에도 이제 성비 불균형 현상이 나타났다.

• 인도는 출생률이 더 높기 때문에 남성들의 상황이 상대적으로 낫다.

2013년에는 중국 남성 10명 중 한 명꼴로 여성이 부족할 것이고 2020년대 후반이면 5명 중 한 명이 잉여 남성이 될 것으로 예상된다. 2045년까지 결혼 적령기의 여성이 계속 부족해 약 15퍼센트의 남성이 아내를 구하기 힘들어질 것이라는 추정도 나와 있다.[16] 곧 중국의 20대 잉여 남성 수가 타이완의 여성 인구 전체를 앞지를 것이라는 계산도 있다.[17]• 아시아 전역에서 비슷한 시나리오가 현실이 될 것이다. 2020년에는 인도 북서부의 남성 중 15~20퍼센트가 잉여 남성이 된다. 지금까지 미혼으로 남는 남성의 비율이 1퍼센트 근방이던 사회에서 이는 상당한 변화라 할 수 있다.[18] 학자들은 성비 불균형이 아르메니아, 알바니아, 그루지야의 혼인율에 미칠 영향은 아직 계산을 시작하지 않았다. 하지만 이 지역들은 여성 이주율이 높아 소년들의 운명이 더 암울해질 수 있다.••

중국의 일부 미혼 남성들은 베트남에서 아내를 구하는 일에서 한국과 타이완 남성들의 예를 따른다. 하지만 중국과 인도에서는 대부분의 남성이 여성을 찾기 위해 외국으로 갈 만큼 형편이 넉넉하지 못하다. 대신 이들은 국경 내의 가난한 지역에서 아내를 찾는다. 2003년에 여성의 권리에 대한 중국위원회 포럼에서 사학자이자 성별 연구 전문가인 크리스티나 길마틴은 중국에서 국내 결혼으로 이주한 사람(주로 부유한 지역의 남성과 결혼한 가난한 농민의 딸)의 수가

- • 2020년 기준 중국의 잉여 남성 수는 3500만여 명이고, 타이완의 총 여성 인구수는 1200만여 명이었다. _옮긴이
- •• 한때는 남성들이 임금노동자로 일하기 위해 서유럽이나 미국으로 떠났지만 오늘날에는 여성들이 다수 이주한다. 노령화된 산업국가들에서 간호사와 보모, 간병인 등이 더 많이 필요하게 된 것도 한 원인이다.

400만 명에 이르렀다고 밝혔다. 길마틴은 성비 불균형이 악화되면서 이 수치가 증가할 가능성이 크다고 덧붙였다.[19]

학자들이 지역이나 국경 밖으로의 여성 이동 현황을 관찰하지 않은 곳에서는 특정 지역 출생 성비와 2, 30년 후의 성인 성비를 비교하면 이를 추적할 수 있다. 그 지역에서 태어난 여아의 수를 헤아린 뒤 그 수치를 한 세대가 성장한 뒤 남은 수나 인구에 추가된 수와 비교하면 된다. 결과는 놀라웠다. 인도 서부와 중국 동부 같은 분쟁 지역에서 여아의 수는 적은 반면 결혼 적령기 성인들의 성비는 정상적으로 나타난 것이다. 이러한 차이는 소녀와 성인 여성들의 대규모 이동으로 가능해진다.[20]

동아시아의 결혼 대행사들은 여성스럽고 순종적인 아내를 원하는 남성들의 소망을 노린 미국의 우편 주문 신부 서비스와 어느 정도 비슷하다. 대행사들은 홍보 자료에서 베트남 여성들이 가정적이라고 주장한다. 이들은 남편의 말에 귀를 기울이며 "전통적"이다. 오스트레일리아의 지리학자이자 애들레이드 대학에서 신부 거래를 연구한 그레임 휴고는 대행사를 이용하는 많은 아시아 남성이 원하는 여성에 대해 남성 우월주의적인 시각으로 접근한다고 말한다. "그들은 매우 다른 유형의 짝을 원해요. 의심이 적고 순종적인 여성을 원하죠."[21]

하지만 외국 여성에 대한 환상을 심어주는 미국 회사들과 달리 타이완과 한국의 회사들은 베트남 신부들의 동질성을 강조한다. 웹사이트들은 어떤 여성을 원하는 남성이라도 괜찮지만 특히 이웃집 아가씨 같은 여성을 원하는 남성에게 도움이 된다는 인상을 풍긴다. 타이완의 한 중개인은 www.vietnambirde.tw 사이트에 올린 글에서 이렇게 말한다. "내가 베트남 신부 대행사를 운영할 때 사람들은 종종 물었어요. '베트남 신부, 중국 본토 신부, 러시아 신부, 우즈베키스탄 신부 중 누가 젤 낫습니까?' 그러면 전 이렇게 대답하죠. '베트남 신부, 중국 본토 신부, 러시아 신부, 우즈베키스탄 신부, 그리고 다른 외국 신부들 모두 안 좋아요! 타이완 신부가 최고죠!'"[22] 하지만 그 중개인은 타이완 신부를 찾을 수 없다면 베트남 신부가 좋은 선택이고 자신은 베트남 여성과의 결혼을 돕기 위해 이곳에 있다고 덧붙였다.

베트남 여성이 인기 있는 것은 타이나 캄보디아 혹은 필리핀과 달리 베트남은 동아시아의 이웃 국가들과 일부 전통이 비슷하기 때문이다. 오랜 세월 중국의 영향을 받은 베트남인들은 유교적 위계, 조상 공경과 혈통에 대한 비슷한 접근 방식, 일반적으로 가부장적인 가족 구조를 가지게 되었다. 타이완의 농부 청칭황은 비슷한 점을 술술 나열할 수 있다. 타이완인과 베트남인은 모두 절에서 불공을 드리고 집에 불단이 있으며 음력설을 쇤다. 청 같은 남성들은 이국적인 여성을 찾지 않는다. 단지 아내를 원할 뿐이다.●

외국 여성과의 결혼에 있어 동서양의 또 다른 차이는 아시아에서는 정부가 저조한 출생률을 높이기 위해 신부의 수입을 장려한다는 점이다.[23] 한국의 한 도청은 아내를 찾기 위해 베트남에 가는 남성들의 경비를 지원했고 중앙정부는 신부들의 적응 프로그램에 약 2,300만 달러를 지원하는 등 다른 방식으로 신부 수입을 지지했

● 마찬가지로 한국 남성들은 종종 한국인 소수집단이 사는 우즈베키스탄과 중국 본토에서 민족적으로 비슷한 아내를 찾는다.

다.[24] 이 프로그램들은 대부분 여성을 한국 문화에 동화시키는 데 초점을 맞춘다. 외국 신부들은 한국어, 친척들을 대하는 법, 김치 담그는 법을 배울 수 있다. 한편 한국의 도로 여기저기에서는 다음과 같은 결혼 대행사 광고들을 볼 수 있다.

> 베트남 며느리는 순종적입니다.
> 필리핀, 캄보디아, 베트남 여성과의 신속하고 성공적인 결혼.[25]

타이완 정부는 베트남 여성들의 권리를 보호하기 위해 더 많은 노력을 기울여왔다. 예비부부가 결혼 허가를 받으려면 호찌민시에서 강좌를 들어야 한다. 이 강좌에서는 가정 폭력부터 유산에 이르기까지 온갖 사항에 대한 타이완 법률을 설명한다.[26] 하지만 정부는 국제결혼을 막는 것이 아니라 통제하는 데 초점을 맞춘다. 그래서 타이완에 오는 신부들은 베트남어, 타이어, 버마어, 캄보디아어, 인도네시아어로 인쇄된 130쪽짜리 책인 『타이완의 외국인 배우자들을 위한 생활 정보 안내서』를 받는다.[27]

이것은 시작일 뿐이다. 타이완과 한국은 작은 나라라서 베트남 같은 나라의 성별 균형에 제한적인 영향만 미칠 수 있었다. 하지만 중국과 인도의 경제가 더욱 발전하고 이 국가들의 남성이 아내를 구하기 위해 해외로 눈을 돌릴 만큼 돈을 벌기 시작하자 그 파급 효과는 심각해졌다. 중국에서는 2009년 베트남에서 아내를 산 다이웬셩 같은 남성들이 인터넷에 추천서를 올려 결혼 대행사에 대한 관심을 북돋웠다. 다이는 새 신부와 함께 난징에 정착한 지 몇 달 뒤 인터넷 게시판에 이렇게 썼다. "내가 베트남에서 만난 여성들은 대부분 전통적이고 돈이 많이 들지 않으며 매우 매력적이었습니다. 나의 베트남 아내는 빨래, 요리, 청소에 신경 쓰고 나를 위해 새우의 껍질을 벗겨주기까지 해요. 처음으로 내가 사랑받고 있다는 걸 느끼며, 응석받이가 된 기분입니다."[28]

아시아의 결혼 거래를 전공한 서울의 이주 전문 학자 김두섭은 한국, 타이완, 싱가포르에 가난한 아시아 여성들이 정착한 사례는 아시아의 다른 지역 여성들이 대거 몰려드는 전조가 될 수 있다고 말한다. 그의 말에 따르면 이것은 빙산의 일각일 뿐이다. "다음 25년 동안 여기[한국]에서 벌어진 상황이 중국에서 이어진다면 동남아시아 국가들에서 대륙으로 엄청난 이주가 이루어질 겁니다. 완전한 혼란이 초래되겠죠."

신부 구매가 증가한 데다 반대 증거들이 나와 있는데도 일부 학자들은 고집스럽게 성별 선택에 수요공급의 법칙을 계속 적용한다. 여성 구성원이 줄어들면 여성의 가치가 높아진다는 주장이다. 2009년 경제학자 게리 베커와 이론가 리처드 포스너는 "[여아에 비해] 남아가 많은 집단의 아이들이 성장하면 여아와 여성이 부족하기 때문에 여성에게 유리한 점이 늘어난다"라고 썼다(경제학자들이 특히 이런 생각을 하기 쉽다). 학자들은 성비 불균형이 발생한 사회에서 불이익을 겪는 것은 여성이 아니라 남성이라고 주장한다. "여성이 부족하기 때문에 아내와 여자 친구로서, 그리고 다른 면에서 여성의 가치가 높아진다. 남편과 남자 친구로서 남성의 가치는 떨어지는 경향이 있다."[29]

이런 의견은 가장 투박한 의미에서만 맞다. 성비 불균형이 높은 지역에서 태어난 여성은 결혼할 때가 되었을 때 희소성 때문에 더 많은 협상력을 지닐 수 있다. 현재 중국 동부의 부유한 도시들에 사는 남성들은 여성들이 집, 차, 좋은 직업을 갖추지 못한 남성과 결혼하지 않으려 한다고 불평한다.[30] 하지만 신부의 가치 상승이 자율성의 증가를 의미하는 것은 아니며 중국 동부 여성들이 경험하는 가치 상승은 가장 기초적인 단계에서뿐이다. 정말로 평등한 관계인지의 판단은 여성이 남성에게 어떤 물건을 요구할 수 있는지가 아니라 결혼 후에 남편이 자신을 어떻게 대할지에 달려 있기 때문이다. 성비 불균형이 높은 지역의 신랑은 신부에게 감사하고 다정하게 대할 수도 있지만 그녀의 마음을 끌려고 모았던 재산에만 집착하거나 자신을 떠날까 봐 아내를 매처럼 감시할 수도 있다. 구성원 수가 줄어들면 사회의 나머지 집단에게서 더 귀하게 대우받을 것이라고 착각해 소수집단이 되고 싶어 하는 다수 집단은 없다. 그리고 가난한 지역에서 태어나 신부로 팔려 갈 가능성이 있는 여성의 경우 성비 불균형은 종종 삶을 상당히 악화시킨다.

아시아의 수입 신부들은 보통 남편이 사용하는 언어를 모르고 돈과 이민 지위를 남성에게 의존해야 하는 상태로 낯선 나라에 도착한다. 대개는 남편보다 나이가 어리며 나이 차이가 15~20세까지 나는 경우가 흔하다.[31] 이 여성들은 아이를 낳아야 하기 때문에 나이가 중요한 선택 기준이지만 외모나 때로는 좀 더 구식 기준에 따라서도 선택된다. 싱가포르의 대행사인 라이프파트너 중매회사는 베트남 신부들에게 의학적 검사를 실시하여 처녀인지 확인한다(이 회사의 웹사이트에는 다른 대행사들이 여성들에게 처녀인 척하는 방법을 가르친다고 경고하는 영상이 게시되어 있다).[32] 대부분의 결혼 카운슬러가 이런 점들을 지속적인 관계의 구성 요소로 설명하지 않기 때문에 여성들은 매우 고생을 한다.

내가 타이완, 한국, 중국에서 만난 신부들 중에서 만족에 가까운 결혼 생활을 하는 듯 보인 사람은 응우옌티마이쩌우뿐이다. 하지만 그녀의 행복 역시 잠시뿐이었다. 내가 방문한 지 2주 뒤에 청칭황은 감나무를 돌보다가 심장마비를 일으켰고 곧바로 세상을 떠났다. 그 뒤 몇 달 동안 청의 가족은 응우옌이 생활을 꾸릴 수 있게 조금씩 돈을 거두었다. 그래도 금전적으로 쪼들린 응우옌은 청이 임대한 토지를 포기하고 타이완 정부의 지원을 신청했다. 정부가 수입 신부 지원 프로그램의 일환으로 남편이 세상을 떠난 외국인 여성들을 위해 마련한 조치였다. 응우옌이 아이들을 데리고 베트남으로 돌아갈 가능성은 없어 보였다.

대부분의 외국인 신부들은 응우웻도티와 비슷한 삶을 산다. 응우웻은 하트형 얼굴에 깔끔하게 파머한 머리, 코 위에 깊은 흉터가 나 있는 서른네 살의 여성이다. 나는 응우웻이 타이베이 외곽에서 운영하는 작은 식당에서 그녀를 만났다. 그 지역은 빠른 속도로 작은 베트남이 되어가고 있었다. 응우웻은 나와 이야기를 나누기 위해 채소를 썰던 칼을 내려놓았다. 그리고 빨간색 앞치마에 손을 닦으며 기름기 묻은 접이탁자에 앉았다. 주위에서는 손님들이 후루룩거리며 국수를 먹거나 베트남어로 잡담을 하거나 조용히 아기를 돌보고 있었다. 한 사람 빼고 모두 여성이었다.

나는 본격적인 이야기에 앞서 몸 풀기에 좋은 질문이라고 생각하며 어떻게 타이완에서 살게 되었는지 물었다.

응우웻은 갑자기 울음을 터뜨렸다.

10년 전에 응우웻은 메콩삼각주의 고향 마을을 떠나 열네 살 연상의 타이완 남성과 결혼했다. 그러나 가족들에게 돈을 보낼 수 있으리란 꿈은 타이완에 도착하자마자 산산조각이 나버렸다. 응우웻은 남편이 직업이 없는 데다 폭력적이며 바람둥이에 음주 문제도 있다는 것을 알게 되었고 함께 사는 시부모는 그녀를 하녀처럼 취급했다. 하지만 그녀에게는 다른 선택권이 거의 없었으므로 떠나지 못했다. 세월이 지나면서 응우웻은 아이 둘을 낳아 청소년이 될 때까지 길렀고 친언니와 시아주버니의 결혼을 주선하기까지 했다.

언니가 타이완에 도착한 뒤 그녀는 마침내 떠날 용기를 냈다. 자매는 같은 날 이혼하고 임대한 집으로 이사했다. 그리고 얼마 안 되는 저축으로 카페를 열었다. 뒤이어 벌어진 법적 분쟁에서 응우웻의 남편이 양육권을 얻었다. 하지만 아이들은 계속 응우웻에게 와서 밥을 먹고 옷을 얻어 입었다. 응우웻은 두 아이를 둔 독신 이민자로 국수를 팔아 생계를 이어가고 있었다. 내가 타이완 남성과의 결혼을 고려하고 있는 고향 마을의 베트남 여성들에게 하고 싶은 말을 묻자, 그녀는 망설이지 않고 대답했다. "하지 말라고 하겠어요. 타이완은 좋아요. 하지만 베트남 여성과 결혼하고 싶어 하는 남성들은 좋지 않습니다."

나중에 나는 좀 더 극단적인 사례들을 알게 되었고 역설적이지만 응우웻의 경우 전남편이 적어도 이혼을 해주었다는 점에서 운이 좋았음을 깨달았다. 서울에서 나는 페미니스트들이 외국인 아내들의 권한 확보를 위해 세운 NGO인 한국이주여성인권센터를 방문했다. 가정 폭력의 희생자가 된 여성들의 보금자리 역할을 하는 곳이었다. 활동가 허오영숙은 12개 지부가 만원이라 도움이 필요한 여성을 돌려보내야 한다고 말했다. 한국에 거주하는 외국인 아내들 중 4분의 1이 남편에게서 신체적 위협을 느끼고 있다는 것이다.[33]

하지만 허오영숙은 센터에 방문하는 여성은 학대받는 여성의 일부일 뿐이라며 많은 시부모가 며느리를 집 밖으로 나가지 못하게 한다고 알려주었다. "그 사람들은 며느리를 얻기 위해 많은 돈을 썼어요. 그래서 며느리를 가두어두고 나가지 못하게 하죠." 아내 학대는 때때로 신문 헤드라인을 장식하는 사고로 악화되기도 한다. 2010년 여름, 스무 살의 베트남 여성 탁티황응옥은 한국에 도착한 지 8일 만에 47세인 남편의 칼에 찔려 숨졌다.[34]

한편 타이완에서는 베트남인 가톨릭교 신부 피터 홍이 공업 도시 타오위안에서 고통받는 아내들을 돌보고 있다. 홍은 도망친 여성들을 위해 법정대리인을 주선하고 자신의 성당 부속 건물에서 이들을 보호한다. 어느 일요일 오후 베트남 이주 노동자 및 신부 사무소라고 불리는 이 쉼터에서 만난 홍은 "굉장히 많은 문제가 있습니다"라고 말했다. 홍은 시어머니가 아이를 낳는 데 도움이 될지 모른다며 며느리에게 포르노를 보게 한 여성, 정신장애가 있는 남성과 결혼한 여성, 정신이 이상해진 여성에 관해 이야기했다.• 우리가 쉼터 2층에 있는 작은 사무실에서 이야기를 나누는 동안 옆방에서는 남편을 피해 도망친 여성 몇 명이 노래방 기계 주변에 모여 쟁쟁거리는 싱크로나이저 비트에 맞춰 노래를 부르고 있었다. 어울리지 않게 흥겨

• 타이완 언론에서는 강력 접착테이프로 아내의 손을 묶고 눈꺼풀에 고무줄을 쏘는가 하면 작은 칼로 몸에 상처를 내는 등 7개월 동안 아내를 괴롭힌 남성을 보도하기도 했다.

운 음악이 얇은 사무실 문틈으로 들려왔다. 홍이 말을 이었다. "너무 많은 문제가 있죠. 하지만 가장 심각한 문제는 타이완 사람들이 결혼을 결혼으로 보지 않는 점이라고 생각해요. 매매라고 생각하는 거죠." 실제로 2004년에 타이완의 이베이에는 베트남 여성들이 1인당 5,400달러의 헐값으로 올라왔다.[35]

결혼 거래를 가장 혹독하게 비판하는 사람이라도 이러한 결혼이 아시아의 단일민족 사회를 흥미롭게 재편성하고 있다는 점은 인정한다. 아시아에서는 국적 개념과 민족 개념이 밀접하게 연결되어 있는데, 한국과 타이완에서 국제결혼으로 태어난 아이들은 이러한 지배적인 국적 개념을 위협하고 있다. 한때 한국에 주둔하는 미군과의 사이에서 태어난 혼혈아들은 배척당했다. 그러나 지금은 국제결혼이 매우 빈번한 데다 한국인 간의 결혼보다 평균적으로 더 많은 아이를 낳기 때문에 그런 배척은 불가능하다. 한편 인도에서는 지역 간 결혼이 카스트 계급을 무너뜨리고 있다. 크리스토프 길모토의 거실에서 만난 페미니스트 사회학자 샤라다 스리니바산은 말했다. "현재 [여성이] 부족한 상황이기 때문에 남성들은 자신이 속한 카스트 밖의 여성과의 결혼을 고려합니다. 오래전부터 내려온 장애물 중 일부가 약화되기 시작했고 일부 지역에서는 여성들이 지참금 없이 결혼하고 있습니다. 따라서 여성 부족 현상이 어느 정도 긍정적인 결과가 나오는 데 기여할지도 모르겠네요."

또한 결혼하면서 이주한 여성들은 친정에 돈을 보낸다. 베트남의 가족들은 딸을 시집보낸 대가로 결혼식이나 그 후 몇 달 동안 보통 천~2천 달러를 받는다.[36] 이 액수는 남성들이 대행사에 내는 돈의 일부에 불과하다. 하지만 나중에 친정을 방문할 때면 한 여성이 1만 달러를 선물로 들고 갈 수도 있다. 베트남 1인당 소득의 거의 10배에 달하는 액수다.[37] 신부 거래를 연구하는 많은 학자는 이 액수에 놀랐으며, 남성들이 외국인 여성과 결혼한 뒤에 무슨 일이 일어나는지 정확하게 이해하려는 연구에서 예상 밖의 결과가 나왔다. 갓 결혼한 여성들이 사이좋은 결혼 생활을 위한 일종의 담보로 정기적으로 돈을 보내자고 남편을 설득하는 경우도 있고, 한국이나 타이완에 도착한 여성들이 저임금 노동으로 직접 돈을 버는 경우도 있었다. 결혼 이주를 연구한 오스트레일리아의 지리학자 휴고는 "이 여성들을 모두 희생자로 묘사하는 것은 옳지 않습니다"라고 말한다. "분명 일부 여성은 도착한 곳에서 권리를 얻었어요."

외국인과 결혼한 베트남 여성에게서 얻을 수 있는 소득은 어느 정도까지는 가족 내에서 이들의 위상을 높여준다. 결혼하여 외국으로 간 딸들은 집 개조 공사, 새 가전제품 구입, 남자 형제들의 결혼에 필요한 현금을 보내기 때문에 중요한 결정을 내릴 때 종종 의논 대상이 되곤 한다.[38] 하지만 결국 베트남 신부는 주로 돈을 보내는 매개체일 뿐이다. 그녀의 가치가 상승되기는 했지만 이번에도 역시 투박한 의미에서만 그러하며 남편, 결혼 중개인, 친정 부모 등 자신을 제외한 모든 사람에게 좋은 일만 해주고 있는 셈이다.

청칭황은 세상을 떠나기 전에 내게 결혼으로 아내가 힘든 상황에 놓였음을 인정했다. 청은 베트남의 부모들이 일반적으로 딸의 행복보다는 가전제품을 모으는 데 더 관심이 많다고 말했다. "고향에 가면 부모들은 돈을 얼마나 많이 들고 왔는지밖에 안 봐요. 사위가 아내에게 잘하는지 못하는지는 신경 쓰지 않죠."

아시아계 미국인들 사이의 성 감별 낙태 증거를 찾아냈던 컬럼비아 대학 경제학자 레나 에들런드는 이런 상황을 직관적으로 이해할 수 있다. 에들런드는 여성에게 수요공급의 법칙을 적용하는 경제학자들에게 분노한다. "좋아요, 전체 여성의 수가 줄어들면서 여성의 가치가 올라갔어요. 하지만 그게 여성이 더 나은 지위를 누린다는 의미일까요? 반드시 그런 건 아니에요. 여성은 부모에 의해 팔려 갈 수도 있고 납치를 당할 수도 있어요. 그리고 약간 역설적이긴 하지만 여성의 가치가 높아질수록 그 가치를 빼앗길 위험이 높아집니다. 누군가가 그 가치를 차지하려고 할지 모르니까요."

수요공급의 법칙은 성비 불균형이 심한 사회에서 여성들이 수행하는 역할 역시 무시한다. 타이완, 한국, 그리고 여성이 부족한 다른 지역들에서 여성은 아내, 어머니, 돌봐주는 사람, 가정부, 섹스 상대로 필요하다. 남성들은 베트남 아내에게 원하는 특성들을 나열할 때 유머 감각이나 동등한 동반자 관계를 이루고 싶다는 말을 하지 않는다. 역사적으로 성비 불균형이 높은 사회는 유난히 문맹률이 높고 여성의 경제활동 참여가 낮았다. 그리고 오늘날 성비가 편향된 사회들은 계속해서 전통적인 성 역할을 강조한다.[39] 그런 역할에 순응하는 여성이 높게 평가되는 반면 변호사나 과학자가 되거나 독신으로 남거나 아이를 낳지 않으려는 등 기대에 맞서는 여성들은 위협적인 인물로 인식된다.

떤록에서의 생활은 장맛비의 영향을 받는다. 비는 매일 아침 11시경 시계처럼 정확히 내리기 시작해 오토바이 도로들이 침수되고 섬을 둘러싼 강이 최대로 불어날 만큼 세차게 퍼붓는다. 그 뒤 몇 시간

동안 주민들은 물이 빠지기를 기다린다. 오후는 지루하게 지나가고 해 질 무렵 섬은 마침내 다시 깨어난다. 날씨는 한 사람의 운명이 땅에 매여 있다는 점을 생각하게 해주고 메콩강 유역의 마을에서 태어난 것은 그 사람의 미래가 출신에 의해 제약받는다는 의미임을 뚜렷하게 일깨워준다. 수많은 여성이 외국 남성과 결혼하기 위해 떠난다. 결혼 거래가 시작된 지 10년 정도 만에 떤록이 타이완섬이라고 불리게 된 이유는 아마 이 때문일 것이다.[40]

나는 하 부인이 모는 스쿠터를 타고 떤록에 왔다. 하 부인은 아르바이트로 여행 가이드를 하는 중년 여성으로 내가 머물던 호텔 로비에서 내게 말을 걸며 '메콩삼각주 체험: 거리에서 내 오빠나 언니인 척하는 사람들은 거짓말을 하는 겁니다'라고 적힌 명함을 내밀었다. 한 중개인이 나를 대신해서 떤록 방문에 관해 문의했지만 신부 거래가 보도되는 것을 경계한 지방 관료들은 섬에서 나를 환영하지 않으며 만약 내가 방문한다면 자신들이 알게 될 것이라는 답을 보냈다. 그래서 나는 약한 알리바이를 만든 뒤 여행객으로 출발했다(하 부인과 나는 이 지역의 관광 명소 중 하나인 황새 보호 구역으로 여정을 정함으로써 쉽게 떤록으로 들어갈 수 있었다).

껀터주의 주민 중 40퍼센트가 가난하기 때문에 나는 가는 길이 칙칙할 거라고 생각했다.[41] 하지만 하 부인의 스쿠터는 선명한 색상으로 칠해진 집과 식물들이 싱싱하게 우거진 정원이 여기저기 흩어져 있는 깨끗한 마을들을 지나갔다. 한 시간 정도 달려 도착한 떤록은 그중 가장 멋진 마을이었다. 오토바이 도로는 새로 포장했고 집들은 산뜻하게 페인트칠을 해 타일을 붙여놓았다. 깨끗하게 청소된 마당에는 스테인리스강 대문이 달려 있었다. 주위 마을들의 정원은 오이, 껍질콩, 가지로 채워진 실용적인 땅이었는데 떤록의 정원들은 화려한 꽃들이 무성한 관상용 공간이었다.

떤록 여성들은 1990년대 말부터 타이완 남성들과 결혼하기 시작했고 세기가 바뀔 무렵 여성들이 외국으로 빠져나가면서 섬의 구조가 바뀌었다. 신부들이 자신을 판 부모에게 돈을 보내자 웨스턴유니언이 떤록에 지점을 열었고 그때부터 돈이 쉽게 유입되었다. 떤록에서는 집을 지은 연도를 문설주에 새기는 것이 관례다. 섬의 여성들이 외국인과 결혼하기 시작한 뒤 세워진 건축물들(문설주에 2001, 2004, 2007이라고 새겨진 집들)은 하늘색이나 민트그린, 혹은 버블핑크로 페인트칠을 하고 때로는 집의 3면과 거대한 텔레비전 안테나가 달린 지붕에 스페인 타일을 발라 멋지게 꾸민 모습이었다. (떤록 지방에서는 외국에 여성들을 보낸 가정이 그렇지 않은 가정보다 라디오, 스쿠터, 휴대전화, 에어컨과 함께 텔레비전을 소유할 가능성이 좀 더 높았다.)[42] 몇몇 건물은 토대보다 커져서 갑자기 거대하게 부푼 듯한 건축물이 되었다.

한편 예전에 지어진 작은 단층집들은 가짜 벽돌로 된 외관, 타일이 깔린 테라스, 현관, 발코니 등 많은 부속물이 딸린 3층짜리 건물로 증축되었다. 다른 집들은 아직 공사가 진행 중이어서 외벽에 비계가 설치되어 있고 마당에는 페인트 통들이 흩어져 있었다. 몇몇 집은 현관에 선명한 붉은색 마분지로 두 배의 기쁨을 뜻하는 '囍' 글자를 잘라 장식해놓았다. 최근에 결혼을 했다는 표시였다.

하지만 떤록의 이야기가 전적으로 장밋빛이기만 한 것은 아니다. 섬으로 떠나기 전에 나는 호찌민시의 한 커피숍에서 베트남 국립대학의 사회학자 응우옌소안을 만났다. 주름 장식이 된 셔츠와 청바지를 입고 은색 발톱이 보이는 끈 샌들을 신은 마르고 쾌활한 여성인 응우옌은 결혼 거래를 연구한 대부분의 학자와 달리 결혼 거래가 베트남에 미치는 영향에 초점을 맞추었다. 응우옌은 현장 조사를 하면서 외국인과 결혼한 여성들의 공통된 특징, 고향 마을을 떠난 뒤 보낸 돈의 액수, 이혼율 등 그동안 간과되었던 세부 사항들의 목록을 작성했다. (응우옌은 이혼율이 놀라운 수준이지만 떤록 같은 고장의 인구학적 구조에서는 이를 파악하기 어려울 것이라고 말했다. 많은 여성이 베트남으로 돌아오지만 새 외국인 남편을 구하는 동안만 머물기 때문이다.)

응우옌은 또한 신부들의 이주가 지역 남성들에게 미치는 영향도 살펴보았다. "많은 여성에게 이미 남자 친구가 있어요. 하지만 남자 친구가 가난하기 때문에 그를 떠나 한국인이나 타이완인 남성을 구하죠." 응우옌은 2005년에 공동 집필한 연구 보고서에서 메콩강 유역의 일부 지역에서 최근 결혼한 부부 중 절반이 현지 여성과 타이완 남편 간의 결혼이었다고 밝혔다.[43] "남겨진 남성들은 짝을 찾을 기회가 없습니다. 슬픈 일이죠."

떤록에 머무는 동안 내가 만난 젊은 여성은 서른 명이 넘지 않았다. 하지만 섬은 젊은 남성과 소년 들로 가득 차 있었다. 떤록을 떠나기 전에 하 부인과 나는 국수를 먹으려고 선착장 근처의 야외 카페에 들렀다. 손님은 모두 남성이었다. 음식이 나오길 기다리면서 나는 차를 마시는 남성, 해먹에서 낮잠을 자는 남성, 녹색 천이 낡아 무색의 덩어리가 되어버린 당구대에서 당구를 치는 남성 등 갖가지 무료한 모습의 남성 열두 명을 지켜보았다.

잠시 후, 카페 곳곳의 놈팡이들이 접이탁자 주위에 모였다. 나이 든 남자들이 포커를 시작했고 젊은 축들이 구경했다. 이들은 담배 내기를 했는데 중간 중간 극적으로 숨을 내쉬고 주먹으로 탁자를 내리치는가 하면 탄성을 지르기도 했는데, 하 부인의 말에 따르면 '맙소사!'라는 뜻이라고 했다. 구경꾼 중 한 명은 벌거벗은 여성의 옆모습과 '남성이 원하는 것'이라는 글자가 찍힌 흰색 티셔츠를 입고 있었다.

중국과 마찬가지로 베트남에서는 현지인 간의 결혼에서도 보통 신부의 가족에게 신붓값을 준다. 하지만 경쟁이 심해져 신붓값이 올라가기 전까지는 그 액수가 외국인과의 결혼에서 건네지는 돈과 비교가 되지 않았다. 카페 안의 남성들이 결혼할 여성을 찾는 데 성공하더라도 거래가 성사될 만큼의 돈을 모으기 힘들 것이다. 이제 젊은 딸을 가진 부모들은 구혼자들에게 예전보다 두 배 많은 물건을 마련해줄 것을 요구한다.[44] 2007년에 하노이의 사회개발연구소 연구원 쩐장린은 떤록 지역의 수백 가구를 조사했다. 한 남성은 "이 지역의 젊고 예쁜 여자들은 대부분 이미 외국인과 결혼했어요"라고 말했다. "우리같이 가난한 남자들은 결혼하기가 정말 어려워요. 내 친구들은 가까운 다른 지역에서 아내를 구해야 해요. 저도 그러려고 생각 중이고요."[45]

설상가상으로 베트남에도 성비 불균형이 나타나 2030년까지 430만 명의 또 다른 남성들, 주로 북부 지역의 남성들이 아내를 구하지 못할 것이다.[46] 대부분의 베트남 남성들은 해외에서 여성을 사올 형편이 안 되기 때문에 성비 불균형은 메콩강 지역에 여성을 공급하라는 압력을 더욱 높일 것이다.

떤록 지역 남성들이 겪고 있는 어려움은 신부 거래의 가장 위험한 특징 중 하나다. 아들을 낳기로 선택한 사람들이 아들이 홀로 늙어가는 것을 봐야 하는 사람들과 동일한 것은 아니다. 세계화로 인해 소비자들이 그 물건을 생산하는 노동자의 희생을 고려하지 않고 저렴한 물건을 구입할 수 있는 것처럼, 부모들은 성 감별 낙태의 고약한 여파를 떤득 같은 지역에 감추어 자신들의 행동이 미치는 영향을 무시할 수 있다. 타이완과 한국의 부유한 부모들이 결정을 하고 베트남의 가난한 가족들이 그 영향을 받는 것이다.

베트남 정부가 자국 여성들이 떠나는 문제에 완전히 수동적인 것은 아니다. 관료들은 이웃 국가들로 여성이 빠져나가는 현상을 중단시키려고 노력했다. 2000년에 호찌민 시내의 한 비즈니스호텔 일곱 개 객실에서 220명이 넘는 여성이 외국인 남성의 선택을 기다리며 중개인에게 붙잡혀 있었던 사건이 일어났고, 이후 하노이 정부는 결혼 거래를 엄중하게 단속했다.[47] 국영 신문들은 타이완드림의 실체를 폭로하는 특집을 실었고 "타이완 환멸" 같은 제목을 붙였다.[48] 그리고 정부는 2002년에 중매 대행사를 법으로 금지했다.[49]

하지만 사회학자 응우옌은 엄중 단속은 결혼 거래를 음지로 밀어 넣는 결과만 낳았다고 말한다. 이제 여성들은 고향 마을을 떠난 뒤 호찌민시에 있는 차이나타운인 쩔런에 모인다. 그리고 지저분한 뒷골목 모텔에서 한 방에 여섯 명 이상씩 들어가 타이완과 한국 남성들의 선택을 기다린다. 기다림은 불편하기만 한 것이 아니라 빚이기도 하다. 일부 대행사들은 남성에게 신부의 숙박비를 부담하게 하기 때문에 몇 주 동안 선택되지 않은 여성은 값이 올라가게 된다. 단속이 불러온 두 번째 결과는 여성 거래를 세계의 가장 가난한 지역까지 몰고 갔다는 것이다. 국제이주기구의 2008년도 보고서에 따르면 아시아의 결혼 거래는 캄보디아로 확장되었다.[50] 성비 불균형이 결혼 경쟁을 끝까지 몰고 간 것이다.

한편 메콩강 지역에서 성 감별 낙태가 시작되었을 때 일부 학자는 왜곡된 현상이 일어날 것이라고 믿었다. 주민들이 딸을 선택하리라고 생각한 것이다. 여성 거래에 관해 주민들을 조사한 쩐장린에게 한 마을 주민은 "현재 딸이 아들보다 선호됩니다. 딸들은 외국인과 결혼하여 경제적으로 가족을 도울 수 있기 때문이죠"라고 말했다.[51] 응우옌이 안장성에서 실시한 포커스 그룹 연구에서 중년의 한 응답자는 "결혼 적령기의 딸이 없는 사람들 중에는 운이 나쁘다고 느끼는 사람이 많아요"라고 알려주었다.[52] ●

조사 대상이던 부모들이 이러한 소망을 이루면 베트남의 출생 성비는 좀 더 균형 잡힌 형태가 될 것이다. 하지만 더 빈곤한 다른 나라들의 아동 인구가 여아 쪽으로 기울기 시작할 것이다. 레나 에들런드는 한 논문에서 성별 선택 기술이 더 저렴하고 정교해지고 더 널리 확산되고 또 세계의 중상층에서 태어나는 남아의 수가 증가하면서 가난한 국가들이 기회를 감지할 것이라고 예상했다. "태아 성 감별과 관련된 가장 큰 위험은 최하층 계급의 여성이 증가한다는 점이다."[53] 이 시나리오대로라면 우리는 성별이 소득과 계층에 따라 나뉘고 여성이 태어나지 않는 것이 아니라 가난한 가정에서 태어나는 현실에 직면하게 될 것이다.

● 마찬가지로 많은 수의 여성이 성매매업에 종사하는 아시아 일부 지역에서는 부모들이 딸의 탄생을 기뻐한다. 2001년작 『성 노예(Sex Slaves)』에서 루이즈 브라운은 네팔의 시골 지역에 대해 "이곳에서 딸의 출산은 더는 애통한 일이 아니다. 성매매업이 딸들에게 시장 가치를 주었다"라고 썼다.

12장
매춘부들의 입장

인신매매로 팔리는 소녀들

> 여자에게 작업을 거는 우리나라의 기술은
> 인류 역사상 견줄 데가 없을 정도로 높은 수준에 이를 것이다.
> —2007년, 중국의 포털 사이트 Tianya.cn에서 연
> 편향된 출생 성비에 관한 포럼에서[1]

　소녀들은 마담에게 인사한 뒤 사창가를 나와 어둑한 초저녁의 빛 속에서 낯선 중국 거리를 걸었다. 한 명은 열여섯 살, 다른 한 명은 열다섯 살이었다. 외국에 온 뒤 처음으로 밖에 나온 것이지만 소녀들은 침착했다. 지금까지는 모든 것이 계획대로였다. 둘은 포주가 따라오지 않게 일부러 천천히 지정된 호텔 쪽으로 걸었다. 소녀들은 포주가 두 사람씩 짝을 지어 사창가를 나가 손님을 방문하게 하는 데는 일종의 삐딱한 믿음이 깔려 있다고 생각했다. 소녀들을 납치해 국경 너머로 몰래 데려와 가장 높은 값을 부른 남자에게 이들의 순결을 무신경하게 팔아넘기고 몇 달 동안 한 푼도 주지 않은 채 하루에 열일곱 명의 손님을 상대하게 하는 등 그동안 포주가 자행한 온갖 일이 소녀들을 고분고분하고 서로를 믿지 못하게 만들었다고 생각할 것이다. 한 명이라면 도망칠 수도 있지만 두 명은 그러지 못하리라는 속셈일 것이다. 두 사람은 감시의 눈길이 없다고 생각했다. 그래서 호텔로 가는 도중 길가의 정해진 장소에서 대기하고 있던 택시를 발

견하자 뒤도 돌아보지 않고 서둘러 택시에 몸을 실었다.

택시 안에는 다른 승객들이 타고 있었다. 소녀들이 쳐다보자 두 남자는 이들이 받은 충격을 알고 있으며 구하러 왔다고 베트남어로 말했다. 소녀들은 일곱 달 만에 처음으로 안전에 가까운 느낌을 받았다. 열다섯 살의 람흐엉즈엉은 특히 더 안심할 만한 이유가 있었다. 남자들 중 한 명의 부드러운 둥근 얼굴이 익숙했기 때문이다. 하노이에 두고 온 학교 수업과 방과 후 활동, 그 외에 했던 일들이 떠올랐다. 람은 다른 소녀에게 바짝 다가앉으면서 택시가 출발하기를 기다렸다.●

친숙한 얼굴의 사내의 이름은 쩐뚜언중이었다. 쩐이 운전사에게 출발하라는 신호를 보내자 택시는 그들이 고국이라고 부르는 나라인 베트남 국경 쪽으로 달렸다. 그러나 그 뒤 계획이 흐트러졌다. 택시가 속도를 낸 지 불과 몇 분 뒤에 후면 유리로 남자 두 명이 오토바이를 타고 쫓아오는 모습이 보였다. 소녀들은 남자들이 누군지 알아보지 못했지만 사창가에서 자신들을 잡으러 보낸 사람들이 틀림없음을 금세 알아차렸다. 오토바이 뒷자리의 남자가 긴 금속 막대를 휘두르고 있었기 때문이다. 남자는 택시 쪽으로 막대를 위협적으로 흔들었다.

곧이어 오토바이가 차 옆으로 달려왔다. 소녀들은 오토바이 뒷좌석의 남자가 막대를 택시의 옆 창으로 휘두르는 모습을 공포에 질려 쳐다보았다. "달려요! 달려!" 쩐이 택시 운전사에게 고함을 질렀다. 운전사가 알아듣지 못하는 베트남어였지만 무슨 말을 하는지는 분명했다. 운전사가 돈이 더 필요하다는 시늉을 하자 쩐은 땀에 젖은

● 인신매매를 당한 소녀들과 이들을 구출한 NGO 직원의 이름은 가명이다.

100위안짜리 붉은 지폐 몇 장을 그의 손에 쥐여주었다. 마침내 운전사가 가속페달을 밟자 차가 앞쪽으로 튕겨 나갔다. 바로 몇 미터 앞에서 국경과 자유가 이들에게 손짓했다. 하지만 오토바이가 바로 뒤에서 따라오고 있었다. 소녀들은 오토바이 운전사가 속도를 높이면서 택시와의 간격이 다시 한번 좁아지는 것을 숨 죽인 채 지켜보았다. 둘 다 아무 말도 하지 않았지만 속으로는 깡패들이 창유리를 후려치기 전에 국경에 닿을 수 있을지 조마조마했으리라.

쩐은 상황을 통제하려고 애쓰면서 앞쪽을 보고 있었다. 변호사인 쩐은 언젠가 자신이 국경을 건너는 구출 작전을 벌일 거라고는 꿈에도 생각지 못했다. 법대를 졸업한 뒤 쩐은 기업 법률은 자신에게 맞지 않다고 판단하고 가난한 아이들을 위해 일하는 하노이의 한 NGO의 법정대리인으로 일하기 시작했다. 그러던 어느 날 베트남 중부 지방 출신의 가난한 고철상의 딸이자 성실한 학생이던 람이 사라졌다. 쩐은 인신매매 조직망이 하노이 거리에서 가난한 소녀들을 납치한 뒤 국경을 건너 중국으로 데려가 매춘부로 팔아넘긴다는 사실을 알고 있었다. 중국의 첫 번째 과잉 남성 집단이 성년이 되어 매춘에 대한 수요가 급격히 높아지면서 지난 몇 년간 거래가 증가했다. 또한 점점 더 많은 베트남 소녀가 억지로 결혼을 해야 했다. 쩐이 가장 두려워하던 일이 확인된 것은 한 동료가 정신없이 허둥대는 람의 전화를 받았을 때였다. 람은 자신이 납치되어 중국 어딘가의 사창가에 잡혀 있다고 말했다. 겁이 난다고, 누군가가 구하러 와주길 원한다고 했다. 그러면서 자신이 있는 도시의 이름을 겨우 짜 맞추어 말했다. 호차이. 람이 아는 건 그것뿐이었다.[2)]

NGO의 변호사로서 쩐은 베트남 당국과 이 사건을 상의했다. 하지만 하노이 경찰은 실망스러운 답변만 할 뿐이었다. 이 일은 국제적인 사건이니 수사를 하려면 수사관들이 중국으로 건너갈 수 있게 특별 허가를 얻어야 한다고 했다. 허가를 얻으려면 시간이 걸릴 것이다. 하지만 쩐에게는 기다릴 시간이 없었다. 쩐은 경찰의 손을 거치지 않고 직접 해결하기로 결심했다.

국제이주기구에서 일하는 친구들이 쩐에게 호차이는 베트남과 중국 국경의 주요 교차점이자 최근 인신매매가 활발한 도시인 핑샹의 작은 위성도시라고 알려주었다. 쩐은 함께 갈 동료를 구한 뒤 3일짜리 중국 비자를 얻어 국경으로 출발했다.

호차이 시내는 몇 구역으로만 이루어져 있는 데다 작은 도시치고는 홍등가의 규모가 상당하여 쉽게 찾을 수 있었다. 홍등가의 칙칙한 건물들(몇몇 건물은 실제로 붉은색 등을 밝혀놓았다) 옆에는 짧은 치마에 하이힐을 신고 화장을 떡칠한 여성들이 서 있었다. 쩐은 어떤 집에 겁에 질린 람이 있는지 몰랐다. 그래서 거리의 한쪽 끝에서 시작해 내려가면서 각 집마다 들어가 소녀들을 보여달라고 요청했다. 소녀들이 차렷 자세로 서 있는 동안 쩐은 한 사람 한 사람을 마치 상점의 상품이라도 되는 것처럼 위아래로 살펴보았다. 자신이 베트남인이라는 것을 감추려고 애쓰면서 각 소녀에게 중국어로 "안녕, 아가씨"라고 말한 뒤, 실망하는 척하며 자리를 떴다. 배웅하는 마담에게는 소녀들이 너무 못생겼다거나 말랐다거나 소심하다고 설명했다. 그러다 여덟 번째 집에서 마침내 머물렀다. 람을 발견했기 때문이다.

쩐과 람은 때 묻은 얇은 매트리스 하나만 한구석에 덩그러니 놓인, 정액 냄새 풍기는 작은 방에서 탈출 계획을 세웠다. 쩐은 자신이 성관계를 위해 화대를 지불하는 부류의 남자였다 해도 그 방에서는 관계를 갖고 싶지 않을 것 같았다. 하지만 람이 갇혀 있던 그 방은 그 날 그녀에게 자유를 안겨주는 장소가 되었다. 람은 도망갈 생각으로 포주와 마담을 주의 깊게 살피며 감시에 틈이 있는지 찾아왔었다. 쩐에게 그녀는 가장 성공 가능성이 높아 보이는 방법을 말했다. 호텔에서 전화를 걸어 한 번에 소녀 두 명을 요구한 뒤 길가의 택시에서 몰래 기다리는 방법이었다.

그날 지저분한 방에서 세운 계획은 탄탄해 보였다. 하지만 람은 포주가 자신보다 한 수 위라는 것을 고려하지 못했다. 잉여 남성들과 잠을 자는 생활에서 벗어나고자 시도한 사람이 자신이 처음이 아니라는 생각을 못 했던 것이다. 택시가 달리는 동안 도망친 소녀들은 좌석에 몸을 묻었다. 그들을 구하기 위해 멀리까지 온 남성들은 몸을 떨었다. 네 사람 모두 국경과 국경선 너머에서 기다리고 있는 집을 생각하며 희망을 품었다.

람 구출 사건에 등장하는 국경을 건너는 숨 막히고 극적인 이야기, 납치범에게서 소녀를 구하기 위해 직접 나선 사회운동가, 운 좋은 우연과 뒤이은 끔찍한 불운은 흔치 않은 일이다. 하지만 그때까지 소녀에게 일어난 일들, 즉 납치당해 낯설고 먼 땅으로 끌려가 자신을 산 남성에게 순결을 잃는 일은 너무나 흔히 접할 수 있다. 몇 년간 베트남 여성과 소녀 수천 명이 중국으로 팔려 간 것으로 추정되었다.[3] 그중 일부는 람처럼 중국의 사창가로 끌려갔고 많은 다른 여성(일부 설명에 따르면 베트남 여성 인신매매 희생자 중 가장 큰 비율)은 성비 불균형이 높은 지역의 중국 남성들에게 팔려 가서 결혼했다.[4] 이러한 결혼은 아시아의 결혼 대행사들이 주선하는 결혼과는 다르다. 사진 교환, 신부 가족에게 주는 선물, 사랑 고백이 없다. 그리고 팔려 간 베트남 여성의 대다수는 구출되지 않는다.

베트남 여성이 중국에 불법적으로 팔려 가는 일이 시작된 것은 적어도 남아시아가 프랑스의 지배를 받던 19세기까지 거슬러 올라간다. 당시 지금의 하노이인 통킹의 식민지 관료들은 불량배들에게 납치되어 밀매업자에게 팔려 간 어린 소녀들의 사례를 일일이 기록했다. 밀매업자들은 소녀들에게 중국옷을 입혀 부모인 척하며 국경 밖으로 몰래 데리고 나갔다. 식민지 관료들이 이런 관행을 엄중히 단속할 때도 프랑스 군인들은 밀매업자들을 도왔다고 전해진다.[5] 프랑스가 인도차이나에 대한 지배권을 잃은 뒤에도 암거래망은 남아 있었고 여성에 대한 수요가 높아지거나 낮아짐에 따라 확장되었다가 축소되었다가 했는데, 오늘날에는 밀매단이 그 어느 때보다 활발하다.

여기에는 국제적인 긴장 완화도 한몫을 했다. 1992년 중국과 베트남 정부는 수십 년간의 불편한 관계 끝에 국경을 재개방하는 데 합의하여 인신매매업자들의 일을 크게 간소화해주었다.[6] 하지만 납치와 성매매의 급격한 증가에는 더 중요하고 직접적인 원인이 있다. 바로 중국에서 점점 더 많은 잉여 남성이 성인이 되면서 여성에 대한 수요가 치솟았다는 점이다. 2004~2010년 베트남 당국이 적발한 인신매매 사건의 거의 3분의 2가 중국으로 보내질 여성과 아이 들이었다.[7]

일부 여성은 자신들이 어디로 갈지 대충 아는 채 베트남을 떠났다. 보통 베트남의 시골 지역에서는 결혼할 수 없는 나이인 30대 초반이거나 이혼을 하여 남 말 하기 좋아하는 시골 마을에서 힘든 처지에 놓인 여성들이었다. 이들은 중국에서 일자리나 남편을 구할지도 모른다는 막연한 기대를 안고 떠났다. 다른 여성들은 처음부터 완전혀 아무것도 몰랐다. 그저 시장에 가다가 혹은 거리에서 어디에 일자리가 있는지 안다거나 더 좋은 일자리를 구해주겠다거나 가방을 국경 너머로 가져다주면 사례로 많은 돈을 주겠다는 등의 솔깃한 제안을 받았다. 이런 권유를 하는 사람들은 대개 여성이었다.[8]

람은 도시 10대들의 관심사에 맞춰진 전략에 따라 납치되었다. 람이 인신매매업자를 만난 것은 온라인에서였다. 채팅룸에서 괜찮은 10대 소년으로 생각되는 상대를 만났고, 몇 번 대화를 나눈 뒤 직접 만날 날을 정했다. 하지만 약속 장소에 나간 람은 납치되었다.

나는 하노이의 어느 고층 건물 회의실에서 만난 국제이주기구 인신매매 반대 활동가인 도안투이중과 응우옌꾸옥남에게서 람의 이야기를 들었다. 도안과 응우옌은 베트남 북부 마을에서 여성들의 유출을 줄이기 위해 일한다. 둘은 인신매매의 성행으로 힘든 싸움을 하고 있다고 말했다. 특히 지난 10년 동안 매춘부로 팔려 가는 여성의 수가 증가했다. 7층 아래 하노이 거리에서 들려오는 오토바이와 자동차 경적 소리가 무색해지는 부드러운 목소리의 응우옌은 인신매매가 "어디서나 일어난다"라고 말했다. "어느 주, 어떤 마을에 가더라도 사람들에게서 인신매매에 관해 듣습니다." 그는 인신매매업자들이 자신이 속한 사회를 표적으로 삼는 경우 특히 막기가 힘들다고 덧붙였다.[9] 국제이주기구 연구원들이 중국과 국경을 맞댄 베트남의 꽝닌성에서 인신매매를 당했다가 돌아온 희생자 수백 명을 대상으로 실시한 인터뷰에서 70퍼센트의 여성과 소녀가 자신이 아는 사람을 따라 갔다고 증언했다.[10] 젊음과 그에 따르는 순진함은 또 다른 장애물이었다. 꽝닌성에서 조사한 여성 중 20퍼센트가 인신매매를 당할 당시 18세 미만이었다.[11] 응우옌은 지금은 그 비율이 더 클 것이라고 믿는다. "희생자들을 살펴보면 나이가 점점 더 어려지고 있어요."

직사각형 모양의 빨간 안경을 쓴 도안은 고개를 세차게 끄덕였다. "열한 살이나 열두 살밖에 안 된 아이들도 있어요. 심지어 열 살짜리도 있죠."

1980년대에 경제개혁으로 국내 이주가 더 자유로워지면서 중국은 매춘부의 수가 폭발적으로 증가해, 호황을 누리는 도시에는 천만 명의 성매매 종사자들이 있는 것으로 추산된다.[12] 하지만 매춘부에 대한 수요가 늘고 중국 여성들의 수가 줄어들면서 이제 외국인 여성들을 탐내게 되었고 중국 외곽에 사는 가난한 여성이 위험에 처했다. 인신매매의 역사 때문에 베트남이 특히 큰 타격을 입었지만 중국과 국경을 맞댄 다른 나라들의 어린 소녀들의 전망도 마찬가지로 어둡다. 중국의 서쪽 국경에 접한 미얀마 여성들은 중매업자와 사창가가 모여 있는 루이리시를 통해 중국에 들어온다. 한편 중국 북동부 지역에서는 여성들을 구하는 주요 창구가 북한이다. 미얀마와 마찬가지로 독재와 가난에 시달리는 북한 여성들은 고국을 떠나기를 갈망하고 실제로 많은 여성이 행동으로 옮긴다. 북한 난민들을 돕는 조직인 두리하나 선교회의 책임자가 2010년에 프랑스 통신사 AFP와의 인터뷰에서 중국에 살고 있는 북한인 수만 명 중 80퍼센트가 여성이라고 말했을 정도다.[13] 난민들은 보통 돈이나 일자리를 구할 전망도 없이 중국에 도착하며 많은 사람이 포주에게 빚을 진 채 매춘부가 되거나 신부로 팔려 간다. 포주들은 여성 장사로 점점 더 짭짤한 재미를 보고 있다.[14] 관찰자들은 팔려 가는 난민 여성 한 명으로 벌어들이는 돈이 20년 전보다 10배나 높아졌다고 말한다.[15]

아시아에 성매매가 성행하는 것을 성비 불균형 탓만으로 돌릴 수는 없다. 최근의 경제성장으로 개인적·사회적 자유가 늘어나고 성풍습이 느슨해졌으며 거의 모든 것이 과도하게 상업화되었다. 이 세 요소를 결합하면 대륙 전체에 성매매가 퍼진 이유를 알 수 있을 것이다. 하지만 성비 불균형 역시 하나의 요인인 것만은 분명하다. 미 국무부의 연간 「인신매매 보고서」에서는 아시아의 여성 부족을 이 지역에서 일어나는 성매매의 주요 원인 중 하나로 꼽았다. "성비 불균형의 확대가 불러온 결과 중 중요한 것으로는 강제 결혼과 매춘 수요 증가를 들 수 있다." 국무부 내의 인신매매 관찰 및 퇴치 사무국 국장인 마크 래건은 2008년 워싱턴에서 정책 입안자들로 구성된 청중에게 다음과 같이 말했다. "여성 부족이 매춘 여성 및 소녀에 대한 수요를 증가시켰으며 인신매매 희생자들이 늘어나게 되었습니다."[16] 중국사회과학원 연구원들도 2010년의 인터뷰에서 이러한 연구 결과를 되풀이했다. 이들은 성비 불균형의 결과로 강제 매춘과 인신매매가 "횡횡하게" 되었다고 말했다.[17]

국제 인신매매에 대한 관심이 높아지는 가운데 아시아에서는 국내 인신매매업도 번창하고 있다. 중국 서부에서 동부로, 그리고 인도 북동부에서 북서부로 여성들이 팔려 가는데, 희생자들은 외국으로 팔려 간 여성들과 마찬가지로 힘든 생활을 한다. 납치되어 한밤중에 국경 너머로 실려 간 베트남 소녀들과 마찬가지로 다른 지역으로 팔려 간 중국이나 인도의 10대 초반 시골 소녀들은 대개 자신이 어디로 갈지 잘 모른다.

역사적으로 매춘은 남성이 여성보다 많은 지역에서 번성했다. 19세기 프랑스에서는 산업화 이후 사창가가 번창했다. 산업화로 인구의 도시 이동이 늘어나면서 도시가 남성들로 가득 찬 결과였다.[18]

1930년대 상하이에서도 비슷한 현상이 일어났다. 당시의 추정치에 따르면 여성 13명 중 한 명이 매춘부였다.[19] 오늘날에도 아시아의 사창가는 성비가 가장 편향된 지역에 번성한다. 국가 전체로 보면 중국이 미국보다 매춘 비율이 높다. 21~30세 남성 중 13퍼센트가 매춘부에게 간 적이 있다고 응답했다. 경제학자 아브라함 이번스타인과 이선 제닝스 샤리긴은 2000년에 실시된 중국의 보건 관련 조사를 바탕으로 한 분석에서 독신 남성 인구가 많은 나라에서 매춘 비율이 더 높다는 것을 밝혀냈다.[20] 내가 성 감별 낙태에 관해 처음으로 부모들을 인터뷰한 장쑤성의 쑤이닝에서 주민들은 이제 시내의 한 구간을 지뉘지에妓女街('매춘부 거리')라고 부른다. 심지어 도시 주변의 농업지대에도 매춘부들이 있는데 이들의 붉은색 립스틱은 논과 밀밭의 은은한 녹색, 갈색과 뚜렷한 대조를 이룬다.

한편 자발적으로 이 직업에 종사하게 된 여성들은 성비 불균형이 장사에 유리하다는 것을 인식했다. 서비스에 대한 수요가 높아지면서 이들은 조직화하기 시작했다. 2010년 중국 우한시의 매춘부들은 빨간색 우산을 쓰고 거리로 나와 정부의 매춘 단속에 항의하고 매춘 합법화를 요구하는 탄원서를 돌렸다. 빨간색 우산은 전 세계 성매매 종사자들의 권리를 지지하는 사람들이 사용하는 상징이다. '훌리건 스패로'라는 이름으로 통하는 시위자 중 한 명은 자신의 블로그에 "이러한 압력은 오래가지 않을 것이다. 성비의 균형이 맞지 않게 되면서 독신[남성]이 겪는 성적 제약은 거대한 사회적 수요를 낳을 것이다"라고 썼다.[21] •

인신매매 반대 활동가들은 중국에서의 매춘 확산이 특히 놀라운

한편, 인신매매 조직이 여성들을 성매매업과 결혼으로 팔아넘기며 그중 대부분의 여성이 신부로 팔려 가서 눈에 띄지 않는 농부의 아내가 되어 시골 마을의 일상으로 사라진다고 강조한다. 현지 NGO의 보고서에 따르면 중국으로 팔려 간 미얀마 여성들 중 90퍼센트가 강제 결혼을 한다.[22] 북한 여성 대부분도 아내를 찾는 남성에게 팔려 간다.[23] 국제이주기구의 응우옌과 도안은 멀리 내몽골에 사는 남성에게 팔려 가서 결혼한 베트남 여성들에 대해서도 들었다고 증언했다. 아시아에서 강제 결혼은 여성 성기 절제, 가정 폭력, 부부 사이의 강간과 함께 여성이 미국으로 정치적 망명을 신청할 수 있는 근거가 되었을 정도로 흔해졌다.[24]

주나 나라의 경계 밖으로 몰래 넘겨진 여성에게 주어진 운명은 하루에 열두 명의 남성을 상대하거나 혹은 한 명을 상대하되 그의 아이를 낳고 친구, 가족과 연락이 두절된 채 낯선 곳의 생활에 적응하려 고생하는 삶이다. 이 문제를 살펴본 뒤 나는 둘 사이에 큰 차이가 있는지 의아해졌다.

쑤이닝 외곽의 한 마을에서 남성용 바지를 입고 여윈 몸 위에 검은색과 흰색이 섞인 물방울무늬 셔츠를 헐렁하게 걸친 37세의 촌부 장메이를 만났다. 장은 멀리 티베트와 국경을 맞대고 있는 가난한 산악 지역인 윈난성 출신이었다. 윈난성과 쑤이닝은 테네시주와 알래

- 홀리건 스패로의 주장에는 일리가 있다. 역사를 살펴보면 정부가 성비 불균형이 높은 사회의 남성들을 달래는 수단으로 매춘을 장려한 사례들이 있다. 영국 정부는 한때 남성 정착민들을 달래기 위해 여성 재소자들이 탄 배를 오스트레일리아 변경으로 보냈으며, 그중 많은 여성이 매춘부였다.

스카보다 공통점이 없는 지역이다. 이웃들은 장이 20년 전에 이 마을에 왔다고 말했다. 장은 자신을 결혼에 팔아넘길 속셈인 인신매매업자에게 이끌려 동쪽으로 긴 여행을 한 뒤 마을에 도착했다. 도착하는 곳에서 일자리를 얻을 거라는 모호한 약속 외에는 자신이 어디로 가고 있는지 몰랐다. 하지만 납치된 것이 아니었기에 인신매매업자를 어느 정도 믿었다. 장은 부모가 딸을 판 경우였다.[25]

동쪽으로의 여행이 완전히 나쁘기만 한 것은 아니었다. 인신매매업자는 장을 윈난성의 성도인 쿤밍으로 데려갔는데 소도시에서 보낸 그 잠깐 동안은 그녀가 도시를 처음으로 경험한 시간이었다. 장은 백화점인 이량宜良 제너럴 머천다이즈에 갔던 일을 기억한다. 백화점은 그녀에게 현대성과 현대의 모든 가능성을 상징했다. 당시 누군가가 사진을 찍었는데 남아 있는 사진에서 장은 윤기 나며 고불거리는 검은 머리채를 한쪽 어깨를 지나 가슴 위로 거의 허리까지 늘어뜨린 모습이다. 하지만 쑤이닝에 도착한 뒤 그녀는 머리카락을 잘랐다. 도시의 화려함은 시골 마을에 남아 농사짓고 아이를 낳아야 하는 운명인 그녀를 비켜 갔다.

장의 남편이 된 남성은 점잖았지만 그녀보다 열다섯 살이나 위였다. 그리고 부인하기 어려울 정도로 못생긴 데다 마을 주민 중 가장 가난한 축에 속했다. 장은 생계를 잇기 위해 열심히 일해야 하며 마을을 떠날 수 없다는 것을 알았다. 집에 잠깐 다녀오는 것도 허락되지 않았다. 장은 시끌벅적한 마을 마작 게임에서 돈내기를 하거나 드라마에 빠지거나(내가 방문한 날 오후 그녀는 〈여인은 울지 않는다女人不哭〉를 보고 있었다) 랴오리처럼 국가가 승인한 삼자교회에서 기도를 하며 평생 동안의 감금에 대처하고 있었다. 방 한 칸짜리 집에서 나와 함께 긴 의자에 앉아 있던 그녀가 말했다. "제게는 괴로움이 있어요. 기도를 하지 않으면 그 괴로움을 모두 마음속에 담고 있어야 할 거예요."

원난성의 가족들이 꾸준히 사진을 보내줘서 장은 여동생의 아이들이 성장하는 모습, 결혼 행진, 음력설을 맞아 고향에 모인 가족의 모습을 볼 수 있었다. 장은 그 사진들을 작은 서랍 속에 넣어 잠가놓았다. 쑤이닝에 있는 장의 집에서 두드러지는 것은 그녀와 남편이 결혼식 날 찍은 사진이다. 확대해서 텔레비전 바로 위에 걸어놓은 사진 속에서 부부는 에어브러시로 착색한 뿌연 배경 뒤로 둘 다 흰색 옷을 입고 서 있다. 신랑은 키가 작고 귀가 컸으며 눈은 소심해 보였다. 엄숙하고 창백한 모습의 신부는 얼굴에 흰색 분을 발랐다. 그녀는 마치 어리둥절한 유령 같았다.

세부적으로 봤을 때 가장 잘못된 점은 아마도 장이 어떤 면에서 역사를 반복했다는 점일 것이다. 결혼 직후 장은 자신이 아들을 낳아야 한다는 것을 알게 되었고, 딸 둘을 낳은 뒤 셋째로 아들을 낳았다. 하지만 아이들이 자라면서 남편은 딸들을 교육시키는 데 돈이 너무 많이 든다고 불평했다. 쑤이닝에서는 아들을 중시했기 때문에 남편은 딸 한 명을 원난성에 있는 장의 부모에게 보냈다. 한 세대 뒤에 딸 한 명이 사라지는 일이 되풀이된 것이다. 나는 이러한 유사성이 어디까지 확대될 것인지, 그 딸이 자라서 어머니와 똑같은 운명이 되어 자신을 본 적도 없는 낯선 남자와의 결혼에 팔려 가는 것은 아닌지 궁금했다.

장은 쑤이닝의 출생 성비가 왜곡되기 시작할 즈음 도착한 초기 이주자였다. 하지만 곧 다른 사람들이 왔다. 내가 방문했을 때 주민 몇백 명 규모의 조용한 마을에는 원난성 출신의 여성이 네 명 살고 있었다. 중국에서 윈난성의 여성들은 값이 싸고 순종적이며 쉽게 구할 수 있기로 유명하다. 구글에서 '윈난성 신부'를 중국어로 검색해보면 중국의 가난한 남서부 성에서 아내를 얻은 경험을 나누는 게시물들을 연이어 볼 수 있다. 경찰 통계에 따르면 윈난성에서 매년 천 명이 넘는 여성과 아이 들이 팔려 나간다. 부모들이 딸을 팔아넘기는 경우는 추적하기 어렵기 때문에 실제 총합은 그보다 많을 것이다.[26]

2004년에 국제노동기구는 국영 중화전국부녀연합회와 협력하여 중국 남서부에서 인신매매 반대 프로그램을 실시했다. 몇 년 동안 교육가들이 인신매매업자가 장메이를 샀던 바로 그 산지 마을들을 돌아다니며 홍보를 했고 거리에서 접근한 처음 보는 사람과 함께 떠날 때의 위험에 대해 경고하는 전단을 배포했다. 윈난성은 중국에서 문맹률이 가장 높은 지역에 속했기 때문에 전단은 만화로 되어 있었고 젊은 여성들을 대상으로 했다. 텔레비전이나 인터넷 혹은 이미 고향을 떠난 친구들에게서 고향 밖 세상에 대한 멋진 이야기를 접한 젊은 여성들은 바깥세상을 거부할 수 없게 된다.[27] 이 프로그램을 감독한 윈난성 토박이이자 전직 기자인 주휘는 메시지를 이해시키기 힘들었다고 회상한다. 야심 찬 10대들은 고향에 머무르면 자신에게 주어질 수 있는 기회가 제한적이라는 것을 알고 있었다. 그래서 똑똑한 여성들이 실제로 인신매매에 가장 취약했다. 주휘는 다음과 같이 토로했다. "젊은이들은 떠나고 싶어 해요. 자란 뒤에 마을에서 할 일이 없어요."

그리하여 윈난성은 여성을 구할 때 선호되는 지역이다. 나는 신부 구매에 관한 중국의 한 사이트 게시판에서 "윈난성에 가서 여자를 사는 것은 구식"이라고 조소하는 글을 읽었다. 윈난성의 소녀 한 명의 값은 평균 5천 위안(760달러)으로 베트남 소녀와 비슷하다. 신부 구매 전문가는 산둥성에서는 3천~4천 위안(460~610달러)만 주면 여성을 살 수 있다고 주장했다.[28]● 타이완과 한국의 결혼 대행사들이 그럴싸한 표현으로 자신들의 장사를 포장해 남성들에게 결혼이 거래가 아닌 척하도록 돕는 반면 중국 시골 지역의 중개인들은 무신경하다는 인상을 주는 것을 걱정하지 않는다. 윈난성과 미얀마의 국경 도시인 루이리의 거리에 늘어선 중매업자들은 할인 가격으로 베트남 소녀들을 흥정한다. '반값!'[29]

비슷한 장사가 인도에서도 번창하고 있다. 중국이나 베트남과 마찬가지로 인도에도 인신매매의 긴 역사가 있다. 이 문제를 연구한 인도델리공과대학의 사회학자 라빈더 카우르는 동부의 가난한 지역 여성이 남성 주도적인 북서부 지방으로 이동하는 현상은 수백 년 전에 시작되었다고 말한다. 영국의 지배를 받을 때 여아 살해를 자행한 라지푸트족은 정기적으로 젊은 여성들을 납치해 결혼했고 19세기에 식민지 관료들은 여성과 소녀를 매매한 사건을 매년 수십 건씩 기록해 두었다.[30] 하지만 몇 년간 국내 인신매매가 꾸준히 증가하여 2009년에 카우르는 "나이가 훨씬 많거나 가난한 남성에게 사기 결혼을 당해 낙심하거나 결혼으로 속하게 된 사회에서 거의 받아들여지지 않은 채 힘든 삶을 사는 여성"을 자주 본다고 말했다.[31] 문제를 더욱 악화시키는 점은 인도는 지역 차가 클 수 있고 배타적인 동부 마을에서 자란 여성 이주자들에게 북서부 지방은 다른 나라라고 해도 무방하

● 이것은 2008년도 가격이며 남성 한 명이 아내를 얻기 위해 지불해야 하는 최소액을 반영한다. 다른 곳에서는 중개인들이 "최상의 조건"을 갖춘 여성들에 대해 10배까지 높은 가격을 제시한다.

다는 사실이다. 종종 여성들은 남편이나 시댁 식구들과 의사소통을 할 방법도 없이 도착한다. 카우르가 델리 외곽에서 만난 벵골 출신의 한 여성은 시어머니의 지시를 이해하기 힘들다고 고백했다. 시어머니는 며느리가 자기 말을 이해하지 못한다고 때리기도 했다.[32)]

카우르는 한때 마을 사람들이 아들에게 아내를 구해주려다 돈으로 신부를 살 수밖에 없었던 가족들에 대해 뒤에서 수군거리는 바람에 이주 여성들이 새로운 사회에 적응하기가 더욱 힘들었다고 말한다. 하지만 이주 여성의 수가 증가하고 주민들이 팔려 온 신부들을 일상적으로 접하게 되면서 험담은 사라졌다. "지금은 여성이 굉장히 필요하기 때문에 이런 결혼을 사회적으로 수용하게 되었죠." 새로운 결혼에 본질적으로 깔려 있는 특이성을 감추기 위한 풍습이 만들어지기도 했다. 전통적으로 인도에서는 결혼할 때 신랑이 신부 측에 돈을 주는 것이 아니라 신부의 가족이 신랑에게 지참금을 주어야 한다. 오늘날에는 이 풍습이 바뀌어 신랑이 신부를 사지만 가족들은 옛날 방식을 따르는 척한다. 대개는 신랑이 신부의 부모에게 상징적인 액수의 돈을 건네면 신부 가족은 딸을 파는 것이 아니라 몇 년 동안 딸을 위해 지참금을 모아온 것처럼 그 돈을 바로 되돌려준다.

새로운 가족과 신분에 적응하기 위해 노력하는 여성들에게 사회의 수용도가 높아진 점은 긍정적인 변화다. 하지만 동아시아의 결혼 대행업과 마찬가지로 성매매와 결혼 매매의 일반화는 성별 선택이 만연한 지역에 사는 사람들이 성별 선택의 결과를 간과하게 만들 수 있다. 카우르는 여성 부족 현상이 "우리가 바라는 대로 성 감별 낙태의 감소로 이어지지 않고 있다"라고 탄식했다.

일부 지역의 주민들은 여성 부족에 대해 결코 정상적이라 생각될 수 없는 해결책을 찾았다. 특이하지만 유감스럽게도 반복되는 한 시나리오에 따르면 성비 불균형이 높은 지역으로 팔려 간 여성은 결혼 후에 남편의 남자 형제들과도 성관계를 가져야 한다는 것을 알게 된다. 한 여성이 여러 남성과 결혼하는 일처다부제는 한때 중국과 인도의 일부 지역에서 가족의 토지를 아들들 사이에서 나누지 않기 위해 시행되었지만 널리 확산되지는 않았다. 오늘날 아시아인들은 대부분 그런 풍습에 눈살을 찌푸린다. 그리고 아들 여러 명을 위해 여성 한 명을 사는 부모들은 보통 그 사실을 이웃들에게 숨기려고 노력한다. 그러나 일처다부제는 팔려 가는 여성에 대한 수수료에 반영될 정도로 일반화되었다. 여러 남성과 성관계를 가져야 하는 여성은 더 높은 가격에 팔린다.[33]

다른 암울한 사례는 구할 수 있는 아내가 사춘기 이전의 소녀밖에 없는 경우다. 인도는 전 세계 아동 결혼의 40퍼센트를 차지할 정도로 오랫동안 아동 결혼이 많이 이루어진 나라인데 독신 남성이 넘쳐나면서 이런 경향이 촉진되었다. 특히 성별 선택이 가장 성행하는 북서부 지역의 상황이 심각하다.[34] 라자스탄주에서는 매년 4월에 열리는 축제인 악샤야 트리티야$^{Akshaya\ Tritiya}$에서 소녀들이 정기적으로 결혼을 하는데 그중에는 유아들도 있다.[35]

중국에서도 아동 결혼이 증가하고 있다. 유아나 어린 소녀를 사서 미래의 남편과 함께 키우는 민며느리제라는 사라졌던 풍습이 다시 등장했다.[36] 부모들은 일찍부터 결혼 시장을 장악해놓음으로써 안심할 수 있고 나중에 아들이 괜찮은 신붓감의 환심을 사는 데 필요할 돈을 어떻게 모을지 걱정하지 않아도 된다. 하지만 오늘날에는 어린 소녀를 구하기가 쉽지 않다. 따라서 많은 '민며느리'가 실제로는 훔친 아이들이다. 중국의 공안 관료들은 해마다 수천 명의 여아가 유괴당한다고 추정한다. 유괴되는 여아의 숫자가 너무 많아서 경찰은 '베이비 컴 홈'이라는 온라인 등록소와 부모들이 아이를 잃어버렸다고 보고할 수 있는 DNA 데이터베이스를 만들었다.[37] 세계의 한 모퉁이에서 딸을 가진 부모들은 탐탁지 않은 선택에 직면해 있다. 딸을 소개업자에게 팔아 하층계급의 여성으로 만들든지, 혹은 유괴당하지 않도록 단단히 지키든지 선택해야 한다.

외국으로의 여성 매매는 최소한 국제이주기구 같은 국제조직들의 감시를 받는다. 그러나 국내의 다른 지역으로 보내질 위험에 처한 여성들에 대해서는 살피는 사람이 없다. 일단 여성이 목적지에 도착하면 남편이나 포주가 지정되어 완전히 그들 소유가 된다. 타이완이나 한국에 사는 베트남 신부들과 달리 북서부 지방으로 보내진 인도 북부 출신 여성들에게는 도움받을 곳도, 그녀의 권리를 설명해줄 법정대리인이나 안내서도, 언어나 문화 교육도 없다.

여성들의 이동을 막는 일은 또 다른 어려운 과제며 충분한 자금 지원이나 연구가 이루어지지 않는 분야다. 나와 만난 지 몇 달 뒤 주휘는 예산이 바닥나 국제노동기구의 윈난성 사무소 문을 닫았다. 쑤이닝에 팔려 간 장메이가 자신을 판 부모에게 딸을 키워달라고 보낸 것과 비슷한 시기였다.

매매의 희생자가 여성만은 아니다. 아내를 찾으려고 필사적인 남성들과 종종 결혼 협상에 관여하는 부모들 또한 피해를 입기 쉽다. 2008년에 델리 근처의 성비 불균형이 높은 지역인 하리아나주의 경찰은 지역의 가정들을 털기 위해 결혼 중개인 행세를 한 24세의 여성 두 명을 체포했다. 그들은 결혼을 주선한 뒤 부부가 정착하기를 기다렸다가 가족의 귀중품을 들고 한패인 신부와 함께 도망쳤다. 수사관들은 중개인들이 젊은 여성들로 구성된 범죄 조직을 이끌고 있다는 사실을 알아냈다. 지난해에 왜 특정 지역에서 신부가 도망친 사건이 열두 건 가깝게 일어났는지 설명해주는 대목이었다.[38] 인도 언론은 이런 여성들을 "가짜 아내"라고도 불렀다. 2009년에는 중국 시골 주민들이 매우 흡사한 계략에 넘어갔다. 그해에 산시성 어느 도시의 경찰은 팔려 온 신부가 도망친 사건을 열한 건 기록했다. 이곳에서도 경찰은 범죄 조직에 속한 여성들을 의심했다. 신부 중 세 명이 몇 달 사이에 도착해 중국의 같은 지역에서 온 친구라고 주장했다. 그리고 수천 달러의 신붓값을 들고 같은 날 달아났다.[39]

소녀들이 거리에서 납치되고 젊은 신부가 사기꾼으로 밝혀지는 사회는 당연히 살기 좋은 곳이 아니다. 하지만 성비 불균형이 불러온 인신매매와 매춘의 증가는 안전에만 영향을 미치는 것이 아니라 좀 덜 분명한 방식으로 사회를 변모시킬 수도 있다. 성과 결혼의 상품화는 재산이 많은 가족이 아들의 아내를 구할 수 있는 가능성이 더 높다는 것을 의미한다. 그 결과 점점 더 여성이 부족해지고 신부를 얻으려는 경쟁이 치열해지면서 부모들이 모으는 돈의 액수와 그 외의 자산이 급격히 늘어난다. 대개 이 자산은 쑤이닝의 우펑장이 쌍둥이 아들의 결혼을 위해 수집하는 마오쩌둥의 배지보다 상당히 높은 가치를 지니는 것들이다. 컬럼비아 대학 경영 대학원의 경제학자 웨이 상진은 중국의 편향된 출생 성비가 어마어마한 가구당 저축률에 기여했다고 말한다. 중국의 가구 저축률은 지난 20년간 거의 두 배로 증가했고 세계에서 가장 높은 수준에 속한다.[40] 이렇게 돈을 모아두는 현상은 국제적인 영향을 미쳤다. 높은 저축률로 미국 국채에 대한 중국의 수요가 높아진 것이다.

다른 학자들은 잉여 남성의 확산으로 성병 발생이 늘어날 것이라고 믿는다. 중국은 이미 세계에서 가장 면밀하게 HIV와 에이즈를 관찰하고 있는 지역 중 하나다. 감염률이 아직 전염병 수준에 이르지는 않았지만 지난 몇십 년 동안 에이즈는 특히 주요 위험군에서 급격하게 상승했다. 2008년 중국에서는 에이즈가 전염병 가운데 주요 사망 원인이 되어 결핵이나 광견병보다 에이즈로 사망한 사람이 더 많았다.[41] 이러한 증가와 병행해 중국의 HIV 보균자 구조에도 변화가 나타났다. 한때 HIV는 주로 정맥에 주사하는 마약으로 전염되었지만 점점 성관계를 통해 확산되고 있다. 매춘이 증가하는 데다가 중국 남성들은 미국 남성들보다 콘돔 사용률이 낮아서, 성관계로 감염된 사람들의 수가 중국 전체 HIV 보균자 중 44퍼센트에 이르는 것으로 추정된다.[42] 중국의 매춘을 연구한 경제학자 이번스타인과 샤리긴은 더 많은 잉여 남성이 성년이 되면서 그 비율은 더 올라갈 것이라고 말한다. 현재의 성매매 비율이 꾸준히 유지될 경우 중국의 편향된 출생 성비로 인해 돈을 주고 성관계를 맺는 남성의 수가 2~3퍼센트 증가할 것이며, 이런 변화는 다음 30년 동안 HIV 감염 인구가 가파르게 증가할 것이라는 의미다.[43]

오랫동안 독신으로 지내는 남성이 단지 매춘부만 자주 이용하리라 볼 수는 없다. 잉여 남성들은 보건 연구자들이 '교량 인구'라고 부르는 집단, 즉 고위험군에서 저위험군으로 바이러스를 옮기는 집단이 되기도 한다. 잉여 남성은 10대와 20대 때 매춘부에게서 HIV에 감염될 수 있다. 그리고 나중에 베트남이나 북한의 여성(이 남성과 결혼하지 않았다면 HIV에 걸릴 위험이 없었을 여성)을 사서 그녀와 아이들에게 바이러스를 옮긴다. 교량 인구는 사하라사막 남쪽의 아프리카 지역에 HIV가 퍼지는 데 한몫을 했으며, 2005년 잡지 《AIDS》에 기고한 미국과 중국의 의학 연구원들에 따르면 오늘날 아시아의 잉여 남성들은 "앞으로 HIV 확산에 중요한 역할을 할 것이다". 에이즈 연구자들은 아시아 대륙의 성비 불균형은 아시아의 보건 활동을 재고해야 한다는 의미라고 말한다. "콘돔 장려, 성교육, 의료 교육 등 전통적인 조치를 강조하는 예방 전략에서 잉여 남성과 성매매 종사자 들의 영향력을 인정하는 전략으로 바뀌어야 한다. 이러한 인구학적 변화에 따라 젊은 미혼 남성을 대상으로 증가하는 성적 위험을 반드시 올바르게 인식해야 할 것이다."[44)]

택시가 국경에서 끼익 소리를 내며 멈추었을 때 쩐뚜언중은 제복 차림의 순찰병들이 있는 검문소를 발견하고 소녀들이 마침내 안전해졌다고 생각했다. 폭력배들은 몇 킬로미터를 택시에 바짝 붙어 따라왔지만 검문소를 보더니 갑작스레 유턴해서 빠른 속도로 떠났다. 당국의 노여움을 사느니 매춘부 몇 명을 잃는 편이 낫다고 생각했을 것이다. 쩐은 안도의 한숨을 내쉬었다. 추격은 끝났고 자신들이 이겼다.

하지만 다른 걱정거리가 있었다. 택시 운전사가 중국 출국장에 차를 멈추자 관리가 소녀들에게 여권과 비자를 제시하라는 시늉을

- 아시아에서 증가하는 질병은 에이즈만이 아니다. 50년 전 중국에서 거의 근절되었던 병인 매독은 상하이에서 가장 흔한 전염병이 되었다. 《뉴잉글랜드 저널 오브 메디슨》에 기고한 일단의 의학 연구원들은 매독을 "몰래 숨어 있는 중요한 재앙"이라고 표현했다.

했다. 통역사가 없어서 쩐은 소녀들이 왜 신분증이 없는지 설명할 수 없었다. 서류를 제시하지 못하자 경비대는 통행을 막았다. 베트남어로 주장해봤자 소용없었다. 쩐과 동료, 팔려 갔던 소녀 두 명은 불법 체류자로 붙잡혀 경찰차 뒷좌석에 태워져 군 기지로 향했다.

결국 정의가 승리했다. 군 기지에는 통역사가 있었고 그곳 관료들은 쩐의 이야기를 듣더니 그들을 보호해주겠다고 장담했다. 다음 날 쩐은 군인과 경찰이 섞인 열다섯 명 정도의 관료들을 이끌고 자신이 람을 발견했던 사창가로 갔다. 관료들이 사창가를 급습해 마담과 포주들을 끌고 나오는 동안 쩐은 경찰차에서 전자동 카메라로 그 광경을 찍었다. 택시를 쫓아왔던 사람들은 없었지만 쩐은 관료들이 남자 몇 명을 체포하는 것을 보고 만족했다. 이번 불시 단속으로 더 많은 소녀가 자유를 얻었다. 그날 관료들은 납치되어 호차이에서 강제로 매춘부 생활을 하던 베트남 소녀 네 명을 더 구했다.

많은 인신매매 이야기와 달리 이 영웅 전설은 전반적으로 해피엔딩으로 끝났다. 사창가를 덮친 다음 날 쩐과 동료는 비자 기한을 넘기지 않기 위해 람과 다른 소녀들을 중국 당국에 맡기고 베트남으로 돌아갔다. 중국 당국은 서류가 마련될 때까지 소녀들을 잘 돌보겠다고 약속했다. 베트남으로 돌아온 쩐은 빈민 구호 NGO인 옥스팜에 연락했다. 옥스팜은 물자를 보내주었고 소녀들이 하노이로 돌아올 수 있게 서류 마련을 도왔다. 2주 뒤 소녀들은 가족과 재회했다.

기습 단속 때 붙잡힌 포주와 마담은 투옥되었다. 몇 년 동안 사창가가 번창하게 내버려둔 호차이 경찰은 이제 작은 홍보전의 일환으로 이 사건을 승리라고 주장했다. 쩐은 하노이의 NGO 사회에서 유명 인사가 되었고 인정을 받으면서 더욱 강한 목적의식을 갖게 되었다. 그는 내게 자기 인생이 더 의미 있어졌다고 말했다.

그러나 매춘부로 몇 달을 지낸 소녀들에게는 귀향이 그리 간단하지 않았다. 소녀들은 자신을 팔아넘긴 사람들의 보복을 피하기 위해 숨어 지냈다. 몇몇 조직이 이들의 소재가 발각되지 않게 돕고 언젠가 다시 정상적인 생활을 할 수 있게 지원했다. 하지만 전화를 걸어 구출을 가능하게 했던 가장 나이가 어린 람은 완전히 정상적인 생활로 돌아가기가 어려울 것이다. 하루에 열두 명의 남자와 성관계를 가진 몇 달 동안 HIV에 감염되었기 때문이다.

13장
독신 남성들의 입장

테스토스테론과 폭력성

> 젊고 순진한 건강한 처녀 100명을 보내 주민들의 아내로 삼으면
> 남성들의 정착에 도움이 되고 이동을 줄일 수 있다.
> ─ 버지니아주 제임스타운 정착지와 관련한 런던 버지니아 컴퍼니의 지시문[1]
>
> 당신이 약간 지루하고 외로우며 무방비 상태여서, 약간의 흥분이 필요하며
> 위험을 감수할 각오가 되어 있고 전투를 받아들일 용기가 있으며
> 팀을 이끄는 데 능숙하고 지적이면서도 용감하며
> 고생과 곤경에 맞설 수 있다면, 다시는 홀로 싸우지 않아도 될 것이다.
> ─ 공기총 전투 광고지, 2005년 중국 상하이[2]

여러 문화와 인류 역사에서 폭력적인 행동은 압도적으로 남성의 몫이다. 수렵·채집 생활을 하던 시대의 남성 화석에는 여성 화석보다 맞거나 찔려서 생긴 상처가 더 많다.[3] 대중매체에 의해 폭력적인 이미지가 주입되지 않은 부족은 좋은 연구 대상인데, 부족민 중 연구원들에게 죽음과 무기에 관한 꿈을 꾼다고 말한 비율도 여성보다 남성이 더 많았다.[4] 동물 세계에서도 수컷이 영토를 지키는 일보다 새끼를 키우는 일에 힘을 쏟는 소수의 종을 제외하면 대개 수컷이 암컷보다 공격적이다. 오늘날 성별과 폭력이 연관 있다고 말하는 것은 정치적으로 올바르지 않을 수 있지만 범죄 관련 통계들은 이런 특별한 고정관념이 반박의 여지가 없을 정도로 사실임을 보여준다. 전 세

계에서 남성은 여성보다 투옥될 가능성, 무장 강도, 폭행 혹은 살인을 저지를 가능성, 무기 소지로 체포될 가능성, 강간으로 유죄를 선고받을 가능성이 더 높다.[5]

성별에 따라 차이가 나는 것은 테스토스테론 때문이다. 남녀 모두 가지고 있는 호르몬인 테스토스테론은 남성에게서 훨씬 다량으로 분비되며 태아 발달 초기 단계에 분비되어 태아에게 남성적 특성을 부여한다. 지난 몇십 년 동안 행동과학자들은 타액 검사로 남성과 여성의 테스토스테론 수치를 측정하여, 혈류를 타고 흐르는 호르몬 양에 따라 개인이 특정 상황에 어떻게 반응하는지 기록했다. 그 결과 일반적인 믿음과 달리 테스토스테론은 인간의 폭력성을 유발하지 않았다. 하지만 어떤 사람이 원래 공격적인 성향이고 특정한 문화 및 환경 요인이 조성될 경우 테스토스테론은 그러한 공격 성향을 높일 수 있기 때문에, 이 호르몬은 남성이나 여성이 폭력을 휘두를지에 대한 중요한 예측 변수(소위 '촉진 효과')가 된다.[6]

교도소 재소자들의 경우 남녀 모두 폭력 사범이 절도나 마약 사범보다 테스토스테론 수치가 상당히 높았다.[7] 유도 경기에서는 테스토스테론 수치가 높은 선수가 낮은 선수보다 공격과 위협 횟수가 더 많았다.[8] 또한 테스토스테론 수치와 폭력의 상관관계는 단백동화 스테로이드제(본질적으로 강력한 테스토스테론 약물이다)를 사용한 운동선수들이 소위 '로이드 레이지roid rage'라는 흥분 상태를 일으키기 쉬운 원인이기도 하다. 스테로이드의 부작용으로 흥분 상태에 이른 경우 중 가장 유명한 사례가 레슬링 선수 크리스 브누아다. 브누아는 2007년 아내를 목 졸라 죽이고 일곱 살 된 아들을 질식사시킨 뒤 자신은 이동식 운동기구에 목을 맸다. 부검 결과 브누아는 범행

당시 정맥 속의 테스토스테론이 정상 수치보다 10배나 높았다.[9)]

　테스토스테론은 폭력 범죄를 조장할 뿐 아니라 반달리즘, 공격성, 모험심, 기본적인 규범 위배 같은 다른 반사회적 행동과도 관련된다.[10)] 테스토스테론 수치가 높게 나온 남성은 장물을 매매하거나 악성 부채를 지거나 교통위반 외의 범죄로 체포되는 경향이 더 많다.[11)] 또한 군사 전투에 참여할 가능성도 더 높다(연구원들은 이런 현상이 테스토스테론 수치가 높은 남성이 폭력을 추구하기 때문인지 혹은 신병 모집자들이 이들을 공격적이라고 판단하여 전투에 투입시키기 위해 선발하기 때문인지는 밝히지 못했다).[12)] 심지어 테스토스테론 수치가 높은 남성은 웃음도 더 적다.[13)] 거의 4천 명에 달하는 미국 재향군인을 대상으로 행한 연구에서 심리학자 제임스 M. 댑스는 "테스토스테론 수치가 높은 사람은 부모, 교사, 급우와 더 자주 문제를 일으키고 다른 성인에게 공격적이다. 또한 군에서 무단이탈하거나 중독성 마약인 마리화나를 사용하거나 술을 마시는 경우가 더 잦으며 성관계를 맺는 상대도 더 많다"라고 밝혔다. 그리고 "전반적으로 범죄, 약물 남용, 일반적인 과잉 행동 경향을 보인다"라는 결론을 내렸다.[14)]

　하지만 단순히 일부 남성이 다른 남성보다 더 많은 테스토스테론이 분비되는 것은 아니다. 호르몬 수치는 살아가면서 변화한다. 세계의 과잉 남성 문제와 관련해서 문제가 되는 것이 바로 이러한 변동이다.

　가장 두드러진 호르몬 변화는 두 가지인데, 하나는 나이 들면서 테스토스테론이 점진적으로 감소하는 현상이다. 호르몬은 사춘기 이후 몇 년 동안 가장 높아졌다가 나이가 들수록 줄어든다.• 둘째, 젊은 시절부터 은퇴할 무렵 사이의 신체 및 감정적 변화에 따라 호르몬이 늘어나거나 줄어들 수 있다. 예를 들어 스트레스와 체중 증가는 둘 다 테스토스테론 저하와 상관관계가 있는 요인들이다. 또 다른 요인이 결혼이다. 이러한 변동들을 종합해보면 평균적으로 젊은 미혼 남성의 테스토스테론 수치가 어떤 남성보다 높다.

과학자들은 기혼 남성이 미혼 남성보다, 자녀가 있는 남성이 그렇지 않은 남성보다 테스토스테론 수치가 낮다는 것을 오래전부터 알고 있었다.[15] 그러나 그 원인은 수년간 밝혀지지 않고 있었다. 한데 이런 주장은 긴 시간 동안 남성들을 계속 추적하지 않고는 인과관계를 입증하기가 불가능하다. 따라서 연구원들은 결혼을 단순히 낮은 테스토스테론 수치의 결과라고 가정했다. 즉 테스토스테론 수치가 낮은 남성이 사회적 역할에 더 잘 순응하기 때문에 결혼할 가능성이 더 높다고 가정한 것이다. 하지만 그 반대 역시 가능하다는 증거가 점점 더 많이 제시되고 있다. 결혼하고 아이가 생기면 실제로 남성의 혈액 속에 흐르는 테스토스테론의 양이 줄어들 수 있다.

10년 동안 진행된 연구에서 연구원 앨런 마주와 조엘 미할릭은 공군 재향군인 2천 명의 테스토스테론 수치를 추적하여 생물학적 변화와 생활 방식의 변동을 함께 기록했다(재향군인은 정부의 장기적인 보건조사에 등록된 사람이 많기 때문에 좋은 연구 대상이다). 과학자들이 발견

- 흥미롭게도 이런 현상을 언급한 사람 중에는 미국가족계획연맹이 성감별 연구를 검토하던 1960년대 말에 국제가족계획연맹 의학국장을 지낸 맬컴 포츠도 포함되어 있다. 포츠는 2009년 기자 토머스 헤이든과 공저한 『성과 전쟁(Sex and War)』에서 "공격성은 젊은 남성에게서 두드러진다"라고 썼다. "나이 든 남성보다 젊은 남성의 비율이 높은 사회는 대개 분쟁이 일어나기가 더 쉽다."

한 결과는 인상적이었다. 조사 대상자들의 테스토스테론 수치가 결혼했을 때는 떨어지고 이혼했을 때는 높아진 것으로 나타났다.[16]

과학자들은 남성들이 결혼을 하면 테스토스테론 수치가 높아지는 사건들(예를 들어 술집에서의 싸움)에 덜 노출되기 때문에 이런 현상이 나타난다고 결론 내렸다. 마주와 미할릭에 따르면 "미혼 남성은 기혼 남성보다 남성들과 어울리는 시간이 더 길기 때문에 대립과 도전에 부딪칠 가능성이 더 높다. 아내의 사회적 지원이 없는 미혼 남성은 방어적인 행동 및 태도를 취해 자신을 스스로 돌봐야 하는 상황에 더 자주 맞닥뜨린다. 이런 상황들은 테스토스테론 수치를 높인다".[17]

반면 남성이 결혼하거나 자녀가 생기면 몸이 점진적으로 균형을 모색하는 것처럼 보인다. 다정한 남편과 부모가 되는 대가로 다른 남성과 경쟁할 수 있는 호르몬의 일부를 포기한다. 남편과 부모는 자신의 유전자를 물려주는 데 도움이 되는 역할이다.[18]

사회과학자들이 아직 공격성에 관해 해답을 찾지 못한 문제가 많이 있지만 기혼 남성이 미혼 남성보다 범죄를 덜 저지르고 특히 원숙기에 더욱 그러하다는 것은 분명하다.[19] 결혼이라는 요인을 고려하지 않더라도 젊은 남성이 나이 든 남성보다 살인을 저지를 가능성이 훨씬 높다.[20] 그러나 결혼이라는 요소가 개입되면 차이가 더 뚜렷해진다. 24~25세 미혼 남성은 같은 나이의 기혼 남성보다 살인을 저지를 가능성이 3배 더 높다.[21]

테스토스테론 연구는 현재 우리가 겪고 있는 인구학적 궁지에 관해 시사하는 바가 있다. 왜 남성이 1억 6천만 명 많은 경우가 여성이 1억 6천만 명 많은 경우와 크게 달라 보이는지 설명할 수 있기 때문이다.• 또한 세계의 잉여 남성들이 젊다는 것이 왜 문제인지도 설명할 수 있다. 이 연구들은 한 세대가 결혼에 실패할 경우 사회 전체에 어떤 영향을 미칠 수 있을지 말해주는 구체적인 지표(범죄, 살인, 비행)를 제시한다. 테스토스테론 연구가 예언하지 못하는 것은 젊은 남성 수천만 명이 계속해서 여러 해 동안 한 장소에 집결할 경우 발생할 수 있는 결과다. 이전에는 벌어진 적 없는 일이기에 아무것도 예측할 수 없다. 하지만 역사에서 몇 가지 힌트는 얻을 수 있다.

로마는 많은 부분에서 현대의 정부, 건축, 언어의 모태가 된 고대 도시국가다. 로마의 건국신화에서 쌍둥이 형제 로물루스와 레무스는 테베레 강둑에서 암늑대의 젖을 먹고 딱따구리에게 먹을 것을 얻어먹으며 야생 상태로 자랐다. 이렇게 거칠게 자라면서 강하고 적극적이 된 형제는 성인이 되자 주로 목동과 범법자 들인 잡다한 구성의 추종자들을 이끌었고 이들과 함께 도시를 세우는 꿈을 꾸었다.

하지만 쌍둥이 형제는 새로운 정착지를 어디로 할지 의견이 일치하지 않았고 뒤이어 벌어진 싸움에서 로물루스가 레무스를 살해했다. 권력을 얻은 로물루스는 기원전 753년 자신이 선택한 곳에 도시국가를 세웠고 정착지에 자기 이름을 붙였다.

새로운 왕의 첫 번째 과제는 사회 일탈자들로 구성된 초보적인 추종자 집단을 보완하기 위해 주민들의 마음을 끄는 일이었다. 6세

- 덧붙여 여성의 수가 남성보다 상당히 많은 사회라고 해서 진보적인 낙원이 될 것으로 보이지는 않는다. 사회학자 마샤 거튼태그와 폴 F. 세코드의 말처럼 가부장적인 권력 구조가 지속되는 한 여성은 "단순한 성적 대상"으로 평가되는 반면 남성은 "잇달아 이 여성에게서 저 여성에게로 옮겨 다니거나 여러 여성과 관계를 유지할 기회를 얻는다."

기 뒤에 사학자 리비우스는 『로마 건국사』에서 "로물루스는 자신이 세운 커다란 도시를 채우기 위해 도망자들이 몸을 피할 수 있는 장소로 도시를 개방했다"라고 썼다. 근방에서 온갖 어중이떠중이 하층민들이 이곳으로 도망쳤다. 일부는 자유민, 일부는 노예였는데 모두가 원하는 것은 단 하나, 새로운 출발이었다. 이 무리들이 도시에 처음 실질적인 힘을 보탰고 나중에 로마가 번성하는 첫걸음이 되었다.[22] 하지만 새로 도착하여 '무리'를 구성한 사람들은 대부분 남성이었고 로물루스는 곧 도망자들로 이루어진 인구가 도시를 지키는 데는 유용하지만 오래 지속시키는 데는 좋지 않음을 깨달았다. "로마는 이제 어떤 이웃 국가에도 도전할 수 있을 만큼 강해졌다. 하지만 그런 강대함이 한 세대 동안만 지속될 것처럼 보였다. 여성이 충분하지 않은 데다 이웃 사회와 결혼을 하지 않아서 인구 수준을 유지할 수 있는 희망이 없었다."

이 무렵 로물루스는 100명의 원로원 의원을 임명했다. 이들은 로물루스에게 유럽 정복에 나서기 전에 여성 부족 문제에 관심을 기울이라는 현명한 조언을 했다. 왕은 이웃 도시국가들에 사절단을 보내 신부들을 보낼 의사가 있는지 알아보았다. 하지만 경계심이 많은 이웃 국가들은 로마 남성들의 문제에 공감하지 않았다. 몇몇 국가는 로물루스가 여성들을 꼭 모집하고 싶다면 남성 범죄자뿐 아니라 여성 범죄자에게 도시를 개방해야 한다고 조롱했다. 사절단이 이런 전갈을 전하자 로물루스는 화가 났다. 리비우스는 "충돌이 불가피해 보였다"라고 기록했다.

하지만 로물루스는 바로 이웃 국가들을 공격하는 대신 엄포를 놓았다. 왕은 기분이 좋은 척하면서 넵투누스 신을 기려 즐거운 볼거리가 가득한 거대한 축제를 열 계획이라는 소문을 퍼뜨렸다. 축제가 열리는 날, 새로운 도시를 구경하려고 이웃 도시국가들의 가족들이 로마 거리로 밀려들었다. 여성과 아이 들이 도착하자마자 로물루스가 모아놓은 총각들이 달려들었다. "신호가 떨어지자 신체 건강한 남성들이 군중에게 달려들어 젊은 여성들을 붙잡았다. 대부분의 소녀가 자신을 처음 붙잡는 사람의 전리품이 되었다. 이러한 폭력적인 행위로 축제의 즐거움이 산산조각 나고 대혼란이 벌어졌다."

며칠 뒤 아내와 딸을 로물루스에게 잃은 남성들이 똑같이 복수를 하기 위해 몰려왔다. 로물루스의 부하들은 일부 적들은 쉽게 물리쳤다. 하지만 사비니족은 더 공격적이었다. 이들은 로마로 몰래 들어와 요새를 점령한 뒤 기습 공격을 벌여 로마 남성들을 죽이기 시작했다. 이리하여 신흥 제국의 초기 전투 중 하나가 벌어졌다.

리비우스에 따르면 사비니 여성들이 개입하여 자신을 길러준 남성들과 납치해서 아내로 삼은 남성들 간의 불편한 평화를 중재하지 않았다면 양측의 희생자가 훨씬 많아졌을 것이다. 로마는 이웃 국가들의 감시망에 올라 있지 않았지만 성비 불균형이 혈투로 이어진 것이다.

로마의 건국신화는 사실이 아닌 것으로 보이지만(우리는 로물루스가 실제로 생존했다 하더라도 암늑대가 그를 기르지 않았을 것임을 알고 있다) 이 이야기는 여성 부족 문제의 치명적인 결과가 서구 문명 초기에 나타났음을 시사한다. 로물루스의 운명적인 축제가 벌어진 뒤 오랜 세월 이 이야기는 화가와 작가 들을 매료시켰다. 니콜라 푸생과 파블로 피카소는 사비니 여성들의 '강탈' 사건을 캔버스에 담았고 이 이야기에서 영감을 얻은 조각가들은 발버둥치는 여성들을 대리석으로 조각했다(여기서 '강탈'은 성폭행이 아니라 납치를 가리킨다). 하지만 이 이야기는 편향된 성비가 지역의 안정에 영향을 미친 최초의 사례는 아니다. 많은 전례가 있었다.

1976년, 비문과 고대 문헌을 연구하는 인구통계학자들이 기원전 4세기 아테네의 출생 기록을 재구성했다. 물론 이 도시국가는 로마와 멀지 않았지만 당시 로물루스는 몇백 년 전에 죽은 사람이었으므로 여성 100명당 남성이 143~174명에 이르렀다는 학자들의 발견을 그의 전설로 설명할 수는 없다.[23] 이런 차이를 설명할 다른 요인들이 분명히 있을 것이다. 어쩌면 고대의 기록에 남성과 소년이 지나치게 많이 등록되었을 수도 있다. 하지만 인구통계학자들이 발견한 높은 성비는 유아 살해를 저지른 초기 아테네인들의 이야기와 들어맞는다. 학자들은 고대 기록의 문제점들에도 불구하고 아테네 초기에 남성이 여성보다 상당히 많았다는 결론을 내렸다.[24]

이 성비가 정확하다면 아테네 사회에서 여성의 지위가 낮았던 이유를 설명하는 데 도움이 된다. 남성들은 아내와 딸을 재산으로 소유했고 주로 집 안에 가두어두었다. 여성이 외출할 때는 엄격한 예법을 지켜야 했다. 소녀들은 사춘기가 되면 결혼했고 여성의 간통은 엄한 처벌을 받았다. 또한 약탈 결혼도 흔했다.[25] 펠로폰네소스 전쟁과 코린트 전쟁으로 많은 아테네인이 죽은 기원전 4세기와 기원전 5세기의 여성 부족 현상이 아테네의 특징이던 유혈 소동의 한 원인이었는지는 더욱 판단하기 어렵다. 하지만 전설 속의 로마에서처럼 여성 부족 현상이 여성을 재산처럼 취급하는 결과를 낳았다는 것은 분명하다.

현대로 가까이 올수록 이 주제들은 더 확고해진다. 중세 포르투갈 귀족의 200년에 걸친 가계도를 살펴보면 여성 100명당 남성이 112명이었다. 상류층 부모들이 선택적으로 딸을 방치한 결과로 추정되는 이러한 불균형은 많은 상류층 여성이 수녀원에 머무르는 바람에 더욱 악화되었다. 인구학자 제임스 L. 분은 문제가 된 200년 동안 자녀를 낳았지만 살아남은 자녀가 없는 포르투갈 상류층 남성의 수가 두 배로 증가했다는 것을 알아냈다.[26]

결혼을 할 수 없게 된 귀족 남성들은 다른 즐길 방법을 찾았다. 많은 남성이 청소년기가 지나자마자 묵인된 유랑 시기로 접어들어 무리 지어 나라를 돌아다니며 순진한 시골 사람들을 먹잇감으로 삼았다. 주앙 1세는 안정되지 않은 미혼 남성들이 자신의 제국에 위협이 된다는 것을 곧 알아차리고 잉여 남성들을 이용해 북아프리카에서 군사작전을 펼치기로 결정했다. 분은 "농지가 없는 엘리트 남성들, 주로 젊은 아들들의 참여가 아프리카와 인도로 세력을 확장하는 포르투갈의 주요한 힘이 되었다"라고 썼다.[27]

인구학자 라이어넬 타이거는 여성이 부족하지는 않지만 엄격한 성별 분리로 여성이 부족한 것이나 마찬가지인 아프가니스탄에 젊은 독신 남성이 많은 점이 그 지역의 테러리즘 확산에 한몫을 한다고 주장했다.[28]• 하지만 독신 남성과 폭력의 역사를 올바로 이해하려면 미국을 살펴봐야 한다.

• 설상가상으로 아프가니스탄은 곧 성비 불균형이 나타날 수 있는 국가의 최종 후보 명단에 올라 있다. 지금은 출생률이 비교적 높아서 성감별 낙태가 드물지만 일부 학자들은 아프가니스탄 사람들이 아이를 덜 낳기 시작하면 더 많은 사람이 초음파와 낙태에 의존할 것이라고 믿는다.

미국은 세계에서 가장 폭력적인 선진국이다. 미국의 살인율은 일본의 10배, 노르웨이의 8배, 이탈리아의 4배, 캐나다의 3배에 달한다.[29] 미국에서 벌어지는 학교 총기 사고, 빈민가 포위, 월마트의 총기 판매대는 나머지 선진국들에서는 진기한 현상이다. 유엔의 보건 자료에 따르면 미국은 소말리아, 이스라엘, 페루, 모로코, 레바논 등 전쟁에 시달리거나 빈곤한 몇몇 국가보다 1인당 살인율이 더 높다.[30] 게다가 테스토스테론 수치가 높은 15~24세 남성들의 살인율은 다른 모든 선진국을 크게 앞지른다.[31] 세계 주요 강대국이 어떻게 이토록 안전하지 않은 곳이 되었을까?

미국인들의 폭력 사랑에 대해 지난 몇 년간 많은 설명이 제시되어 왔다. 범죄자, 반체제 인사, 이단자 들이 미국에 정착한 탓으로 원인을 돌리는 사람이 있는가 하면, 폭력은 미국을 탄생시킨 유혈혁명과 그 뒤 머지않아 나라를 황폐화시킨 남북전쟁에 뿌리를 두고 있다고 주장하는 사람들도 있다. 다른 설명들에서는 노예무역과 유럽 정착민들의 신대륙 원주민들에 대한 비인간적인 대우가 제기된다. 미국인들이 아주 초기부터 다른 사람들과 서로에 대해 잔인했다는 설명이다. 그러나 사학자들은 또 다른 의견을 제시한다. 오늘날 미국이 폭력으로 만신창이가 된 것은 미국 정체성의 많은 부분을 형성한 지리적·산업적 미개척 영역에 주로 남성이 자리 잡았기 때문이라는 설명이다.

그중 가장 확실한 영역이 부를 찾는 사람들과 악행을 저지르고 도망친 사람들의 피난처였던 19세기 미국 개척 시대의 서부 지역이다. 서부는 새로운 변경 지대, 경작할 수 있는 땅, 새 출발을 위한 형성기 도시를 찾는 미국인들의 열망으로 탄생했으며, 오늘날 할리우드의 서부극이 묘사하듯 늠름한 카우보이와 벼락부자가 존재하는 매력적인 곳은 전혀 아니었다. 당시 미국을 횡단하는 여행은 힘들고 험해서 도중에 많은 사람이 병으로 목숨을 잃었다. 위험을 감수하려는 사람들은 보통 간절히 일자리를 구하려는 가난한 남부인들, 무한한 기회보다는 생존에 더 관심이 많은 남성들이었다.

운이 좋아서 건강한 몸으로 서부에 도착하면 광산 채굴 작업이나 소몰이, 벌채처럼 힘과 끈기가 요구되는 일자리를 얻었다. 그리고 장시간 일한 뒤 지저분한 임시 숙소로 돌아가 소금에 절인 고기, 밀가루, 돼지기름을 먹으며 근근이 살아갔다. 괴혈병은 흔한 재앙이었고 임시 숙소의 많은 사람이 영양실조로 목숨을 잃었다.[32] 이주한 남성들이 치러야 했던 또 다른 대가는 독신 생활이었다. 여성들은 서부로의 힘든 여행을 꺼렸기 때문에 미국 서부 지역에는 주로 남성들이 살았다.

1870년 미국의 성비 지도는 오늘날 중국의 성비 지도와 비슷하다. 미시시피 강 서쪽 땅 대부분을 포함해 미국의 많은 지역에서 여성 100명당 남성이 125명이 넘었다. 캘리포니아주의 성비는 166, 네바다주는 320, 아이다호주는 433이었다. 캔자스주 서부는 놀랍게도 여성 100명당 남성이 768명에 이르렀다.[33] 하지만 현재의 중국과 달리 19세기 미국은 여성이 남성보다 많았던 동부 지역 덕분에 전체적으로는 균형을 이루었다.[34] (맨해튼의 여성들이 증명하는 것처럼 동부 도시들에는 오늘날까지도 대개 여성이 더 많다. 몇 년 전에 널리 퍼진 '독신자 지도'는 인구조사 자료를 바탕으로 계산되었는데 뉴욕에는 독신 여성이 독신 남성보다 21만 명 더 많은 것으로 나타났다.) 하지만 분명 미국의 특성에 가장 큰 영향을 미친 것은 변경 지대였다.

서부의 경제는 주로 남성 인구를 기반으로 발전했다. 도박장, 술

집, 포르노 출판업이 번창했다. 알코올 소비량은 어마어마했고 매춘부에 대한 수요가 높아 서부의 수많은 윤락업소의 요금이 치솟았을 정도다.[35] 1880년에 사학자 데이비드 코트라이트는 콜로라도주의 광산촌 레드빌에 주민 80명당 술집 한 곳, 170명당 도박장 한 곳, 200명당 윤락업소 한 곳이 있다고 계산했다(서부의 많은 도시에서는 남성들이 매춘부를 이용하게 되면 "점잖은" 여성을 공격하지 않는다고 생각해 매춘을 공개적으로 용인했다).[36] 반면 교회는 주민 5천 명당 하나였다.[37] 코트라이트에 의하면 레드빌은 "동년배가 많고 아내와 어린이는 적은 상태로 남성들이 억제된 청소년기를 보내는" 일종의 늙지 않는 나라였다.[38]

모든 사람이 이런 세상을 원한 것은 아니다. 개척 시대 서부의 남성들은 분명 결혼을 하려고 노력했다. 오늘날의 아시아에서처럼 결혼 중매가 성행했고 골드러시가 끝날 무렵 변경 지역에서는 여성의 결혼 연령이 여자라고 부를 수 없을 정도의 나이까지 낮아졌다. 어떤 여성은 열두 살 혹은 열세 살 때 결혼하기도 했다(동부의 신부들은 보통 열여덟, 열아홉 살에 결혼했다).[39]

어떤 남성들은 북미 원주민을 애인으로 선택했다. 부족들은 음식을 받는 대신 원주민 소녀를 백인 남성에게 "빌려"주거나 완전히 팔기도 했다. 오늘날과 마찬가지로 구매한 여성에게는 종종 학대가 뒤따랐다. 마운틴 빌 로즈Mountain Bill Rhodes라고 불리는 와이오밍주의 사냥꾼은 어떤 관찰자에게 이렇게 설명했다. "백인 남성에게 팔린 소녀는 한동안 겁에 질려 있다가 도망칠 기회를 엿볼 겁니다. 여자를 다시 잡는다면 호되게 때려야 합니다. 그리고 귀를 약간 잘라내면 도망가지 못하지요."[40] 남쪽의 에스파냐 식민주의자들이나 북쪽의 프랑스 상인들과 달리 대개 미국 정착민들은 원주민들과 결혼하지 않았다. 이들에게는 특별한 앵글로색슨족 우월 의식이 있어서 다른 민족과는 잘 결혼하지 않았고 따라서 많은 남성이 독신으로 남았다.[41]

테스토스테론이 문화적·환경적 요인과 결합되면 공격성을 높이는 '촉진 효과'를 일으킨다고 앞에서 설명한 바 있다. 그런 추가적인 요인 가운데 가장 중요한 것 중 하나가 남성이 명예를 중요시하는 문화에 속해 있는지 여부다. 이는 보수적인 청교도주의에 뿌리를 둔 사람들이 정착한 북부보다 전쟁 중인 영국 국경 지방의 부족민들 및 스코틀랜드 저지 출신들이 정착한 미국 남부의 살인율이 오랫동안 더 높았던 이유 중 하나다. 모욕을 당했을 때 남성들이 얼마나 빨리 화를 내는지 실험한 연구에서 남부 남성들은 북부 남성들보다 훨씬 빨리 격분했다.[42] 따라서 미국의 많은 서부 이주민이 남부 출신이었다는 사실이 중요하다.[43]

19세기 말에 서부의 살인율은 동부 해안 지역보다 수십 배나 높았다. 1880년 레드빌에서는 주민 10만 명당 105건의 살인이 일어난 반면 보스턴에서는 10만 명당 5.8건에 불과했다.[44] 기자 클라라 스폴딩은 애리조나주 툼스톤에서 다음과 같이 썼다. "술집에 무기를 가진 흥분한 남자들이 밤새 모여 있으면 유혈 소동이 벌어지게 마련이었다."[45] 하지만 서부에서 남성들끼리만 서로 죽인 것은 아니었다. 남성들은 성매매업에 종사하지 않는 여성들도 성폭행했고(이 점에서 매춘에 대한 관대한 태도는 효과가 없음이 입증되었다) 북미 원주민 부족들도 유린하여 캘리포니아주의 원래 주민들 수천 명을 살해했다.[46] 이 지역에서 선교 활동을 펼친 프랑스인 선교사 에드몽 베니스에 따르면 많은 폭력 행위가 완전히 몰상식적이었다. 베니스는 "어떤 남성들

은 단지 권총을 실험하려고 인디언들을 죽였다"라며 경악했다.[47)]

당시의 관찰자들은 폭력이 여성 부족 탓이라고 단정했다. 1855년에 사회운동가 힌턴 헬퍼는 "이와 같은 격렬한 흥분, 타락, 방탕, 개탄스러운 상태의 주요 원인을 성비 불균형, 여성 부족에서 찾을 수 있다"라고 썼다. 그는 이런 상관관계가 매우 확실해서 "우리의 다른 해안 지방에 축복을 내려주는 정숙한 아내와 다정한 어머니 들이 와야만" 서부의 폭력을 줄일 수 있다고 믿었다. 그리고 계속해서 "여성이 없으면 악행이 존경과 찬탄을 받고 미덕은 쓸모없는 꿈, 기분 나쁘게 우월한 척하는 가식, 혹은 지각 있는 사람에게는 일고의 가치도 없는 어리석은 바보짓으로 취급된다"라고 썼다.[48)] 한편 개혁가 엘리자 파넘은 "수천 명의 남성이 아내가 없기 때문에 인격을 잃었을 뿐 아니라 인격자인 척하는 태도도 버렸다. 그리고 수만 명의 남성이 여기 오기 전에는 생각만으로도 진저리쳤을 행동으로 자신을 더럽힌다"라고 주장했다.[49)] 골드러시 이후 파넘은 목사의 추천서를 받은 25세 이상의 "정직한 북부 여성" 100명을 태운 배를 준비해 남아메리카 대륙 끝에 있는 혼곶을 돌아 샌프란시스코까지 항해한 다음 여성들이 이 지역을 교화하게 한다는 해결책을 시도했다.[50)]

결과적으로 파넘의 배는 난파했다. 연대기 작가 크리스 엔스에 따르면 파넘이 고작 두 명의 여성만 데리고 샌프란시스코에 도착하자 "화난 독신 남성 수백 명이 거의 폭동을 일으킬 뻔했다"고 한다.[51)] 다른 여성 정착민이 거의 준비되지 않아 혼란은 계속되었다. 서부의 성비가 마침내 수평을 이루기 시작한 1930년대까지, 전체 아메리카 원주민 부족이 대량 학살당하고 백인 남성과 여성도 많이 살해되었으며 자연 그대로의 땅은 심하게 파괴되었다.[52)] 게다가 거친 서부의 전설은 미국 문화에 소중하게 간직되어 있다. 미국의 이후 세대들은 영화 스크린에 그 신화를 계속 재현했고 어릴 때 그러한 이미지를 내면화하여 어른이 되고 나서 실연한다. 변경 지역의 성비 불균형에 미국 폭력성의 씨앗이 들어 있었다.

하지만 미국의 사례가 수천 년에 걸쳐 매우 다른 문화적 전통과 문명을 지니게 된 인도, 아제르바이잔, 베트남 같은 다른 지역들에 어떤 교훈을 줄 수 있을까? 아시아는 명예를 중시하는 문화 때문에 젊은 미혼 남성들의 독특한 전통이 발달하여 사회에 피해를 입힌 것으로 나타났다.

19세기 초 중국에서는 연달아 몇 년간 곡물이 부족해 시골 가정들이 어린 소녀들을 죽이기에 이르렀다. 북동부의 한 농촌에서는 주민들이 전체의 20~25퍼센트의 딸을 죽인 것으로 추정된다.[53] 청나라 귀족들 역시 이유도 다르고 정도는 덜하지만 여아를 살해했다.[54] 19세기 중반 중국에는 남성이 여성보다 많았다.

이 남성들 중 일부는 외국으로 향했다. 1850~1911년에 천만 명의 중국인이 해외로 이주했고 그중 많은 사람이 캘리포니아주로 가서 철도나 식당, 세탁소에서 일했다.[55] (나중에 밝혀진 것처럼 이주를 했다고 여성을 더 쉽게 구할 수 있었던 것은 아니다. 1875년 이후 예외적인 미국의 이민정책들로 중국 여성들이 남성들과 합류하는 것이 금지되었다. 그리하여 미국의 초기 중국인 이민자 중 많은 사람이 남성으로만 이루어진 사회에서 살게 되어 '차이나타운 악행'이라 불리는 현상을 낳았다.) 하지만 대부분의 남성이 중국에 머물렀고 중국의 성비 불균형은 낙담할 정도로 계속 높게 유지되었다. 부유한 남성들이 여성을 여러 명 사들여 문제를 더욱 악화시켰다(일부는 첩을 수십 명씩 거느렸다). 그 결과 19세기 내내 모든 중국 남성의 10~20퍼센트가 아내를 구할 수 없었다.[56]

1850년대에 청 왕조의 힘이 약해지자 카리스마 있는 지도자들은 많은 미혼 남성을 이용해 일련의 반란을 일으키기 시작했다. 소요는 쑤이닝에서 멀지 않은 지금의 장쑤성 북부 지역에서 시작되었다. 1874년에 정부가 발표한 수치에 따르면 장쑤성의 성비는 여성 100명당 남성 163명이었다.[57] 하지만 이때의 문제는 개척 시대 미국의 서부 지역처럼 많은 남성이 결혼할 희망이 없다는 단순한 차원이 아니었다. 중국인들의 인간관계는 정확하게 명예라고 부를 수는 없어도 이와 흡사한 무엇에 의해 형성된다. '체면'을 강조하는 것이다. 체면은 다른 사람과의 관계에 있어 자신의 위치에서 나오는 위신을 말하는데, 남성에게 이것은 특정한 사회적 역할과 밀접하게 관련되어 있다. 인구학자 제임스 L. 왓슨은 "본질적으로 체면은 보호할 가족과 수행해야 할 의무가 있는 기혼 남성들의 특성이다"라고 썼다. 확대 해석하면 미혼 남성들은 사회적 존경의 대상이 아니었다. 심지어 미혼 남성을 부르는 중국어 광군光棍은 무능력을 암시한다(光棍은 남성이 자신의 가계도를 확장할 수 없음을 가리키는 '헐벗은 나뭇가지' 혹은 '아무것도 안 달린 몽둥이'를 의미한다). "미혼 남성들은 사회에서 완전한 역할을 수행할 수 없는 영원한 청소년으로 남는다. 결혼하지 않은 젊은이는 체면이 살지 않는 것이다."[58]

지금처럼 당시에도 미혼으로 남은 남성들은 재산이 적고 사회적 지위가 낮았으며 사회적 서열의 가장 아래쪽에 있었다.• 인류학자

• 오늘날 이런 현상은 신부 매매와 성매매로 더욱 악화된다. 학자들은

클로드 레비스트로스는 "미혼 남성들은 반쪽 인간일 뿐이다"라고 재치 있게 표현하기도 했다.[59] 레비스트로스는 브라질 중부에 사는 원주민 부족인 보로로족을 설명한 것이지만 어쩌면 아시아 미혼 남성들의 지위도 마찬가지로 묘사했을지 모른다. 그러나 미혼 남성들은 다른 남성들의 체면에 공개적으로 도전하여 약간의 존경을 얻으려고 노력할 수 있다.

19세기 중국의 중부 지방은 혼란스러웠다. 지역의 범죄자 중 많은 사람이 미혼 남성이었다.[60] 강도들이 농가를 약탈하고 무기를 휘두르면서 거리를 활보했으며 범죄 조직들이 세력권을 다투었다. 1851년에 황허강이 범람해 귀한 농경지가 침수하면서 무법 상태가 정점에 이르러 더 많은 가난과 불안이 야기되었다. 자포자기한 많은 남성이 시골 가정의 곡식과 가축을 훔치는 느슨한 조직인 염군捻軍에 가담했다. 사학자 조너선 스펜스는 "지역의 극심한 성비 불균형" 때문에 염군이 형성되었다고 말한다.

> 염군은 기습조로 언제든 행동에 돌입할 수 있는 불안정하고 변동이 심한 집단이었다. 안정적인 지역사회들은 방어를 위해 소규모 민병대를 조직하고 마을에 성벽을 세웠으며 곡식을 지키는 조직을 구성해 어느 정도의 안전을 보장하기 위해 노력했다. 하지만 염군은 근처 마을의 곡식을 빼앗고 정부 소금 상인들의 수송 차량을 탈

2030년에 중국에서 소득 수준 하위 20퍼센트의 남성들이 상위 20퍼센트의 남성들보다 30세 이상 미혼 남성의 수가 더 많을 것이라고 예측한다.

취하는가 하면 부유한 지주를 납치해 몸값을 받아냈다. 심지어 염군의 동료가 갇혀 있는 지역 감옥을 공격하기도 했다.⁶¹⁾

불분명한 불만 외에는 이념이 없었던 염군은 밀매업자 장낙행이 지도자로 등장해 연합군을 형성하면서 1855년에 본격적인 반군이 되었다. 염군의 다른 지도자들에게는 '큰 대포' 창, '송수관' 웨이, '고양이 귀를 가진 지옥의 황금 왕' 왕 같은 좀 더 무시무시한 별명이 붙었다.⁶²⁾

1855년 여름에 염군은 청나라의 남북 간 병참선에서 활동했다. 이들은 중국 중부에 대한 지배력을 강화하면서 여성들을 납치해 "팔거나 말과 교환"했다.⁶³⁾ 처녀들이 특히 매력적인 표적이었다. 반군이 딸을 납치했다가 처녀막을 손상시키지 않은 채 밤이 되기 전에 돌려주면 가족들이 웃돈을 주었기 때문이다.⁶⁴⁾ 무질서가 심해졌고, 19세기 중반의 한 중국 시인은 이 시대를 "아이들이 검을 소지하고 어른들은 총을 멨다. 무법자들이 수백 명씩 모여 백주 대낮에 사람을 죽였다"라고 표현했다.⁶⁵⁾

한편 과거 시험에 실패한 학자 홍수전은 미혼 남성들을 모으며 남쪽으로 향했다. 홍수전은 농민 집안에서 유일하게 글을 익힌 독특한 인물로 과거 시험에 몇 차례 낙방한 뒤 병에 걸렸다. 병석에서 일어날 무렵 홍수전은 자신이 예수의 동생이라고 확신했다.⁶⁶⁾ 홍수전은 미국의 남침례교 선교단에서 공부했지만 추종자들에게 전한 복음 해설의 번역본에는 많은 부분이 빠져 있었다(홍수전의 글에는 십계명에 아편 금지 조항이 포함되어 있기도 했다).⁶⁷⁾ 그는 여성 부족 문제를 청나라 만주족 지도자들 탓으로 돌리는 문구를 자신의 엉성한 교의에 다수 집어넣었다. 한 선언문에는 "만주족 악마들이 중국의 아름다운 소녀들을 모두 잡아들여 자신의 노예와 첩으로 만들었다. 그리하여 3천 명의 아름다운 여성이 야만스러운 개들에게 강간당하고 백만 명의 사랑스러운 소녀들이 악취 나는 여우들과 잠을 자야 했다. 이 일을 말하는 것만으로 고통스럽고 혀가 더럽혀진다"라고 썼다.[68] 당연히 이런 표현들은 미혼 남성들의 심금을 울렸다.

1851년 말, 6만 명이 넘는 신도가 모였다. 홍수전은 남성들이 신도가 되자마자 이들의 신앙을 시험대에 올렸다. 그는 추종자들에게 반란을 일으켜 만주족에게서 벗어나 태평천국을 세우라는 선지자 이사야의 뜻을 전했다.[69] 하지만 현재 사학자들이 태평천국의 난이라고 부르는 이 반란은 결코 평화적이지 않았다. 스펜스는 이를 "중국 역사상 가장 치명적이고 장기적인 반란"이라고 묘사했다.[70]

태평천국군은 제국의 수도 난징을 향해 북쪽으로 진군하면서 염군이 일으킨 참상의 덕을 보았다. 중국의 중부 지방이 황폐화되어 권력 공백 현상이 나타난 것이다.[71] 이동 중에 지나는 도시들은 쉽고 빠르게 함락되었다. 하지만 태평천국군은 이미 고통받고 있던 지역들을 약탈하고 민가를 털었다.[72] 1853년 3월 29일, 홍수전의 군대는 중국 역사상 여러 번 제국의 수도였던 대도시 난징을 점령했다. 이후 얼마간 군대는 난징에서 맞닥뜨리는 만주족이라면 어린아이와 아기까지 모두 즉석에서 죽이거나 찌르거나 익사시켰다.[73]

홍수전은 곧 화려한 노란색 옷을 걸치고 첩을 취하며 황제 행세를 했고 다음 11년 동안 중국을 지배했다. 홍수전의 지배 아래 행정적인 문제들은 진전을 보지 못했고 태평천국은 본질적으로 병영국가로 남았다. 1864년에 홍수전이 죽자 만주족 군대가 난징을 습격해 도시의 지배권을 되찾았다. 도시가 점령당할 때 목숨을 잃지 않은 반란군은 함께 모여 분신을 했다. 최후까지 폭력적이었던 것이다. 한 목격자는 믿지 못하겠다는 듯이 "그렇게 무시무시한 반란군은 고대부터 지금까지 거의 알려진 적이 없다"라는 기록을 남겼다.[74]

권력을 되찾은 만주족은 당연히 중국의 미혼 남성들이 계속 문제를 일으킬 것이라고 의심했다. 청나라는 사학자 매슈 소머가 "위험한 최하층의 잉여 남성 계급"이라고 부른 집단을 길들이기 위해 일련의 도덕주의적인 정책들을 발표해 매춘과 남색을 금하고 위반자들을 처형했다.[75] 그러나 수십 년간 이어진 혼란으로 국력이 약해졌고 이제 제국의 완전한 몰락은 시간문제였다. 1912년 청 왕조가 마침내 몰락한 뒤 학자들은 수십 년 전에 일어난 염군과 태평천국군의 반란이 불러온 불안정, 그리고 그런 반란을 가능하게 했던 미혼 남성들을 몰락의 한 원인으로 지적했다.

홍수전이 천왕으로 난징을 다스리던 시절 이후 이 도시는 장쑤성의 성도가 되었고 전형적인 제국의 도시보다는 공산주의 행정의 중심지가 되었다. 하지만 한 가지 중요한 의미에서 이 도시는 그렇게 많이 바뀌지 않았다.•

현재의 잉여 남성들은 전면적인 반란을 일으키지는 않지만 완전히 다른 활동을 하는 것도 아니다. 오늘날 난징 남성들은 취미로 총에 사로잡힌 사람들의 모임인 애국자클럽의 주최로 함께 모여 도시

• 수십 년 동안 벌어진 성 감별 낙태가 남긴 난징의 편향된 성비는 남성 이주 근로자가 많아지면서 더욱 악화되었다.

공원의 언덕 높은 곳에 있는 숲의 한 부분을 점령한다.

나는 화창한 어느 봄날 애국자클럽 본부를 방문했다. 미리 들은 대로 피크닉 구역의 가장자리에 난 길로 접어들어 가파른 언덕을 올라갔다. 드문드문 서 있던 녹나무들이 빽빽해지며 숲으로 접어들 즈음, 주위 나무들에 미국의 여름 캠프에서 선호되는 스타일로 거친 나무토막을 깎아 만든 수제 간판들이 여러 각도로 박혀 있다는 것을 알아차렸다. 간판에는 '조심하라', '조국을 지켜라' 등의 붉은 글씨가 찍혀 있었다. 경고문은 언덕 위까지 계속되었다. 몇 걸음을 뗄 때마다 새로운 간판이 나타나 긴장감이 거의 익살스러운 수준이 되었다. '경계를 강화하라'가 보였다가 다시 '조심하라'가 나타났다. 길이 더 가팔라져서 작은 나무들을 붙잡고 걸어야 했다. 그러다 마침내 나무 틈 사이를 지나 먼지 나는 공터로 들어섰다.

공터는 올리브색 군용 텐트들로 둘러싸여 있었고 뻣뻣한 위장복을 입은 젊은 남성 열두 명가량이 돌아다니며 먼지를 일으키고 있었다. 아래쪽 피크닉 구역에서 들고 온 것으로 보이는 녹색 탁자에서는 남자 몇 명이 흰색 총알을 금속 탄약통에 장전한 뒤 가짜 M-4s와 AK-47s에 밀어 넣고 있었다. 한편 공터 가장자리에는 다른 남자 두 명이 가짜 핏덩어리가 튀는 과녁에 권총을 시험하고 있었는데 표적을 맞히면 "와!" 하고 고함을 질렀다. 또 다른 남자는 금방이라도 무너질 듯한 클럽 회관 가까이에 서서 조준을 하지 않은 채 숲으로 총을 발사했다. 다른 사람들은 무릎 보호대를 조절하거나 얼굴에 두꺼운 플라스틱 마스크를 쓰거나 허리에 튼튼한 위장용 주머니를 두르고 있었다.

고함, 욕, 웃음이 뒤섞여 불협화음을 냈고 대부분의 남자들이 준비에 몰두하느라 한쪽 구석에 서 있는 외국인을 알아차리지 못했다. 게다가 이들에겐 시간이 없었다. 몇 분 지나지 않아 누군가가 행동에 돌입하라는 신호를 보냈기 때문이다. 남자들은 일제히 움직이며 가슴에 총을 갖다 대고 재빨리 일렬로 서더니 정형화된 걸음으로(다리가 활처럼 구부러지고 주머니가 아래위로 흔들렸다) 주위 나무들로 행진했다. 피크닉 탁자에서 10미터쯤 떨어진 데서 첫 번째 남성이 땅에 총을 쏘았다. 남자들은 몇 분 내에 이리저리 흩어지면서 사격을 시작했다.

토요일 오후였고 아래쪽 공원에는 가족들이 모여 있었다. 아장아장 걸어 다니는 어린아이들이 얼굴에 아이스크림을 묻힌 채 부모들이 연을 날리는 모습을 지켜보았다. 중국 대부분의 공공장소와 마찬가지로 공원도 이용객이 많았다. 매일 아침 노인들이 피크닉 구역에 모여 타일 위로 발을 미끄러지듯 우아하게 움직이며 태극권 동작을 수련했다. 그리고 오후에는 애완 새들을 데리고 다시 와서 한담을 하며 시간을 보냈다. 내가 보기에 공원 방문객들은 바로 몇백 미터 위에서 불법 복제 기관총을 든 젊은 남성들이 숲 속을 달리며 서로에게 총을 쏘고 있다는 생각은 전혀 하지 않는 것 같았다. 그리고 실제로 원시적인 야영장, 날림으로 지은 클럽 회관, 나무들이 마구 자라 뒤엉킨 넓은 숲으로 이루어진 애국자클럽은 고립되어 활동하는 비주류파로 보일 수 있었다.

오늘날 중국에는 '상하이 밴드 오브 브라더스', '광저우 파이트맨', '충칭 그린베레' 등 애국자클럽과 비슷한 단체가 많다. 여기 가입한 패기 넘치는 전사들은 자신들이 벌이는 전투를 "전쟁 게임"이라고 부르는데 이들이 보여주는 진지함과는 맞지 않는 용어다. 이 남성들의 주말과 휴가는 전쟁 게임을 하며 훌쩍 지나가고, 이들은 일을 할 때도 게임 생각에 사로잡히곤 한다. 중국의 인터넷에는 경기자들이 무기와 전력에 대해 논의하는 게시판이 넘쳐난다. 진지한 이들은 훈련복, 긴 속옷, 방탄조끼, 위장용 티셔츠 몇 벌, 배낭, 탄띠, 군모, 워키토키, 2리터짜리 물주머니, 권총 몇 정씩을 장만한다.[76]

난징의 숲에 총알이 짧고 날카롭게 발사되는 핑핑핑 소리가 울려 퍼질 때 나는 평범한 상고머리에 노련한 장군처럼 눈을 가늘게 뜬 남성과 나만 공터에 서 있음을 알아차렸다. 그는 자신을 장이라고 소개했고 1997년에 애국자클럽을 열었다고 말했다. 그러고 나서 내게 피크닉 탁자에 앉으라고 권했다. 내가 의자에 앉자 장은 가장 직설적인 표현으로 전쟁 게임의 인기를 설명했다. "총은 축구와 같습니다. 남성들이 정말 좋아하죠."

중국의 많은 남성과 마찬가지로 애국자클럽 회원들이 선택하는 무기는 플라스틱 총알을 쏘지만 진짜처럼 보이고 느껴지는 공기총이다. 중국에서 진짜 총을 쉽게 구할 수 있다면 전쟁 게임 경기자들은 진짜 총을 수집하는 쪽을 선호할 것이다.• 하지만 어떤 점에서는 공기총이 마찬가지 효력을 낼 수 있다. 공기총은 눈 한쪽을 잃게 할 수도 있고 내장을 관통하거나 뼈에 총알이 박히게 할 수도 있다. 때때로 목숨을 뺏기도 한다.[77]

장과 내가 탁자에 앉아 지켜보는 동안 전투가 계속되었다. 공터 바로 너머에서 남자 세 명이 모래주머니 더미 아래에 납작 엎드린 채

• 중국에서는 사실 가짜 총도 불법이지만 홍콩에서 비교적 쉽게 밀수할 수 있다.

썩은 나무 상자들 뒤에 몸을 숨긴 적들에게 총을 쏘았다. 장은 때때로 총알이 마스크 아래로 들어가거나 보호 장치를 하지 않은 목에 맞아 참가자들이 다친다고 말한다. 하지만 그것은 병사가 감수해야 하는 위험일 뿐이라고 덧붙였다. 장은 먼 곳을 응시하더니 혼잣말을 했다. "당신도 위험하다고 어떤 일을 그만두지는 않잖아요. 그렇죠?"

사실 나는 위험한 일은 하지 않는다. 하지만 장의 세계에는 젊은 미혼 남성들이 살고 있고 분명 이들의 대답은 "그만두지 않는다"이다. 가족들과 태극권 수련자들이 집으로 돌아가고 밤이 되면 애국자 클럽 회원들은 무기를 들고 숲을 돌아다니며 어둠 속에서 싸운다. 죽음에 대한 집단적인 동경을 지닌, 테스토스테론이 솟구치는 화난 무리다.

전투가 격렬해지자 장은 경기자들이 전투에 대해 지닌 열정을 설명했다. 마치 자신의 스타 선수들에 대해 이야기하는 풋볼 코치처럼 열의 어린 말투였다. 다른 때는 과묵한 성격인 장은 총 이야기만 나오면 흥분하는 바람에 옆에서 끼어들기 힘들 정도였다. 그러다 모래주머니 아래에서 소동이 벌어져 말이 끊겼다. 한 남자가 벌떡 일어서더니 공중에 주먹을 휘둘렀다. 그리고 환호성을 올리며 외쳤다. "나는 죽었어!"

14장
세계의 미래
잉여 남성들이 가져온 사회적 불안

> 이는 성비 불균형을 불러올 수 있으며, 분명 남아의 출생 비율이 여아보다 높아질 것이라는 의미다. 이러한 공상과학 사업을 좀 더 계속하고 싶다면 그것은 주위에 공격적인 남성들이 훨씬 많이 돌아다니게 하겠다는 뜻이라고 할 수 있다.
> ― 프린스턴 대학의 사회학자 찰스 웨스토프,
> 1977년 성별 선택에 관한 《뉴욕 매거진》 인터뷰에서[1]

2003년 9월 16일, 일본 사업가 400명이 3일 동안 열리는 회의에 참석하기 위해 중국 해안 도시 주하이에 모였다. 하지만 이 회의는 가장 막연하게 봤을 때만 사업에 관한 회의라고 할 수 있었다. 이들은 넓은 회의장과 연회 시설을 갖춘 고급 호텔인 주하이 국제컨퍼런스센터 호텔에 머물렀지만 그 시설들을 많이 이용하지는 않았다. 회의를 후원한 건축 회사는 중국에 온 초반부터 다른 장소에서 파티를 열었고 화대가 800위안(120달러)에서 1,800위안(270달러)까지의 매춘부 500명을 고용해 남성들과 동행시켰다.[2] 실컷 먹고 마신 남자들은 여자들을 데리고 호텔(마침 '연인길'이라는 이름의 거리에 위치한 호텔이었다)로 돌아갔다. 그리고 여자들의 몸을 더듬으며 로비를 지나

승강기를 타고 각자의 방으로 올라갔다고 한다.

주하이는 섹스 관광으로 유명한 도시며 국내 남성들이나 외국 남성들이 단체로 매춘부를 고용한 것이 처음 있는 일은 아니었다. 당시 고용된 여성들 중 한 명인 매춘부 코코 왕은 기자에게 "우리는 일본인들을 많이 만납니다"라고 말했다.[3] 하지만 이 특별한 일본인 단체는 타이밍을 잘못 맞추었다. 회의 마지막 날인 9월 19일은 1931년 일본이 만주를 침략한 날이었다. 또한 새로 싹트고 있던 젊은 애국주의 운동권이 중국을 강간당한 여성에 비유함에 따라 1937년 난징 대학살 당시 일본군이 수천 명의 중국 여성을 강간한 사건(대중의 기억 속에 놀라울 정도로 생생하게 남아 있다)을 연상시킨 것도 악재로 작용했다.[4] 점점 늘어나고 있는 젊은 남성 애국자들은 자신들의 분노를 겨냥할 대상을 찾고 있었고 이들에게 주하이 사건은 고의적인 모욕처럼 느껴졌다.

며칠 지나지 않아 수만 명의 중국인이 인터넷에 질편한 매춘 행각에 대한 분노를 표출했으며 국내 언론과 외신도 차례로 이 사건을 비난했다. 뒤이어 벌어진 언론 공세에서 호텔 투숙객이던 중국인 저우광취안은 한 기자에게 "나는 일본 남자 중 한 명이 몸을 기울여 여성의 상의 속에 손을 넣어 가슴을 만지작거리는 걸 봤어요"라고 말했다.[5] 한편 중국 정부는 국제컨퍼런스센터 호텔에 2개월 영업정지 처분을 내리고 주하이의 포주와 매춘부 12명에게 징역형을 내리는 등 관련자들을 처벌했는데,[6] 2명은 종신형을 선고받았다.[7] 외무부는 이 괴상한 회의를 "극도로 혐오스러운 형사사건"이라고 부르며 일본을 향해 국민 교육을 잘 시키라고 탄원하는 성명서를 발표했다.[8] 또한 정부는 인터폴에 사건 주동자인 일본의 행사 주최자들을

체포해달라고 요청하는 마지막 만용을 부렸다.⁹⁾

인터폴은 요청을 받아들이지 않았다. 하지만 일본 정부는 매춘 비용을 지불한 건설 회사에 대한 수사에 착수하고 국민들에게 해외에 나갔을 때는 그 나라의 법을 지키라고 일깨움으로써, 비평가들이 일본이 중국의 압력에 굴복했다고 주장하도록 유도했다.¹⁰⁾ 결과적으로 이 사건은 이미 우려스러운 상태이던 중일 관계에 부담을 주었고 분노한 젊은 남성 집단이 지정학에 미칠 수 있는 영향력을 보여주었다.

분노한 젊은 남성들. 이들은 실제로 이렇게 불린다. 주로 남성으로 이루어진 들썩이는 성격의 중국 애국주의자들을 가리키는 용어인 분청慎靑은 말 그대로 '분노한 젊은이'를 의미한다. 일본은 분청의 가장 중요한 표적이지만 이따금 다른 나라들도 지목된다. 1999년 5월 NATO가 베오그라드 주재 중국 대사관에 폭격을 가한 사건이 일어나자 애국주의자들은 힘을 합쳐 이 사건이 미국의 책임이라고 강력 주장했다.¹¹⁾ 그달에 젊은이들은 24개 도시에서 행진을 벌이며 미국 영사 관저에 불을 지르고 미국 영사관이 없는 지역에서는 KFC와 맥도널드 체인점에 돌을 던졌다.¹²⁾ 그 후로 분청은 지속적인 정치 세력이 되어 다양한 대상을 겨냥했고 때로는 심지어 중국 정부를 비판하기도 했다.

다양한 애국주의자 파벌들은 미치는 영향력도 다양하다. 어떤 분청은 온라인 게시판에서만 활동하고, 어떤 분청은 여성이나 무기와 관련된 활동만 한다. 예를 들어 베이징의 패션지에 욱일승천기가 찍힌 드레스를 입고 등장한 여배우를 괴롭히거나● 아드레날린이 솟구치는 전쟁 게임을 하기도 한다(이름에서 암시하듯 애국자클럽 회원들은 대부분 분청이다). 하지만 일부는 세계 정치를 사냥감으로 삼았는데, 이 집단은 가장 실리가 없는 문제에도 폭발할 수 있었다. 일본이 유엔안보리 상임이사국에 도전한 직후인 2005년 어느 아침, 잠에서 깬 나는 평소에는 조용한 상하이 거리에 수천 명의 분청이 행진하면서 일식당에 달걀을 던지고 "일본 돼지 꺼져!"라고 고함지르는 장면을 목격했다. 이러한 분노의 분출은 지역의 안정을 약화시킬 위험이 있다.

최근 몇십 년 동안 중국 공산당의 지배는 기록적인 경제성장을 유지하느냐에 달려 있었다. 새로 얻은 작은 부가 많은 도움이 되었다. 중국인들은 번영을 얻는 대신 시대에 뒤떨어진 공산주의 이론에 의문을 제기하는 것을 자제했다. 하지만 정치적 정당성을 신속한 발전에서 얻는 경우에는 섬세한 균형 감각이 필요하다. 정부는 중산층의 지갑을 두툼하게 만들어주는 동시에 점점 커지는 경제적 불평등에 처한 빈곤층을 달래야 하기 때문이다. 중국 정부는 권력 강화를 위해 애국주의에 기댔다. 분청이 부상한 이유 중 하나는 오늘날의 젊은이들이 분노하도록 교육받았기 때문이다. 톈안먼(천안문)사건 직후 관료들은 개혁 성향의 젊은이들이 제기하는 잠재적 위협을 통감했고, 중국 정부는 대외적으로 강경한 입장처럼 보일 수 있는 일련의 역사책을 펴냈다.[13]

하지만 분청의 활동은 종종 강한 애국심의 산물이라기보다 불분

- 분청은 여배우 자오웨이의 합성 누드 사진을 인터넷에 올리고 집에 벽돌을 던지는가 하면 1937년 난징사건 생존자들을 동원해 항의 편지를 보내기도 했다.

명한 분노의 결과로 보인다. 난징의 양쯔 강둑에 폭발 직전의 분노를 느끼는 사람들을 위한 '욱일 화풀이 주점'을 연 전 권투 선수 우강은 오늘날의 남성들은 "너무 많은 압박을 받고 있으며 긴장을 해소할 방법이 필요하다"라고 말한다. 우강의 술집(일종의 공공연한 영리용 파이트 클럽)은 남성들에게 긴장을 풀 기회를 제공한다. 술 몇 잔 값만 내면 종업원 중 한 명을 때릴 수 있다.

한편 정부 관료들은 애국심이 양날의 칼임을 절감한다. 중국 역사에서 때때로 애국 운동이 민주주의 운동으로 바뀌었기 때문이다. 또한 이들은 염군의 난처럼 성비 불균형으로 가속될 수 있는 특별한 유형의 불안정이 명백히 반체제적인 분위기를 띤다는 것도 알고 있다.

때때로 중국의 분청은 금방이라도 폭력을 저지를 것처럼 보인다. 2006년 상하이에 살던 영국인 교사가 중국인 여성들과의 교제 경험을 블로그에 올리기 시작했다. 그 블로그 사이트는 고상한 성향이 아니었고(중국호색한Chinabounder이라는 별명을 사용한 그는 어떤 글에서 "그녀는 뛰어오르고 몸을 떨었다. 한숨을 쉬더니 벌린 입으로 나를 짓눌렀다"라고 썼다)[14] 인터넷 이용자들은 이런 글을 일반적으로 진지하게 받아들이지 않는다. 그러나 심리학 교수 장제하이가 살벌한 '신상 털기'를 시작하면서 상황이 바뀌었다. 다양한 사람들이 기술을 활용해 교사의 신원을 알아내려는 애국주의적 시도를 했던 것이다.

염소수염을 기른 날카로운 눈빛의 젊은이 장제하이는 중국의 여러 인기 웹사이트에 올린 호소문에서 "비도덕적인 외국인이 중국인 여성들을 농락했다"라고 선언했다.● "어떻게 그놈이 그런 음탕하고

● 저명한 상하이 사회과학원 소속인 장제하이는 학문으로 여겨질 수 있

못된 짓을 저지르도록 놔둘 수 있겠는가?"[15] 장제하이를 따르는 분청들은 인터넷 채팅방에서 방종한 영국인 교사를 재판하여 유죄판결을 내렸다. 만약 '신상 털기'가 성공했다면 실제로 그 교사를 가혹하게 처벌했을지도 모른다. 한 탐정은 장제하이의 블로그에 "짐승을 죽이자"라고 쓰기도 했다.[16]

'신상 털기'의 결과에 대해 얘기하기 위해 상하이의 한 커피숍에서 장제하이를 만났을 때, 그는 『나는 분노한다: 부도덕한 외국인 사건 뒤에 숨은 진실』이라는 책을 들고 나왔다. 장제하이는 신상 털기가 좀 더 직접적인 행동을 낳지 못한 데 실망한 듯했다. "중국호색한 같은 남자들이 아직 중국을 돌아다니고 있지요? 하지만 누가 외국인들의 봉급을 낮춘 적이라도 있나요?" 그러고는 담뱃불을 비벼 끄더니 나를 쳐다보았다. "거리에서 누가 외국인들을 두들겨 패기라도 했나요?"[17]

중국에서 분청의 중요성이 높아진다는 사실은 잉여 남성 문제가 국경을 넘어 반향을 불러일으킬 수 있음을 시사한다. 2030년의 중국, 혹은 인도, 알바니아, 그루지야가 미국의 거친 서부와 어느 정도까지 비슷해질지 예측하기란 어렵다. 신부 매매, 일처다부제, 매춘의 갑작스러운 급증과 달리 폭력과 불안정의 증가를 쉽게 편향된 출생 성비의 탓으로 돌릴 수는 없다. 분명 아시아 대륙의 범죄율은 젊은 인구에서 남성의 비율이 급증한 것과 같은 시기에 치솟았다.

    는 범위를 확장했다. 나중에 수행한 한 프로젝트에서 그는 외국인 여성들의 소망을 목록으로 작성했다.

1992~2004년 중국의 범죄율은 거의 두 배로 뛰었다.[18] 한편 인도에서는 2003~2007년 강간 사건은 30퍼센트 이상, 유괴는 50퍼센트 이상 증가하여 정부가 몇몇 도시에 여성 전용 열차를 내놓기에 이르렀다.[19] 하지만 과거 몇십 년 동안 아시아는 급속한 경제 발전과 사회 변화도 이루었다. 젊은 남성 비율의 증가가 범죄율 증가와 얼마만큼의 연관성과 인과관계가 있을까? 다시 말해 과도한 테스토스테론이 얼마만큼 연관되어 있을까?

그러나 예비적인 대답을 얻을 수 있는 방법들이 있다. 그 하나는 지역별, 시기별로 범죄 사건과 무질서 상태를 분류하는 것이다. 2007년 홍콩중문대학과 컬럼비아 대학의 경제학자들(그중에는 미국의 성별 선택을 폭로하고 "여성 최하위 계층"에 대해 경고한 한국 태생의 경제학자 레나 에들런드도 포함되어 있었다)이 지난 수십 년간의 중국의 범죄 통계를 살펴보며 이러한 작업을 수행했다. 중국에서는 각 성에 따라 한 자녀 정책을 강화한 시기가 달랐다. 중앙정부는 정책 실시 초기에 지방정부에 책임을 양도했고 성들 중 일부는 다른 성보다 일찍 엄격하게 통제를 실시했다. 이는 더 일찍 출생률이 떨어지고 남아 출생이 급증했다는 의미다. 이렇게 정책 강화에 시차가 있었던 점은 성마다 다른 시기에 10대의 성비가 증가했다는 뜻이므로 학자들은 각 성의 범죄율이 그에 따라 변했는지 추적할 수 있었다.[20]

결과는 의미심장했다. 출생 성비가 일찍 높아진 성들은 일찍 범죄가 급증했다. 이 연구 결과에 복잡한 공식을 적용해본 에들런드와 동료들은 높은 남성 비율과 범죄 행위의 명확한 연관성을 발견했고 출생 성비가 1퍼센트만 증가해도 지역 범죄율이 5~6퍼센트 증가한다는 결론을 내렸다.[21] 이들은 "중국의 젊은 성인 인구에서 남성의 증가는 전체 범죄 증가의 3분의 1을 설명할 수도 있다"라고 썼다.

인도는 중국보다 진행된 연구는 적지만 여기서도 범죄 증가가 고르게 분포되지 않았다. 강간, 가정 폭력, '명예범죄'는 하리아나주와 우타르프라데시주에서 빠른 속도로 증가했는데 두 지역 모두 매우 편향된 성비를 보여주는 곳이다.[22] 한편 우타르프라데시주에서는 학대와 성범죄 증가에 분노한 여성 단체가 법의 손을 거치지 않고 직접 범죄자들을 처단하기에 이르렀다.[23] 이 여성들은 굴라비 갱('gulabi'는 힌디어로 분홍색을 뜻하며, 이 단체의 구성원들은 이름처럼 분홍색 옷을 입는다)이라는 단체를 결성하여 범죄를 저지른 남성들에게 몽둥이를 휘두른다.[24]

하지만 여성 자경단이 활동하는 곳은 위험한 지역이다. 인도 북서부는 살벌한 살인으로도 유명하기 때문이다. 인도 특정 지역의 살인율이 높은지 알 수 있는 가장 좋은 방법은 그곳의 성비를 살펴보는 것이다. 심지어 높은 빈곤율도 살인율과 그렇게 강한 상관관계를 지니지 않는다.[25] 위험 지역의 부모들은 항상 딸을 보호하느라 전전긍긍하고 특히 순결을 잃을까 봐 걱정했다. 하지만 오늘날의 부모들은 연구원들에게 미혼 남성의 비율이 높아지면서 걱정이 더 커졌다고 말한다. 델리의 여성개발연구센터가 2008년 내놓은 보고서에는 "젊거나 혹은 그리 젊지 않은 미혼 남성들 중 성욕 배출구가 없는 남성이 많아지면서 [어린 소녀들이] 직면한 위험이 더 커진다고 한다"라는 내용이 나온다.[26]

수백만 명의 잉여 남성들이 사회의 안정에 미칠 영향을 이해하는 또 다른 방법은 독신 생활로 남성의 삶의 질이 어떻게 저하되는지 살펴보는 것이다. 아시아 전역에서 결혼과 건강은 밀접한 연관성이 있다. 나이, 교육, 민족의 차이를 보정하더라도 중국의 미혼 남성이 자칭 건강 상태가 좋다고 말할 가능성은 기혼 남성보다 11퍼센트 낮을 수 있다.[27] 게다가 이런 차이가 남성의 일생 동안 축적된다. 중국과 인도에서 미혼 남성은 기혼 남성보다 수명이 짧다.[28] 결혼을 못한 것이 남성의 육체적 건강에 부정적인 영향을 미치는 것이다. 심지어 결혼 적령기에 도착하기 전에도 성비 불균형이 남성의 심리적 건강에 지대한 영향을 미칠 수 있다.

유니버시티 칼리지 런던의 국제 건강 및 개발 센터 보건 전문 연구원 테레즈 헤스케스는 중국의 3개 성을 대상으로 특히 성비 불균형의 심리학적 영향을 추적하는 연구를 이끌고 있다.[29] 헤스케스는 성비 불균형과 우울증의 상관관계를 알아내고 싶어 하는데, 소년들이 미래에 아내를 구하지 못하리라는 것을 어릴 때부터 안다면 심리적으로 영향을 받을 거라고 추측한다. 그녀는 "소년들이 나중에 자신이 성관계를 가지지 못하리라는 것을 알고 있을까요? 그런 사실을 받아들일까요?"라고 질문을 던진다. 젊은 미혼 남성들은 기혼 남성들보다 테스토스테론 수치가 높을 뿐 아니라 단순히 절망감을 더 느끼거나 자포자기하기도 쉽다.

2007년 12월, 중국청소년범죄연구회 회장 류구이밍이 베이징에서 열린 세미나에서 참석자들에게 오늘날의 10대들은 "특정한 동기 없이, 종종 별생각 없이" 범죄를 저지른다고 말했는데 위의 가정이 이 말을 설명하는 데 도움이 된다.[30] 또한 여성개발연구센터가 인도 북서부에서 실시한 연구의 보고서에서 "실업과 약물중독이 젊은 남성 세대 전체에 큰 피해를 주고 있다"라고 밝힌 것과[31] 한때 미국의 특징이던 무분별한 폭력이 최근 중국에서 일어나고 있다는 점도 이런 이유로 설명될 수 있다. 2004년과 2010년 중국에서는 미치광이 살인자가 초등학교와 보육원에서 난동을 부려 아이들을 때리고 흉기로 찔러 죽이는 사건이 급증했다.[32]

살인자들은 모두 남성이었다. 10명 중 8명은 출생 성비 불균형이 높은 동부 출신이었고 그중 몇 명은 실직 상태였다. 한 남자는 체포되어 즉결 처형되기 전에 이웃들에게 자신이 삶에 좌절감을 느꼈고 부자와 권력자 들에게 복수하고 싶다고 말했다.[33] 또 다른 사람은 경찰에게 여자 친구가 떠나서 화가 났다고 말했다고 한다.[34]

잉여 남성이 사회에 미치는 불안정적인 영향은 과장될 수 있다. 『미혼 남성: 아시아 잉여 남성 인구가 안전에 미치는 영향 Bare Branches: The Security Implications of Asia's Surplus Male Population』이라는 책에서 밸러리 허드슨과 앤드리아 덴 보어는 중국과 인도의 성비 불균형은 서구에 심각한 영향을 미친다고 주장했다. 두 학자는 젊은 남성의 수가 젊은 여성보다 훨씬 많은 사회는 일반적으로 폭력적이라고 정확하게 지적한 뒤 한발 더 나아가 남성 과잉과 폭정을 연결시켰다. 이들은 "성비 불균형이 높은 사회는 본국에서의 폭력을 억누르고 식민지 건설이나 전쟁을 통해 해외로 폭력성을 돌릴 수 있는 독재적인 정권만 다스릴 수 있다"라고 주장했다.[35]

하지만 이런 가정은 인도가 개발도상국 중 가장 활기찬 민주국가 중 하나며 중국 정부는 지금은 독재주의지만 젊고 흥분한 분청들이 등을 돌릴 경우 매우 다른 모습이 될 수 있다는 사실을 간과한 것이다(실제로 최근 정부에게 정치적·사회적 자유를 확대하라는 압력은 줄어든 것이 아니라 오히려 높아졌다). 역사적으로 성비와 정부 형태의 상호

관계는 그렇게 간단하지 않았다. 아돌프 히틀러는 제1차 세계대전의 전사자로 인해 독일에 여성이 남성보다 200만 명 넘게 많았던 시기에 권력을 잡았다.[36] 하지만 허드슨과 덴 보어는 독재적인 통치가 필요하다고 가정함으로써 아시아 인구 대국들이 잉여 남성들을 손쉽게 군대로 흡수할지 모른다고 속단했다.[37] 중국과 인도의 미혼 남성들은 외딴 지역에 고립되거나 해외로 파견될 수도 있다. "도시에서 멀리 떨어진 곳에 주둔하거나 심지어 해외에 배치된다."[38]

걱정이 많은 사람들은 아시아의 인구 변화와 세계 정치의 불안정을 연결 짓는다. 폴 에를리히는 1969년 『인구 폭탄』에서 "인구가 늘어날 때마다 줄어드는 자원과 식량을 둘러싼 경쟁이 심해져 전쟁이 일어날 가능성이 증가한다"라고 썼다.[39] 극적 효과를 더해 말하자면 오늘날 서구 해안을 뒤덮겠다고 위협하는 무리는 더는 굶주린 아이들과 부모들이 아니라 성인 미혼 남성들이다. 하지만 대규모 기아와 전쟁이 벌어질 것이라는 에를리히의 불길한 예측과 마찬가지로 이런 새로운 기우는 별로 지지를 받지 못했다. 그도 그럴 것이 허드슨과 덴 보어는 자신들이 다룬 나라에 대해 잘 모르는 상태로, 주로 영국의 언론 보도와 간접적인 출처에 근거해 결론을 내렸다. 이에 대해 우울증 발병률 연구를 감독하고 있는 헤스케스는 학자들이 "중국과 인도에 가지 않는다"라고 설명했다. "이들은 사무실에 앉아 있어요. 그래서 내가 보기에 부적절해 보이는 비약을 하죠."

하지만 성비 불균형이 새로운 파시즘의 물결을 불러오거나 전면전이 불가피해질 정도로 아시아의 군대를 늘리지 않을지는 모르지만 지역의 안정을 위협한다는 것은 거의 분명하다. 헤스케스는 2006년 《국립과학원 회보》에 게재한 주웨이싱과 공저한 논문에서

"미혼 남성들이 결집할 경우 더욱 조직적인 공격이 이루어질 가능성이 상당히 높아질 것으로 보인다"라고 썼다. "남성 과잉의 결과는 향후 2, 30년 동안 아시아의 몇몇 국가에 중요한 문제가 될 것이다."[40]

분청의 득세는 중국 지식인들 사이에 대규모의 파괴에 대한 두려움을 불러일으키고 있다. 평론가 슝페이윈은 2008년 잡지 《난펑창南風窓》에 "정말로 무서운 것은 분노한 젊은이들 때문에 나라가 동요하는 것이다"라고 썼다. "한 나라에 분노한 젊은이가 일정 비율 존재하는 것은 자연스러운 일이다. 하지만 나라의 운영이 이들에게 넘어가고 온화한 노인과 여성 들, 무고한 아이들을 포함한 국민 전체가 분노한 젊은이들에 합세하도록 강요받을 경우 완전한 혼란과 재앙이 찾아올 것이다."[41]

하지만 무언가가 잘못되었음을 가장 잘 알려주는 징후는 아마도 중국과 인도의 지도자들이 잉여 남성에 대해 우려한다는 사실일 것이다. 몇 년 동안 성비 불균형 문제를 대체로 무시하거나 묵살해온 두 나라 관료들은 이제 이 문제에 진지한 관심을 기울이고 있다.

2008년 인도 수상 만모한 싱은 여아 낙태를 인도 사회 전체에 영향을 미치는 "국가의 수치"라고 불렀다. 인도 지도자가 이 문제에 관해 언급한 것은 그것이 처음이었다. 싱은 성별 선택이 "우리 문명에 대한 끔찍한 공격"이라고 공언했다.[42] 중국 지도자들도 생각이 비슷한 듯하다. 불과 몇 년 전만 해도 중국 소식통들은 내게 잉여 남성 문제는 논의하기에 너무 민감한 문제라고 말했다. 그 뒤 정부는 노선을 바꾸었다. 인구통계학자 구바오창은 성비 불균형에 대해 "과거에는 모든 사람이 문제가 없다고 생각했지만 지금은 관심을 기울이기 시작했다"라고 말한다. 2007년 8월에 열린 학술 대회에서 국가인구계획생육위원회 위원장 장웨이칭은 성비 불균형 문제에는 "사회의 안정에 대한 위협"이 잠복해 있다고 선언했다.[43]

사실 두 학자가 몇 년 동안 성별 선택에 대해 진지하게 생각해보라고 로비를 벌였으나 소득이 없다가 마침내 관료들을 설득한 1990년대 말부터 위원회 관료들은 수년간 성비 불균형 문제를 조용히 조사해왔다. 중국 최초의 여성 인구통계학자 중 한 명인 주추주는 1980년대 초부터 선택적 유아 살해와 낙태 사건을 기록해왔다. 주추주는 스탠퍼드 대학에서 수학한 시안교통대학의 동료 리슈줘와 함께 중요한 시기에 국가인구계획생육위원회에 진출했다. 출생률을 낮추어 인구 증가율을 감소시키는 문제는 더 이상 최우선 순위가 아니었다. 위원회 관료들은 관심을 쏟을 다른 인구문제를 찾고 있었던 것이다.

중국은 1989년에 성 감별을 금지했지만 엄격하게 시행되지는 않았다. 주추주와 리슈줘는 불법을 저지르는 초음파 기사들을 엄중 단속해 법을 이행하라고 정부를 설득했다. 이들은 출생 성비가 높은 지역에서 광범위한 현장 조사를 했기 때문에 성비 불균형 문제와 싸우는 방법에 관해 여러 아이디어가 있었다. 두 학자가 위원회에 제시한 계획에는 여아의 중요성을 높이기 위한 당근과 채찍이 섞여 있었.

위원회는 조용한 지역에서 프로그램을 시도하는 데 동의했다. '딸사랑 운동'이라고 불리게 된 이 프로젝트는 1999년 차오후에서 처음 윤곽을 드러냈다. 차오후 지역 공무원들에게 성비 불균형을 근절해야겠다는 직접적인 자극제 역할을 한 것은 잉여 남성들이 다루기 힘들어지리라는 예측이었다. 차오후의 가족계획 책임자인 차오룽샨은 내게 "우리는 [편향된 성비가] 사회에 미치는 영향력이 거대할 수 있다는 것을 인식했습니다"라고 말했다. "우리는 이 문제를 해결해야 합니다. 그러지 않으면 사회적으로 불안정이 찾아올 겁니다." 하지만 1999년 당시 성비 불균형은 한 자녀 정책과 관련된 매우 민감한 문제였다. 차오는 프로그램에 동의한 얼마 안 되는 지방 공무원 중 한 명이었다. 리슈줴와 주추주가 차오후를 딸사랑 운동의 시범 지역으로 선택한 것은 단지 차오가 응낙했기 때문이었다.[44)]

프로그램이 시작되자 차오후 현지의 가족계획 자원봉사자들은 일상적으로 하던 출산 관찰과 피임 기구 배포 활동을 강화했다. 자원자들은 대개 자기가 사는 동네에서 봉사 활동을 하는 은퇴한 중년 여성들로, 신혼부부를 방문해 출생 성비의 개념을 설명하고 딸의 중요성을 강조하는 전단을 배포하기 시작했다. 한편 지역의 가족계획 위원회 관료들은 딸이 있는 부모들에게 소액 대출과 현금 보조를 해주었으며(출산 직후 보통 200위안, 즉 31달러 정도를 지급했다) 며느리에게 아들을 낳으라고 부담을 준다고 여겨지는 나이 든 여성들을 대상으로 의무적으로 참석해야 하는 세미나를 열었다. "당신은 쫓아낼 수 있다! 떨어져 나가게 할 수 있다! 낙태할 수 있다! 하지만 낳을 수는 없다" 대신 "아들과 딸은 모두 보물입니다", "딸 사랑은 나부터" 같은 메시지들이 벽에 붙었다.

이와 병행하여 국가인구계획생육위원회는 초음파 기사들도 엄격하게 관찰하기 시작했다. 이런 노력은 차오후 지구를 포괄하는 가족계획 사무소까지 확대되었다. 이곳의 한 관료는 이중 잠금 시스템이라고 이름 붙인 조치를 보여주었다. 초음파 기계가 있는 방의 문에 손잡이를 두 개 달고 직원 중 아무도 두 손잡이의 열쇠를 동시에 가질 수 없게 하는 방법이었다(기사들이 차 뒷좌석에서 초음파검사를 하는

14장 | 세계의 미래　321

나라에서 이 방법이 효과가 있을지는 알 수 없었다. 그러나 성별 선택이 더는 용납되지 않는다는 메시지를 전달하는 데 적어도 상징적으로는 도움이 되는 조치였다). 국가인구계획생육위원회의 자료와 독자적인 조사들에 따르면 차오후 출생 성비는 1999년 125에서 2002년에는 114로 떨어졌다. 효과를 확신한 위원회는 이후 딸사랑 운동을 24개의 다른 지구로 확대했다. 이 지역들 역시 출생 성비가 희망적인 수준으로 개선되었다. 전체적으로 출생 성비는 2000년의 134에서 2005년에는 120으로 떨어졌다.[45]

하지만 딸사랑 운동에서 얻은 교훈을 정확히 파악하기란 힘들다. 인구통계학자 리슈줘와 주주주는 이 프로그램들이 얻은 단기적인 성과는 성별 선택 낙태를 엄중하게 단속한 결과일 뿐이라고 말한다. 차오후와 같은 수준으로 감독을 받지 않은 다른 도시들에서 성비 불균형을 없애기가 훨씬 어려웠던 것은 이 때문이다. 2006년에 딸사랑 운동이 전국적으로 도입되었지만 아직 전국적으로 출생 성비는 개선되지 않았다. 중국은 성 감별 금지령을 실행할 포괄적인 정치적 의지가 부족한 데다 처벌 없이 단지 딸이 있는 부모에게 조금씩 보상을 하는 방법은 효과적이지 않다. 여아를 낙태한 부모들이 사회에서 보통 부유층에 속한다는 점을 감안하면 딸을 낳았을 때 지급하는 31달러는 대수롭지 않은 금액이다.

한편 평론가들은 차오후와 같은 시범 지역 외에서는 딸사랑 운동이 선택적으로 아이를 매우 적게 낳는 시대에 국가인구계획생육위원회가 자신의 존재를 정당화시키는 한 방법이 되었다고 말한다. 강제 낙태가 널리 실시되기 시작한 이후 50만 명까지 늘어났던 위원회의 직원은 지금은 대폭 감원되었다. 위원회의 출산 목표는 더 이상 필요하지 않다. 조사에 따르면 많은 중국인이 이제 기꺼이 아이를 한 명만 낳는다.[46] 더구나 1980년대 초에 얻은 교훈으로 포드재단(딸사랑 운동의 후원자) 같은 조직들이 더는 강제적인 인구 조치에 자금을 지원하려고도 하지 않는다.

딸사랑 운동은 정부 기구가 스스로 남녀평등의 촉매제로 거듭나 존재 이유를 유지하려는 시도이기도 하다. 베이징에 있는 브루킹스 연구소의 인구통계학자 왕펑은 "국가인구계획생육위원회는 근본 원인보다는 증상을 치료함으로써 병을 고치려고 합니다"라고 말한다. "이들은 좀 더 까다롭고 근본적인 부분, 즉 [한자녀] 정책 문제는 피하고 있죠."[47] 중국 부모들이 위원회의 급작스러운 변신을 회의적으로 볼 만하다. 한때 여아 낙태를 묵과했던 바로 그 조직이 이제는 딸을 낳으라고 장려하다니?

잉여 남성 문제를 다루면서 난항을 겪고 있는 것은 중국만이 아니다. 인도 역시 의미 있는 조치를 취하기 위해 분투하고 있다.

인도는 1994년에 광범위한 내용의 태아진단기법 규제 및 오용방지법을 통과시켰다. 이 법은 의사가 임신부에게 태아의 성별을 알려주는 것을 금하고 병원들이 보유한 초음파 기계를 등록하게 했다. 또한 당국에게 병원들을 수색할 권한을 주었다. 하지만 정부가 이 법을 시행하기까지는 10년이 넘게 걸렸다. 2006년 하리아나주의 한 의사와 조수가 태아진단기법 규제를 위반하여 2년 징역형을 선고받았다. 인도에서 의사가 성별 선택으로 처벌받은 최초의 사례였다.[48]

만모한 싱 정부가 성별 선택 낙태를 쟁점화하면서 몇몇 사례가 더 나타났다. 인도 보건가족복지부는 딸의 장점을 칭찬하는 공공 캠페인을 후원했고 "인디라 간디와 머더 테레사 : 당신의 딸이 이 중 한 명이 될 수 있습니다"라고 선언하는 벽보가 곳곳에 붙었다.[49] (물론 인디라 간디는 훌륭한 여성의 역할 모델로는 유감스러운 선택이었다. 전인도 의학연구소의 실험이 인디라 간디의 관리 아래 이루어졌기 때문이다.) 메시지를 이해시키기 위한 좀 더 단호한 시도는 인도의 미래 결혼 시장을 표현하는 남성과 여성용 케이블 텔레비전을 이용하는 것이다. 12개 케이블방송이 독신 수신자를 대상으로 한다.

중국처럼 인도의 몇몇 주는 딸을 낳은 부모에게 금전적인 보상을 한다. 인도 정부는 딸이 태어나면 18세 만기로 펀드에 일정 금액을 투자한다. 2010년 하리아나주는 임신 기간 내내 임신부를 관찰한다는 야심찬 목표를 발표했다.[50] 하지만 성별 선택이 여전히 만연한 상태다. 여기에는 법 집행이 미미했던 것도 한몫을 했다. 하이데라바드시의 공무원들이 지역 내 초음파 서비스 제공 병원 400여 군데를 감사한 결과 환자들의 정확한 주소를 제공할 수 있는 곳이 16퍼센트에 불과했다. 따라서 당국이 병원을 방문한 여성들을 찾아내 초음파 검사가 낙태로 이어졌는지 확인하기가 불가능했다.[51]

게다가 딸의 장점을 홍보하려는 노력들은 인도 여성들의 삶의 질 악화로 대체로 무용지물이 되었다. 유감스럽게도 북서부의 사회들은 범죄 증가에 대해 어린 소녀와 여성 들의 행동을 더욱 제한하는 것으로 대응했다. 우타르프라데시주의 몇몇 대학은 성희롱을 줄이겠다는 구실로 여학생들에게 청바지를 비롯한 서구식 옷차림을 금지했다.[52] 한편 하리아나주에서는 딸들의 안전을 걱정한 부모들이 여학생들을 자퇴시키고 있다.[53] 납치, 성범죄, 불안에 시달리는 세계로 딸을 내보내고 싶어 하는 사람은 아무도 없다. 성비 불균형 문제는 고심해서 다루어지지 않은 채 눈덩이처럼 커지고 있다.

세계적인 성비 불균형은 영화(인도 감독 마니시 자의 〈마트루부미 : 여성이 존재하지 않는 땅〉)와 SF소설(2047년을 무대로 한 이언 맥도널드의 소설 『좋은 신랑감 *An Eligible Boy*』)에 영감을 주었고 성비 불균형의 결과가 더욱 명확하게 나타나면서 앞으로 다른 작품들도 이어질 것이다. 하지만 가장 통찰력 있는 분석은 레바논 작가 아민 말루프가 1993년 발표한 소설에 등장한다.

『베아트리체 이후의 첫 세기 *Le Premier siècle après Béatrice*』에서 세상은 지금과 비슷하게 부유한 북부와 개발 중인 남부로 나뉘어 있다. 이야기는 남부인들이 성관계를 갖기 전에 삼키면 아들을 낳게 해준다는 신비한 가루를 발견하면서 펼쳐진다. 이 가루는 1970년대의 서구 과학자들이 상상했던 '아들 낳는 약'을 연상시킨다. 곧 남부의 출생 성비가 치솟는다.

소설의 화자인 과학자는 여러 세대의 "미래가 절단되어버렸다"라고 말한다.[54] 몇 년 동안 전면적인 밀매, 폭력, 전반적인 무질서가 지배했다. 중앙정부는 적대적인 당파들에 무너졌고 남부의 남성들은 "폭력에 취한 돌연변이"로 변했다. 얼마 남지 않은 여성들은 "부족의 귀한 자산, 피비린내 나는 싸움으로 얻는 상품"으로 여겨졌다. 납치된 여아 거래가 활발해졌고 얼마 없는 딸들의 부모들은 자식을 철저히 지켰다.

하지만 이런 대혼란을 전해 들은 북부 주민들은 의기양양했다.

북부가 인구문제를 해결하지 못했을까? 북부는 과잉 인구 없이 바람직한 마이너스성장을 이루었다. 더구나 여론조사에서는 부부들이 아들과 딸 중 특정 성을 선호하지 않는 것으로 나타났다. 어떤 불균형도 우려되지 않았다. 다른 많은 것과 마찬가지로 이 일 전체도 여유롭게 토론할 수 있고 모든 것이 이론적으로 남을 것이며 아무것도 실제로 영향을 미치지 못할 것이다.

성별 선택이 시작된 후 남부 피난민들이 북부의 국경 지역을 뒤덮기 시작한 뒤에야 북부인들은 평화 유지군을 보냈다. 하지만 짐작할 수 있는 것처럼 그때는 이미 늦었다.

말루프가 쓴 이야기와 닮아가고 있는 현실의 모습 역시 서구의 많은 사람에게 대체로 이론적인 영역으로 남아 있다. 성별 선택에 대해 유엔인구기금이 강경한 입장을 자제하고 미국 정부는 침묵하며 여성 단체들도 감추려고만 할 때도, 서구의 몇몇 중요한 기관들은 세계적으로 진행되는 성비 불균형을 연구했다. 제2차 세계대전 이후 기업들을 보호하기 위해 설립된 보수적인 두뇌 집단인 미국기업연구소는 2008년에 이 문제를 다루는 긴 세미나를 개최했다.[55] 강제적인 인구 조절 프로그램에 자금을 지원한 지 몇 년 뒤 세계은행은 이 문제를 연구하기 위해 유력한 전문가인 인도의 인구통계학자 모니카 다스 굽타를 채용했다. 그리고 내가 이야기를 나눈 한 군납업자에 따르면 미군은 중국 잉여 남성들을 면밀하게 관찰하고 있다(군사 전문가들이 중국의 미혼 남성 군인들이 미국을 공격할까 봐 두려워하는지 혹은 오래전의 윌리엄 드레이퍼 장군처럼 아시아 지역의 안정에 관심이 있는지는 구분할 수 없다).

하지만 멀리서 성비 불균형을 연구하는 것은 행동을 취하는 것과는 다르다. 『베아트리체 이후의 첫 세기』는 죽음을 앞둔 화자가 자신이 살던 세상이 어떻게 그토록 빨리 타락했는지 생각하면서 끝난다. 그는 "일어났던 모든 일이 피할 수 없는 것이었을까?"라고 묻는다. 그리고 스스로 질문에 답한다. "나는 그렇지 않다고 생각한다. 여전히 다른 길이 존재했다고 믿는다."

15장

태아들의 입장

성별 선택 낙태를 금지할 것인가?

> 인간의 모든 문제에는 항상 깔끔하고 그럴듯하면서
> 옳지 않은 잘 알려진 해결책이 있다.
> ─ H. L. 멩켄

2007년 한국은 20여 년 만에 처음으로 정상적인 출생 성비를 기록했다고 보고함으로써, 이전에 성비 불균형이 나타났다가 성별 선택 낙태를 일소한 세계에서 유일한 나라가 되었다. 전문가들은 즉각 한국의 성공을 해석하는 작업에 돌입했다. 그 무렵 학자들은 부부들이 딸을 낳게 하는 방법을 몇 년 동안 연구하고 있었다. 이때 불가능을 성취한 듯 보이는 국가의 실제 사례가 갑자기 등장한 것이다. 전문가들은 세계의 다른 지역에서 유용할지 모르는 데이터를 분석하고 논문을 작성했으며 인터뷰를 진행했다.

세계은행이 채용한 인구통계학자 모니카 다스 굽타가 앞장서서 한국의 사례를 설명했다. 2009년 세계은행의 개발연구그룹이 발간한 논문에서 그녀는 경제 발전과 새로운 성 인지적 정책 공세가 공조하여 성차별적인 가치를 약화시켰기 때문에 한국의 출생 성비가 균형을 이루었다는 결론을 내렸다. 다스 굽타와 공동 저자들은 "도시화의 진전과 교육 확대가 남아 선호 사상을 뒷받침하는 사회적 구

조와 가치를 약화시켰고 사회규범의 변화가 국민들을 휩쓸고 지나가면서 남아 선호 사상의 약화를 급격하게 진행시켰다"라고 평했다.[1] 다스 굽타는 한국의 경험은 중국과 인도에 좋은 징조라고 주장했다. 아시아의 이 인구 대국들에는 한국이 비슷한 수준의 발전 단계였을 때보다 진보적인 성별 정책들이 준비되어 있기 때문이다. "좋은 소식은 아시아에서 '사라진 소녀' 현상의 초기 단계 전환이 나타나는 듯 보인다는 점이다."[2]

다스 굽타는 아시아의 출생 성비가 균형이 잡히기 직전일 뿐 아니라 문화적·사회적 변화로 다수의 한국인이 딸을 원하게 되었다는 희망적인 결론을 내렸다. 이는 중국, 인도, 그 외 나라에서 초음파를 엄중 단속하는 등의 처벌적인 조치가 필요하지 않을 것이라는 의미였다.

하지만 내가 아시아에서 2년 넘게 성별 선택 낙태를 연구하면서 발견한 것은 초기 단계의 전환과는 정반대였다. 내가 인터뷰한 대부분의 학자들은 성비 불균형이 나타난 나라들은 결국 부부가 더는 여아를 낙태하지 않는 수준의 경제 발전에 이른다는 크리스토프 길모토의 변천 이론의 몇 가지 변형된 형태들을 믿고 있었다. 하지만 이들은 일반적으로 변천 주기가 몇십 년 동안 지속된다고 예상했다. 아무튼 성별 선택은 네팔, 방글라데시 같은 나라는 말할 것도 없고 아직 중국과 인도의 가장 빈곤한 층까지 이르지 않았다.

하지만 나는 성 인지적 정책이 늘어나면 아들을 낳기 위한 기술에 의존하는 부부의 수가 줄어들 것이라고 생각했다. 그리고 한국의 변화에 관해 듣기를 기대하며 이 나라를 방문했다. 나는 국가적 자긍심이라는 측면에서라도 사람들이 광범위한 사회적 변화와 관대한 정부 정책으로 개선된 새로운 남녀평등 이야기를 쉽게 화제로 삼을 것이라고 생각했다. 그래서 방문 이틀째 되던 날 서울의 어느 화려한 커피숍에서 만난 통신 회사 중간급 관리자인 캐서린 민이 아들을 낳고 싶다는 말을 하는 걸 들으며 놀랐다. 캐서린 민은 40대 초반으로 딸이 한 명 있었다. 검정 터틀넥 위에 앙고라 스웨터를 입은 그녀는 흠잡을 데 없는 화장에 완벽한 스타일의 단발머리를 하고 있었다. 코코아를 홀짝이며 그녀가 유창한 영어로 말했다. "난 아들이 좋아요. 나 자신이 성차별을 경험했기 때문이죠." 내가 정부 정책이 여성의 지위 향상으로 이어지지 않았느냐고 묻자 그녀는 나를 재미있다는 듯이 바라보았다.

도시 반대편에 위치한 정부 산하 기관인 한국여성개발원에서 사회학자 변화순에게 같은 질문을 던졌다. 변화순은 실컷 웃더니 한국 여성들이 10년이나 20년 전보다 처지가 상당히 나아졌다는 생각은 분명 남성이 내 머릿속에 주입시켰을 거라고 말했다. 변화순은 여성에게 주어지는 기회를 평가하기 위한 유엔개발계획의 지표상으로 한국은 형편없는 수준이라고 지적했다.[3] "한국 사회는 점점 더 부유해지고 있지만 여성권한지수는 선진국 중 가장 낮은 수준에 머물러 있습니다."

실제로 한국의 낙태 역사에 대해 나와 이야기를 나눈 최희란은 2006년의 논문에서 한국 여성의 지위를 암울하게 요약했다. "여성은 남성보다 사회 경제적 지위가 낮고 유교와 연결된 문화적 가치로 생활에 뚜렷한 제약을 받는다. 수명이 크게 늘어났음에도 한국 여성들은 여전히 질병율과 스트레스 비율이 남성보다 높은 것으로 보고된다."[4] 커피숍에서 만났을 때 캐서린 민은 한국에서 점점 더 많은 여성이 일을 한다는 것은 인정하지만 여전히 영향력 있는 자리에는 오를 수 없다고 말했다. "유리 천장이 분명히 존재해요. 그래서 우리는 그 위에 있는 아기를 낳아야 해요."•

캐서린 민이 딸을 낳기로 결심한 것은(한국의 균형 잡힌 출생 성비에 조금 기여했다) 한국이 갑자기 여성이 살기 좋은 곳이 되었기 때문이 아니라, 나중에 아들을 낳을 거라고 기대했기 때문이었다. 그러나 둘째를 낳으려고 시도했을 때 그녀는 임신을 할 수 없었다. 나이 때문이었다.

그런 의미에서 캐서린 민은 다양한 이유로 아이를 점점 덜 낳는 한국 현세대 여성의 전형이다. 실제로 2005년에 한국은 여성 한 명당 출산 자녀 수가 평균 1.08명으로 세계에서 가장 낮은 출생률을 기록했다(이후 출생률이 상승해 2010년에 가까스로 1.22에 이르렀다).[5] 많은 여성이 가임 기간 대부분을 독신으로 보낸 뒤 결혼한다. 그리고 아이를 맡길 수 있는 보육 시설이 부족하고 교육비가 엄두를 내지 못할 정도로 높다는 것을 알게 된다. 내가 민에게 친구들과 지인들 사이에서 성별 선택 낙태가 사라졌다는 것을 느끼는지 물어보자 그녀는 슬픈 듯 나를 쳐다보았다. "성별 선택 낙태는 여성에게 운 좋은 걱정거리예요. 적어도 임신을 할 수 있다는 뜻이니까요." 그러고는 티슈로 눈가를 찍어냈다. "낙태를 하려면 적어도 임신을 할 수 있어야 하잖아요."

한국의 상황은 크리스토프 길모토가 몇 년 전 인도에서 발견한 바의 비틀린 형태다. 당시는 부부들이 낳는 자녀의 수가 줄었다는 사

• 2005년에 한국의 기업 임원, 정치인, 상급 관리자 중 여성은 겨우 6퍼센트였다.

실이 이들이 주로 아들을 낳는다는 세부 사항을 가렸다. 현재는 한국의 출생 성비가 균형을 맞췄다는 사실에 한국인들이 딸이든 아들이든 아이를 거의 낳지 않는다는 중요한 세부 사항이 가려 잘 보이지 않는다. 그리고 수십 년 동안 남아가 지배적이었던 출생 집단의 보충 및 한국에서 여성의 수 증가라는 문제를 생각할 때, 부부들이 아이를 낳지 않는다면 균형 잡힌 출생 성비는 거의 소용없게 된다.

한국과 인구 조절의 좋은 관계가 영원히 지속되지는 않았다. 1987년에 민주주의가 도래하면서 출산에 대한 좀 더 합리적인 접근 방식이 나타났다. 새로운 정부는 즉시 초음파와 양수 검사로 이루어지는 성 감별을 불법화했다.[6] 1990년 보건사회부는 성 감별을 돕다가 적발된 의사에 대한 처벌을 강화했고 대대적으로 실시한 일련의 불시 단속에서 법을 위반해 적발된 의사 여덟 명의 면허를 정지했다. 몇 년 뒤 김영삼 정부는 임신부를 고용해 성 감별 검사를 받으려는 환자로 위장시켜 성별 선택 낙태에 대한 또 다른 공개적인 엄중 단속을 펼쳤다. 불법으로 검사를 해준 의사들은 징역 1년과 1만 2천 달러까지의 벌금을 선고받고 면허가 취소될 수 있었다.[7]

하지만 한국 정부가 갑자기 여성의 지위에 관심을 기울인 것은 아니었다. 그보다는 인구학적 변화에 따라 취한 조치였다. 국가의 인구정책이 소가족에서 좀 더 지속 가능한 증가 쪽으로 변화하면서 성별 선택 낙태는 더는 출생률을 낮추는 유용하고 조용한 동반자가 아니었다. 좀 더 직접적으로는 정부 참모들이 다가오는 결혼 압박을 우려했다.[8] 1995년 인구통계학자들은 10~14세의 소년들이 성인이 되었을 때 절반이 같은 연령대의 여성 짝을 찾지 못할 것이라고 예측했다.[9] 1990년대의 단속과 함께 벌인 공공 캠페인은 여성과 여아의 지위가 아니라 미래의 신부 부족에 초점을 맞추었다. 당시의 한 포스터는 남학생들끼리의 짝이 많은 교실을 보여주었다. 한 학생이 손을 들고 묻는다. "선생님, 제가 착한 일을 하면 여자 친구와 짝이 될 수 있어요?"[10]

1990년의 엄중 단속 이후 한국의 출생 성비는 117에서 113으로 떨어졌다. 이후 약간 오르긴 했지만 다시는 크게 편향되지 않을 것이다.[11] 1994년의 두 번째 체포 공세 이후 출생 성비가 다시 떨어졌고 그 뒤로는 급감했다.[12] 성별 선택 낙태를 행했던 산부인과 의사 조영열은 엄중 단속은 "일시적으로 효과적"이었다고 말한다. 그리고 보건부가 함정수사를 계속했으면 관행을 전적으로 뿌리 뽑을 수 있었을지도 모른다고 덧붙였다. 그는 실상은 정부의 탄압이 지속적이지 않아 체포가 일부 의사를 광고하는 역할을 했다고 주장했다. 이 의사들은 벌금을 물고 복역하고 나면 비밀리에 개업했고 이번에는 이들을 찾는 새로운 환자 집단이 생겨났다. 임신부들이 "성 감별을 받으려면 기소되었던 병원으로 가면 된다"는 것을 알고 있었다는 것이다.

하지만 수감되었던 의사들이 현업에 복귀할 무렵 이들에겐 잠재적인 환자가 줄어든 상태였다. 몇 년 동안 한도를 넘은 출산에 대한 처벌, 불임수술 장려, 낙태 강요가 이어진 뒤 한국 여성들은 마침내 항복하고 아이를 낳지 않았다. 1995년 한국의 총출생률은 여성 한 명당 1.6명이 조금 넘었고 출생률은 심지어 중국보다 빠른 속도로 계속 떨어졌다.[13] 한때 어마어마하게 높았던 낙태율이 1980년에 출산 천 건당 64건에서 1996년에는 20건으로 69퍼센트 떨어졌다.

현재 의사들과 인구통계학자들은 모두 낮은 임신율을 한국의 균형 잡힌 출생 성비의 주된 요인으로 꼽는다. 한양대 사회학과 교수 김두섭은 "출생률 저하가 매우 빨랐다"라고 설명한다. "따라서 부부들은 성별 선호보다 자녀 수를 좀 더 중요하게 여기게 되었다."

성별 선택은 항상 한국의 부부들이 둘째나 셋째 출산을 위해 의지했던 도구였다. 1989년 초음파 서비스를 제공하는 병원을 단속하기 직전에 첫째 자녀의 성비는 104, 즉 완벽에 가까웠다. 출생률이 급락하면서도 기본적인 생각(첫아이가 딸일 경우 낙태하지 않는다)은 지속되었던 것이다. 오늘날 한 명 이상의 아이를 낳는 소수의 부부들은 계속 성별 검사를 한다. 김두섭은 한국에서 셋째 자녀의 성비는 여전히 남아 쪽으로 편향되었다는 사실을 밝혀냈다.[14] 하지만 대부분 둘째와 셋째는 잘 낳지 않는다. 대한산부인과의사회의 백은정은 심지어 아이를 한 명 낳는 것도 "선택이 되었"다고 설명한다. "[부부들은] 딸이든 아들이든 하나만 낳기를 원해요. 이것이 출생 성비가 정상화된 가장 현실적인 이유죠."[15]

나는 세계은행의 논문이 완전히 틀렸음을 금방 알아차렸다. 성인지적 정책들로 북돋워진 '초기 단계의 전환'이라는 개념은 국제기구 쪽의 강력한 조치를 요구하지 않는다는 점에서 편리하다. 아시아의 성비 불균형이 사라지는 중이라면 예를 들어 한국에서 강제적으로 인구 조절을 실시하던 시기에 세계은행이 3천만 달러를 배정한 것처럼 서구 조직들이 성비 불균형이 발생하는 데 기여했다는 사실을 인정할 필요가 없다. 또한 혼란스러운 낙태 정책들에 대한 조사나 선택권을 남용하는 여성에 대한 힘든 토론을 감수할 필요도 없다.

한국의 경우가 세계 성비 불균형을 해결하는 모범 사례가 아니라면 어떤 사례가 효과적일까? 우리에게는 근거로 삼을 만한 몇 가지 증거가 있다. 1990년대 초에 한국에서 의사들을 체포하여 그 직후 국가의 출생 성비가 낮아졌던 것과 마찬가지로 중국의 딸사랑 운동은 결함이 있기는 하지만 시범 실시된 차오후에서 성과를 얻었다. 종합해보면 이 두 사례가 알려주는바, 일회적인 시범 프로젝트를 확장하고 산발적인 체포 조치를 광범위하고 지속적으로 시행하도록 정부들을 설득할 수 있다면 이런 강경한 조치는 효과적일 수 있다.

생식권 활동가들은 낙태에 제약이 생길까 봐 우려하는 경향이 있으며 종종 성별 선택 낙태에 대한 엄중 단속이 힘들다고 주장한다. 여성들이 초음파 검사를 받으러 가는 병원과 낙태를 하러 가는 병원이 다른 경우가 흔한데 낙태의 이유가 아들을 원하기 때문인지 다른 이유 때문인지 어떻게 판단할 수 있겠는가?

한 가지 전략은 한국에서 했던 것처럼 초음파 서비스 제공 병원을 대상으로 임신부를 이용한 함정수사를 벌이는 방법이다. 특히 몇몇 사례를 처리하는 데 그치지 않고 몇 년 동안 이런 단속을 정기적으로 실시하여 명확하게 성 감별을 해준 경우뿐 아니라 은근히 성별을 암시한("아기 방을 분홍색으로 장식할 때가 됐네요") 의사를 고소하게 하는 것이다. 하지만 초음파 기사들은 돌아다닐 수 있고 휴대용 기계로 실시하는 검사는 추적하기 어렵기 때문에 낙태 수술을 하는 의사들을 더욱 철저히 감시해야 한다. 현재 개발도상국 대부분의 지역에서는 임신 2기나 3기가 되어서야 태아의 성별을 알 수 있다. 그런데 성비 불균형이 높은 국가들에서는 보통 임신 1기에는 쉽게 낙태를 할 수 있다. 따라서 후기가 되어서야 낙태를 하러 병원을 찾는 여성들은 여아를 임신했기 때문에 낙태하는 것일 가능성이 높다.

중국의 미혼 남성들에 대한 연구를 감독한 영국의 보건 연구원이자 소아과 의사인 테레즈 헤스케스는 말한다. "저는 의사들이 좀 유감스러워요. 그들도 모른다고 말할 수도 있겠죠. 하지만 중국에서 낙태는 초기부터 널리 이용할 수 있는데 임신 20주에 낙태를 하죠." 그녀는 위반자들에 대한 강경책을 지지한다. 헤스케스와 두 명의 공저자는 2009년 《브리티시 메디컬 저널》에 "중국은 향후 20년 동안 생식 가능 연령에서의 성비가 매우 높고 꾸준히 악화될 것이다. 성별 선택 낙태에 대한 기존의 금지령을 실시하면 성비가 정상화될 수 있다"라고 썼다.[16)]

루베나 모이지우가 알바니아의 산부인과 병원에서 한 것처럼 의사들은 임신 2기나 3기에 낙태를 하러 오는 여성들을 인터뷰해서 태아가 딸이기 때문에 낙태를 하려는 것인지 확인할 수 있다. 검진을 하면서 여아를 임신한 임신부를 더욱 자세히 살피거나 책임을 지는 위험을 감수할 수도 있다(여기서도 함정수사가 위반자를 적발하는 데 유용하다). 하지만 세계적인 압력과 주목이 없고, 여성의 건강 문제를 다루는 기관들과 인구 관련 조직들의 실질적인 조치가 없다면, 그리고 성별 선택과 싸우기 위한 유엔 기관의 자금 지원이 없다면 아무 일도 일어나지 않을 것이다.

성별 선택 낙태를 중단시키기 위한 활동이 없다는 말은 아니다. 그런 활동이 벌어지고 있다. 샤라다 스리니바산이 "그 말"이라고 불렀던 문제와 관련이 없는 기독교 우파는 성별 선택 낙태에 대해 목소리를 높인다. 보수 단체들은 아시아에서 낙태되는 여아의 총계를 내고 유엔인구기금을 질책하고(비록 종종 흥분한 나머지 수많은 악의적인 사업에 공모했다며 유엔인구기금을 부당하게 비난하지만) 비디오를 유포하거나 모금 활동을 벌인다. 물론 그 동기는 성별 선택을 없애는 것 이상이다. 이들의 열정적인 외침 아래에는 미국에서 시작해 전 세계적으로 낙태를 줄인다는 목표가 존재한다.

성별 선택을 쟁점화하기 위해 가장 목소리를 높이는 우익 집단은 워싱턴에 있는 인구연구기구PRI다. 인구연구기구 원장은 스탠퍼드 대학의 인구학 전공 대학원생이던 1980년대 초에 임신 7개월에 낙태를 강요당한 중국 여성들의 사진을 유포했던 스티븐 모셔다. 모셔가 중국에서 목격한 상황은 그의 생각을 근본적으로 바꾸어놓았다. 그는 내게 "추상적으로 낙태를 찬성하는 것과 독자 생존력이 있는 태아를 임신한 임신 3기의 여성(행복한 결혼 생활을 하고 있고 원하는 아이를 임신한 여성)이 아이를 강제로 유산시키는 모습을 보는 것은 다른 문제예요"라고 말했다. 이전에 폴 에를리히의 팬이었던 모셔는 스탠퍼드 대학에서 퇴학당한 뒤 가톨릭교로 개종하고 『패권국: 중국의 아시아와 세계 지배 계획 Hegemon : China's Plan to Dominate Asia and the World』이라는 책을 썼으며, 아홉 아이의 아버지이자 세계 인구 조절 운동에 초점을 맞춘 낙태 반대 활동가로 거듭났다.[17]

모셔의 활동은 1995년에 인구연구기구 책임자로 초빙되면서 보답을 받았다. 인구연구기구는 악명 높은 낙태 반대 집단인 국제생명운동 Human Life International과 설립자 및 이사회의 중역 중 일부가 같다.[18] 웹사이트에 게시된 강령에 따르면 인구연구기구의 목표는 "끈질긴 낙태 조장을 폭로한다. 그리고 출산에 찬성하고 낙태에 반대하는 태도, 법, 정책을 장려한다"이다.[19] 모셔가 생각하는 것처럼 이 목표를 위한 가장 좋은 방법은 낙태 권리를 느리지만 꾸준히 약화시키는 것이다. 2008년에 모셔는 지지자들에게 성별 선택 낙태가 낙태 전쟁에서의 차기 논쟁점이라고 단정했다. 성별 선택 낙태가 본질적으로 차별적이고 여성의 상황을 악화시키기 때문이 아니라 낙태를 제한하는 "점진적인 접근 방식"이 완전히 금지하는 것보다 정치적으로 실행 가능성이 높기 때문이다. 모셔는 인구연구기구가 발간하는 잡지에 실린 기사에서 "나는 우리의 낙태 반대 운동의 다음 목표로 성별 선택 낙태 금지를 채택하자고 제안한다"라고 썼다. "모든 여아 태아를 성별에 따른 낙태에서 공식적으로 보호함으로써, 자라고 있는 아기는 성별에 따라 권리를 얻는 존재가 아니라는 명제를 법에 주입할 것이다."[20]

모셔의 글이 나오기 몇 달 전에 아시아계 미국인 사이에서 일어나는 성별 선택을 보여주는 레나 에들런드의 연구 결과가《국립과학원 회보》에 게재되었다. 기억할지 모르겠지만 연구에서 설명한 수치는 크지 않았다. 말하자면 미국의 아시아인 집단에서 성별 선택 낙태가 존재한다는 것은 미국의 낙태 실태보다 아시아 내 출생률 동향의 영향력에 대해 말해주는 바가 더 크다. 하지만 이 연구는 언론의 상당한 관심을 끌었고 모셔는 기회를 놓치지 않았다. 모셔와 동료 활동가들이 미국의 법에 성별 선택 낙태 금지를 넣을 수 있다면 이후의 규제에 대한 전례를 만들 수 있을지 몰랐다.

모든 낙태를 금지하자는 운동에 성별 선택 낙태를 이용한다는 생각은 애머스트 칼리지의 정치학자 해들리 P. 아크스가 1994년에 쓴 글로 거슬러 올라간다. 그 글에서 이 보수적인 이론가는 계산된 행동주의의 궤도를 간략하게 서술했다.[21] "우리는 낙태에서 살아남은 아이들의 생명을 보호하려고 한다. 이 미약한 출발에서 시작해 태아에게 '생존력'이 생긴 시점 이후의 낙태를 규제하거나 태아가 여아라는 이유만으로 이루어지는 낙태를 금지할 수 있다. 우리는 일련의 적당한 단계를 밟아 이런 방향으로 나아갈 수 있다. 각 단계는 대중의 합의를 얻고 태아를 최초 순간부터 보호한다는 궁극적인 목표에 이바지한다."[22] 성별 선택은 서구에서는 거의 관심을 끌지 못한 문제였다. 하지만 아크스는 현명하게도 "태아가 여아라는 이유만으로 이루어지는 낙태"를 금지하면 모든 낙태를 금지하자는 낙태 반대 운동의 궁극적인 목표를 성취하는 데 유용할 수 있다고 보았다. 정치적으로 말하자면 가히 천재적인 식견이었다. 성차별 금지라는 구실이 여성의 권리를 축소시킬 수 있다고 말한 것이기 때문이다.

아시아의 여성과 여아가 처한 곤경에 대한 기독교 우파들의 진지한 관심은 빠르게 사라지지만 정치적 의지는 그렇지 않다. 이후 14년 동안 낙태 반대 활동가들은 성별 선택 낙태 문제에 계속 매달렸고 모셔의 글이 나온 2008년에 이들은 중요한 승리를 거두었다. 애리조나주 의원 트렌트 프랭크스가 하원에 성별 선택 낙태를 전면적으로 금지하자고 요구하는 '수전 B. 앤서니 & 프레더릭 더글러스 태아차별금지법'을 제출한 것이다.● 민간인 이슬람교도들을 조사하자고 주장하는 기후변화 회의론자인 프랭크스는 골수 공화주의자였다. 2010년 《내셔널 저널》은 그를 하원의 가장 보수적인 의원 중 한 명 (공동 1위)으로 꼽았다.[23] 프랭크스에게 태아차별금지법(모셔가 말했

● 이 법에는 또한 아프리카계 미국인 사이의 높은 낙태율을 들어 미국의 낙태 병원 직원들이 인종차별을 한다고 주장하며 '인종 선택 낙태'를 금지하자는 내용도 포함되었다. 1970년대의 강제 낙태에 대한 흑인 사회의 기억을 교묘하게 노린 조항이었다.

던 것처럼 태아도 인간이라는 개념을 "법에 주입"하기 위해 낙태 금지 운동이 성별 선택을 이용한 최초의 시도)은 낙태 권리에 반대하는 수십 년간의 활동의 정점이었다.

태아차별금지법의 내용은 좋게 말해서 뒤죽박죽이었다. 법안 어디에도 미국에서 성별 선택 낙태가 아시아계 미국인들 사이에서만 발견된다는 언급이 없었다. 대신 "미국 인구의 특정 부분" 같은 모호한 표현을 사용했다.[24] 법안 제출을 기념하기 위해 캐피털힐에서 열린 기자회견에서 프랭크스는 아시아인이나 아시아에 대한 어떤 언급도 피했지만 아시아에서 나온 수치를 사용했다. 그는 자신의 법안이 "아들이 아니라 딸이라는 이유만으로 낙태되는 1억 명이 넘는 어린 소녀들을 배경으로 제기되었다"라고 말했다.[25] 아마도 1억 명은 미국에서 성별 때문에 낙태된다고 여겨지는 실제 수치인 몇천 명보다 더 효과적으로 들렸을 것이다.[26] 하지만 프랭크스의 과장은 고국에서의 권리를 제한하기 위해 해외에서 밝혀진 폐단을 이용하는 캠페인의 전형이 되었다.•

태아차별금지법이 위원회를 통과하지 못했을 때도 낙태 반대 활동가들은 단념하지 않았다.[27] 프랭크스의 법안은 적어도 생식권 활동가들을 수세에 몰아넣었다. 낙태 반대 활동가들은 인내심을 가지고 각 주를 대상으로 하는 오래된 미국식 대체 전략으로 옮아갔다. 이들은 낙태에 반대하는 주 의회 의원들에게 태아차별금지법 같은

• 모셔는 또한 기독교도들은 대체로 성별 선택을 하지 않으며 필리핀에 성비 불균형이 없는 이유는 국민들이 주로 로마가톨릭교도이기 때문이라고 말했다. 실제로 필리핀은 낙태를 법으로 금지하며 출생률은 여성 한 명당 3명이 넘는다.

법안을 제출하도록 설득했다.

여기서 낙태 반대 운동은 더 큰 성공을 거두었다. 이 책의 편집이 끝날 무렵인 2011년 일리노이, 펜실베이니아, 오클라호마, 미시간, 미네소타, 조지아, 뉴저지, 애리조나, 미시시피, 아이다호의 10개 주에서 성별 선택 낙태 금지법이 통과되거나 계류 중이었다.● 아크스의 초기 직관이 맞았음이 입증되었다. 성별 선택 낙태는 모든 낙태를 금지하기 위해 노력하는 사람들에게는 유용한 도구였다. 또한 생식권 지지 집단을 정확히 둘로 나누기 때문에 그 자체로도 상당히 중요한 목표다.

성별 선택 문제를 다루는 미국의 몇 안 되는 좌파 조직 중 하나는 샌프란시스코 만안 지역에 있는 신생 NGO인 제너레이션 어헤드Generations Ahead다. 미국 생식권 지지 단체들의 입장이 갱신되어야 한다고 인식한 수자타 제수데이슨이 2008년 설립한 조직으로, 나는 오클라호마 시내의 빈곤 지역에 있는 제너레이션 어헤드의 작은 사무실에 들렀다. 사무실은 가구가 별로 없는 몇 개의 방으로 되어 있었다. 제수데이슨은 백발이 섞인 머리가 어깨까지 내려왔고 검은색 티셔츠와 청바지를 입고 있었다. 그녀는 상황을 다음과 같이 설명했다. "성별 선택 문제가 정치적 쟁점이 되었고 낙태 논쟁에 포함되었어요. 생식권 활동가들은 [성별 선택] 문제에 대해 실질적으로 진두지

● 2010년과 2011년 오클라호마와 애리조나에서 성별 선택 낙태가 금지되었다. 이후 2017년까지 캔자스, 노스캐롤라이나, 노스다코다, 펜실베이니아, 사우스다코다, 아칸소가 성별 선택 낙태를 금지했다. _옮긴이

휘할 조직이 필요해요. 가령 성별 선택을 옹호하는 방법, 체계화하는 방법, 취해야 하는 정책 등을 제시할 조직이 필요하죠."

프랭크스가 태아차별금지법을 제출한 뒤 제수데이슨은 25개의 낙태 권리 지지 집단 대표들을 모아 당일치기 전략 회의를 열었다. 하지만 그녀는 곧 프랭크스와 모셔 같은 쪽에 맞서 통일된 전선을 펴기가 어렵다는 것을 깨달았다. 보수주의자들에게 훨씬 자금 지원이 잘되기 때문만은 아니었다. 그녀는 "사람들은 성별 선택에 대해 정말 복잡한 감정을 느꼈어요"라고 회상한다. 회의에 참석한 활동가 중 상당수는 성별 선택이 명확하게 잘못되었다고 생각하지 않았다. 성별 선택이 여아를 차별할 때만 잘못된 것이라고 믿는 사람들도 있었다고 한다. 여아를 선택하는 경우는 별개의 문제라고 보는 것이다.

제너레이션 어헤드는 '전국 아시아태평양 미국여성 포럼', '생식 정의를 위한 아시아 커뮤니티'와 함께 활동가들이 이 문제에서 보여줄 수 있는 의견 차이에 대비할 수 있는 툴키트를 발표했다. 한 시나리오는 참석자들에게 주 의회에 제출되고 있는 성별 선택 낙태 금지 법안에 자신의 조직이 어떻게 대응할지 상상해볼 것을 요청한다. 툴키트에 따르면 사람들의 의견은 "낙태에 대한 어떤 규제도 여성의 권리와 상반된다"부터 "남아시아 여성으로서 나는 성별 선택 문제에 아주 관심이 높다", "이 문제는 너무 복잡하기 때문에 전적으로 피해야 한다"까지 다양한 관점으로 나뉜다. 정답이 있다 해도 툴키트는 이를 식별하지 않는다. 실제로 대부분의 페미니스트 단체에서는 마지막 견해가 우세하다. 전미여성기구도, 전미중절권획득운동연맹도 성별 선택에 대한 입장을 밝히지 않았다.

성별 선택의 본질에 관해 오해를 살 만한 표현과 낙태를 살인과 비교하는 표현을 제외하면 태아차별금지법은 실제로 이런 법이 필요한 나라에서 제정되었다면 그렇게 나쁜 법이 아니다. 이 법은 성별 선택 낙태를 집행한 의사들과 그 외의 보건 전문가들에 대해 최고 5년, 이를 알고도 보고하지 않은 직원들에게는 1년의 징역형을 고려한다. 성별 선택 낙태를 하려는 여성에게는 책임이 없다.[28] 하지만 이 법안은 (각 주에서 파생된 법안과 마찬가지로) 낙태율이 높은 개발도상국이 대상이 아니라 낙태를 원하는 여성이 이미 시련을 겪어야 했던 미국을 위해 만들어진 법이다.

그러한 법이 미국에서 필요한지는 분명하지 않다. 어떤 사람들은 낙태 금지가 해외에서 효과를 발휘하려면 고국에서 성별 선택을 불법화해야 한다고 말한다. 유엔인구국의 전 국장이자 뉴욕의 이주연구센터를 지휘하던 조지프 채미는 "우리가 성별 선택 낙태를 용인하지 않을 거라고 말하는 것은 윤리적으로 좋은 생각입니다"라고 말했다. "성별 선택 낙태는 잘못되었습니다. 우리 사회에 해를 미칩니다. 우리는 균형을 맞추어야 합니다. 낙태가 부정될 수 있는 환경을 만들지 않는다면 태아가 여아일 경우 여성이 낙태할 권한을 가진다는 논리적 결론이 나오게 됩니다."

반면 제수데이슨은 성별 선택 낙태 문제를 해결하면서도 미국에서 낙태권이 손상되지 않은 채 유지되게 할 수 있다고 주장했다. 한 가지는 분명하다. 진보주의자들은 이 문제에 대해 정교한 입장을 발전시키지 않는다면 미국에서 성별 선택 낙태를 불법화하는 운동을 추진하는 우파들에 의해 궁지에 몰릴 것이다. 제수데이슨은 말한다. "[낙태 반대 단체가] 토론을 이끌 뿐 아니라 대부분의 생식권 지지 단체와 페미니스트 단체 들은 이 법안에 반대할 것입니다. 낙태에 반대하는 법안이기 때문이죠. 우리는 그들이 낙태를 찬성할 뿐 아니라 성별 권리를 위해 싸우는 집단이 되게 하고 싶습니다."

2005년에 한국 정부는 갑자기 과거와 단절하고 출산을 장려하기 시작했다.[29] 그 무렵에는 한국의 인구가 빠르게 노령화되고 있다는 조짐이 곳곳에서 나타났다. 서울 거리에 노인 고객을 대상으로 한 가게들이 속속 등장했다. 나는 아들을 낳고 싶어 하는 캐서린 민을 만나러 가는 길에 '노화 방지 카페'를 홍보하는 활기찬 광고를 지나쳤다. 산부인과 병원들은 노인 요양 시설로 변모했다.[30] 그리고 아이들이 부족해졌다. 한국통계청이 내놓은 예측에 따르면 출생률이 갑자기 올라가지 않는 한 2026년이면 한국인 중 20퍼센트가 60세 이상일 것이다. 한국이 세계 '초고령 사회' 중 하나가 될 수 있는 수치다.[31] 기록적인 낙태율을 보여준 지 한 세대 만에 한국은 인류 역사상 가장 빠른 인구 노령화를 보여주고 있다.[32] 정부 관료들은 출생률을 높이기 위한 즉각적인 조치를 취하지 않는다면 한국이 곧 노동력 부족, 연금 위기, 전반적인 경기 후퇴에 직면할 것이라고 믿는다.

출생률을 높이기 위한 정부의 초기 계획에는 5년간 370억 달러가 필요했다.[33] 그다음 자금 지원 주기에서 이명박 정부는 이를 670억으로 늘리고 2020년까지 총출생률을 OECD 평균인 여성 한 명당 1.7명으로 높이겠다는 목표를 세웠다.[34] 한때 정부에 출생률을 낮추는 법을 조언했던 인구통계학자들은 이를 높이는 쪽으로 관심을 돌렸다. 한편 이전에 성별 선택 낙태 수술로 인구 조절 운동을 지원했던 대한의사협회 회원들은 아기의 장점을 칭찬하는 캠페인

을 시작했다.[35]

이후의 조치들 중 일부는 오래전에 나왔어야 했다.[36] 유급 출산휴가가 90일로 늘어났고 부모의 선택적 무급 출산휴가는 12개월로 연장되었다. 정부는 보육 시설과 일하는 어머니들에 대한 혜택에 지출을 늘렸다.[37] 거의 터무니없을 정도의 계획들도 있었다. 예를 들어 한국 보건복지부는 대대적으로 홍보한 어느 캠페인에서 한 달에 한 번 저녁 7시에 사무실 건물의 불을 끄도록 권유했다. 직원들이 집에 가서 아기를 만들 수 있게 장려하려는 의도였다.[38] 서울의 자치구들은 젊은 독신들을 위한 중매 행사를 열기 시작했다.[39]

하지만 한국의 광범위한 출산 장려책은 효과를 거두지 못하고 있다. 국제인구행동연구소의 보고서에 따르면 "금전적 장려책은 극도로 낮은 한국의 출생률에 거의 영향을 미치지 못하며, 신규 노동자 부족으로 이미 창업률이 둔화되고 있다는 우려가 높아지고 있다".[40] 사실상 출산 캠페인이 미치는 가장 큰 영향은 여성의 권리 축소인 듯 보인다. 수년간 산아제한 방법으로 낙태를 장려하던 한국 정부는 낙태에서 등을 돌렸다. 태아가 여아라서 하는 낙태뿐 아니라 모든 낙태에 반대했다.

한국에서 낙태는 임신부의 건강이 위험한 경우를 제외하고는 항상 불법이었다. 정부는 낙태를 합법화하려고 애쓰지 않았다. 그럴 필요가 없었기 때문이다. 인구 조절을 위해 해외 자금이 한국으로 유입되던 시기에는 대부분의 사람들이 낙태가 불법이라는 것조차 알지 못할 정도로 낙태가 흔했다.[41] 하지만 수십 년간 한국의 병원들이 내놓고 법을 어긴 뒤에 이명박 대통령은 갑자기 대대적으로 함정수사를 실시하고 법을 위반한 산부인과 의사들을 투옥하는 등 법을 집행하기 시작했다.

이명박은 특별히 인기 있는 대통령은 아니지만 적어도 낙태 반대 운동에서는 광범위한 정치적 지지를 받았다. 2010년 울산에서 기소된 한 사건에서 판사는 10대 소녀에게 임신 1기 낙태 수술을 해준 의사의 면허를 박탈하고(많은 사람이 낙태가 적절하다고 생각할 만한 상황이었다) "태아의 생명은 인간의 생명과 똑같으며 법의 완전한 혜택과 보호를 받을 자격이 있다"라고 판결하여 경각심을 불러일으키는 선례를 남겼다.[42] 심지어 의사들도 낙태 반대 운동에 동참했다. 2009년에 일단의 의사들이 대한의사협회에서 갈라져 나와 진오비(진정으로 산부인과를 걱정하는 의사들 모임)를 결성했다. 진오비를 설립한 산부인과 의사 심상덕은 이 운동이 종교적인 이유로 촉발된 것이 아니라고 말한다. 그는 단지 자신이 분만을 도운 아기의 수만큼 많은 태아가 낙태되는 데 진력이 났다고 밝혔다.[43]

낙태가 여성의 건강을 위협한다는 반발을 우려한 한국의 페미니스트들이 조직화되었고[44] 구속 위험을 무릅쓰는 의사에게 보상을 하려고 부업을 하는 임신부들에 대한 보고서가 유포되었다.[45] 실제로 한국의 낙태율은 지난 수십 년에 비해 낮아졌다. 하지만 엄중 단속을 지지하는 사람들에게 그 사실은 별로 중요하지 않다. 결국 이들은 수만 명의 잉여 남성, 교육받지 못한 외국인 아내들의 유입, 가임 여성 감소로 인한 고령화 등 수십 년간의 잘못된 낙태가 남긴 끔찍한 여파를 겪고 있다. 성별 선택 낙태 문제를 일찍 해결하지 못한 것이 페미니스트들에게 최악의 악몽, 즉 모든 낙태의 금지로 이어진 것이다.

이것이 한국이 중국, 인도, 그리고 성비 불균형이 나타나고 있는 수많은 작은 나라에 주는 현실적인 교훈이며 실제로 가족계획 단체들과 페미니스트 단체들에게 주는 교훈이기도 하다. 지금 정치적으로 너무 위험하다는 이유로 문제를 해결하지 못하면 미래에 그 문제가 당신을 계속 괴롭힐 수 있다.

캐서린 민은 조기 임신의 지지자가 되었다. "저는 동료들에게 기다려서는 안 된다고 충고해요." 그러나 기술 발달로 여성이 40대, 50대에도 아이를 낳을 수 있게 되면서 그녀의 우려는 무의미해지고 있다. 서울에서는 체외수정이 성행하여 지난 몇 년간 수십 개의 인공수정 전문 병원이 문을 열었다.[46]

엘리트층에서는 성별 선택 낙태가 1990년대의 조잡한 방법으로 일축되며 거의 사라졌지만 여전히 자녀의 성별을 조작하는 데 관심 있는 부모가 많다. 낙태는 더는 성별 조작에 필요한 방법이 아니다. 서울의 번화가에서 작은 병원을 운영하고 있는 김소현은 "오늘날에는 체외수정 기술 덕분에 부모들이 여러 유형의 태아 중에서 선택하는 일이 가능해요"라고 말한다. "부모들은 원하지 않는 태아(원하지 않는 성별의 태아)를 없애달라고 요청하죠. 딸들을 지울 수 있어요. 아들은 남기고요."

에필로그
우리는 어디까지 선택하게 될까

> 항상 귀한 딸을 낳는 꿈을 꾸었는데
> 정작 소란스러운 아들만 낳았는가?
> 대자연의 확률을 깨뜨리고자 노력하는
> 다른 부모들에게서 도움과 충고를 구하라.
> — Babycenter.com [1]
>
> 오, 분홍색 주름 장식이 달린 옷을 입은 커다란 푸른 눈과
> 곱슬곱슬한 금발의 아이들을 상상해보라. 졸업식 드레스를 고르고
> 화려한 머리 장식과 매니큐어를 사러 돌아다니는 걸 상상해보라.
> 언젠가 그 딸을 선명한 푸른 눈의 손주를 안겨줄
> 잘생긴 신랑에게 시집보낸다면 얼마나 자랑스럽겠는가?
> 음, 나는 푸른 눈을 가졌지만 내 대에서 끝이 났다.
> — 《브라이어패치 매거진 Briarpatch Magazine》, 2005 [2]

이 이야기는 한국이 아니라 로스앤젤레스 벤투라 대로의 인공수정연구소라는 호화로운 병원에서 끝난다.

키 큰 야자수가 늘어선 위풍당당한 구도로인 벤투라 대로는 샌퍼난도밸리에 있으며 로스앤젤레스 주민들에게 쇼핑가로 유명하다. 인공수정연구소로 가는 도중에 나는 베드 배스 앤드 비욘드 Bed, Bath & Beyond, 랜드로버 매장, 필라테스 스튜디오, 온천, 귀여운 스페인 타일로 장식된 복합건물 안에 자리 잡은 수많은 작은 부티크를 지났다. 병원은 아웃도어 용품 쇼핑몰 맞은편에 있는 단조로운 4층

짜리 건물이었다. 나는 손톱 손질과 오후의 커피 데이트 사이에 짬을 내어 진료를 예약한 여성을 상상해보았다.

로스앤젤레스에서 가장 악명 높은 인공수정 병원을 방문하는 환자들의 70퍼센트는 성별 선택이 목적이다. 병원 웹사이트에는 "다음 아이는 당신이 원하는 성별이 되도록 보장합니다. 다른 어떤 방법도 따라오지 못합니다. PGD는 거의 100퍼센트의 정확성을 제공합니다"라는 문구가 게재되어 있었다.[3)] PGD(착상 전 유전자 진단)는 체외수정에 추가되는 서비스로, 점점 더 많은 미국인이 아이를 낳기 위해 사용하고 있다. 여성(혹은 기증자)의 난자를 남성의 정자와 수정시키면 수정란이 세포분열해서 8개의 할구로 이루어진 배아가 된다. 그러면 배아에서 할구 하나를 떼어내 결함이나 장애, 혹은 특정 질병을 일으킬 성향이 있는지 검사한다.

하지만 실험실 기사들은 성염색체를 확인하고 XX 배아와 XY 배아를 구분해 성별을 가려낼 수도 있다. 장애와 관련 없는 비의학적인 조건을 처음으로 선택할 수 있게 된 것이다. 그리하여 PGD는 정상적인 방법으로 완벽하게 아이를 낳을 수 있지만 델리나 티라나의 부모들처럼 특정 성별의 아이를 낳고 싶어 하는 미국인들의 관심을 끌었다. 이들은 배란 촉진에 필요한 호르몬 식단을 따르고 1만 2천~1만 8천 달러에 이르는 비용과 체외수정의 낮은 성공률을 감수할 만큼 단단히 결심을 한다.• 미국 엘리트층이 개발도상국들에게 성별 선택을 독려

• 질병통제예방센터에 따르면 미국에서 35세 이하의 여성들에게 실시한 체외수정 중 약 40퍼센트만이 정상 출산에 성공한다. 이 비율은 더 높은 연령층의 여성들에서는 더욱 낮아진다.

한 지 수십 년 뒤에 자신들이 직접 성별 선택을 시작한 것이다.

인공수정연구소의 성별 선택 프로그램은 1986년에 이 병원을 설립한 제프리 스타인버그의 작품이다. 머리가 벗어지고 있는 땅딸막한 사내인 스타인버그는 유쾌하고 자신감이 넘치는 사람이었다. 그는 나를 널찍한 고급 사무실로 안내하더니 마치 세상의 시간을 모두 가진 사람처럼 이야기를 늘어놓았는데, 중간 중간 할리우드 이야기도 섞어 들려주었다(정확하게 말하자면, 한번은 드라마 〈CSI〉의 프로듀서들이 정자 냉동보존 탱크를 무기로 사용할 수 있는지 알아보러 병원에 들렀다고 한다). 스타인버그는 1980년대에 자연적인 임신이 힘든 부부들을 대상으로 체외수정 시술을 시작했다고 말했다. 그러다 1990년대 초에 PGD가 나오자 다운증후군 같은 염색체 이상 여부를 알아보기 위해 배아 검사를 시작했다.

그 뒤에는 낭포성섬유증 같은 단일 유전자 장애가 있는지 검사하기 시작했고 이후 성별 관련 질병 내력이 있는 부부에게 성별 선택을 해주었다.

그러다 마침내 병력이 없는 부부들에게도 시술을 해주기 시작했다.

부모들은 사유를 묻지 않고 성별 선택을 해주길 바랐고 스타인버그는 기회를 감지했다. 2003년 그는 홍보 담당을 통해 자기 병원에서 사회적 이유의 성별 선택 서비스를 제공할 계획이라고 발표했다. 비의학적인 성별 선택을 때로 사회적 이유의 성별 선택이라고 부른다. "환자들의 반응은 열광적이었어요. 우리는 전화선 20개를 개통했죠. 그리고 '음, 좋아. 이거 대단한걸'이라고 말했어요."

얼마 지나지 않아 스타인버그는 1960년대에 미국이 초음파에 열광했던 현상을 연상시키는 언론 공세의 중심이 되었다. 쌍둥이지만 다른 색의 기저귀(분홍색과 파란색)를 찬 두 명의 금발 아기가 《뉴스위크》 표지를 장식했다. 기사들은 "딸이냐 아들이냐? 이제 당신이 선택할 수 있다", "용감한 신세계가 바로 여기 있다"라고 선언했다.[4] 그 후 몇 주 동안 스타인버그는 〈60분〉, 〈CNN 선데이〉, 〈굿 모닝 아메리카〉에 출연했다.

모든 사람이 스타인버그의 작업에 열광했던 것은 아니다. 비평가들은 착상 전 성별 선택은 부자들만 이용할 수 있다, 부모들에게 허용되어서는 안 될 정도까지 자식에 대한 통제권을 준다, 맞춤 아기가 출현할 전조다 등등 장황하게 윤리적인 문제를 지적했다. 하지만 사회적 성별 선택이 대체로 불법인 유럽과 대조적으로 미국에서는 전체적으로 성별 선택이 점점 더 수용되는 추세다. 스타인버그는 내게 "미국인들은 기술에 겁을 먹지 않아요"라고 말했다. 또한 미국인들은 상업화된 맞춤식 의료 서비스도 싫어하지 않는다. "성별 선택은 구매할 수 있는 상품이에요. 싫으면 사지 않으면 됩니다."[5]

하지만 착상 전 성별 선택을 직접 시행하는 인공수정 전문의들은 또 다른 근거로 이를 옹호하는데, 인공수정연구소의 모든 사물이 분홍색인 이유를 여기서 찾을 수 있다. 부드러운 필기체로 병원 이름이 장식된 벽은 자홍색이고 아기 사진들을 모아 벽에 걸어놓은 콜라주 작품의 바탕색은 산호색이었다. 그리고 조직검사용 배아를 관찰 중인 실험실 직원들은 푸크시아*색 수술복을 입고 있었다. 미국인은 아시아인이나 동부 유럽인과 마찬가지로 대체로 특히 선호하는 자녀의 성별이 있다. 의사들은 성별 선택을 정당화할 때 그런 선호도를

---

* 적색을 띤 보랏빛 풀꽃. _옮긴이

지적한다. 미국에서 벌어지는 일은 가부장적인 사고에 따르는 것이 아니므로 아시아에서 벌어졌던 일과 다르다는 생각이다. 미국에서는 딸을 원한다.

현직 인공수정 전문의들은 착상 전 성별 선택과 성별 선택 낙태를 구별하려 하지만 둘은 많은 면에서 기술의 내력이 동일하다. 자궁 내 성별 선택과 마찬가지로 PGD는 심신을 약화시키는 질병이 있는 부부가 건강한 아이를 낳도록 돕기 위해 개발되었다. 1990년대 초에 유전학자 마크 휴스가 낭포성섬유증 같은 질환이 있는 배아를 가려내면서 미국에 PGD를 도입했다. 성염색체는 확인하기 쉽다. 하지만 1955년에 성별 선택 낙태를 개척했던 네덜란드 과학자들과 마찬가지로 휴스는 일상적인 성별 선택에 대한 수요가 상당하리라고는 생각지 못했다. 휴스는 힘들게 PGD를 받아 성별을 확실히 아는 것과 성별을 예측할 수 없는 즐거움 사이에서 선택하라고 하면 "대부분의 사람들이 후자를 택할 것"이라고 말했다.[6]

하지만 성별 선택 낙태와 마찬가지로 사회학자, 생명윤리학자, 의사 들의 식견이 더 뛰어났다. 이들은 초기부터 미국인들이 임신 전 성별 선택 기법에 강한 흥미를 느낄 것을 알아차렸다. 1968년에 사회학자 아미타이 에치오니는 성별 선택 연구를 중단시키기 위해《사이언스》지에 "새로운 선택의 자유에 대한 수요가 확실히 자리를 잡은 것으로 보인다"라고 썼다.[7] 17년 뒤 기술이 발전하자 생명윤리학자 헬렌 베켈트 홈스는 "한 아이의 성별을 알고 싶다는 욕구가 널리 퍼지면서 모든 아이가 '위험에 처했다'. 인기를 끌 것으로 보이는 정확한 기법이 발전하면서 생명윤리학자들은 윤리적 문제를 진지하게

고려해 대비해야 한다"라고 경고했다.[8]

미국인들은 전반적으로 성별 선택 낙태에 큰 관심을 보이지 않았지만 생식을 조작하기 위해 오랫동안 노력해왔다. 1899년으로 거슬러 올라가면, 미국인들은 남성들에게 성관계 전에 아내에게 최면을 걸어 아들을 임신할 거라는 생각을 심어주라고 제안한 클래런스 윌버 테이버의 『제언: 성의 비밀 Suggestion: The Secret of Sex』이라는 책을 읽었다.[9] 1900년대 초에는 아기의 성별에 어머니의 식단이 미치는 영향을 검토하는 『아들일까?』, 『인간 성별의 결정 요인』, 『성별 제어의 열쇠』 같은 수많은 출판물이 경쟁적으로 나왔다.[10] 1970년에 랜드럼 B. 셰틀스 박사는 베스트셀러 『아기의 성별을 선택하라 Choose Your Baby's Sex』에서 집에서 할 수 있는 효과적이고 과학적인 성별 선택 기법을 소개했다. 셰틀스는 부부가 특정 체위를 이용하고 수정 시기를 맞추면 자녀의 성별에 영향을 미칠 수 있다고 제안했다. 이후의 연구들로 셰틀스의 가설이 틀렸다고 입증되었지만 한 세대의 여성들은 이러한 의심스러운 과학적 근거들을 믿고 기초체온을 재기 위해 성관계를 멈추곤 했다.[11] •

하지만 1980년대의 많은 생명윤리학자는 성별 선택이 규제되어야 한다는 홈스의 의견에 동의하지 않았다. 당시에는 생식 기술에 대한 불간섭주의적 접근이 지배적이었는데, 여기에는 낙태 정책이 적지 않은 몫을 했다. 1978년에 체외수정 아기 루이스 브라운이 태어난

- 스스로 성별을 선택하는 셰틀스의 방법들은 계속 사람들의 관심을 끌었고 지금까지도 책이 인쇄되고 있다. 심지어 2006년도 판은 진화의 조작을 우려할 수 있는 독자들을 위해 개발도상국의 성비 불균형 문제를 다루기도 했는데 성비 불균형의 효과를 사소한 것으로 일축했다.

지 얼마 지나지 않아 성별 선택의 윤리성에 관한 논란이 일어났다. 많은 학자가 성별 선택을 반대했다. 유전학 전문가 타비타 파울리지는 성별 선택을 "독창적인 성차별적 죄"라고 불렀다. 하지만 생명윤리학자들은 꺼림칙하게 여기면서도 성별 선택의 불법화를 지지하지 않았는데, 여기에는 미국에서는 생식권이 출산 결정에 개입하지 않는다는 명제에 기초한 것도 한몫을 했다.[12] 낙태를 합법화한 로 대 웨이드 사건의 대법원 판결에 사생활의 권리가 언급되었기 때문에 아기의 성별 선택은 개인적인 결정이 되었다. 그리하여 PGD는 장애물 없이 시장에 나왔다.

질병이 유전되지 않게 돕고자 배아 검사 기술을 발표했던 마크 휴스는 곧 사회적 성별 선택에 대한 가장 맹렬한 비판가 중 한 명이 되었다. 휴스는 〈60분〉의 기자 비키 메이브리에게 말했다. "나는 질병을 진단, 처치하여 치료하기를 바라면서 의학과 과학에 입문했습니다. 성별은 질병이 아닙니다."[13]

하지만 기술의 확산은 막기 어려웠다. 제프리 스타인버그가 세계에서 가장 눈에 띄는 성별 선택 의사가 된 반면 많은 다른 인공수정 전문의는 조용히 수익성 높은 서비스를 제공했다. 2006년 존스홉킨스 대학의 유전학 및 공공정책 센터에서 미국 인공수정 병원들을 대상으로 실시한 조사에서 응답한 병원의 42퍼센트가 환자들에게 사회적 이유로 성별을 검사할 선택권을 준다고 답했다.[14] 미국에서 태어나는 아이 100명 중 한 명이 체외수정으로 탄생하며, 그 수가 매년 증가하면서 인공수정 병원들의 고객은 급격하게 늘고 있다.

로스앤젤레스 근교의 패서디나에 있는 헌팅턴 생식센터 인공수정병원은 인공수정연구소에 비해 좀 더 차분한 대답을 내놓는다. 옆

가르마를 타서 머리카락을 매끈하게 넘기고 완벽한 캘리포니아식 미소를 짓는 의사 존 G. 윌콕스는 헌팅턴 생식센터의 평범한 베이지색 대기실에 모인 환자의 대부분이 전통적인 인공수정 환자들이라고 말한다. 하지만 "점점 더 많은 사람이 이런 방법으로 생식을 조절할 수 있다는 것을 알게 되면서 분명 수요가 증가하고 있습니다"라고 덧붙였다. 헌팅턴 생식센터에서 불과 5년 전에 제공하기 시작한 성별 선택 서비스가 이미 병원 업무의 거의 10퍼센트를 차지하고 있었다.

인공수정 전문의들은 PGD가 99.9퍼센트 정확하다고 말한다. 실제로 기술진이 배아의 성별을 오진한 경우는 흔치 않다. 부부가 독자생존력이 없는 배아를 만들거나 '잘못된' 성별의 배아만 만들 가능성이 항상 높기 때문에 이 적중률은 오해의 소지가 있다. 하지만 FDA가 임상 시험 중인 한 기법은 부부가 첫 번째 시도에서 원하는 아기를 얻을 가능성을 높일 수 있다. 마이크로소트^{MicroSort}라고 불리는 이 기법은 정자를 원심분리기에 넣어 회전시켜 X 염색체를 가진 정자와 Y 염색체를 가진 정자를 분류한 뒤 난자가 담긴 페트리접시에 넣는다(원래 가축 번식을 위해 농무부의 자금으로 개발된 정자분리술은 X 염색체를 가진 정자에 유전자 물질이 더 많아서 Y 염색체를 가진 정자보다 무겁다는 사실을 기반으로 한다).[15] 부부들은 PGD보다 성공률이 낮지만 체외수정에서 필요한 외과적인 호르몬과 난자 채취 없이 인공수정과 결합될 수 있고 훨씬 저렴한 마이크로소트에 의지할 수 있다.

잠재 환자들은 이미 PGD로 유방암, 대장암, 치매 등 나중에 발병할 수 있고 조기에 발견될 경우 치료 가능한 질병과 관련된 유전자를 가려낼 수 있다(어떤 인공수정 병원들은 이를 "가계도의 가지치기"라고 부른다).[16] 또한 비만 성향 같은 좀 덜 심각한 질환을 찾아내는 기술도 그리 멀지 않았다.[17] 하지만 기존에 의학적 문제가 없는 부부들이 이 부가 서비스를 찾으면서 인공수정 전문의들은 전 인구로 성별 선택 서비스를 확장해 이익을 얻었다.

현재 높은 PGD 비용을 감당할 수 있는 사람은 부유한 미국인들뿐이다. 마이크로소프트 실험을 감독하는 버지니아주 페어팩스의 유전학 및 인공수정 연구소는 《뉴욕 타임스》의 스타일 섹션에 광고를 게재해 관심 있는 부부들을 모집했다.[18] 하지만 성별 선택 낙태와 마찬가지로 이 서비스도 가격이 내려가고 좀 더 쉽게 이용 가능해지면 중산층으로 흘러 들어갈 수 있다. 지난 10년간 미국의 예비 부모들에 대한 조사에서 25~30퍼센트가 성별 선택 기법을 쉽게 이용할 수 있게 되면 이용하겠다고 답했다. 쉽게 이용할 수 있다는 것은 가격이 적당하고 외과적인 절차가 줄어든다는 의미다.[19] 21세기 초 미국에서 나온 책들은 이미 『당신 아이의 성별을 보장한다 Guarantee the Sex of Your Baby』, 『원하는 성별을 좇아 Chasing the Gender Dream』 등의 생식 기술 안내서로 바뀌었다. 아울러 내가 구글에서 '성별 선택 sex selection'을 검색하자 (위키피디아 뒤에) 두 번째로 나열된 결과물은 아시아에서 여성이 겪고 있는 수난이 아니라 '딸이냐 아들이냐? 모든 사람이 이용할 수 있는 임신 전 성별 선택 기법'이라는 제목이 붙은 about.com의 글이었다.[20]

그리고 성 감별 검사와 성별 선택 낙태를 시행한 아시아의 의사들과 마찬가지로 미국의 성별 선택 의사들은 그 서비스를 거부하는 일이 선택의 문제가 아니라고 말한다. 윌콕스는 "우리가 그 서비스를 제공하지 않으면 환자들이 이를 제공하는 다른 병원을 찾을 겁니다"라고 말했다.

미국식 성별 선택도 결국 표현만 다를 뿐이다. 미국인들은 성별 선호라고 말하지 않는다. 대신 부부들이 같은 수의 아들과 딸을 가질 권리가 있다는 의미의 '가족의 균형'이라는 용어를 사용한다. 그리고 원하는 성별의 아이를 얻지 못하는 깊은 슬픔을 가리키는 '성별에 대한 실망gender disappointment, GD'을 이야기한다. 『당신 아이의 성별을 보장한다』의 저자의 설명이 공감할 만하다. "이 어머니들이 '알맞은' 성별의 아이를 낳지 못할 때 느끼는 괴로움은 단순한 감정적 불안 이상이다. 마음속에 간직한 갈망과 소망이 실질적인 신체적 고통으로 바뀔 수 있다."[21] 여성들이 온라인에서 간단히 'GD'라고 부르는 이 문제를 다룬《엘르》지의 2009년 기사에는 딸을 원했는데 쌍둥이 아들을 낳은 뒤 프로작•을 복용하게 된 샌디에이고의 작가이자 파티플래너 스테퍼니 루이스의 사례가 나온다. 그녀는 이렇게 말한다. "나는 방에 틀어박혀 있어요. 커튼을 치고요. 장례식을 열어야 할 것 같은 기분이에요."[22]

흔히 아시아의 부모들은 성차별적인 생각으로 성별을 선택한다고 이야기되는 반면 미국의 인공수정 시술에 관한 표현들은 사회적 성별 선택을 하려는 부모들이 가족을 합리적으로 계획하거나 우울증을 피하려 한다고 암시하다. 제프리 스타인버그의 한 환자는 원하는 성별의 아이를 낳기 위해 여러 번 체외수정 시술을 한 이유를 설명하면서 "아들을 낳으려고 했는데 다시 딸을 낳아 낙담하고 싶지 않았어요"라고 말했다. "딸에 대해 내가 어떤 감정을 갖게 될지 몰랐죠."

그녀는 남성 배아를 선택하기 위해 PGD 기술을 이용하는 소수파

• 우울증 치료제._옮긴이

에 속했다. (그녀는 내게 익명으로 이야기했다. 그녀와 남편은 아들에게 자신을 어떻게 임신했는지 말하지 않을 작정이다.) 대부분 PGD나 정자분리술 이용 환자들은 아들을 낳을까 봐 두려워한다. 헌팅턴 생식센터의 환자 중 80퍼센트, 유전학 및 인공수정 연구소의 정자분리술 이용 환자의 75퍼센트가 딸을 원한다.[23] 이런 선호도를 검토한 해나 로진은 2010년 '남성의 종말'이라는 도발적인 제목이 붙은 《애틀랜틱》지의 표지 기사에서 "전통적인 질서가 뒤집혔다"라고 선언했다.[24]

사실 전통적인 질서는 미국에서만 뒤집혔으며 미국의 성별 선호의 변화는 세계적인 불균형에 거의 영향을 미치지 못한다. 그리고 미국 부모들이 딸을 원하는 이유에 대한 설명은 한 가지 중요한 면에서 상황이 그리 많이 바뀌지 않았음을 보여준다.

딸을 원하는 미국 부모들은 종종 누구나 예상할 수 있는 이유를 댄다. 어머니들은 공주 파티, 발레 수업, 다른 무엇보다 여성스러운 딸을 이야기한다. 의사 수니타 푸리가 성별 선택을 위해 PGD를 받은 샌프란시스코 만안 지역의 부부들(대부분 연령대가 높은 부유한 백인들이었다)을 대상으로 실시한 조사에서 12쌍 중 10쌍이 "머리핀과 분홍색 드레스" 같은 이유로 딸을 원한다고 답했다.[25] 딸을 얻기 위해 PGD를 검토하고 있는 시카고에 사는 스물네 살의 주부이자 어머니인 맬러리 스타우트는 "아들한테는 핸드백을 사줄 수 없어요. 그리고 전 아들을 데리고 옷을 사러 다니지도 않을 거예요"라고 말했다.[26]

모든 환자가 분홍색에 대한 환상을 가지는 것은 아니다. 어떤 사람들은 딸이 학교생활을 더 잘한다고 언급한다. 몇몇 연구가 이런 생각을 뒷받침해준다. 딸이 학교 성적이 더 우수할 가능성이 높고 비행을 덜 저지르는 반면 아들은 최근 상당한 문화적 불안의 온상이 되고 있다. 좀 더 고결한 목표를 언급하는 사람들도 있다. 이들은 강한 딸을 기르고 싶다고 이야기한다. 여성들은 자신의 어머니와 가졌던 (혹은 가지지 않았던) 친밀한 관계에 대해 이야기하기도 한다. 동성애자 부모들에게 성별은 종종 더욱 복잡하지만 아주 중요한 문제다. 일부 남성 동성애자 부부는 연구원들에게 딸이 아들보다는 아버지가 게이라는 점 때문에 놀림을 덜 받을 것 같아 딸을 원한다고 말한다. 반면 여성 동성애자 부부는 아들의 사회화나 양육 문제를 염려할 수 있다.[27]

하지만 결국 이 이유들에는 한 가지 공통점이 있다. 성별을 선택하는 미국인들은 딸이 어떠할 것이라는 선입견에 따라 딸을 낳으려 한다는 점이다. 생명윤리학자 데나 S. 데이비스는 특정 성별의 아이를 얻기 위해 애쓰는 부모들은 "단지 적절한 염색체와 부수적인 해부학적 특징만 원하는 것이 아니다. 이들은 '딸답다' 혹은 '아들답다'에 수반되는 일련의 특징들을 원한다. 부모가 정자분리술과 인공수정에 따르는 온갖 고생을 감수할 만큼 열렬히 딸을 원할 경우, 실제로 태어난 아이는 부모의 기대를 거부하고 자기 취향을 따르기가 더욱 어려워질 수 있다"라고 경고한다.[28] 그런 면에서 딸을 원하는 미국의 부모들은 아들이 든든한 후계자가 될 것이라는 기대로 아들을 선택하는 인도의 부모들과 다르지 않다. 인간 유전학과 생식 기술에 초점을 맞춘 버클리의 NGO인 유전학과 사회 센터 이사 마시 다놉스키는 "이런 일을 하는 [개발도상국의 부모들이] 이상한 게 아닙니다. 우리도 하고 있잖아요. 그러니 거울을 보자고요, 여러분"이라고 외쳤다.[29]

몇십 년 전 인구 조절 운동이 출산을 관리해야 할 문제로 만들고 사람을 숫자로 바꾸어놓았다. 개발도상국의 부모들은 소가족이 성공적이라 배웠고 아이가 공장의 상품이라도 되는 것처럼 아이들의 '질'이 '양'에 반비례한다고 단단히 교육받았다. 오늘날 인구에 대한 우리의 우려는 원점으로 돌아왔다. 한국은 빠른 속도로 노령화되는 사회의 가장 극단적인 사례지만 그것은 앞으로 다가올 상황의 전조다. 세계 국가들 중 절반이 인구 보충 출생률에 머물거나 그에 못 미친다.[30] 노령화되는 인구를 염려하는 유럽의 정책 입안자들은 젊은 기술 이민자들을 유치하기 위한 세금 우대와 혜택을 발표한다. 출생률이 약간 높게 유지되고 있는 미국에서 우리는 인구 증가가 어떻게 혁신을 가속화하는지에 대해 이야기하기 시작했다.[31] 심지어 환경 운동가들의 관심도 전체 인구수에서 탄소 발자국으로 바뀌었다. 미국의 아기가 방글라데시의 아기보다 세계에 더 큰 영향을 미친다. 하지만 현재 정부의 인구 조절이라는 개념이 구식처럼 들리는 반면 우리는 아직 생식을 조절해야 한다는 생각을 버리지 않았다. 대신 우리는 이 문제를 가족에게로 돌렸다. 중국과 캘리포니아를 막론하고 어머니들이 가족의 우생학자가 되었다.

PGD 같은 기술은 아마도 성별 선택과의 투쟁이 성별에 대한 고정관념을 다루는 문제가 아님을 보여주는 가장 좋은 증거일 것이다. 현재 아시아에서 흔히 벌어지는 공공 캠페인과 같은 맥락으로 미국이 아들을 지지하는 캠페인을 채택했다고 상상해보라. 벽보들은 침대에 웅크려 책을 읽거나 풀밭에 누워 데이지 꽃을 엮고 있는 등 부드러운 상황 속의 남자아이의 모습을 보여주고 아들이 좋은 학생 및 친구가 될 수 있다고 강조할 것이다. 혹은 딸에 대한 이상적인 생각을 뒤집는 데 초점을 맞출 수도 있다. 진흙탕 속에 무릎까지 빠져 있거나 더러운 자전거를 타고 언덕을 달려 내려오는 딸을 보여주는 사진들을 유포하는 것이다. 벽보들은 "당신은 당신이 원하는 딸을 얻지 못할지 모릅니다"라고 경고할 수 있다.

말할 필요도 없이 이런 운동은 효과가 없을 것이다. 합법적인 기술이 나와 있는 이상 사람들은 이를 이용할 방법을 찾는다. 그리고 수상쩍은 임신 촉진 치료의 허용은 경솔한 출산 결정을 부추긴다. 이는 비단 미국에 국한된 문제가 아니다. 캘리포니아의 인공수정 병원들에는 부유한 인도인, 중국인과 함께 상당한 수의 영국인, 오스트레일리아인, 캐나다인도 찾아온다(제프리 스타인버그는 자신의 환자 중에는 중국의 가장 저명한 인사들도 있다고 주장했다). 미국은 뚜렷하게 관대한 정책으로 PGD 환자들의 성지가 되었다. 그 영향력을 잘 이해하지 못하는 첨단 기술에 있어서도 미국은 선택이라는 개념에 따라 움직인다.

2011년 기준으로 웹사이트 바이오폴리시위키^{BioPolicyWiki}에 따르면 비의학적 성별 선택은 36개국에서 금지되어 있다.[32] 새로운 생식 기술이 시장에 나오기 전에 윤리적 의미와 사회에 미칠 잠재적인 효과를 검토하는 전담 위원회가 있는 영국은 PGD와 정자분리술이 합법화될 경우 일어날 수 있는 잠재적인 폐해를 상세하게 설명한 44페이지 분량의 보고서를 발행했다.[33] 반면 미국에는 신기술을 윤리성이 아니라 안전성과 효과에 기초해 평가하는 FDA밖에 없다.[34] (여담이지만 FDA는 안전성 측면에서 인공수정연구소의 업무에 개입한다.)• 인공

- 2008년 FDA는 인공수정연구소에 공식 경고문을 발행, 대리모들과 관련해 클라미디아와 임질을 밝히기 위한 정액 검사를 간과한 직원들에

수정 의사들의 협회인 미국생식의학협회는 '가족의 균형'이라는 이유로 정자분리술을 지지하고 PGD에서의 사회적 성별 선택에는 모호한 태도를 취해오다가 2001년에야 반대를 표명했다.[35]

하지만 미국생식의학협회의 입장은 하나의 지침일 뿐이며 인공수정 병원들에 이를 따르라고 요구하지 않는다. 미국의 병원들 역시 인공수정 산업을 관찰하는 정부 기구인 미국질병통제센터에 환자들이 PGD를 받는 이유를 보고할 필요가 없다.[36] 유전학과 사회 센터의 다놉스키는 미국의 인공수정 병원들에 영국의 윤리 위원회인 인간수정배아관리국과 유사한 규제 기구가 절실히 필요하다고 말한다. "모든 것이 시장에 맡겨져 있어요. 이렇게 되면 수많은 유감스러운 관행이 판을 치게 되죠."

실제로 미국의 보건 관련 압력단체는 현재 임신 촉진 치료가 수십억 달러에 이르는 산업이라는 사실을 잊지 않고 있다.[37] 돈이 연관되자 생식 기술에 대한 더 많은 규제를 위해 싸울 것이라고 예상되었던 한 집단이 분열되었다. 배아의 선별이나 폐기에 종교적인 이유로 반대하는 보수주의자들과 의료 서비스가 시장 원리에 따라 움직이게 하자는 쪽이 세력 면에서 팽팽히 맞선 상태다.[38]

우파가 분열되면서 뜻밖의 곳에서 희망이 보이는 듯하다. 바로 생식권 단체들이다. 수자타 제수데이슨이 성별 선택을 지지하는 NGO인 제너레이션 어헤드를 설립한 동기가 된 것이 첨단 생식 기

대해 언급했다. 스타인버그는 현장에서 문제의 정액을 검사했지만 최근 FDA의 정책 변경으로 외부 실험실을 이용해야 한다는 점을 알지 못했다고 말한다.

술이다. 착상 전 성별 선택은 쟁점 중 하나일 뿐이다. 이들은 대리모에도 관심을 기울인다. 일반적으로 대리모들은 가난한 반면 이들을 고용하는 부모들은 부유한 편이다. 또한 난자 기증자의 권리는 어떤가? 여성에게 중요한 절차가 기술적으로 변경되고 상업화되는 문제는? 혹은 임신 촉진 치료를 부자들만 이용할 수 있어 발생하는 불평등 문제는? "미국에서의 생식권 운동은 개인적인 선택이라는 틀을 사용했어요. 그러한 정치적 틀을 생식과 유전학 기술에 적용하면 본질적으로 개인이 무엇이든 자신에게 최선이라고 생각하는 것을 결정하는 쪽으로 가게 됩니다." 제수데이슨은 착상 전 성별 선택과 성별 선택 낙태를 결합함으로써, 개발도상국들을 휩쓸고 있는 비극과 고국에서 좀 더 은밀하게 퍼지고 있는 작은 변화에 대한 입장을 밝히도록 생식권을 지지하는 다른 단체들을 설득하고 싶어 한다.

생명윤리학자들은 대체로 생식에 관한 사고의 출발점으로 선택과 사생활이라는 관점은 포기했다. 오늘날 이들은 여성의 권리와 그녀가 미래에 낳을 아이의 권리를 조화시키는 틀에 관해 이야기한다. 새로운 접근 방식은 모든 개인에게 태어나기도 전에 '그' 혹은 '그녀'에게 맡겨진 기대 대신 '열린 미래'에 대한 권리가 있다는 전제가 중심이 된다. 현재 일부 이론가들은 착상 전 성별 선택이 아이의 출산을 독립적인 개인을 낳는 책임보다는 부모의 만족을 위한 일이 되게 함으로써 한 세대의 요구를 다른 세대의 요구보다 우선시한다는 결론을 내렸다.

새로운 접근 방식은 성별 선택 낙태에 대한 사고와 관련해서도 좋은 출발점으로 보인다. 여성은 임신을 종료시킬 수 있는 권리를 가져야 하지만 그 임신에 해당되는 개인을 자기 기분대로 형성할 권리를 가져서는 안 된다. 나와 오빠가 사춘기가 되었을 때 어머니는 칼릴 지브란의 「아이들에 대하여On Children」를 냉장고에 붙여놓고 우리가 스스로 운명을 선택하게 해야 한다고 당신 자신에게 상기시켰다.

> 그대의 아이는 그대의 아이가 아니다
> 아이들은 스스로 갈망하는 생명의 아들이고 딸이다
> 아이들은 그대를 거쳐서 왔으나 그대에게서 온 것은 아니다
> 그리고 아이들은 그대와 함께 있어도 그대의 소유물이 아니다.[39]

혹은 산부인과 의사 푸니트 베디가 델리 아폴로 병원의 산부인과 병동에서 말한 것처럼 "당신은 부모가 될지 선택할 수 있다. 하지만 일단 부모가 되기로 했다면 그 아이가 딸일지 아들일지, 피부가 검을지 흴지, 키가 클지 작을지 선택할 수 없다".

성비 불균형은 오래전부터 시급하지만 끈질기게 무시되어온 문제다. 하지만 최근 훨씬 절박한 문제가 되었다. 베이비 젠더 멘토 같은 통신판매 혈액검사와 함께 착상 전 성별 선택 기술이 개발도상국들에서 조용히 확산되고 있다. 이 기술은 친척이나 이웃 몰래 조심스럽게 성별을 선택하는 데 관심 있는 부부들 사이에서 판로를 찾고 있다. 서울 엘리트층 사이의 체외수정에 대한 관심이 보여주듯 한국이 이 분야에서 앞서나가고 있지만 다른 나라들도 빠른 속도로 따라잡고 있다. 2010년 PGD를 이용한 성별 선택은 중국, 인도, 키프로스, 타이, 요르단, 이집트, 브라질, 러시아에서 제공되었다.[40] (러시아에서는 비의학적 성별 선택이 불법이지만 나와 이야기를 나눈 러시아의 의료관

광업자는 PGD 성별 선택을 원하는 미국 부부들을 할인된 가격으로 검사받을 수 있게 정기적으로 모스크바로 데려간다고 말했다.) 인공수정연구소는 멕시코 과달라하라에 사무실을 열었다. 더욱 걱정스러운 점은 그런 국가 중 일부에서는 낙태 시술을 쉽게 받을 수 없지만 불법도 아니라는 점이다. 이집트에서 PGD는 그 전까지 성별 선택을 이용할 수 없던 사람들에게 이를 소개했다.

개발도상국에서 성 감별과 낙태가 유행하는 데는 미국의 단체들에서 제공한 수백만 달러의 자금과 함께 수천 명의 현장 요원, 수많은 이동 진료소가 필요했다. 오늘날 사람들은 생명을 만드는 의학 기술을 위해 자유롭게 국경을 건너며, 세계은행의 독려 없이도 훨씬 빠른 속도로 기술 확산이 이루어지고 있다. 이러한 변화와 함께 새로운 책임이 생긴다. 이집트에서 어떤 의학 기술이 합법적인지 정하는 일에 미국인들이 할 수 있는 일은 별로 없다. 하지만 벤투라 대로 같은 곳에서 탄생하는 기술에 대한 초기 수요를 더욱 효과적으로 저지할 수는 있다. 인공수정연구소 실험실에서 벌어지는 선택이 인도의 낙태 병원에서 일어나는 일과 본질적으로 다르다는 태도는 분명 오만이다. 미국인 예외론은 이미 그에 걸맞은 파괴적인 결과를 불러왔다.

더구나 착상 전 성별 선택은 남녀 수의 세계적인 불균형보다 훨씬 위급한 사안이다. 성별을 선택한 배아의 착상은 우리를 파멸에 이르는 위험한 비탈길에서 조금 더 아래쪽으로 밀어 내린다. 다놉스키는 말한다. "어떤 주장이 나올지 쉽게 예상할 수 있습니다. 사람들이 아이에 관한 이 중요한 사항(성별)을 선택할 수 있게 한다면 아이의 아이큐를 20 높이겠다는 생각에는 왜 반대하겠습니까?" 지능에 따른 배아 선택은 아직 이용할 수 없지만 멀지 않은 시기에 나올 수도 있다. PGD 창시자 마크 휴스는 "기술적인 측면에서 우리는 무언가를 시험하고 있습니다"라고 말했다. "그런 시험을 보장하기 위해 충분히 고려되어야 할 점과 누가 그것을 결정하는지가 쟁점입니다."[41]

지금은 제프리 스타인버그가 결정자다. 2009년 스타인버그는 출산연구소 웹사이트에 눈동자 색, 머리카락 색, 피부색에 대한 선택 서비스를 곧 제공할 것이라고 발표했다. 이 광고가 엄청난 논란을 불러일으키지 않았다면 스타인버그는 계획을 감행했을지도 모른다. 언론이 병원으로 몰려갔고 로마교황청은 "완벽한 아이에 대한 강박적인 추구"를 비난하는 성명서를 발표했다. 또한 의학적인 이유로 PGD를 이용했던 부부들은 생식 기술의 경박한 사용으로 본인들에 대한 여론이 나빠질까 두려워하며 낙담했다.[42] 미국인들은 성별 선택보다 신체적 특징을 선택할 경우를 더 문제 삼는 것으로 드러났고 스타인버그는 물러났다.

하지만 그는 여전히 낙관적이다. 우리가 스타인버그의 사무실 야자나무 아래에 앉아 생식의 미래에 대해 이야기를 나눌 때 그는 "타이밍이 좋지 않았을 뿐이에요"라고 말했다. "시기상조였을 뿐이죠. 우리는 시대에 앞서 있었어요. 그래서 '좋아, 그 계획은 잠시 보류하지'라고 말했죠." 스타인버그는 푸른색이나 초록색 눈에 사로잡힌 부부들이 그동안 계속 사무실에 전화를 걸어왔다고 말한다. 그는 여론이 바뀌길 기다리면서 그 부부들의 이름을 메일링리스트에 보관해두었다.

감사의 말

원래 이 책은 중국의 성비 불균형의 결과에 대해 다루는 잡지 기사에서 출발했다. 《버지니아 쿼털리 리뷰》의 테드 제노웨이스가 그 아이디어를 믿고 내게 이 문제를 분석할 지면을 할당해주었다. 또한 제노웨이스는 내가 성매매와 신부 구매 문제를 넘어 성별 선택이 영향을 미쳐 변할 수 있는 사회의 다른 불확실한 분야들까지 볼 수 있게 격려해주었다. 기사가 책으로 발전하는 동안 제노웨이스의 큐레이터 같은 목소리가 늘 나와 함께 머물렀다.

초기에 나와 공동 작업을 한 아리아나 린드퀴스트는 내가 기대할 수 있는 최고의 사진가였다. 그녀는 내 보고서의 중추가 된 쑤이닝의 가족들을 소개해주었고 깊은 인간애가 담긴 그녀의 사진은 내 글을 새로운 수준으로 올려놓았다. 우리가 기사를 완성한 뒤에도 관련된 세부 사항들을 자진해서 알려주고 각 장의 초고를 검토했다. 나는 자기 일에 그토록 헌신적인 사람을 별로 알지 못한다.

이 책을 쓰도록 나의 본업인 기자 일에서 시간을 빼준 편집자들,

특히 《크로니클 오브 하이 에듀케이션》의 베스 맥머트리와 《사이언스》의 리처드 스톤에게 빚을 졌다. 또한 《더 뉴 리퍼블릭》에 근무하던 브릿 피터슨과 《하퍼스Harper's》의 벤 오스틴 등의 편집자들은 이 책에 실린 기사들을 의뢰하고 구체화시켜주었다. 지난 3년 동안 경제적·지적으로 나를 지탱해준 원고들을 의뢰한 폴 애덤스, 조지 블랙, 데이비드 말라코프, 마이크 메이, 마이클 모이어, 존 파먼, 사미르 파텔, 제니퍼 루아크, 그레그 베이스, 제이컵 워드 등의 편집자들에게도 신세를 졌다.

이 책은 내 에이전트 질리언 매켄지의 열정이 없었다면 매우 다른 작품이 되었을 것이다. 그녀는 처음부터 포괄적인 책이라는 개념을 지지했고 제안 단계에서 예리한 조언을 해준, 이 프로젝트의 뛰어난 안내자였다.

질리언은 또한 이 책의 훌륭한 보금자리를 찾아주었다. 퍼블릭어페어스에서 내 책을 담당한 편집자 클라이브 프리들은 초기에 통찰력 있게 올바른 방향으로 나를 이끌어주었다. 이 책을 작업하다가 출판사를 떠난 다른 편집자들로는 모겐 밴보스트와 린지 존스가 있다. 크리소나 슈미트는 교열을 봐주었고 멀리사 레이먼드는 페르세우스 출판사의 샌드라 베리스와 함께 인쇄 단계까지 책의 지면들을 확인했다. 캐서린 슈라이버는 원고의 사실성을 성실하게 검토하고 유익한 제안을 해주었다. 남아 있는 모든 실수는 내 몫이다.

다양한 친구와 가족 들이 초고를 읽고 조언을 해주었다. 로라 대니얼슨, 글렌 포드, 도리스 클라인, 제시카 풀버, 러네 월튼의 교정과 통찰력에 감사한다. 레베카 캐칭도 교정 단계에서 도움을 주었다.

인구 조절 운동을 조사하면서 나는 사학자 매슈 코닐리의 놀라울 정도로 철저하고 훌륭하게 저술된 책 『치명적 오해 *Fatal Misconception*』에 크게 의지했다. 아낌없이 출처들을 알려주고 관련 문서들을 보내준 코널리에게 감사한다. 또한 스미스 칼리지 '소피아스미스 컬렉션'의 사서들, 특히 미국가족계획연맹 관련 자료들을 전문적으로 안내해준 에이미 헤이그와 델리 여성개발연구센터 기록보관소의 관리인(이름을 알 수 있기를 바란다)이 귀한 도움을 주었다. 마지막으로 록펠러 아카이브센터가 관리하는 심도 깊은 웹사이트와 소피아스미스 컬렉션, 트루먼 박물관 웹사이트에서 이용할 수 있는 구술 역사에서 도움을 받았다.

이 책을 쓰면서 인구통계학자들에게 계속 의지했는데 그중 몇 사람은 최종 원고에 포함되지 못했다. S. 이루다야 라잔은 케랄라에서 나를 초대해주었고 이자벨 아타네는 파리에서 나와 이야기를 나누었다. 차이용은 내가 한 자녀 정책을 이해하는 데 중요한 도움을 주었고 델리의 메리 E. 존과 라트나 수다르샨도 내가 이 주제를 이해하는 데 도움을 주었다.

세계의 다양한 도시들에서 나를 묵게 해주고 안내해준 친구들이 없었다면 내 연구 작업은 매우 외로웠을 것이고 결과적으로 나온 책도 이만큼 상세하지 못했을 것이다. 델리의 시브 수리 부부, 서울의 서은아, 타이베이의 어맨다 홍, 런던의 트레이시 수엔, 파리의 잭 와이먼, 로스앤젤레스의 엠버 프랭크와 앤절라 김, 샌프란시스코의 제임스 루크 데이비드, 뉴욕의 메건 섕크와 애덤 프리니에게 감사의 말을 전한다.

제니퍼 정, 조윤희, 자딘, 캐런 현, 크리스티앙 로데, 샤라비아 K. 레디 등 친구들, 그리고 때로는 친구의 친구들이 자료를 얻을 수 있는 출처를 소개해주고 인터뷰를 주선해주었다. 한국을 방문하기 전에 권소연이 내 이메일을 번역하고 나를 대신해 전화를 해주었으며 서울에 도착했을 때는 애슐리 수나 윤의 전문적인 통역에 의지했다.

컬럼비아 언론 대학원에서 열린 샘 프리드먼의 훌륭한 도서 세미나에 참여한 다양한 사람들로 이루어진 책 애호가 클럽이 없었다면 이 책을 쓰는 과정이 훨씬 재미없었을 것이다. 갈 베커만, 데이비드 비엘로, 쇼샤나 가이, 앨런 잘론, 카비타 라자고팔란에게 감사의 마음을 전하고 싶다. 제안서 작성 방법을 가르쳐주고 내가 첫 시도를 했을 때 조언을 해준 샘에게 감사한다. 그리고 그 전에 내게 글 쓰는 법과 관찰하는 법을 가르쳐준 펜실베이니아 대학의 폴 헨드릭슨에게도 감사한다.

이 책의 두 장은 애덤 민터와 나눈 늦은 밤의 대화에서 나왔다. 조언자이자 친한 친구인 애덤은 어려운 주제를 피하지 말라고 충고했고 중국에 관한 자신의 보고서에서 좋은 예를 보여주었다.

또한 엄청나게 총명한 로럴 킬고어도 중요한 역할을 해주었다. 생명윤리 관련 자료들을 제시하는 것부터 시작해 도움이 될 만한 출처들과 연결시켜주고 초고를 한 줄 한 줄 꼼꼼하게 수정해주는 등 큰 도움을 주었다. 나는 운 좋게도 좋은 사촌을 두었다.

또한 임신, 낙태, 체외수정, 난자 기증 경험에 관해 들려주거나 사적인 초음파검사 및 의사와의 약속에 동행을 허락해준 여러 친구와 친척에게 감사한다. 내가 누구를 말하는지 알 것이다.

그리고 아이디어를 주거나 그 외의 도움을 준 파리사 유세프 도르스트, 아이작 스톤 피시, 켄 코스텔, 히엔 르, 러네 레이놀즈, 돈 스토버, 윤지영에게 감사한다.

이것은 가족에 대한 책이며 당연히 내 가족을 언급하지 않을 수 없다. 오빠 제이크 비슨달과 친오빠나 마찬가지인 바스 랑은 성비 불균형에 관해 다른 누구보다 많이 알려주었다(우리 집에서 테스토스테론에 대한 일반적인 생각들은 늘 어긋났다. 두 사람을 위협한 것은 종종 나였다). 홍유 랑은 내 인생의 중요한 몇 년 동안 다정한 수호자가 되어주었을 뿐 아니라 중국어를 처음 가르쳐주었다. 독창적인 기자였던 아버지는 항상 내 일을 격려해주었다. 다른 세대로 거슬러 올라가자면 나는 활달한 성격의 조앤 대니얼슨과 목사에서 소설가로 전향한 데이브 대니얼슨에게 빚을 졌다. 두 분은 내게 인생을 장악하는 법과 글쓰기를 좋아하는 법을 보여주었다(이 두 가지는 흔히 대조적인 행위다). 또한 어릴 때부터 언어의 규칙과 경이로움을 가르쳐준 영어 교수 매리언 비슨달에게도 감사한다.

누구보다도 (성별과 다른 면에서) 내 인생에 균형을 맞춰주고 행복을 두 배로 만들어준 악셀 초루에게 감사한다.

주

프롤로그 | 여성이 '부자연스럽게' 부족한 세상

1. Nicholas Bakalar, "Sex Ratio Seen to Vary by Latitude", *New York Times*, April 20, 2009, http://tinyurl.com/4l5rhmo.
2. Bart K. Holland, *What Are the Chances? Voodoo Deaths, Office Gossip, and Other Adventures in Probability*(Baltimore, MD: Johns Hopkins University Press, 2002), 17.
3. "Johann Peter Süssmilch", German National Library catalogue, http://d-nb.info/gnd/118814834.
4. Charles Darwin, *The Descent of Man*(Amherst, NY: Prometheus, 1998), 218.
5. Darwin, *Descent of Man*, 221.
6. Darwin, *Descent of Man*, 268.
7. Veronica di Mambro, "The University of Cambridge Eugenics Society from 1911", *Galton Institute Newsletter*, June-September 2003, http://tinyurl.com/23o5vml.
8. Guillaume Chapron, "French Male Bears in Immediate Need of More Females"에 인용됨, ScienceDaily, October 29, 2009, http://tinyurl.com/4zruv82.
9. Dena S. Davis, *Genetic Dilemmas: Reproductive Technology, Parental Choices, and Children's Futures*(New York: Routledge, 2001), 91.
10. M. Ruth Nentwig, "Technical Aspects of Sex Preselection", in *The Custom-Made Child? Women-Centered Perspectives*, ed. Helen B. Holmes, Betty B. Hoskins, and Michael Gross(New York: Humana Press, 1981), 181.
11. Aristotle, *On the Generation of Animals*(Whitefish, MT: Kessinger, 2004), 99, http://tinyurl.com/4tcpsv7.
12. Menachem Mendl Brayer, *The Jewish Woman in Rabbinic Literature*(Jersey City, NJ: KTAV,

1986), 2:208.
13. Forum Against Sex Determination and Sex Pre-selection, "Using Technology, Choosing Sex", 92, http://tinyurl.com/4wd6huz.
14. Olivia P. Judson, "Killing the Sex Ratio", *Nature*, December 8, 1994, 503.

1장 | 인구통계학자들의 입장

1. Amartya Sen, "More Than 100 Million Women Are Missing", *New York Review of Books*, December 20, 1990, http://tinyurl.com/4zxe2s6.
2. South India Fertility Project, http://tinyurl.com/4gfjb8v.
3. Christophe Z. Guilmoto, "Characteristics of Sex-Ratio Imbalance in India, and Future Scenarios"(paper presented at Fourth Asia Pacific Conference on Reproductive and Sexual Health and Rights, 2007), 9, http://tinyurl.com/4okjqdu.
4. Guilmoto, "Characteristics of Sex-Ratio Imbalance in India, and Future Scenarios", 9.
5. Singapore and Taiwan figures from Elspeth Graham, "Son Preference, Female Deficit and Singapore's Fertility Transition", in *Watering the Neighbour's Garden*, ed. Isabelle Attané and Christophe Z. Guilmoto(Paris: CICRED, 2007), 89-106.
6. India figure from "Field Listing: Sex Ratio", in *CIA World Factbook 2010*, http://tinyurl.com/576yck; China figure from Shuzhuo Li, "Imbalanced Sex Ratio at Birth and Comprehensive Intervention in China"(paper presented at the Fourth Asia Pacific Conference on Reproductive and Sexual Health and Rights, 2007), 7.
7. Attané and Guilmoto, *Watering*, ix.
8. Christophe Z. Guilmoto, "Sex Ratio Imbalance in Asia: Trends, Consequences, and Policy Responses"(paper presented at Fourth Asia Pacific Conference on Reproductive and Sexual Health and Rights, 2007), 1, http://tinyurl.com/4ldcpgd.
9. Christophe Guilmoto(interview by author, Paris, ugust 11, 2009); Joseph Chamie(phone interview by author, January 19, 2011).
10. in *CIA World Factbook 2010*, http://tinyurl.com/2l9rcv.
11. "World", in *CIA World Factbook 2010*, http://tinyurl.com/yrmnyw; and "Population", http://tinyurl.com/6cgwbj.
12. Christophe Guilmoto, interview by author, Paris, August 11, 2009. Also see "Field Listing: Sex Ratio", in *CIA World Factbook 2010*, http://tinyurl.com/576yck.
13. Guilmoto, "Characteristics".
14. Guilmoto, interview by author, August 11, 2009.
15. Mara Hvistendahl, "No Country for Young Men", *The New Republic*, July 9, 2008, http://tinyurl.com/48m844m.
16. Guilmoto, interview by author, August 11, 2009.
17. See "Countries: Korea", *OECD Observer*, http://tinyurl.com/4j7tazh.
18. Sen, "More Than 100 Million".
19. M. Giovanna Merli and Adrian E. Raftery, "Are Births Underreported in Rural

China? Manipulation of Statistical Records in Response to China's Population Policies", *Demography*, February 2000, 109-126. P. N. Mari Bhat, "On the Trail of 'Missing' Indian Females: Search for Clues", *Economic and Political Weekly*, December 28, 2002, 5105-5118.

20. Emily Oster, "Hepatitis B and the Case of the Missing Women", *Journal of Political Economy* 113, no. 6(2005), http://tinyurl.com/4lqxylv.
21. Emily Oster et al., "Hepatitis B Does Not Explain Male-Biased Sex Ratios in China", http://home.uchicago.edu/~eoster/hbvnotecon.pdf.
22. Christophe Guilmoto, phone interview by author, November 9, 2010.
23. Christophe Z. Guilmoto, *The Sex Ratio Transition in Asia*, Center for Population and Development Working Papers Series(Paris: CEPED, 2009), 5.
24. "Asia's Declining Fertility", South Asia Research Institute for Policy and Development, December 20, 2006, http://tinyurl.com/47pv4na. Also see *Population and Social Integration Section Fact Sheets*, United Nations Economic and Social Commission for Asia and the Pacific (Bangkok: UNESCAP), http://tinyurl.com/46o2e4z.
25. Guilmoto, *Sex Ratio Transition*, 33.
26. "Country Comparison: Total Fertility Rate", in *CIA World Factbook 2010*, http://tinyurl.com/3yur88.
27. Guilmoto, *Sex Ratio Transition*, 9.
28. Guilmoto, "Characteristics", 8.
29. "Richa Sharma, "Gender Imbalance Highest Among Affluent: Study", *Headlines India*, December 15, 2008, http://tinyurl.com/29kyb3h.
30. Guilmoto, *Sex Ratio Transition*, 8.
31. France Meslé, phone interview by author, December 16, 2008.
32. France Meslé, Jacques Vallin, and Irina Badurashvili, "A Sharp Increase in Sex Ratio at Birth in the Caucasus. Why? How?" in *Watering*, 73-88.
33. "Brides and Prejudice in China", *China Daily*, August 23, 2010, http://tinyurl.com/4abld7z.
34. Attané and Guilmoto, *Watering*, 3.
35. "HIV Funding Priority Shift Call", BBC, May 9, 2008, http://tinyurl.com/23csdbq.

2장 | 부모들의 입장

1. 쑤이닝 이야기는 Mara Hvistendahl, "Half the Sky: How China's Gender Imbalance Threatens Its Future", *Virginia Quarterly Review*, Fall 2008, 188-215쪽에 상세하게 설명되어 있다.
2. Guilmoto, *Sex Ratio Transition*, 33.
3. Hvistendahl, "Half the Sky". 수치는 2011년 환율에 따라 조절.
4. Barbara Miller, "Female-Selective Abortion in Asia: Patterns, Policies, and Debates", *American Anthropologist*, December 2001, 1087

5. Marcos Chamon and Eswar Prasad, *Why Are Saving Rates of Urban Households in China Rising?*, IMF Working Paper(International Monetary Fund, June 2008), http://tinyurl.com/67xt3rx.
6. James Reynolds, "Chinese Challenge One-Child Policy", BBC, May 25, 2007, http://tinyurl.com/277w77y; also see Michael Sheridan, "Fertility-Drug Twins Beat China's One-Child Law", *The Times*(London), February 27, 2005, http://tinyurl.com/22olj4n.
7. "China Warned on Gender Imbalance", BBC, August 24, 2007, http://news.bbc.co.uk/2/hi/6962650.stm.
8. Hvistendahl, "No Country".
9. Hvistendahl, "Half the Sky".
10. Therese Hesketh and Zhu Wei Xing, "Abnormal Sex Ratios in Human Populations: Causes and Consequences", *Proceedings of the National Academy of Sciences*, September 5, 2006, 13272, http://tinyurl.com/67p5g2b.
11. Guilmoto, interview by author, August 11, 2009.
12. Michelle Goldberg, *The Means of Reproduction: Sex, Power, and the Future of the World*(New York: Penguin, 2009), 191.
13. Center for Women's Development Studies, *Planning Gender, Planning Families: Addressing the Adverse Sex Ratio*(Books for Change, 2008), 64.
14. Danièle Bélanger, "Sex-Selective Abortions: Short-term and Long-term Perspectives", *Reproductive Health Matters*, May 2002, 194.
15. Hvistendahl, "Half the Sky".
16. Hvistendahl, "Half the Sky".

3장 | 경제학자들의 입장

1. *India: Achieving Rapid and Inclusive Growth, Sustainable Development*, http://tinyurl.com/2g2fjgp.
2. "Women Shoot Past Men Across the Spectrum", *Economic Times*, June 22, 2009, http://tinyurl.com/29ftnpo.
3. Ranjit Devraj, "No Stopping Reserved Seats for Women in Parliament", IPS News, March 8, 2010, http://tinyurl.com/ylz4zs9.
4. Didi Kirsten Tatlow, "For China's Women, More Opportunities, More Pitfalls", *New York Times*, November 25, 2010, http://tinyurl.com/23er2xf.
5. Matthew Connelly, *Fatal Misconception*(Cambridge: Harvard University Press, 2008), 213.
6. Connelly, *Fatal Misconception*, 119-120.
7. Connelly, *Fatal Misconception*, 114.
8. Connelly, *Fatal Misconception*, 162.
9. Matthew Connelly, "Population Control in India: Prologue to the Emergency Period", *Population and Development Review*, December 2006, 633.

10. Connelly, "Population Control in India", 636.
11. Connelly, *Fatal Misconception*.
12. U.S. Office of Technology Assessment, *World Population and Fertility Planning Technologies: The Next Twenty Years* (Washington, D.C.: U.S. Government Printing Office, 1982), 108.
13. "Connelly, "Population Control in India", 657. Also see Kristin L. Ahlberg, *Transplanting the Great Society: Lyndon Johnson and Food for Peace* (Columbia: University of Missouri Press, 2008).
14. Connelly, *Fatal Misconception*, 263.
15. Barbara B. Crane and Jason L. Finkle, *Organizational Impediments to Development Assistance: The World Bank's Population Program* (Princeton: Princeton University Press, 1981), 519.
16. Edward Goldsmith et al., "Preface: A Blueprint for Survival", *Ecologist*, January 1972, http://www.theecologist.info/page34.html.
17. "Treading Lightly: Does Mankind Need More Than One Planet?" *Economist*, September 19, 2002, http://www.economist.com/node/1337251.
18. Connelly, *Fatal Misconception*, 264.
19. Goldberg, *Means of Reproduction*, 71.
20. Seungsook Moon, *Militarized Modernity and Gendered Citizenship in South Korea* (Durham, NC: Duke University Press, 2005), 81.
21. Connelly, *Fatal Misconception*, 181, 265.
22. John Shields Aird, *Slaughter of the Innocents: Coercive Birth Control in China* (Washington, D.C.: AEI Press, 1990), 6.
23. Mara Hvistendahl, "Has China Outgrown the One-Child Policy?" *Science*, September 17, 2010, 1458.
24. Hvistendahl, "Has China Outgrown", 1458.
25. Mara Hvistendahl, "Of Population Projections and Projectiles", *Science*, September 17, 2010, 1460.
26. Susan Greenhalgh, *Just One Child: Science and Policy in Deng's China* (Berkeley: University of California Press, 2008), 130.
27. Greenhalgh, *Just One Child*, 127.
28. 쑹젠은 인구학자 수전 그린핼즈와의 인터뷰에서 1978년에 올스더르를 처음 만났다고 주장했다. 나는 올스더르와 인터뷰하면서 이 연도를 제시했다.
29. Hvistendahl, "Of Population Projections".
30. Greenhalgh, *Just One Child*, 133.
31. Hvistendahl, "Of Population Projections".
32. Greenhalgh, *Just One Child*, 152.
33. Hvistendahl, "Of Population Projections".
34. Greenhalgh, *Just One Child*, 154.
35. Hvistendahl, "Has China Outgrown", 1458-1459.
36. Mary-Jane Schneider, *Introduction to Public Health*, 2nd ed. (Sudbury, MA: Jones &

Bartlett, 2006), 428.

37. Sukanya Hazarika, Public Health Foundation of India, interview by author, Delhi, June 29, 2009. See also Muhammad Yunus, *Banker to the Poor: Micro-Lending and the Battle Against World Poverty* (New York: PublicAffairs, 2003), 134.
38. Phillip B. Levine and Douglas Staiger, "Abortion Policy and Fertility Outcomes: The Eastern European Experience", *Journal of Law and Economics*, April 2004, 229.
39. Timothy Heleniak, "Causes and Demographic Consequences of Fertility Decline in the Former Soviet Union and Central and Eastern Europe", *Marriage & Family Review*, January 2010.
40. Wolfgang Lutz, Warren Sanderson, and Sergei Scherbov, "The End of World Population Growth", *Nature*, August 2, 2001.
41. Christophe Z. Guilmoto, *The Sex Ratio Transition in Asia*, Center for Population and Development Working Papers Series (Paris: CEPED, 2009), 23.
42. http://www.indexmundi.com/albania/gdp_real_growth_rate.html
43. UNFPA, "Guidance Note on Prenatal Sex Selection", 2010, http://tinyurl.com/62hz39h.
44. 이 결과는 아직 알바니아의 인구조사 자료와 대조해보지 않았다.
45. Manuela Bello, email correspondence with author, June 29, 2010.
46. Half of pregnancies ended in abortion: United Nations Population Division Department of Economic and Social Affairs, "Albania", in *Abortion Policies: A Global Review* (United Nations, 2002), http://tinyurl.com/2eg6lpb. Percentage of women using contraception: Flora Ismaili, interview by author, Tirana, Albania, July 5, 2010.
47. Cost of ultrasound: Flora Ismaili, interview by author. Available from 1990s onward: Louise Grogan, email correspondence with author, July 9, 2010.
48. Flora Ismaili, interview by author.
49. Manuela Bello, email correspondence with author.
50. Douglas Almond and Lena Edlund, "Son-Biased Sex Ratios in the 2000 United States Census", *Proceedings of the National Academy of the Sciences*, April 15, 2008, 5681-5682, http://tinyurl.com/2f5e3db.
51. Almond and Edlund, "Son-Biased Sex Ratios".
52. "U.S. Birth Rate: Still Fueling Population Growth", online discussion, Population Reference Bureau, March 22, 2007, http://tinyurl.com/29memvr.
53. Lisa Wong Macabasco, "Why the Abortion Rate Among Asian-American Women Is So High", *Hyphen*, September 2, 2010; regarding the 18 percent abortion rate among whites, see http://tinyurl.com/2cvo3l2.

4장 | 의사들의 입장

1. Roger Jeffery, Patricia Jeffery, and Andrew Lyon, "Female Infanticide and Amniocentesis", *Social Science and Medicine* 19, no. 11(1984): 1207-1212.
2. Indraprastha Apollo Hospitals, New Delhi, http://tinyurl.com/48sn6x3. Jay Solomon,

"India's New Coup in Outsourcing: Inpatient Care", *Wall Street Journal*, April 26, 2004.
3. "Doctor Sought over Illegal Scans", BBC, December 5, 2007, http://tinyurl.com/2mf8oe.
4. Elisabeth Bumiller, *May You Be the Mother of a Hundred Sons: A Journey Among the Women of India* (New York: Fawcett Columbine, 1990), 113.
5. U.S. Office of Technology Assessment, *World Population and Fertility Planning Technologies: The Next Twenty Years* (Washington, D.C.: U.S. Government Printing Office, 1982), 99.
6. Chaibin Park and Namhoon Cho, "Consequences of Son Preference", 79.
7. Bumiller, *May You Be the Mother*, 115.
8. Vibhuti Patel, "The Political Economy of Missing Girls in India", in Tulsi Patel, ed., *Sex-Selective Abortion in India: Gender, Society, and New Reproductive Technologies* (Sage: 2007), 300.
9. Connelly, *Fatal Misconception*, 357.
10. Jeffrey R. Immelt, Vijay Govindajaran, and Chris Trimble, "How GE Is Disrupting Itself", *Harvard Business Review*, October 2009, 8.
11. Immelt, Govindajaran, and Trimble, "How GE Is Disrupting Itself", 8–9.
12. Peter Wonacott, "India's Skewed Sex Ratio Puts GE Sales in Spotlight", *Wall Street Journal*, April 18, 2007.
13. See Robin Elise Weiss, "Telling Your Baby's Sex by Ultrasound", http://tinyurl.com/5uyq9an.
14. Paul Glader, "Mindray Eyes U.S. As West Looks East", *Wall Street Journal*, September 14, 2010, http://tinyurl.com/39aw9ez.
15. Laura Lederer, "'Missing Girls' in Asia: Magnitudes, Implications, and Possible Responses" (panel discussion, American Enterprise Institute, Washington, D.C., September 17, 2008).
16. Wonacott, "India's Skewed Sex Ratio".
17. Wonacott, "India's Skewed Sex Ratio".
18. Kum Sung: Heeran Chun, interview by author, Seoul, December 14, 2009.
19. Rubena Moisiu, interview by author, Tirana, Albania, July 5, 2010.
20. "Google, Microsoft Pull Sex Ads After India Legal Threat", AFP, September 18, 2008.
21. Nell Boyce, "Revisiting the Baby Gender Mentor", NPR's *Morning Edition*, February 27, 2006, http://tinyurl.com/63urvrc.
22. Nell Greenfieldboyce, "Critics Question Accuracy of Fetus Sex Test", NPR's *Morning Edition*, September 29, 2005.
23. Julie M. Donnelly, "Acu-Gen Biolab Files for Ch. 11 Bankruptcy", *Mass High Tech*, December 17, 2009, http://www.masshightech.com/stories/2009/12/14/daily59-Acu-Gen-Biolab-files-for-Ch-11-bankruptcy.html.

5장 | 제국주의자들의 입장

1. Barbara D. Metcalf and Thomas R. Metcalf, *A Concise History of Modern India*, 2nd ed.(Cambridge: Cambridge University Press, 2006), 62.
2. Duncan's appearance: James Douglas, *Bombay and Western India: A Series of Stray Papers*(London: Samson Low, Marston & Company, 1893), 175. Reputation: C. Collin Davies, "Review of *Jonathan Duncan and Varanasi* V. A. Narain", *English Historical Review*, 1962.
3. John William Kaye, *The Administration of the East India Company: A History of Indian Progress*(London: Richard Bentley, 1853), 553.
4. Jonathan Duncan, letter to Lord Cornwallis, October 2, 1789, in *Selections from the Duncan Records*(Benares: Medical Hall Press, 1873), 134.
5. Philip Woodruff, *The Men Who Ruled India: The Founders*(Oxford: Alden, 1953), 179.
6. Kaye, *Administration of the East India Company*, 554; see also Duncan, letter to Lord Cornwallis, 134.
7. Kaye, *Administration of the East India Company*, 556.
8. L. S. Vishwanath, *Female Infanticide and Social Structure: A Socio-Historical Study in Western and Northern India*(Delhi: Hindustan Publishing Corporation, 2000), 8.
9. L. S. Vishwanath, "Efforts of Colonial State to Suppress Female Infanticide: Use of Sacred Texts, Generation of Knowledge", *Economic and Political Weekly*, May 9, 1998, 1104-1112.
10. Kaye, *Administration of the East India Company*, 557.
11. John Wilson, *History of the Suppression of Infanticide in Western India Under the Government of Bombay: Including Notices of the Provinces and Tribes in Which the Practice Has Prevailed*(Cornell University Library, 1855), 43.
12. Kaye, *Administration of the East India Company*.
13. Frederick Wilse Bateson, *The Cambridge Bibliography of English Literature: Index*, Volume III(London: Cambridge University Press, 1940), 907.
14. Kaye, *Administration of the East India Company*, 549.
15. Kaye, *Administration of the East India Company*, 549.
16. Kaye, *Administration of the East India Company*, 558.
17. Infant deaths from Lionel Rose, *The Massacre of the Innocents: Infanticide in Britain, 1800-1939*(London: Routledge, 1986); 워릭 대학의 역사학자 Hilary Marland가 BBC 뉴스(June 15, 2003)의 "Infant-killing and the Victorian Mother"에서 *Journal of Social Science*의 구절을 인용, http://tinyurl.com/34658x5.
18. Kaye, *Administration of the East India Company*, 545.
19. 1901년의 인구조사 결과.
20. Vishwanath, "Efforts of Colonial State to Suppress Female Infanticide".
21. Kaye, *Administration of the East India Company*, 555.
22. Kaye, *Administration of the East India Company*, 552.

23. Vishwanath, *Female Infanticide*, 123.
24. Vishwanath, *Female Infanticide*.
25. Vishwanath, *Female Infanticide*, 95.
26. L. S. Vishwanath, "Female Infanticide, Property, and the Colonial State", in *Sex-Selective Abortion in India*, ed. Tulsi Patel (Sage, 2006), 270.
27. Philip Gourevitch, *We Wish to Inform You That Tomorrow We Will Be Killed with Our Families: Stories from Rwanda* (New York: Picador, 1999).
28. L. W. G. Malcolm, "Sex-Ratio in African Peoples", *American Anthropologist*, n.s., October-December 1924, 464.
29. Kaye, *Administration of the East India Company*, 552.
30. Charles Darwin, *The Descent of Man* (Amherst, NY: Prometheus, 1998), 263.
31. Darwin, *Descent of Man*, 264.
32. Darwin, *Descent of Man*, 267.
33. C. A. Bayly, *Indian Society and the Making of the British Empire* (London: Cambridge University Press, 1990), 7.
34. Metcalf and Metcalf, *Concise History*.
35. Metcalf and Metcalf, *Concise History*, 91.
36. Peter Marshall, "British History in Depth: The British Presence in India in the 18th Century", BBC, October 15, 2010, http://tinyurl.com/nt2ncc.
37. Bernard S. Cohn, "The Initial British Impact on India: A Case Study of the Benares Region", *Journal of Asian Studies*, August 1960, 429.
38. Metcalf and Metcalf, *Concise History*, 79.
39. Bernard S. Cohn, "Structural Change in Indian Rural Society 1596-1885", in *An Anthropologist Among the Historians and Other Essays* (Delhi: Oxford University Press, 1987), 183; quoted in Vishwanath, *Female Infanticide and Social Structure*, 133.
40. Vishwanath, "Female Infanticide", 274.
41. Vishwanath, *Female Infanticide and Social Structure*, 133-134.
42. Puneet Bedi, interview by author, Delhi, July 2, 2009.
43. Vishwanath, *Female Infanticide and Social Structure*, 98.
44. Vishwanath, *Female Infanticide and Social Structure*, 50.
45. Heeran Chun, interview by author, Seoul, South Korea, December 14, 2009.
46. "Sex-selection: A Brain-bending Intersection of Ideals", http://tinyurl.com/35v263d.
47. *The Missing Daughters of India/Sex Selection: The Issue; and What You Can Do* (유엔인구기금 인도 사무소가 배포한 책자).
48. Mark Landler, "A New Gender Agenda", *New York Times Magazine*, August 18, 2009, http://tinyurl.com/358ttun.
49. Steven W. Mosher, "Opinion: Ban Sex-selective Abortions, in the U.S"., August 28, 2008, http://tinyurl.com/5vw7sp8.
50. Institute for Social Development Studies, "New 'Common Sense': Family-Planning Policy and Sex Ratio in Viet Nam" (paper presented at the Fourth Asia Pacific

Conference on Reproductive and Sexual Health and Rights, 2007), 9.
51. Elisabeth Bumiller, *May You Be the Mother of a Hundred Sons: A Journey Among the Women of India* (New York: Fawcett Columbine, 1990), 115.
52. Tina Rosenberg, "The Daughter Deficit", *New York Times Magazine*, August 19, 2009, http://tinyurl.com/2vmbncq.
53. Institute for Social Development Studies, "New 'Common Sense'", 7.
54. William Saletan, "Fetal Subtraction", *Slate*, April 3, 2008, http://tinyurl.com/3717fxa.
55. Goldberg, *Means of Reproduction*, 194, 196.
56. "Gujarat Miniser's Motorbike Campaign Against Female Foeticide", *Indian Health News*, April 20, 2006, http://tinyurl.com/4huq53j.
57. "Anand Jon's Sister Lends Support to Save Girl Child Campaign in India", *ThaIndian News*, October 14, 2009, http://tinyurl.com/2vexmga.

6장 | 어느 의대생의 입장

1. Connelly, *Fatal Misconception*, 165-166.
2. Puneet Bedi, phone interview by author, July 14, 2010.
3. Connelly, *Fatal Misconception*, 310.
4. Connelly, *Fatal Misconception*, 171.
5. Puneet Bedi, phone interview by author, July 14, 2010.
6. Sabu George, interview by author, Delhi, July 3, 2009.
7. Ishwar C. Verma et al., "Prenatal Diagnosis of Genetic Disorders", *Indian Pediatrics*, May 1975, 384.
8. Puneet Bedi, phone interview by author, July 14, 2010.
9. Sabha Hussain, "Population Policy", *Social Scientist*, October-November 1985, 25.
10. Verma et al., "Prenatal Diganosis".
11. William Grimes, "Sheldon J. Segal, Who Developed Contraceptives, Dies at 83", *New York Times*, October 20, 2009, http://tinyurl.com/33qvawm.
12. Soma Hewa and Darwin H. Stepleton, *Globalization, Philanthropy, and Civil Society: Toward a New Political Culture in the Twenty-first Century* (New York: Springer Science/Business Media, 2005), 62-63.
13. Connelly, "Population Control in India", 649.
14. Connelly, *Fatal Misconception*, 216.
15. "In Memoriam: Christopher Tietze", *Studies in Family Planning*, May-June 1984, 152.
16. Stephen Miller, "Sheldon Segal, Leading Developer of Contraceptives, Dies at 83", *Wall Street Journal*, October 21, 2009, http://online.wsj.com/article/SB125616647908300053.html.
17. Connelly, *Fatal Misconception*, 199.
18. *Annual Report for 1966*, The Rockefeller Foundation (New York: Rockefeller Foundation, 1967).

19. Connelly, "Population Control in India", 646.
20. Connelly, *Fatal Misconception*, 217; Connelly, "Population Control in India", 651.
21. Connelly, "Population Control in India", 634.
22. Connelly, "Population Control in India", 646, 656.
23. Roger Jeffery, "New Patterns in Health Sector Aid", *Economic and Political Weekly*, September 11, 1982, 1500.
24. Hewa and Stepleton, *Globalization, Philanthropy, and Civil Society*, 63.
25. Sheldon J. Segal, *Under the Banyan Tree: A Population Scientist's Odyssey* (Oxford University Press, 2003), 191.
26. Connelly, *Fatal Misconception*, 172.
27. S. N. Agarwala, "Social and Cultural Factors Affecting Fertility in India", in *Proceedings of the Seventh Conference of the IPPF*, 100–105, Series VIII, Box 202, Sophia Smith Collection, Smith College, Northampton, MA.
28. List of Conference Participants, International Conference on Planned Parenthood Program, February 10–16, 1963, Series VIII, Box 202, Sophia Smith Collection, Smith College, Northampton, MA.
29. S. N. Agarwala, "Social and Cultural Factors".
30. "Rockefeller Foundation Archives Collection, Rockefeller Foundation Field Offices, Record Group 6.7-New Delhi, India, 1835-1976, Subgroup III-Medical and Natural Sciences Program", http://tinyurl.com/4f8sjjb.
31. Ford Foundation Grants Database, 1969 Grants, http://tinyurl.com/6xzsjan. 2010년 6월 15일 접속.
32. International seminar: B. Pastakia, "Doctors and Overpopulation", letter to *British Medical Journal*, May 6, 1972, 534. World Health Organization symposium: K. R. Laumas, *Recent Developments in Contraceptive Technology: Proceedings of an International Symposium Held on 18th and 19th October, 1974, at New Delhi* (Delhi: All-India Institute of Medical Sciences, 1974).
33. Roger Jeffery, "New Patterns in Health Sector Aid", 1498, 1500.
34. Connelly, *Fatal Misconception*, 318.
35. Connelly, *Fatal Misconception*, 324.
36. Goldberg, *Means of Reproduction*, 83.
37. Connelly, *Fatal Misconception*, 322.
38. 6.2 million: Connelly, *Fatal Misconception*, 323. Nazi totals: Ian Kershaw, *Hitler 1889-1936: Hubris* (New York: Norton, 2000), 487.
39. Kingsley Davis, "Asia's Cities: Problems and Options", *Population and Development Review*, September 1975, 83.
40. Connelly, *Fatal Misconception*, 321.
41. Connelly, *Fatal Misconception*, 321.
42. Connelly, *Fatal Misconception*, 310, 322.
43. Barbara B. Crane and Jason L. Finkle, "Organizational Impediments to Development

44. Connelly, *Fatal Misconception*, 323.
45. Hussain, "Population Policy"; Bumiller, *May You Be the Mother*, 113.
46. Barbara Miller, "Female-Selective Abortion in Asia: Patterns, Policies, and Debates", *American Anthropologist*, n.s., December 2001, 1091.
47. *CIA World Factbook*; Arjun Adlakha, *Population Trends: India*, U.S. Department of Commerce, Economics and Statistics Administration, Bureau of the Census, http://tinyurl.com/32gvsa5.
48. "China's Population to Peak at 1.4 Billion Around 2026", U.S. Census Bureau press release, December 15, 2009, http://tinyurl.com/45t2h8j.
49. Vina Mazumdar, "Changing Terms of Political Discourse: Women's Movement in India, 1970s-1990s", *Economic and Political Weekly*, July 22, 1995, 1872.
50. UNFPA, Ministry of Health and Family Welfare, and National Human Rights Commission, *Uphold My Reproductive Rights*(유엔인구기금 인도 사무소가 배포한 책자).
51. Vina Mazumdar, *Amniocentesis and Sex Selection*, Center for Women's Development Studies Occasional Paper Series(Delhi: Center for Women's development Studies, 1994), http://tinyurl.com/6chg5zu.
52. Mazumdar, *Amniocentesis and Sex Selection*.

7장 | 어느 예언자의 입장

1. John Postgate, "Bat's Chance in Hell", *New Scientist*, April 5, 1973, 14.
2. Buddy Hackett, Paul Erlich, Ben Wattenberg, *The Tonight Show*, August 13, 1970.
3. Connelly, *Fatal Misconception*, 258.
4. Paul R. Ehrlich and Anne H. Ehrlich, "*The Population Bomb* Revisited", *Electronic Journal of Sustainable Development* 1, no 3(2009).
5. Ehrlich and Ehrlich, "*Population Bomb* Revisited".
6. Paul Ehrlich, *The Population Bomb*(London: Cox & Wyman, 1971), 1.
7. Ehrlich, *Population Bomb*, 85.
8. Connelly, *Fatal Misconception*, 259.
9. John Tierney, "Betting on the Planet", *New York Times Magazine*, December 2, 1990, http://tinyurl.com/4m7wwdq.
10. Connelly, *Fatal Misconception*, 259.
11. Ehrlich, *Population Bomb*.
12. Ehrlich, *Population Bomb*, 141.
13. "U.S. Population Tops 300 Million and Shows Accelerating Growth", PBS *NewsHour*, October 17, 2006, http://tinyurl.com/26ynry3.
14. "Campaign Aims to Cut Size of U.S. Families", *Los Angeles Times*, August 11, 1971. Planned Parenthood Federation of America Papers, Series IV, Box 130, Sophia Smith Collection, Smith College, Northampton, MA.

15. On Berelson: John D. Rockefeller, "The Commission on Population Growth and the American Future", *Studies in Family Planning*, May 1972, 78.
16. Margaret Snyder, "A Summary of the Discussions", in "The Behavorial Sciences and Family Planning Programs: Report on a Conference", *Studies in Family Planning*, October 1967.
17. Vera Rubin, "Steven Polgar 1931–1978", *American Anthropologist*, n.s., March 1979, 79–84.
18. Hudson Hoagland, "The Control of Fertility: AAAS Symposium, December 27, 1968", *Science*, September 20, 1968, 1261; Landrum B. Shettles and David M. Rorvik, *How to Choose the Sex of Your Baby: The Method Best Supported by Scientific Evidence* (New York: Broadway Books, 2006), 18.
19. Rubin, "Steven Polgar 1931–1978".
20. Deepankar Basu and Robert de Jong, "Son Targeting Fertility Behavior: Some Consequences and Determinants", *Demography*, May 2010, 521–536.
21. Charles F. Westoff and Ronald R. Rindfuss, "Sex Preselection in the United States: Some Implications", *Science*, May 10, 1974, 633.
22. "Family Planning Case Record", Planned Parenthood Federation of America Papers, Series VIII, Box 203 (Taiwan), Sophia Smith Collection, Smith College, Northampton, MA.
23. Gale Largey, "Sex Control and Society: A Critical Assessment of Sociological Speculations", *Social Problems*, Winter 1973, 314–315.
24. Chai Bin Park and Nam-Hoon Cho, "Consequences of Son Preference in a Low-Fertility Society: Imbalance of the Sex Ratio at Birth in Korea", *Population and Development Review*, March 1995, 59.
25. Edgar Snow, *Population Care and Control*, Report of the Victor-Bostrom Fund Committee and the Population Crisis Committee, Spring 1971, Planned Parenthood Federation of America Papers, Series VIII, Box 203, Sophia Smith Collection, Smith College, Northampton, MA.
26. Mindel C. Sheps, "Effects of Family Size and Sex Ratio of Preference Regarding the Sex of Children", *Population Studies* 17 (1963): 66–72.
27. Margaret Snyder, "A Summary of the Discussions", *Studies in Family Planning*, October 1967.
28. Connelly, "Population Control in India", p. 644.
29. Snyder, "Summary of the Discussions".
30. Jaswant Raj Mathur, petition to Alan F. Guttmacher for funding, April 1967, Planned Parenthood Federation of America Papers, Series VIII, Box 204, Sophia Smith Collection, Smith College, Northampton, MA.
31. Richard Day, memorandum to Alan F. Guttmacher, May 4, 1967, Planned Parenthood Federation of America Papers, Series VIII, Box 204, Sophia Smith Collection, Smith College, Northampton, MA.

32. Alan F. Guttmacher, letter to Dudley Kirk, May 23, 1967, Planned Parenthood Federation of America Papers, Series VIII, Box 204, Sophia Smith Collection, Smith College, Northampton, MA.
33. Kenneth A. Lawrence, letter to Alan F. Guttmacher, July 21, 1967, Planned Parenthood Federation of America Papers, Series VIII, Box 204, Sophia Smith Collection, Smith College, Northampton, MA.
34. William D. McElroy, "Biomedical Aspects of Population Control", *Bio-Science*, January 1969, 23.
35. Arno G. Motulsky, "Brave New World?" *Science*, August 23, 1974.
36. Postgate, "Bat's Chance in Hell", 12-16.
37. Bernard Berelson, "Beyond Family Planning", *Science*, February 7, 1969, 533-543
38. Connelly, *Fatal Misconception*, 257.
39. Matthew Connelly, "Controlling Passions", *Wilson Quarterly*, Summer 2008, 63.
40. Alexandra Minna Stern, *Eugenic Nation: Faults and Frontiers of Better Breeding in Modern America* (Berkeley: University of California Press, 2005), 202.
41. Frederick S. Jaffe, "Scientific Foundations of Population Policy with Particular Attention to Population Growth and Distribution in the U.S". (notes on meeting held at the Population Council, New York, March 6-7, 1970), Planned Parenthood Federation of America Papers, Series IV, Box 109, Sophia Smith Collection, Smith College, Northampton, MA.
42. "The 1970 Meeting of the Population Association", *Population Index*, July-September 1970, 319.
43. Arthur A. Campbell and Bernard Berelson, "Contraceptive Specifications: Report on a Workshop", *Studies in Family Planning*, January 1971, 14-19.
44. Campbell and Berelson, "Contraceptive Specifications".
45. "현재 아동건강연구소 인구연구센터의 설립이 빠른 속도로 구체화되고 있다. 자문위원회가 초기 연구 분야를 설정하고 직원이 임명되었다", National Institutes of Health Memo, December 4, 1968, Planned Parenthood Federation of America Papers, Series IV, Box 130, Sophia Smith Collection, Smith College, Northampton, MA.
46. "In Memoriam", *Studies in Family Planning*.
47. Campbell and Berelson, "Contraceptive Specifications", 18.
48. Helen Bequaert Holmes, "Sex Preselection: Eugenics for Everyone", in *Biomedical Ethics Reviews: 1985*, ed. James M. Humber and Robert F. Almeder (Clifton, NJ: Humana Press, 1985), 57.
49. Gregg Easterbrook, "Forgotten Benefactor of Humanity", *The Atlantic*, January 1997, http://tinyurl.com/345m4y6.
50. P. R. Ehrlich et al., "Checkerspot Butterflies: A Historical Perspective", *Science*, April 18, 1975, 221-228.
51. Center for Conservation Biology: Books by Paul R. Ehrlich, www.stanford.edu/group/CCB/Staff/books.htm.

52. Paul Ehrlich, interview by author, Stanford, CA, April 30, 2010.
53. Paul R. Ehrlich and Anne H. Ehrlich, "*The Population Bomb* Revisited", *Electronic Journal of Sustainable Development* 1, no. 3(2009).
54. "Editorial: Obama's Mad Science Adviser", *Washington Times*, August 16, 2009. http://www.washingtontimes.com/news/2009/aug/16/obamas-mad-science-adviser/.

8장 | 유전학자들의 입장

1. Charles Thorpe, *Oppenheimer: The Tragic Intellect* (Chicago: University of Chicago Press, 2006), 177.
2. Murray L. Barr, "A Morphological Distinction Between Neurons of the Male and Female", *Nature*, April 30, 1949, 676-677.
3. Barr, "Morphological Distinction", 676.
4. Ruth Schwartz Cowan, "Women's Roles in the History of Amniocentesis and Chorionic Villi Sampling", in *Women and Prenatal Testing: Facing the Challenges of Genetic Technology*, ed. Karen H. Rothenberg and Elizabeth J. Thomson(Columbus: Ohio State University Press, 1994), 37.
5. "Dr. Murray L. Barr", Canadian Medical Hall of Fame, http://www.cdnmedhall.org/dr-murray-barr.
6. Barbara L. Drinkwater, ed., *Women in Sport* (Oxford: Blackwell Science, 2000), 184-185.
7. Cowan, "Women's Roles", 37.
8. Cowan, "Women's Roles", 37.
9. Cowan, "Women's Roles", 38.
10. Joan Rothschild, *Dream of the Perfect Child* (Bloomington: Indiana University Press, 2005), 77.
11. Cowan, "Women's Roles", 38.
12. Joseph Woo, "A Short History of the Development of Ultrasound in Obstetrics and Gynecology", Collège Français d'Echographie Foetale, http://www.cfef.org/archives/bricabrac/histoiredesultrasons.pdf.
13. Glen Wade, "Human Uses of Ultrasound: Ancient and Modern", *Ultrasonics* 38(2000): 1-5.
14. George D. Ludwig and Francis W. Struthers, "Considerations Underlying the Use of Ultrasound to Detect Gallstones and Foreign Bodies in Tissue", Naval Medical Research Institute, National Naval Medical Center, June 16, 1949, http://www.ob-ultrasound.net/ludwig_june_1949.html; Joseph Woo, "Dr. George D. Ludwig, Pioneer in Medical Ultrasound", http://www.ob-ultrasound.net/ludwig.html.
15. Woo, "Short History".
16. Joseph Woo, "Wright and Meyer Articulated Arm Scanner", http://tinyurl.com/4mfprcv.

17. Donald Fleming, "On Living in a Biological Revolution", *The Atlantic*, February 1969, http://tinyurl.com/39jpxjk.
18. "Ultrasound Device Takes Guessing Out of Pregnancy", *Pittsburgh-Press*, November 9, 1971; Edward Edelson, "Knowledge Is Key to Happy Childbirth", *Los Angeles Times*, December 7, 1975; Lee Edson, "A New Eye into the Womb: Ultrasonics", *New York Times*, July 9, 1972; Joseph Woo, "Short History".
19. "Control of Life: Audacious Experiments Promise Decades of Added Life, Superbabies with Improved Minds and Bodies, and Even a Kind of Immortality", *Life*, September 10, 1965.
20. Willard Gaylin, "우리는 인간을 똑같이 복제하는 끔찍한 지식을 보유하고 있다: 프랑켄슈타인 신화는 현실이다", *New York Times*, March 5, 1972.
21. Amitai Etzioni, "Sex Control, Science, and Society", *Science*, September 13, 1968, 1109.
22. Amitai Etzioni, phone interview by author, December 21, 2010.
23. Etzioni, "Sex Control", 1110.
24. John Brigham, Janet Rifkin, and Christine G. Solt, "Birth Technologies: Prenatal Diagnosis and Abortion Policies", *Politics and the Life Sciences*, February 1993, 33.
25. Brigham, Rifkin, and Solt, "Birth Technologies", 33.
26. Cowan, "Women's Roles", 41.
27. Brigham, Rifkin, and Solt, "Birth Technologies", 35.
28. Tietung Hospital Department of Obstetrics and Gynecology, "Fetal Sex Prediction by Sex Chromatin of Chorionic Villi Cells During Early Pregnancy", *Chinese Medical Journal* 1(1975): 117-126; Audrey Milunsky and Jeff M. Milunsky, *Genetic Disorders and the Fetus: Diagnosis, Prevention, and Treatment*, 6th ed.(Oxford: Wiley-Blackwell, 2010), 161.
29. Brigham, Rifkin, and Solt, "Birth Technologies", 35.
30. Cowan, "Women's Roles", 41. Milunsky and Milunsky, *Genetic Disorders*, 161.
31. Cowan, "Women's Roles", 38.
32. Jane M. Friedman, "Legal Implications of Amniocentesis", *University of Pennsylvania Law Review*, November 1974, 92-156.
33. Patricia McCormack, "Prenatal Medicine Brings Up Moral Questions", *Star-News*, June 2, 1976.
34. P. K. Lynch, "Women: The Next Endangered Species?" *Mademoiselle*, May 1977.
35. Connelly, *Fatal Misconception*, 265-266.
36. Goldberg, *Means of Reproduction*, 81.
37. "Nafis Sadik: Former UNFPA Executive Director, UN Under-Secretary General", http://tinyurl.com/4eugdgb.

9장 | 장군들의 입장

1. Jing-Bao Nie, *Behind the Silence*, 82.
2. William H. Draper Jr., interview by Jerry N. Hess, transcript of audio recording, January 11, 1972. Harry S. Truman Library and Museum, http://tinyurl.com/6evzwy; Connelly, *Fatal Misconception*, 186.
3. Phyllis Tilson Piotrow, interview by Rebecca Sharpless, transcript of audio recording, September 16, 2003, Population and Reproductive Health Oral History Project, Sophia Smith Collection, Smith College, Northampton, MA. www.smith.edu/library/libs/ssc/prh/prh-narrators.html.
4. Draper oral history, http://tinyurl.com/6evzwy.
5. Draper oral history, http://tinyurl.com/6evzwy.
6. Piotrow oral history, 22.
7. Irene B. Taeuber, "Fertility and Research on Fertility in Japan", *Milbank Memorial Fund Quarterly*, April 1956, 129-149.
8. Goldberg, *Means of Reproduction*, 47. See also Deborah Oakley, "American-Japanese Interaction in the Development of Population Policy in Japan, 1945-1952", *Population and Development Review* 4, no. 4(December 1978), 617-643.
9. UNFPA, "The State of World Population 1999-Chapter 3", http://tinyurl.com/5umtz31.
10. Connelly, *Fatal Misconception*, 141.
11. Phyllis Tilson Piotrow, *World Population Crisis: The United States Response* (New York: Praeger, 1973), 38.
12. Betsy Hartmann, *Reproductive Rights and Wrongs: The Global Politics of Population Control* (Boston: South End, 1995), 105, http://tinyurl.com/6fzbc73.
13. Concern among policy elite: Connelly, *Fatal Misconception*, 186.
14. Food aid conditional: Connelly, *Fatal Misconception*, 231.
15. Connelly, *Fatal Misconception*, 243.
16. Connelly, *Fatal Misconception*, 244
17. 이 법과 관련된 배경을 알고 싶으면 인도 학자 Malini Karkal의 저서를 참조하라.
18. Connelly, *Fatal Misconception*, 244.
19. George H. W. Bush, foreword, in Piotrow, *World Population Crisis*, vii-ix.
20. "The NSSM 200 Directive and the Study Requested", Stephen D. Mumford, Population-security.org, http://tinyurl.com/2tuodh. Also see Goldberg, *Means of Reproduction*, 47-48.
21. Nie, *Behind the Silence*, 213.
22. "Religions: Hinduism and Abortion", BBC, http://tinyurl.com/6j5alcn.
23. Brian Peter Harvey, *An Introduction to Buddhist Ethics: Foundations, Values, and Issues* (Cambridge: Cambridge University Press, 2000), 316.
24. Nie, *Behind the Silence*, 73.
25. Nie, *Behind the Silence*, 6.

26. Seungsook Moon, *Militarized Modernity and Gendered Citizenship in South Korea* (Durham, NC: Duke University Press, 2005), 81.
27. Mark Clifford, *Troubled Tiger: Businessmen, Bureaucrats, and Generals in South Korea* (Armonk, NY: East Gate, 1998), 36.
28. Draper oral history, http://tinyurl.com/6evzwy.
29. Jaemo Yang, "An Overview of Family Planning in Korea (1961-1978)", *Yonsei Medical Journal* 20, no. 2 (1979): 186.
30. Yu-ling Huang, "The Population Council and Population Control in Post-War Asia", Rockefeller Archive Center Research Reports Online, 2009, www.rockarch.org/publications/resrep/huang.pdf Yu-ling Huang, email to author, February 3, 2011.
31. P. J. Donaldson, D. J. Nichols, and Ehn Hyun Choe, "Abortion and Contraception in the Korean Fertility Transition", *Population Studies*, July 1982, 229.
32. John A. Ross and Oliver D. Finnigan, "Within Family Planning—Korea", *Demography* 5, no. 2 (1968): 685.
33. Jaemo Yang, "An Overview of Family Planning in Korea (1961-1978)", *Yonsei Medical Journal* 20, no. 2 (1979), 188.
34. John A. Ross et al., "Korea and Taiwan: Review of Progress in 1968", *Studies in Family Planning*, April 1969, 8
35. S. M. Keeny, George Cernada, and John Ross, "Korea and Taiwan: The Record for 1967", *Studies in Family Planning*, April 1968, 4.
36. Keeny, Cernada, and Ross, "Korea and Taiwan", 2.
37. Keeny, Cernada, and Ross, "Korea and Taiwan", 9.
38. Edward S. Mason et al., *The Economic and Social Modernization of the Republic of Korea* (Cambridge: Harvard University Asia Center, 1980), 390.
39. Ross and Finnigan, "Family Planning", 685.
40. Paul Hartman, "Medical Referral System and Mobile Services", *Studies in Family Planning*, August 1966, 1012.
41. Keeny, Cernada, and Ross, "Korea and Taiwan", 5.
42. Hartman, "Medical Referral System", 10.
43. Hartman, "Medical Referral System", 12.
44. Moon, *Militarized Modernity*, 84; Hartman, "Medical Referral System", 10.
45. Ross and Finnigan, "Family Planning", 680.
46. "Seoul National University, Vasectomies in Experimental Animals, 1963", Population Council, Grant File, Regular, Box 53; "Seoul National University, Korea, Fertility Studies", Population Council, Grant File, Regular, Box 59; and "Seoul National University, Population Research and Training Center", Population Council, Grant File, Regular, Box 65, Rockefeller Archive Center, Sleepy Hollow, NY. Also see Huang, "Population Council", 16.
47. Hartman, "Medical Referral System", 12.
48. Hartman, "Medical Referral System", 11.

49. Kyungshik Chang, George C. Worth, and Peter H. Michael, "Korea (South)", *Studies in Family Planning* 5, no. 5 (May 1974): 153.
50. Paul W. Kuznets, "Review of *Economic Development, Population Policy, and Demographic Transition in the Republic of Korea*", *Population and Development Review*, June 1982, 404-407.
51. Ross and Finnigan, "Family Planning", 687.
52. Heeran Chun, email to author, December 3, 2010.
53. Targets fell short: John A. Ross et al., "Korea and Taiwan: Review of Progress in 1968", *Studies in Family Planning*, April 1969, 1.
54. Sungbong Hong and Christopher Tietze, "Survey of Abortion Providers in Seoul, Korea", *Studies in Family Planning*, May 1979, 163.
55. Hong and Tietze, "Survey of Abortion Providers", 161-163.
56. Teenagers outnumbering children: "The Shape of Things to Come: Country Case Study South Korea", Population Action International, http://tinyurl.com/5wkmnnb. Replacement rate: Doosub Kim, "Theoretical Explanations of Rapid Fertility Decline in Korea", *Japanese Journal of Population*, June 2005, 10, http://tinyurl.com/6du454a.
57. Barbara B. Crane and Jason L. Finkle, "Organizational Impediments to Development Assistance: The World Bank's Population Program", *World Politics*, 1981, 552; Heeran Chun, email to author, November 28, 2010
58. Norimitsu Onishi, "A New Korean Goal: Having a Big Family", *New York Times*, August 22, 2005, http://tinyurl.com/4jsfpa3.
59. "Republic of Korea: Intensified Drive to Curb Population Growth", National Security Council Bureau of Intelligence and Research, February 9, 1984. Executive Secretariat, NSC Records, Subject File, Box 82, Reagan Presidential Library, Simi Valley, CA.
60. Sangyong Song, "The Hwang Woo-Suk Scandal Hasn't Ended", *Journal of Korean Bioethics Association*, December 1, 2007.
61. Ross and Finnigan, "Family Planning", 689.
62. 당시 낙태 반대 운동이 활발하지 않았다는 점은 오늘날 중국의 강제 낙태와 달리 서구인들이 왜 한국에서 일어나는 낙태 남용에 대해서는 거의 몰랐는지 설명해준다.
63. C. H. Yen et al., "Taiwan", *Studies in Family Planning*, May 1974, 165-169.
64. Warren C. Robinson, *The Global Family Planning Revolution: Three Decades of Population Polices and Programs* (Washington, D.C.: World Bank, 2007), 304, http://tinyurl.com/69emmvx.
65. Geoffrey McNicoll, "Policy Lessons of the East Asian Demographic Transition", *Population and Development Review*, March 2006, 2.
66. D. M. Potts, "The Implementation of Family Planning Programmes", *Proceedings of the Royal Society of London*, December 10, 1976, 221.
67. Tyrene White, *China's Longest Campaign: Birth Planning in the People's Republic, 1949-2005* (Ithaca: Cornell University Press, 2006), 109.
68. "Abortion or Starvation: China Plan to Cut Population", *Sydney Morning Herald*,

September 20, 1973.
69. William H. Draper Jr., "Table Tennis and Family Planning", *The Victor-Bostrom Fund and The Population Crisis Committee* magazine, Spring 1971, Planned Parenthood Federation of America Papers, Sophia Smith Collection, Series VIII, Box 203, Smith College, Northampton, MA.
70. Edgar Snow, "Mao Skeptical", *The Victor-Bostrom Fund and The Population Crisis Committee* magazine, Spring 1971, 10, Planned Parenthood Federation of America Papers, Series VIII, Box 203, Sophia Smith Collection, Smith College, Northampton, MA.
71. Edgar Snow, "Population Care and Control", *The Victor-Bostrom Fund and The Population Crisis Committee* magazine, Spring 1971, Planned Parenthood Federation of America Papers, Series VIII, Box 203, Sophia Smith Collection, Smith College, Northampton, MA.
72. Draper, "Table Tennis and Family Planning".
73. *Family Planning Perspectives*, May-June 1975.
74. Connelly, *Fatal Misconception*, 340.
75. Benjamin Viel, "Trip Report: Three Weeks in China, September 23-October 15, 1977", February 8, 1978, 12, Planned Parenthood Federation of America Papers, Series VIII, Box 203, Sophia Smith Collection, Smith College, Northampton, MA.

10장 | 페미니스트들의 입장

1. Connelly, *Fatal Misconception*, 343.
2. Bernard D. Nossiter, "U.N. Agency to Help China Curb Population Growth", *New York Times*, March 16, 1980.
3. Nossiter, "U.N. Agency".
4. Nossiter, "U.N. Agency".
5. Office of Technology Assessment, *World Population and Fertility Planning Technologies: The Next 20 Years*, February 1982, www.fas.org/ota/reports/8235.pdf.
6. "Forced Abortions Claimed", *The Day*, May 9, 1980.
7. Victoria Graham, "Measures Taken in China to Stem Population Growth: Price Paid for Forbidden Child", *Sarasota Herald-Tribune*, August 10, 1980.
8. Connelly, *Fatal Misconception*, 343.
9. Nossiter, "U.N. Agency".
10. Nossiter, "U.N. Agency".
11. John S. Aird, *Slaughter of the Innocents: Coercive Birth Control in China* (Washington, D.C.: American Enterprise Institute Press, 1990), 8.
12. Nossiter, "U.N. Agency".
13. Hvistendahl, "Half the Sky".
14. Aird, *Slaughter*, 40.
15. Aird, *Slaughter*, 124.

16. Michele Vink, "Abortion and Birth Control in Canton, China", *Wall Street Journal*, November 30, 1981.
17. Steven Mosher, *Broken Earth: The Rural Chinese* (New York: Free Press, 1983), 225.
18. Mosher, *Broken Earth*, 225.
19. Steven Mosher, phone interview by author, February 3, 2011.
20. Mosher, *Broken Earth*, 226.
21. Christopher S. Wren, "Old Nemesis Haunts China on Birth Plan", *New York Times*, August 1, 1982, http://tinyurl.com/4vtf8pg.
22. Wren, "Old Nemesis".
23. Victoria Graham, "Wife Abuse Rampant in China: Birth of Girls Dreaded", *Daytona Beach Morning Journal*, November 6, 1982.
24. Aird, *Slaughter*, 14.
25. Sidney B. Westley and Minja Kim Choe, *How Does Son Preference Affect Populations in Asia?* Analysis from the East-West Center Series, no. 84 (Honolulu, HI: East-West Center, September 2007), 3; Aird, Slaughter, 40.
26. Connelly, *Fatal Misconception*, 347.
27. "Scholar to Fight Expulsion from Stanford", Associated Press, *Tri City Herald*, February 25, 1983, http://tinyurl.com/6zme6qc; Ross H. Munro, Ellie McGrath, and Donald Shapiro, "Education: Battle in the Scholarly World", *Time*, March 14, 1983, http://tinyurl.com/ydgfoxk.
28. Munro et al., "Education: Battle in the Scholarly World".
29. Connelly, *Fatal Misconception*, 350.
30. Bernard D. Nossiter, "Population Prizes from U.N. Assailed", *New York Times*, July 24, 1983, http://tinyurl.com/46zjsf6.
31. Loretta McLaughlin, "Mexico to Host Population Meeting: UN Conference in Crowded City Will Focus on Soaring World Problem", *Boston Globe*, July 22, 1984.
32. "U.S. Withholding U.N. Contribution", *Victoria Advocate*, February 7, 1985; "U.S. Cuts Off Funds Aimed for UNFPA", *Park City Daily News*, August 27, 1986.
33. Marguerite Sullivan, "Sociologists Study Abortion Laws", *Rock Hill Herald*, March 29, 1976; Attané and Guilmoto, *Watering*, 3.
34. Paul Lewis, "U.N. Population Plan for China a Test for U.S.", *New York Times*, March 12, 1989.
35. Rob Stein and Michael Shear, "Funding Restored to Groups That Perform Abortion, Other Care", *Washington Post*, January 24, 2009, http://tinyurl.com/a9s6pa.
36. Aird, *Slaughter*, 40.
37. Stanley K. Henshaw, Susheela Singh, and Taylor Haas, "Recent Trends in Abortion Rates Worldwide", *International Family Planning Perspectives*, March 1999, 47.
38. Whasoon Byun, interview by author, Seoul, December 15, 2010.
39. Charles F. Westoff, "Recent Trends in Abortion and Contraception in 12 Countries", *DHS Analytical Studies* 8 (February 2005): 1.

40. Nie, *Behind the Silence*, 135.
41. Nie, *Behind the Silence*, 138.
42. Institute for Social Development Studies, "New 'Common Sense': Family-Planning Policy and Sex Ratio in Viet Nam"(paper presented at the Fourth Asia Pacific Conference on Reproductive and Sexual Health and Rights, 2007), 8, www.unfpa.org/gender/docs/studies/vietnam.pdf.
43. Centre for Youth Development and Activities, *Reflections on the Campaign Against Sex Selection and Exploring Ways Forward*(Pune: Centre for Youth Development and Activities, 2007), 18.
44. Elaine Chow, "Made in China Deal: Half Off Abortions with Your Student ID", http://tinyurl.com/pk998s.
45. Nie, *Behind the Silence*, 105.
46. Nie, *Behind the Silence*, 98.
47. Vijaya Nidadavolu and Hillary Bracken, "Abortion and Sex Determination: Conflicting Messages in Information Materials in a District of Rajasthan, India", *Reproductive Health Matters*, May 2006, 160-171.
48. Centre for Youth Development and Activities, *Reflections on the Campaign*, 8.
49. 2006년 *Lancet*에 실린 한 연구에서는 전 세계적으로 미숙한 낙태 수술 건수가 1년에 6만 8천 건에 이른다고 추산했다.
50. *The Missing Daughters of India*(브로슈어).
51. Dhanashri Brahme, interview by author, Delhi, June 30, 2009.
52. *Missing Daughters of India*.
53. "Beijing Declaration and Platform for Action", Fourth World Conference on Women, Beijing, China, September 4-15, 1995, www.uneca.org/acgd/gender/en_beijing.doc.
54. "UNFPA Guidance Note".
55. Sutapa Agrawal, Public Health Foundation of India, interview by author, Delhi, June 29, 2009.
56. Goldberg, *Means of Reproduction*, 185.

11장 | 신부들의 입장

1. "Bride Dumped at Matchmaking Agency", *The Star*, April 11, 2009, http://tinyurl.com/c74otd.
2. Imbalance in 1980s generation: Wen-shan Yang, interview by author, Taipei, December 31, 2009. Number of working age adults: "East & Southeast Asia: Taiwan", *CIA World Factbook*, http://tinyurl.com/2bslwk.
3. "Vietnamese Wife's Taiwan Dream Sours", *Taipei Times*, March 6, 2007, http://tinyurl.com/5v5y95g.
4. See agency websites: http://www.idealbride.sg; http://tinyurl.com/63jksj9; http://www.qq-99.com/en.

5. Norimitsu Onishi, "Marriage Brokers in Vietnam Cater to S. Korean Bachelors", *New York Times*, February 21, 2007, http://tinyurl.com/4rh9dvr.
6. Graeme Hugo and Nguyen Thi Hong Xoan, "Marriage Migration Between Vietnam and Taiwan: A View from Vietnam", in *Watering the Neighbour's Garden* (Paris: CICRED, 2007), 368.
7. Jiyeon Lee, "South Korean Foreign Bride Matches Often End in Tears", Reuters, May 29, 2008.
8. Martin Fackler, "Baby Boom of Mixed Children Tests South Korea", *New York Times*, November 28, 2009.
9. "Marriage Agency to Curb Abuse", AFP, January 8, 2009, http://tinyurl.com/45lvvnd. Also see rural marriage statistics in Hugo and Nguyen Thi, "Marriage Migration Between Vietnam and Taiwan", 367.
10. Michael Bristow, "Taiwan's Foreign Brides", BBC, December 25, 2002, http://tinyurl.com/4hyhcsh.
11. Marcia Guttentag and Paul F. Secord, *Too Many Women? The Sex Ratio Question* (Beverly Hills, CA: SAGE, 1983).
12. Zhu Chuzhu, interview by author, Xi'an, China, December 21, 2009.
13. Chaibin Park and Namhoon Cho, "Consequences of Son Preference in a Low-Fertility Society: Imbalance of the Sex Ratio at Birth in Korea", *Population and Development Review*, March 1995, 75.
14. "Sans Females, Men Go Gay in Mehsana", *Times of India*, July 15, 2008, http://tinyurl.com/59yv4x.
15. Hvistendahl, "Half the Sky".
16. Jiang Quanbao et al., "Son Preference and the Marriage Squeeze in China: An Integrated Analysis of the First Marriage and the Remarriage Market", in *Watering the Neighbour's Garden* (Paris: CICRED, 2007).
17. 2020년도 예측을 기반으로 한 계산이다. Nicholas Eberstadt, quoted in "6.3 Brides for Seven Brothers", *Economist*, December 17, 1998, http://www.economist.com/node/179826.
18. Christophe Guilmoto, "Characteristics of Sex-Ratio Imbalance in India, and Future Scenarios" (paper presented at Fourth Asia Pacific Conference on Reproductive and Sexual Health and Rights, 2007), 11-12.
19. *Holding Up Half the Sky: Women's Rights in China's Changing Economy* (Washington, D.C.: U.S. Government Printing Office, 2003), 12.
20. Monica Das Gupta, "'Missing Girls' in Asia: Magnitudes, Implications, and Possible Responses" (panel discussion, American Enterprise Institute, Washington, D.C., September 17, 2008).
21. Graeme Hugo, phone interview by author, October 14, 2009.
22. 2009년 12월 15일에 조회.
23. Yeongsug Heo, Women Migrants Human Rights Center, interview by author, Seoul,

December 16, 2009.
24. Jiyeon Lee, "South Korean Foreign Bride Matches".
25. Aruna Lee, "Korea's Desperate Housewives: Foreign Wives Find Korea a Bad Fit", *New America Media*, May 14, 2007, http://tinyurl.com/4cfqdvr.
26. Xoan Nguyen, interview by author, Ho Chi Minh City, December 17, 2009.
27. "YWCA of Taiwan", National Council of Women of Taiwan, http://tinyurl.com/4op,hzcs. *Handbook of Living Information for Foreign Spouses in Taiwan* (Ho Chi Minh City: Taipei Economic and Cultural Office), http://tinyurl.com/6jkdmxo.
28. He Huifeng, "Mainland Bachelors Seek Marital Bliss in Vietnam", *South China Morning Post*, March 31, 2010.
29. Gary S. Becker and Richard A. Posner, *Uncommon Sense: Economic Insights, from Marriage to Terrorism*, with Richard A. Posner (Chicago: University of Chicago, 2010), 33.
30. Also see Rhys Blakely, "Show Us Your Loo Before You Woo, Indian Men are Told", *Times* (London), March 26, 2009, http://tinyurl.com/dhdzgy.
31. Nguyen, interview by author.
32. *Why Virgin Bride*, video, Life Partner Matchmaker, http://tinyurl.com/4rvfl5p.
33. "Foreign Brides Rejuvenate Korea's Aging Society", Deutsche Presse-Agentur, October 28, 2009.
34. Christopher Shay, "After Murder, South Korea Rethinks Marriage Brokers", August 17, 2010, http://tinyurl.com/4z82615.
35. "eBay Acts over Human Trafficking", Reuters, March 13, 2004, http://tinyurl.com/47ru3h8.
36. Hugo and Nguyen, "Marriage Migration", 379.
37. 타이완의 중매 대행사 수수료는 1만 달러에 이르기도 한다. Peter Hung, interview by author, Taoyuan, Taiwan, January 3, 2009. 2009년 베트남의 1인당 소득은 1,052달러였다. U.S. Department of State Bureau of East Asian and Pacific Affairs, "Background Note: Vietnam", November 30, 2010, http://www.state.gov/r/pa/ei/bgn/4130.htm.
38. Tran Giang Linh, "Female Marriage-Based International Migration and Its Impacts on Sending Households" (presentation given at Institute for Social Development Studies seminar, Hanoi, May 9, 2008).
39. Valerie M. Hudson and Andrea M. den Boer, *Bare Branches: The Security Implications of Asia's Surplus Male Population* (Cambridge: MIT Press, 2005), 203.
40. "Vietnamese Women Wed Foreigners to Aid Family", Associated Press, August 10, 2008.
41. Hugo and Nguyen, "Marriage Migration", 374.
42. Tran, "Female Marriage-Based International Migration".
43. Hugo and Nguyen, "Marriage Migration", 384.
44. Tran, "Female Marriage-Based International Migration".
45. Tran, "Female Marriage-Based International Migration".

46. Tuoi Tre, "Sex Imbalance to Leave Vietnamese Men Single", *VietNews*, December 28, 2009, http://tinyurl.com/4t5hz4j.
47. "Vietnamese Girls Marrying Taiwanese Men: The harbouring of illusions", *Lao Dong*, February 5, 2001.
48. Hugo and Nguyen, "Marriage Migration", 385.
49. "Vietnamese Women", Associated Press.
50. "Wife Buyers Turn to Cambodia After Crackdown on Marriage Brokers in Vietnam", Associated Press, March 25, 2008, http://tinyurl.com/47jgx2g.
51. Tran, "Female Marriage-Based International Migration".
52. Xoan Nguyen and Xuyen Tran, "Vietnamese-Taiwanese Marriages", in *Asian Cross-border Marriage Migration*, ed. Wen-shan Yang and Melody Chiawen Lu(Amsterdam: Amsterdam University Press, 2010), 168. See also Louise Brown, *Sex Slaves: The Trafficking of Women in Asia* (UK: Virago, 2001), 53.
53. Lena Edlund, "Son Preference, Sex Ratios, and Marriage Patterns", *Journal of Political Economy*, December 1999, 1276.

12장 | 매춘부들의 입장

1. Mara Hvistendahl, "No Country for Young Men", *The New Republic*, July 9, 2008, http://tinyurl.com/48m844m.
2. 이 이야기는 젠과의 인터뷰(하노이, 2009년 10월 22일)와 국제이주기구의 도안투이중, 응우옌꾸옥남과의 인터뷰(하노이, 2009년 10월 21일)에서 별도로 들었다.
3. Ta Thu Giang, "Vietnamese Women Fall Prey to Traffickers", *Asia Times*, September 27, 2002, http://tinyurl.com/47k3jbx.
4. Hoang Thi To Linh, *Cross-Border Trafficking in Quang Ninh Province*, International Organization for Migration(하노이 사무소가 배포한 문서), http://tinyurl.com/4okg7yx.
5. Erica J. Peters, "Colonial Cholon and Its 'Missing' Métisses, 1859-1919", *Intersections: Gender and Sexuality in Asia and the Pacific*, September 2009, http://tinyurl.com/4cg8a59.
6. Yi Wang, *Anti-Human Trafficking Program in Vietnam*, Oxfam Québec, August 2005, http://tinyurl.com/67zs6x7, 7.
7. Tuoi Tre, "China Is Biggest Trafficking Destination: Report", *VietNews*, February 22, 2010, http://tinyurl.com/4l2h8ok.
8. Hoang, "Cross-Border Trafficking".
9. Also see Kritaya Archavanitkul et al., *Combating the Trafficking in Children and Their Exploitation in Prostitution and Other Intolerable Forms of Child Labour in Mekong Basin Countries*, Southeast Asian Ministers of Education Organization, June 1998, http://tinyurl.com/4mfx3so.
10. Hoang, "Cross-Border Trafficking", 4.
11. Hoang, "Cross-Border Trafficking", 5.

12. Tiantian Zheng, *Red Lights: The Lives of Sex Workers in Postsocialist China* (Minneapolis: University of Minnesota Press, 2009), 52.
13. Yousun Nam, "N. Korean Women up for Sale in China: Activist", AFP, May 12, 2010, http://tinyurl.com/4zl7h7m.
14. Hannah Beech, "Buy Freedom", *Time*, November 17, 2003, http://tinyurl.com/4j2qvom.
15. Taehoon Lee, "Female North Korean Defectors Priced at $1,500", *Korea Times*, May 5, 2010, http://tinyurl.com/32r3pj9.
16. Mark Lagon, "'Missing Girls' in Asia: Magnitudes, Implications, and Possible Responses" (panel discussion, American Enterprise Institute, Washington, D.C., September 17, 2008).
17. "China Faces Growing Gender Imbalance", BBC, January 11, 2010, http://news.bbc.co.uk/2/hi/8451289.stm.
18. Timothy J. Gilfoyle, "Prostitutes in History: From Parables of Pornography to Metaphors of Modernity", *American Historical Review*, February 1999, 131.
19. Gail Hershatter, *Dangerous Pleasures: Prostitution and Modernity in Twentieth-Century Shanghai* (Taipei: SMC Publishing, 1998), 40.
20. Avraham Y. Ebenstein and Ethan Jennings Sharygin, "The Consequences of the 'Missing Girls' of China", *World Bank Economic Review* 23, no. 3 (2009): 409–410.
21. John Kennedy, "China: Sex Workers Demand Legalization, Organizer Detained", August 1, 2010, http://tinyurl.com/27dkfd4.
22. Hseng Khio Fah, "China's Imbalanced Gender Ratio at Birth Causing Women Trafficking from Neighbors", *Shan Herald*, December 15, 2009.
23. Beech, "Buy Freedom".
24. *Gao v. Gonzales*, 04-1874-ag, 2nd Circuit Court of Appeals, 2006.
25. 장의 이야기는 Hvistendahl의 "Half the Sky"에 나온다.
26. Hvistendahl, "Half the Sky".
27. Zhu Hui'e, International Labor Organization, interview by author, Kunming, China, August 28, 2008.
28. Hvistendahl, "Half the Sky".
29. Keith B. Richburg, "Chinese Border Town Emerges as New Front Line in Fight Against Human Trafficking", *Washington Post*, December 26, 2009, http://tinyurl.com/ye6u788.
30. Valerie M. Hudson and Andrea M. den Boer, *Bare Branches: The Security Implications of Asia's Surplus Male Population* (Cambridge: MIT Press, 2004), 214.
31. Ravinder Kaur, phone interview by author, June 15, 2009.
32. Lavinder Kaur, "Across-Region Marriages: Poverty, Female Migration, and the Sex Ratio", *Economic and Political Weekly*, June 19, 2004, 2601.
33. Doan Thuy Dung, International Organization for Migration, interview by author, Hanoi, October 21, 2009.
34. India's share of world total: "Child Marriage in India Endangers Maternal Health:

UNICEF", AFP, January 15, 2009, http://tinyurl.com/4nzw9uc.
35. John F. Burns, "Though Illegal, Child Marriage Is Popular in Part of India", *New York Times*, May 11, 1998, http://tinyurl.com/4mtcqrg.
36. Hvistendahl, "Half the Sky".
37. Michael Sheridan, "Kidnappers Swoop on China's Girls", *Times*(London), May 31, 2009, http://tinyurl.com/4bzv72n; "China Sets Up Website to Recover Trafficked Children: Report", AFP, October 27, 2009.
38. Sushil Manav, "Men Fall Prey to 'Fake Wives' Racket", *Times of India*, May 27, 2008.
39. Mei Fong, "It's Cold Cash, Not Cold Feet, Motivating Runaway Brides in China", *Wall Street Journal*, June 5, 2009, http://online.wsj.com/article/SB124415971813687173.html.
40. Justin Lahart, "Preference for Sons in China May Lead to Bubbles in U.S.", *Wall Street Journal*, June 18, 2009, http://tinyurl.com/5w9q92d.
41. "2009 Official AIDS Report", *People's Daily*, November 22, 2009, http://tinyurl.com/6h4qzbm.
42. Ebenstein and Sharygin, "Consequences", 409.
43. Ebenstein and Sharygin, "Consequences", 412.
44. Joseph D. Tucker et al., "Surplus Men, Sex Work, and the Spread of HIV in China", *AIDS* 19, no. 6(2005): 539-545. See also Joseph D. Tucker and Dudley L. Poston, eds., *Gender Policy and HIV in China: Catalyzing Policy Change*(Springer Science/Business, 2009). See also Joseph D. Tucker et al., "Syphilis and Social Upheaval in China", *New England Journal of Medicine*, May 6, 2010, 1658-1661.

13장 | 독신 남성들의 입장

1. Marcia Guttentag and Paul F. Secord, *Too Many Women*(Beverly Hills: Sage, 1983), 116
2. 상하이의 내 체육관에 등장한 전단은 1937클럽이라는 단체가 주최하는 행사에 참여하라고 독려했다. 이 단체의 웹사이트는 1937.com이다.
3. Philip L. Walker, "A Bioarchaeological Perspective on the History of Violence", *Annual Review of Anthropology* 30(2001): 587.
4. David Courtwright, *Violent Land*(Cambridge: Harvard University Press, 1996), 13.
5. Valerie M. Hudson and Andrea M. den Boer, *Bare Branches: The Security Implications of Asia's Surplus Male Population*(Cambridge: MIT Press, 2005), 193.
6. Christopher Mims, "Strange but True: Testosterone Alone Does Not Cause Violence", *Scientific American*, July 5, 2007, http://tinyurl.com/6fo2cne.
7. James M. Dabbs et al., "Testosterone, Crime, and Misbehavior Among 692 Male Prison Inmates", *Personality and Individual Differences*, May 1995; also see Mims, "Strange but True".
8. A. Salvador et al., "Correlating Testosterone and Fighting in Male Participants in Judo Contests", *Physiology and Behavior* 68(1999): 205-209.
9. "Wrestler Chris Benoit Used Steroid Testosterone; Son Sedated Before

Murders", FOXNews.com, July 17, 2007, http://tinyurl.com/ypzaco. "'Roid Rage' Questions Surround Benoit Murder-Suicide", CNN.com, June 27, 2007, http://tinyurl.com/4grpuew. Anahad O'Connor, "Wrestler in Apparent Murder-Suicide Had High Levels of Testosterone", *New York Times*, July 17, 2007, http://tinyurl.com/69ezktx.

10. Alan Booth et al., "Testosterone and Social Behavior", *Social Forces*, September 2006, 171.
11. Booth et al., "Testosterone and Social Behavior", 175.
12. Booth et al., "Testosterone and Social Behavior", 176.
13. J. M. Dabbs, "Testosterone, Smiling, and Facial Appearance", *Journal of Nonverbal Behavior* 21(1997): 45-55.
14. James M. Dabbs and Robin Morris, "Testosterone, Social Class, and Antisocial Behavior in a Sample of 4,462 Men", *Psychological Science*, May 1990, 209.
15. "Marriage and Fatherhood Linked to Lower Testosterone Levels", *Science Daily*, October 11, 2007, http://tinyurl.com/49gz7rf.
16. Allan Mazur and Joel Michalek, "Marriage, Divorce, and Male Testosterone", *Social Forces*, September 1998, http://cogprints.org/632/1/Joel.html.
17. Mazur and Michalek, "Marriage", 327.
18. Rose McDermott et al., "Testosterone, Cortisol, and Aggression in a Simulated Crisis Game"(paper presented at the Hendricks Conference on Biology and Political Behavior, Lincoln, NE, October 13-14, 2006), 9, http://tinyurl.com/5wpndgm.
19. Booth et al., "Testosterone and Social Behavior", 175.
20. Martin Daly and Margo Wilson, "Killing the Competition: Female/Femal and Male/Male Homicide", *Human Nature* 1(1990): 83-109.
21. Robert Wright, *The Moral Animal* (New York: Vintage, 1994), 100.
22. 이 부분과 다음 구절들은 Livy, *The Early History of Rome*, Books 1-4(Harmondsworth, UK Penguin, 1973), 42-46에서 인용했다.
23. Guttentag and Secord, *Too Many Women*, 42.
24. Guttentag and Secord, *Too Many Women*, 42.
25. Guttentag and Secord, *Too Many Women*, 40-47.
26. James L. Boone III, "Parental Investment and Elite Family Structure in Preindustrial States: A Case Study of Late Medieval-Early Modern Portuguese Geneaologies", *American Anthropologist*, December 1986, 872.
27. Boone, "Parental Investment", 860.
28. Lionel Tiger, "Osama Bin Laden's Man Trouble", *Slate*, September 28, 2001, http://www.slate.com/id/116236/.
29. United Nations Office on Drugs and Crime, "Homicide Statistics, Criminal Justice Sources: Latest Year Available(2003-2008)", http://tinyurl.com/47fpcy8.
30. United Nations Office on Drugs and Crime, "Homicide Statistics, Criminal Justice, and Public Health Sources: Trends(2003-2008)", http://tinyurl.com/5ttogu3.

31. Lois A. Fingerhut and Joel C. Kleinman, "International and Interstate Comparisons of Homicide Among Young Males", *JAMA*, June 27, 1990.
32. Courtwright, *Violent Land*, 69.
33. Courtwright, *Violent Land*, 58–59.
34. Richard Florida, "A Singles Map of the United States of America", *Boston Globe*, March 30, 2008, http://tinyurl.com/yvv9f8.
35. Courtwright, *Violent Land*, 69.
36. Courtwright, *Violent Land*, 94.
37. Courtwright, *Violent Land*, 77.
38. Courtwright, *Violent Land*, 81.
39. Courtwright, *Violent Land*, 137.
40. Courtwright, *Violent Land*, 64.
41. Courtwright, *Violent Land*, 65.
42. Malcolm Gladwell, *Outliers* (New York: Little Brown, 2008), 168–169.
43. Philip B. Kunhardt III, *Violence: An American Tradition*, prod. Sheila Nevins (HBO, 1995).
44. Courtwright, *Violent Land*, 74, 81.
45. Paul Trachtman, "Tombstone: History and Archaeology", *Smithsonian*, May 2006, http://tinyurl.com/4u89nd9.
46. Courtwright, *Violent Land*, 112.
47. Courtwright, *Violent Land*, 114.
48. Hinton Helper, *The Land of Gold* (Baltimore, MD: Henry Taylor, 1855), http://tinyurl.com/4j6bdqh.
49. Eliza Farnham, *California, In-Doors and Out* (Edward Dix, 1856), 386, http://tinyurl.com/4s9har9.
50. Ellen Carol DuBois, "Seneca Falls in Santa Cruz", *Common-Place*, January 2009, http://tinyurl.com/4gfupjj; J. S. Holliday, *Rush for Riches: Gold Fever and the Making of California* (Berkeley: University of California Press, 1999), 92.
51. Chris Enss, *Hearts West: True Stories of Mail Order Brides on the Frontier* (Guilford, CT: Twodot, 2005), xi.
52. Courtwright, *Violent Land*.
53. James Z. Lee and Wang Feng, *One Quarter of Humanity: Malthusian Mythology and Chinese Realities* (Cambridge: Harvard University Press, 2001), 51.
54. Lee and Wang, *One Quarter of Humanity*, 49.
55. Zhu, G., "A Preliminary Study of International Migration of the Chinese People", *China Journal of Population Science* 6, no. 4 (1994): 403–415; also see Courtwright, *Violent Land*.
56. Lee and Wang, *One Quarter of Humanity*, 71.
57. Elizabeth J. Perry, *Rebels and Revolutionaries in North China, 1845-1945* (Stanford: Stanford University Press, 1980), 277.
58. James L. Watson, "Self-Defense Corps, Violence, and the Bachelor Subculture in

South China: Two Case Studies", in *Proceedings of the Second International Conference on Sinology, Section on Folklore and Culture* (Taipei: Academica Sinica, 1989), 209-221.
59. Claude Lévi-Strauss, Joachim Neugroschel, and Phoebe Hoss, *The View from Afar* (Chicago: University of Chicago Press, 1992), 46.
60. Perry, *Rebels and Revolutionaries*, 102.
61. Jonathan D. Spence, *The Search for Modern China* (New York: Norton, 1991), 185.
62. Perry, *Rebels*, 121.
63. Perry, *Rebels*, 108, 121.
64. Perry, *Rebels*, 65.
65. Perry, *Rebels*, 112.
66. Spence, *God's Chinese Son* (New York: Norton, 1997).
67. Spence, *God's Chinese Son*, 62.
68. Spence, *God's Chinese Son*, 162.
69. Spence, *God's Chinese Son*, 55; Spence, *Search for Modern China*, 172-173.
70. Spence, *Search for Modern China*, 170.
71. Spence, *God's Chinese Son*, 211, 249.
72. Spence, *God's Chinese Son*, 305.
73. Spence, *God's Chinese Son*, 171.
74. Spence, *Search for Modern China*, 178.
75. Matthew H. Sommer, *Sex, Law, and Society in Late Imperial China* (Stanford: Stanford University Press, 2000), 12.
76. Hvistendahl, "No Country".
77. Danielle Laraque and Committee on Injury, Violence, and Poison Prevention, "Injury Risk of Nonpowder Guns", *Pediatrics*, November 2004, 1357-1361.

14장 | 세계의 미래

1. Douglas Colligan, "Tipping the Balance of the Sexes", *New York*, November 7, 1977.
2. "China Schedules Probe into Japanese Sex Romp", Associated Press, November 20, 2003, http://tinyurl.com/6697w9r.
3. John Pomfret, "Wild Weekend's Hangover; Outrage Follows Japanese Tourists' Orgy with Chinese Prostitutes", *Washington Post*, October 3, 2003.
4. Peter Gries, *China's New Nationalism* (Berkeley: University of California Press, 2004).
5. Michael Tyler, "'I Stepped out of the Lift and into an Orgy'", *Telegraph*, October 5, 2003, http://tinyurl.com/64uc65y.
6. Closing of hotel: "Japanese Orgy Trial Opens in China", CNN.com, December 12, 2003, http://tinyurl.com/4n7cuso.
7. "Masterminds of Japanese Orgy Get Life", *China Daily*, December 17, 2003, http://tinyurl.com/4vc9olr.
8. "China Jails 14 on Sex Party for Japanese", *New York Times*, December 18, 2003,

http://tinyurl.com/4asr2bm.
9. "China Jails Orgy Organisers", BBC, December 17, 2003, http://tinyurl.com/4mjkgmy.
10. Japanese investigation: "Sex Party Trial in China Ends", Associated Press, December 14, 2003, http://tinyurl.com/4s95myr.
11. Mara Hvistendahl, "The Boxer Shorts Rebellion", *The New Republic*, March 26, 2008.
12. Hvistendahl, "Boxer Shorts"; "Chinese in Belgrade, Beijing Protest NATO Embassy Bombing", CNN, May 9, 1999, http://tinyurl.com/6yef9rx.
13. Zheng Wang, "National Humiliation, History Education, and the Politics of Historical Memory: Patriotic Education Campaign in China", *International Studies Quarterly* 52 (2008): 784, http://tinyurl.com/4rgtknh.
14. Hvistendahl, "Boxer Shorts".
15. "The Immoral Foreign Blogger", EastSouthWestNorth, August 28, 2008, http://tinyurl.com/4u48nxr.
16. Zhang Jeihai, "The Internet Search for the Immoral Foreigner", August 25, 2006, http://tinyurl.com/4nzdopl.
17. Hvistendahl, "Boxer Shorts".
18. Lena Edlund et al., *More Men, More Crime: Evidence from China's One-Child Policy*, Institute for the Study of Labor Discussion Paper Series(Bonn, Germany: 2007).
19. "Jim Yardley, "Indian Women Find New Peace in Rail Commute", *New York Times*, September 15, 2009, http://tinyurl.com/mrlj2k.
20. Edlund et al., "More Men".
21. Edlund et al., "More Men".
22. Mary E. John et al., *Planning Families, Planning Gender*(Bangalore: Books for Change, 2008), 84.
23. "Soutik Biswas, "India's 'Pink' Vigilante Women", BBC News, November 26, 2007, http://news.bbc.co.uk/2/hi/7068875.stm.
24. Biswas, "India's 'Pink' Vigilante Women".
25. Jean Dreze and Reetika Khera, "Crime, Gender, and Society in India: Insights from Homicide Data", *Population and Development Review*, June 2000, 347.
26. John et al., *Planning Families*, 77.
27. Avraham Y. Ebenstein and Ethan Jennings Sharygin, "The Consequences of the 'Missing Girls' of China", *World Bank Economic Review*, November 5, 2009, 417.
28. Ebenstein and Sharygin, "Consequences", 417.
29. Thérèse Hesketh, interview by author, London, November 25, 2008.
30. "China Youth Crime 'in Rapid Rise'", BBC, December 5, 2007, http://tinyurl.com/yoc8jl.
31. John et al., *Planning Families*, 56.
32. Michael Wines, "Stunned China Looks Inward After School Attacks", *New York Times*, May 1, 2010, http://tinyurl.com/2fte7fe.
33. "Michael Wines, "Attacker Stabs 28 Chinese Children", *New York Times*, April 29, 2010,

http://tinyurl.com/38qajge.
34. "China Executes Killer of Eight School Children", BBC, April 28, 2010, http://news.bbc.co.uk/2/hi/8648077.stm.
35. Hudson and den Boer, *Bare Branches*, 202.
36. Tim Mason, "Women in Germany, 1925-1940: Family, Welfare and Work, Part I", *History Workshop*, Spring 1976, 77.
37. Hudson and den Boer, *Bare Branches*, 255.
38. Hudson and den Boer, *Bare Branches*, 257.
39. Ehrlich, *Population Bomb*, 48.
40. Therese Hesketh and Zhu Wei Xing, "Abnormal Sex Ratios in Human Populations: Causes and Consequences", *Proceedings of the National Academy of the Sciences*, September 5, 2006, www.pnas.org/content/103/36/13271.full.
41. Xiong Peiyun, "Aiguo ruhe zhuyi", *Southern Breeze*, 2008, http://tinyurl.com/4vo8q4v. See also China Digital Times, in "China's Nationalism, and How Not to Deal with It", May 10, 2008, http://tinyurl.com/6295g2.
42. Amelia Gentleman, "Indian Prime Minister Denounces Abortion of Females", *New York Times*, April 29, 2008, http://tinyurl.com/44n7dt.
43. Hvistendahl, "No Country".
44. Mara Hvistendahl, "Making Every Baby Girl Count", *Science*, February 27, 2009, 1164-1166.
45. Mara Hvistendahl, "Making Every Baby Girl Count".
46. Hvistendahl, "Has China Outgrown?"
47. Mara Hvistendahl, "Making Every Baby Girl Count", 1165.
48. "India Sex Selection Doctor Jailed", BBC, March 26, 2006, http://tinyurl.com/lyf69.
49. Carla Power, "But What If It's a Girl?" *New Statesman*, April 24, 2006, http://tinyurl.com/6gamvnk.
50. Sukhbir Siwach, "Haryana to Keep Track of Expectant Mothers", *Times of India*, December 10, 2010.
51. Wonacott, "India's Skewed Sex Ratio".
52. "Indian Colleges Ban Jeans to 'Protect' Girls", AFP, June 10, 2008, http://tinyurl.com/nktkoe.
53. Tulsi Patel, ed., introduction to *Sex-selective Abortion in India: Gender, Society, and New Reproductive Technologies* (New Delhi: Sage, 2007), 51.
54. 이 부분과 이후의 인용은 Amin Malouf, *The First Century After Beatrice* (London: Abacus, 1994)에서 발췌함.
55. "Missing Girls in Asia: Magnitudes, Implications, and Possible Responses" (paper presented to American Enterprise Institute symposium, Washington, D.C., September 17, 2008), http://www.aei.org/event/1796.

15장 | 태아들의 입장

1. Monica Das Gupta, Woojin Chung, and Li Shuzhuo, *Is There an Incipient Turnaround in Asia's "Missing Girls" Phenomenon?* World Bank Development Research Group, February 2009, 2.
2. Das Gupta, Chung, and Li, *Incipient Turnaround*, 9.
3. UNDP, *Asia-Pacific Human Development Report: Power, Voice, and Rights: A Turning Point for Gender Equality in Asia* (Colombo, Sri Lanka: Macmillan, 2010), 145. http://tinyurl.com/4gwmjjo. Also see Augusto Lopez-Claros and Saadia Zahidi, *Women's Empowerment: Measuring the Global Gender Gap* (Cologne/Geneva: World Economic Forum, 2005), 1, http://tinyurl.com/4zn8mtw.
4. Heeran Chun et al., "Understanding Women, Health, and Social Change: The Case of South Korea", *International Journal of Health Services* 36, no. 3 (2006): 575.
5. "Country Comparison: Total Fertility Rate", *CIA World Factbook 2010*, http://tinyurl.com/3yur88. Carl Haub, "Did South Korea's Population Policy Work Too Well?" Population Reference Bureau, http://tinyurl.com/48w2xf3.
6. Sidney B. Westley and Minja Kim Choe, *How Does Son Preference Affect Populations in Asia?* (Honolulu, HI: East-West Center, September 2007), 9.
7. Westley and Choe, *How Does Son Preference?* 9.
8. Heeran Chun, interview by author.
9. 이 예측은 1990년 자료를 이용하여 계산되었으며 당시 소년들은 5~9세였다. Chaibin Park and Namhoon Cho, "Consequences of Son Preference in a Low-Fertility Society: Imbalance of the Sex Ratio at Birth in Korea", *Population and Development Review*, March 1995, 74.
10. Heeran Chun, email to author, November 28, 2010.
11. Park and Cho, *Consequences of Son Preference*, 80.
12. Westley and Choe, *Son Preference*, 6.
13. Kyungsup Chang, "The State and Families in South Korea's Compressed Fertility Transition: A Time for Policy Reversal?" *Journal of Population and Social Security (Population)*, supplement, 1 (2003): 1, http://tinyurl.com/6dgagdu.
14. Doosub Kim, interview by author.
15. Eunjeong Baik, Korean Medical Association, interview by author, December 17, 2009.
16. Therese Hesketh, Wei Xing Zhu, and Li Lu, "China's Excess Males, Sex Selective Abortion, and One Child Policy: Analysis of Data from 2005 National Intercensus Survey", *British Medical Journal*, April 9, 2009, http://tinyurl.com/4tb5wfw.
17. Some biographical details: Steven Mosher, phone interview by author, February 3, 2011.
18. U.S. Committee for the United Nations Population Fund, "Who Is Steven Mosher?" http://www.planetwire.org/files.fcgi/3750_StevenMosher.pdf.
19. Population Research Institute, "Our Mission", http://www.pop.org/about/our-

mission-801.
20. Steven Mosher, "A New Front in the Abortion Wars: Banning Sex-Selection Abortions", *PRI Review*, November-December 2008, http://tinyurl.com/4ata5eo.
21. "Hadley Arkes: Senior Fellow", Ethics and Public Policy Center, Washington, D.C., http://tinyurl.com/4koj2rx.
22. Hadley Arkes, "Abortion Facts and Feelings", *First Things*, April 1994, 34-38, http://tinyurl.com/4jdy7os.
23. Richard E. Cohen and Brian Friel, "2009 Vote Ratings: Politics As Usual", *National Journal*, November 25, 2010, http://tinyurl.com/y8d66cv; http://tinyurl.com/4ba5tkh.
24. Text of H.R.1822 as Introduced in House, http://tinyurl.com/4fuc69k.
25. *Special Alert: New Civil Rights Legislation*, video, Population Research Institute, http://tinyurl.com/47z5loh.
26. 에들런드의 연구에 나오는 수치는 여아 태아를 낙태한 가정의 일부에 불과한 23만 가정의 사례를 반영한 것이다. Lena Edlund, email to author, November 27, 2010.
27. "H.R.1822: Susan B. Anthony and Frederick Douglass Prenatal Non discrimination Act of 2009", http://tinyurl.com/65lpccn.
28. "Text of H.R.1822 as Introduced in House", http://tinyurl.com/4fuc69k.
29. Population Action International, *The Shape of Things to Come: Country Case Study South Korea*, http://tinyurl.com/6hwdled.
30. Youngyoul Cho, interview by author.
31. Florence Lowe-Lee, *Is Korea Ready for the Demographic Revolution? The World's Most Rapidly Aging Society with the Most Rapidly Declining Fertility Rate* (paper for Korea Economic Institute, 2009), http://www.keia.org/Publications/Exchange/04Exchange09.pdf.
32. Lowe-Lee, *Is Korea Ready?*
33. Population Action International, *Shape of Things to Come*.
34. Jaeyeon Woo, "Government Plays Matchmaker", *Wall Street Journal*, November 26, 2010, http://tinyurl.com/4jluro3.
35. Baik, interview by author.
36. Baik, interview by author.
37. Geuntae Kim, "Korea: Quality Childcare", *OECD Observer*, http://tinyurl.com/66f443q.
38. John Sudworth, "South Koreans Told to Go Home and Make Babies", BBC, January 20, 2010, http://tinyurl.com/yfzgj3m.
39. Woo, "Government Plays Matchmaker".
40. Population Action International, *Shape of Things to Come*.
41. Hong and Tietze, "Survey of Abortion Providers".
42. "Continued Sentences for Abortion Crimes Are Unjust", Network for Pregnancy and Birth Decision Rights(Seoul), http://tinyurl.com/4af8cuh. '한국의 낙태 금지 거부'로 번역, http://tinyurl.com/5sg74dn.
43. John M. Glionna, "In South Korea, Abortion Foes Gain Ground", *Los Angeles Times*, November 29, 2009, http://tinyurl.com/y8vwmrl.

44. "Reaffirming Reproductive Rights", *Hankyoreh*, March 6, 2010, http://tinyurl.com/4hnbbka.
45. Sangwon Yoon, "'Abortion Republic' Makes an About Face", Associated Press, March 18, 2010, http://tinyurl.com/65a2efx.
46. David Plotz, "The Seoul of Clones", *Slate*, October 19, 2005, http://www.slate.com/id/2128361/.

에필로그 | 우리는 어디까지 선택하게 될까

1. "Swaying for Gender", BabyCenter.com, accessed April 2, 2009.
2. Jesse Invik, Suzanne Mills, and Tyler McCreary, "The Third Sex: Supporting the Struggles of Transgendered People", *Briarpatch*, November 2005, http://tinyurl.com/6daes9o.
3. "Sex Selection and Family Balancing", Fertility Institutes' website, http://www.fertility-docs.com/fertility_gender.phtml.
4. Claudia Kalb, "Brave New Babies", *Newsweek*, January 26, 2004, http://tinyurl.com/6grvhof.
5. Mimi Rohr, "Fertility Institutes: The Clinic that Helps Couples to Choose the Sex of Their Babies", Frédéric Neema Photography, http://tinyurl.com/65h64u4.
6. Debora L. Spar, *The Baby Business: How Money, Science, and Politics Drive the Commerce of Conception* (Boston: Harvard Business School Press, 2006), 127.
7. Etzioni, "Sex Control, Science, and Society", 1108.
8. Helen Bequaert Holmes, "Sex Preselection: Eugenics for Everyone", in *Biomedical Ethics Reviews: 1985*, ed. James M. Humber and Robert F. Almeder (Clifton, NJ: Humana Press, 1985), 43.
9. Landrum B. Shettles and David M. Rorvik, *How to Choose the Sex of Your Baby: The Method Best Supported by Scientific Evidence* (New York: Broadway Books, 2006), 51-52.
10. Shettles and Rorvik, *How to Choose the Sex of Your Baby*, 51-53; F. Økland, "Excerpt: Will It Be a Boy? Sex-Determination According to Superstition and to Science", *Journal of the American Medical Association* 99, no. 7(1932): 587
11. Allen J. Wilcox, Clarice R. Weinberg, and Donna D. Baird, "Timing of Sexual Intercourse in Relation to Ovulation", *New England Journal of Medicine*, December 7, 1995, 1517-1521, http://tinyurl.com/48zsyl8.
12. The President's Council on Bioethics, "Choosing Sex of Children", *Population and Development Review*, December 2003, 754-755.
13. Vicki Mabrey, "Choosing the Sex", *60 Minutes*, prod. Miriam Weintraub, April 14, 2004.
14. "Half of Fertility Clinics Allow Parents to Pick Gender", Associated Press, September 20, 2006.
15. Meredith Wadman, "So You Want a Girl?" *Fortune*, February 19, 2001, http://tinyurl.com/5srhget.

16. Dena Braun, "Pruning the Family Tree", http://tinyurl.com/6agw5ob.
17. Amy Harmon, "Embryo Screening"(video), *New York Times*, September 1, 2006; Spar, *Baby Business*, 98-99.
18. Marcy Darnovsky, interview by author, Berkley, CA, April 29, 2010.
19. Spar, *Baby Business*, 100.
20. Robin Elise Weiss, "Girl or Boy? Sex Selection Techniques for Everyone Before Pregnancy", http://tinyurl.com/344c67.
21. Robin Elise Weiss, *Guarantee the Sex of Your Baby* (Berkeley, CA: Ulysses, 2007), 6.
22. Ruth Shalit Barrett, "Girl Crazy: Women Who Suffer from Gender Disappointment", *Elle*, October 9, 2009.
23. Huntington Reproductive Center figure: Lonny Shavelson, "Many Clinics Use Genetic Diagnosis to Choose Sex", NPR, December 20, 2006, http://tinyurl.com/4sqr85m; Genetics and IVF Institute figure: Liza Mundy, *Everything Conceivable: How Assisted Reproduction Is Changing Our World* (New York: Anchor, 2007), 318.
24. Hanna Rosin, "The End of Men", *The Atlantic*, July-August, 2010, http://tinyurl.com/2c4vnxs.
25. Sunita Puri, interview by author, San Francisco, May 1, 2010.
26. Mallory Stout, phone interview by author, May 5, 2010.
27. Abbie E. Goldberg, "Heterosexual, Lesbian, and Gay Preadoptive Parents' Preferences About Child Gender", Springer Science/Business Media, 2009.
28. Dena S. Davis, *Genetic Dilemmas: Reproductive Technology, Parental Choices, and Children's Futures* (New York: Routledge, 2001), 101.
29. Darnovsky, interview by author.
30. "Country Comparison: Total Fertility Rate", *CIA World Factbook 2010*, http://tinyurl.com/3yur88.
31. Casey B. Mulligan, "The More the Merrier: Population Growth Promotes Innovation", *New York Times*, September 23, 2009, http://tinyurl.com/mdfdxw.
32. "Sex Selection", BioPolicyWiki, http://tinyurl.com/46d8hfp.
33. "Sex Selection: Options for Regulation", Human Fertilisation Embryology Authority, November 12, 2003, http://www.hfea.gov.uk/docs/Final_sex_selection_main_report.pdf.
34. Food and Drug Administration, Department of Inspections, Compliance, Enforcement, and Criminal Investigations, Warning Letter to Jeffrey Steinberg MD Inc., d/b/a The Fertility Institutes, November 18, 2008. http://tinyurl.com/5wz43wa.
35. Ethics Committee of the American Society for Reproductive Medicine, "Preconception Gender Selection for Nonmedical Reasons", *Fertility and Sterility*, May 2001, http://tinyurl.com/4euesq4; President's Council on Bioethics, "Choosing Sex of Children", 755-756; Darnovsky, interview by author.
36. Darnovsky, interview by author.
37. Spar, *Baby Business*, 3; number of clinics: Stephanie Saul, "Birth of Octuplets Puts

Focus on Fertility Industry and Risks", *New York Times*, February 11, 2009, http://tinyurl.com/4rburmv.
38. Mundy, *Everything Conceivable*, 315.
39. Kahlil Gibran, *The Prophet* (New Delhi: Sterling, 1945), 23.
40. Taras Kuzin, interview by author, via Skype, May 28, 2010.
41. Amy Harmon, "Couples Cull Embryos to Halt Heritage of Cancer", *New York Times*, September 3, 2006, http://tinyurl.com/4umf9dr.
42. Allen Goldberg, "Select a Baby's Health, Not Eye Color", *Los Angeles Times*, February 17, 2009, http://tinyurl.com/arfjdo.

찾아보기

인명

간디, 산자이(Gandhi, Sanjay) 139
간디, 인디라(Gandhi, Indira) 126, 139, 143, 215, 324
거튼태그, 마샤(Guttentag, Marcia) 288
게젤, 거하드(Gesell, Gerhard) 160
고어, 앨(Gore, Al) 148
골드버그, 미셸(Goldberg, Michelle) 119
구바오창(Gu Baochang) 319
구트마커, 앨런(Guttmacher, Alan) 155~157
귀젠메이(郭建梅, Guo Jianmei) 62
그레이엄, 빅토리아(Graham, Victoria) 209, 214
그린핼즈, 수전(Greenhalgh, Susan) 69, 72
길마틴, 크리스티나(Gilmartin, Christina) 242, 243
길모토, 크리스토프(Guilmoto, Christophe) 23~27, 29, 31~41, 63, 77, 91, 117, 222, 223, 225, 227, 239, 251, 329, 331
김두섭 246, 334
김소현 347
니징바오(Nie Jing-Bao) 219, 220
다놉스키, 마시(Darnovsky, Marcy) 359, 362, 365

다스 굽타, 모니카(Das Gupta, Monica) 326, 328, 329
다윈, 찰스(Darwin, Charles) 8, 13, 14, 16, 110, 184
다이웬성(Dai Wensheng) 245
댑스, 제임스 M.(Dabbs, James M.) 285
덩컨, 조너선(Duncan, Jonathan) 100~104, 106, 107, 111, 113, 115, 193
데이, 리처드 L.(Day, Richard L.) 156
데이비스, 데나 S.(Davis, Dena S.) 359
데이비스, 킹즐리(Davis, Kingsley) 140
데케야르, 하비에르 페레스(de Cuéllar, Javier Pérez) 215
덴 보어, 앤드리아(den Boer, Andrea) 317, 318
도널드, 이언(Donald, Ian) 176, 177
도안투이중(Doan Thuy Dung) 266, 267, 270
드레이퍼, 윌리엄(Draper, William) 187~192, 195, 196, 204, 205, 226, 326
람흐엉즈엉(Lam Huong Duong) 261
래건, 마크(Lagon, Mark) 268
랴오리(Liao Li) 46, 48, 49, 52, 56, 57, 271
량중탕(梁中堂, Liang Zhongtang) 69
레무스(Remus) 288
레비스트로스, 클로드(Lévi-Strauss, Claude) 300

레이건, 로널드(Reagan, Ronald) 216, 217, 221
레이나, B. L.(Raina, B. L.) 133
렌, 크리스토퍼 S.(Wren, Christopher S.) 213
로물루스(Romulus) 288~291
로진, 해나(Rosin, Hanna) 358
록펠러, 존 D. 3세(Rockefeller, John D. III) 64, 65, 132, 133, 185
루빈, 이저도어(Lubin, Isador) 65, 67
루이스, 스테퍼니(Lewis, Stephanie) 357
류구이밍(Liu Guiming) 316
류메이(Liu Mei) 46, 49, 50
리비우스, 티투스(Livius, Titus) 289, 290
리슈줘(Li Shuzhuo) 54, 320~322
리스, 포블(Riis, Povl) 174
리콴유(李光耀, Lee Kuan Yew) 67
마르칸다야, 카말라(Markandaya, Kamala) 60
마셜, 윌리엄 엘리엇(Marshall, William Elliot) 109, 110
마오쩌둥(毛澤東, Mao Zedong) 9, 46, 55, 69, 204, 205, 208, 278
마주, 앨런(Mazur, Allan) 286, 287
마줌다르, 비나(Mazumdar, Vina) 143, 144
마투르, 자스완트 라지(Mathur, Jaswant Raj) 155, 156
말루프, 아민(Maalouf, Amin) 325, 326
매컬로이, 윌리엄 D.(McElroy, William D.) 157
매코맥, 퍼트리샤(McCormack, Patricia) 184
맥나마라, 로버트(McNamara, Robert) 66, 141
맥니콜, 제프리(McNicoll, Geoffrey) 203
맥아더, 더글러스(MacArthur, Douglas) 188
맬서스, 토머스(Malthus, Thomas) 23, 63, 68, 148, 191
메즐레, 프랑스(Meslé, France) 37, 38
메트캐프, 바버라 D.(Metcalf, Barbara D.) 109
메트캐프, 토머스 R.(Metcalf, Thomas R.) 109
모셔, 스티븐(Mosher, Steven) 212~215, 337~340, 342
모이지우, 루베나(Moisiu, Rubena) 95~97, 336
모툴스키, 아노 G.(Motulsky, Arno G.) 157
무어, 휴(Moore, Hugh) 64, 65, 190
문승숙 195
미드, 마거릿(Mead, Margaret) 152

미할릭, 조엘(Michalek, Joel) 286, 287
민, 캐서린(Min, Catherine) 330, 331, 344, 347
밀러, 바버라(Miller, Barbara) 142
바, 머리 L.(Barr, Murray L.) 171~174, 176, 182, 183
박정희 195, 197, 200
박채빈 87, 153
백은정 334
버밀러, 엘리자베스(Bumiller, Elisabeth) 116~118
베니스, 에드몽(Venisse, Edmond) 296
베디, 푸니트(Bedi, Puneet) 82~86, 97, 121, 125~129, 131, 132, 142, 220, 364
베럴슨, 버나드(Berelson, Bernard) 151, 152, 159
베르마, I. C(Verma, I. C.) 130, 131
베커, 게리(Becker, Gary) 246
벨로, 마누엘라(Bello, Manuela) 78
변화순 30, 31, 218, 330
부시, 조지 H. W.(Bush, George H. W.) 192
분, 제임스 L.(Boone, James L.) 292
브누아, 크리스(Benoit, Chris) 284
브라메, 다나슈리(Brahme, Dhanashri) 222
브라운, 루이스(Brown, Louis) 353
브라운, 루이즈(Brown, Louise) 259
브라운, 클라라 스폴딩(Brown, Clara Spalding) 296
블레이크, 주디스(Blake, Judith) 184
비슈와나트, L. S.(Vishwanath, L. S.) 111, 114~116
비엘, 벤저민(Viel, Benjamin) 206, 208
사딕, 나피스(Sadik, Nafis) 185, 217
살라스, 라파엘 M.(Salas, Rafael M.) 207
살레탄, 윌리엄(Saletan, William) 119
샤리긴, 이선 제닝스(Sharygin, Ethans Jennings) 269, 279
세로, 윌리엄 J.(Serow, William J.) 161
세케르, T. V.(Sekher, T. V.) 62, 90, 95, 97, 135
세코드, 폴 F.(Secord, Paul F.) 288
센, 기타(Sen, Gita) 229
센, 아마르티아(Sen, Amartya) 23, 30, 31, 224
셀바라지, 사크티벨(Selvaraj, Sakthivel) 63
셰틀스, 랜드럼 B.(Shettles, Landrum B.) 353

셉스, 민델(Sheps, Mindel) 153
소머, 매슈(Sommer, Matthew) 303
송상용 198, 201, 202
쉬스밀히, 요한 페터(Süssmilch, Johann Peter) 12, 13
슐츠, 시어도어 윌리엄(Schultz, Theodore William) 215
슝페이윈(熊培云, Xiong Peiyun) 319
스노, 에드거(Snow, Edgar) 204, 205
스리니바산, 샤라다(Srinivasan, Sharada) 227~229, 251, 336
스타우트, 맬러리(Stout, Mallory) 358
스타인버그, 제프리(Steinberg, Jeffrey) 350, 351, 354, 357, 361, 362, 366
스트로스, 루이스(Strauss, Lewis) 65
스펜스, 조너선(Spence, Jonathan) 300, 302
시걸, 셸던(Segal, Sheldon) 132~134, 136~138, 156, 162, 163, 181, 200, 201
심상덕 346
싱, 만모한(Singh, Manmohan) 319, 323
싱, 카란(Singh, Karan) 141
쑹젠(宋健, Song Jian) 69~72, 206
아가르왈라, S. N.(Agarwala, S. N.) 137
아먼드, 더글러스(Almond, Douglas) 79~81
아이젠하워, 드와이트 D.(Eisenhower, Dwight D.) 150, 188, 190
아이젠하워, 밀턴 S.(Eisenhower, Milton S.) 150
아크스, 해들리 P.(Arkes, Hadley P.) 338, 339, 341
아타네, 이자벨(Attané, Isabelle) 41, 369
앨런, 르로이 R.(Allen, LeRoy R.) 138
양원산(Yang Wen-shan) 241
에들런드, 레나(Edlund, Lena) 79~81, 253, 259, 314, 338
에를리히, 앤(Ehrlich, Anne) 147, 168
에를리히, 폴(Ehrlich, Paul) 66, 145~151, 160, 164~170, 192, 201, 213, 318, 337
에번스, V. 제프리(Evans, V. Jeffrey) 161
에치오니, 아미타이(Etzioni, Amitai) 179~181, 352
엔스, 크리스(Enss, Chris) 297
오스터, 에밀리(Oster, Emily) 31

올스더, 헤이르트 얀(Olsder, Geert Jan) 70, 71
와렌, 칼(Wahren, Carl) 209, 214
와튼버그, 벤(Wattenberg, Ben) 145, 146, 149, 150
왓슨, 제임스 L.(Watson, James L.) 299
왕, 코코(Wang, Coco) 309
왕펑(Wang Feng) 29, 161, 323
우강(Wu Gang) 312
우빙(Wu Bing) 46, 48~50, 52, 56
우핑장(Wu Pingzhang) 45~50, 54, 55 118, 278
웨스토프, 찰스(Westoff, Charles) 308
웨이샹진(Wei Shang-Jin) 278
위버, 워런(Weaver, Warren) 134
윌콕스, 존 G.(Wilcox, John G.) 355, 356
유누스, 무함마드(Yunus, Muhammad) 73
응우옌꾸옥남(Nguyen Quoc Nam) 266
응우옌소안(Nguyen Xoan) 255
응우옌티마이쩌우(Nguyen Thi Mai Chau) 233, 248
응우옛도티(Nguyet Do Thi) 248, 249
이멀트, 제프리(Immelt, Jeffrey) 89
이명박 344~346
이번스타인, 아브라함(Ebenstein, Avraham) 269, 279
이스마일리, 플로라(Ismaili, Flora) 75~78, 97
이승만 195
자, 마니시(Jha, Manish) 325
장낙행(長樂行, Zhang Luoxing) 301
장메이(Zhang Mei) 270, 273, 277
장웨이칭(張維慶, Zhang Weiqing) 320
장제하이(Zhang, Jiehai) 312, 313
저우광취안(Zhou Guangchuan) 309
저우언라이(周恩來, Zhou, Enlai) 69, 204, 205
전두환 200, 201
전희란 200, 221
제수데이슨, 수자타(Jesudason, Sujatha) 341~343, 362, 363
제프리, 로저(Jeffery, Roger) 135
조남훈 87, 153
조영열 92~95, 199, 200, 333
조지, 사부(George, Sabu) 67, 97~99, 191, 225

존슨, 린든 베인스(Johnson, Lyndon Baines) 63, 64, 66, 162
주앙 1세(João I) 292
주웨이싱(Zhu Weixing) 318
주추주(Zhu Chuzhu) 240, 320~322
주휘(Zhu Hui'e) 273
쩐뚜언중(Tran Tuan Dung) 261~264, 280, 281
쩐장린(Tran Giang Linh) 257, 259
차오룽산(Cao Rongshan) 320
채미, 조지프(Chamie, Joseph) 224, 343
천펑리엔(Chen Fenglian) 209
청칭황(Cheng Ching-Huang) 233, 244, 248, 252
첸쉐썬(錢學森, Qian Xuesen) 69
첸신중(錢信忠, Qian Xinzhong) 215
총, 다투크 마이클(Chong, Datuk Michael) 233
카슨, 조니(Carson, Johnny) 145, 146, 165
카우르, 라빈더(Kaur, Ravinder) 274, 275
커크, 더들리(Kirk, Dudley) 156
케이, 존 윌리엄(Kaye, John William) 104~107, 109
케인, 페니(Kane, Penny) 209, 210, 216
케인스, 존 메이너드(Keynes, John Maynard) 14
코널리, 매슈(Connelly, Matthew) 148, 368, 369
코트라이트, 데이비드(Courtwright, David) 295
콘, 버나드(Cohn, Bernard) 113
콘월리스, 찰스(Cornwallis, Charles) 102, 103
쿠마르, 메이라(Kumar, Meira) 61
크로프트, 트레버(Croft, Trevor) 78
클레이턴, 윌(Clayton, Will) 65
클린저, 해럴드(Klinger, Harold) 136, 137
클린턴, 힐러리(Clinton, Hillary) 117
키신저, 헨리(Kissinger, Henry) 192
타이거, 라이어넬(Tiger, Lionel) 292
타이딩스, 조지프 D.(Tydings, Joseph D.) 150
탁티황응옥(Thach Thi Hoang Ngoc) 250
테랑, 망갈라(Telang, Mangala) 86
테이버, 클래런스 윌버(Taber, Clarence Wilbur) 353
톈쉐위안(田雪原, Tian Xueyuan) 40
티체, 크리스토퍼(Tietze, Christopher) 133, 137, 162, 200
파넘, 엘리자(Farnham, Eliza) 297
파울리지, 타비타(Powledge, Tabitha) 354
포스너, 리처드(Posner, Richard A.) 246
포스트게이트, 존(Postgate, John) 145, 158, 159
포츠, 맬컴(Potts, Malcolm) 203, 286
폴, 비벡(Paul, Vivek) 92
폴거, 스티븐(Polgar, Steven) 152~155, 157, 162
푸리, 수니타(Puri, Sunita) 95, 358
푸샤오룽(Fu Shaorong) 209
푹스, 프리츠(Fuchs, Fritz) 174, 175, 183
프랭크스, 트렌트(Franks, Trent) 339, 340, 342
프리드먼, 제인 M.(Friedman, Jane M.) 184
피셔, 로널드 A.(Fisher, Ronald A.) 14
피오트로, 필리스(Piotrow, Phyllis) 190, 192
하딘, 개릿(Hardin, Garrett) 161
하우저, 필립(Hauser, Philip) 154
허드슨, 밸러리(Hudson, Valerie) 317, 318
허오영숙 249, 250
허카이펑(He Kaifeng) 212, 213
헤스케스, 테레즈(Hesketh, Therese) 316, 318, 336
헤이든, 토머스(Hayden, Thomas) 286
헬퍼, 힌턴(Helper, Hinton) 297
홀드런, 존(Holdren, John) 168
홈스, 헬렌 베켈트(Holmes, Helen Bequaert) 352, 353
홍수전(洪秀全, Hong Xiuquan) 301~303
휴고, 그레임(Hugo, Graeme) 243, 252
휴스, 마크(Hughes, Mark) 352, 354, 366
훙, 피터(Hung, Peter) 250
히틀러, 아돌프(Hitler, Adolf) 318

지명 및 기타

'더 길게, 늦게, 더 적게' 68
'딸들에게서 기쁨을' 225
'베이비 컴 홈' 277
'전쟁 게임' 305, 306, 311
'중단 규칙' 152, 153
〈가족계획〉 67, 154
〈투나잇 쇼〉 145, 149, 164, 165
《컨선드 데모그래피》 184
「동인도회사 관리」 104
「생존을 위한 청사진」 66, 68, 71
「성장의 한계」 66, 68, 70
「아이들에 대하여」 364
「인구 계획」 71
「인도에서 출산에 영향을 미치는 사회 문화적 요인」 137
「인신매매 보고서」 268
「1억 명이 넘는 여성이 사라지고 있다」 30
『나는 분노한다』 313
『로마 건국사』 289
『미혼 남성』 317
『바니안나무 아래에서』 136
『100명의 아들을 낳길 바랍니다』 116
『베아트리체 이후의 첫 세기』 325, 327
『아기의 성별을 선택하라』 353
『이웃의 정원에 물 주기』 38, 41
『인간의 유래』 13, 14, 110
『인구 폭탄』 23, 66, 145, 146, 148~151, 157, 164, 166~168, 213, 318
『제언』 353
『체 안의 꿀』 60
『타이완의 외국인 배우자들을 위한 생활 정보 안내서』 245
『패권국』 337
『한밤의 아이들』 140
가족계획 프로그램 63, 140, 195, 200, 202~205
강제 낙태 200, 207, 209, 212, 214~217, 221, 226, 322, 339
강제 불임수술 159, 160, 189, 226
개발연구소 26, 36
결혼 압박 239~241, 332
경제성장 27, 29, 42, 57, 60, 61, 64, 73, 137, 188, 200, 268, 311
구트마커연구소 205
국가인구계획생육위원회 44, 211, 217, 319~323
국립 아동건강 및 인간개발 연구소 151, 159, 162, 181, 183
국제가족계획연맹 65, 72, 132, 137, 153, 155, 156, 170, 184, 190, 196, 199, 203, 206~210, 214~216, 286
국제개발국(스웨덴) 141, 197
국제개발처 65, 66, 197, 216
국제노동기구 273, 277
국제생명운동 337
국제올림픽위원회 172
국제이주기구 258, 263, 266, 270, 277
국제인구학연구소 62, 135
그루지야 28, 32, 34, 37, 40, 61, 218, 242, 313
금성초음파 89, 93
기독교 우파 336, 339
NATO 195, 310
낙태 권리 178, 190, 216, 225, 229, 337, 340, 342
낙태 합법화 190, 192, 213, 217
난징 46, 50, 245, 302, 303, 306, 309, 311, 312
난징 대학살 309, 311
남인도 출생률 프로젝트 24
네팔 35, 36, 61, 259, 329
녹색혁명 164
대리모 361, 363
대행사(결혼, 신부) 235, 238, 239, 243~245, 247, 251, 258, 264, 274, 275
독신 남성 41, 233, 269, 276, 283, 292, 294, 297
동성애 157, 184, 240, 359
동유럽 26, 27, 41, 74, 76, 77, 218
동인도회사 100~102, 104, 105, 107, 109, 111~113, 115, 148
딸사랑 운동 320~323, 335
떤록 253~258
라이프파트너 중매회사 247
라지푸트(족) 101, 102, 106, 107, 115
러시아 196, 241, 244, 364
로 대 웨이드 사건 185, 354
로마클럽 66, 67, 69, 71
록펠러재단 132, 134, 135, 137~139
루이리 267, 274

마울라나 아자드 의과대학 125, 127
마이크로소프트 355, 356
마카오 34
만주족 301~303
말레이시아 233, 241
매춘부 16, 40, 260, 262, 266~270, 279~282, 295, 308, 309
매크로인터내셔널 78
메콩삼각주 234, 241, 249, 254
무굴(의 인도 지배) 112, 113
문화혁명 10, 46, 55, 68, 69, 204
미국가족계획연맹 125, 151, 152, 155~157, 286, 369
미국기업연구소 326
미국생식의학협회 362
미얀마 267, 270, 274
민드레이 메디컬 인터내셔널 89, 91
민며느리 276
바소체 172, 174
발칸반도 28, 39, 241
방글라데시 35, 73, 155, 329, 360
배아 선택 357, 365
베이비 젠더 멘토 98, 99, 364
베이징 회의 선언문 226
베트남 이주 노동자 및 신부 사무소 250
베트남전쟁 148, 241
북한 241, 267, 270, 279
분청 310~313, 317, 319
불임수술 127, 139~142, 159, 160, 189, 198, 200, 204, 211, 216, 226, 333
브라질 72, 300, 364
브루킹스연구소 29, 323
사비니(족) 290
삼자교회 57, 271
생식권 활동가 221, 335, 340, 341
성 감별 금지 131, 225, 322
성 감별 연구 156, 162, 242, 286
성 염색질 136, 137, 172~174, 176, 182, 183
성 인지적 정책 328, 329, 334
성별 선택 11, 18, 20, 28, 30, 32, 33, 35~39, 41, 48, 52, 54~56, 63, 74~81, 84~87, 90, 92, 93, 95, 97, 98, 116, 118, 119, 130, 131, 143, 151, 152, 155, 159, 161~163, 166, 167, 169,
175, 180, 181, 183, 185, 193, 199~201, 214, 215, 222~229, 246, 259, 275, 276, 308, 314, 319, 320, 322~324, 326, 328, 329, 331~344, 346, 347, 349~358, 360~367
성병 279
성비 불균형 11, 17, 18, 25~29, 31~41, 51~54, 57, 74~79, 81, 95, 97, 99, 110, 181, 184, 186, 217, 224~227, 238, 240~243, 246, 247, 253, 257, 258, 264, 267~270, 276~278, 280, 290, 292, 297, 298, 300, 308, 312, 316~322, 324~329, 334, 335, 340, 346, 353, 364, 367, 371
성염색체 136, 171, 349, 352
성차별 11, 17, 18, 33, 55, 74, 93, 117, 118, 149, 151, 162, 183, 185, 226, 328, 330, 339, 354, 357
세계보건기구 138, 227, 228
세계은행 65, 66, 133, 134, 140~142, 146, 201, 326, 328, 334, 365
수요공급의 법칙 246, 253
승혼 107, 114, 115
신붓값 108, 257, 278
싱가포르 26, 32, 34, 67, 87, 238, 246, 247
쑤이닝 42~45, 47, 48, 50, 51, 53, 56~58, 60, 75, 118, 219, 241, 269~272, 278, 299, 367
아동 결혼 276
아르메니아 28, 32, 34, 37~39, 61, 242
아시아의 범죄율 313, 314
아제르바이잔 11, 18, 28, 32, 34, 37, 38, 56, 61, 218, 298
아쿠젠 바이오랩 98
아테네 291
아폴로 병원 82, 84, 85, 120, 121, 364
아프가니스탄 74, 292
아프리카 56, 64, 108, 109, 150, 152, 160, 227, 228, 280, 292, 339
악샤야 트리티야 276
알바니아 11, 18, 39, 40, 75~79, 95~97, 225, 242, 313, 336
애국자클럽 303~307, 311
양수 검사 82, 86~88, 129~132, 142, 150, 155, 174, 175, 177, 181~185, 332
에이즈 16, 41, 279, 280

HIV 41, 279, 280, 282
FDA 355, 361, 362
여성 성기 절제 227~229, 270
여성 자경단 315
여성개발연구센터 56, 315, 316, 369
여아 살해 24, 30, 31, 100, 102~104, 107~109, 111, 114~117, 120, 132, 193, 214, 216, 226, 274
여아살해법 115
염군의 난 300~303, 312
오리엔탈리스트 101, 106
외국인 신부 239, 248
우생보호법 189
우생학 14, 135, 160, 175, 178, 189, 210, 360
우울증 316, 318, 357
우즈베키스탄 241, 244
위프로 GE 메디컬 시스템 90, 92, 98
윈난 270~274, 277
유교 202, 244, 330
유아 살해 20, 24, 25, 102, 104~107, 114, 117, 291, 320
유엔세계인구회의 185, 216
유엔인구국 27, 64, 224, 343
유엔인구기금 26, 65, 72, 75, 76, 78, 79, 97, 117, 134, 141, 185, 190, 199, 207, 209~211, 215~217, 221~227, 229, 326, 336, 337
유엔인구상 215
유전학 및 인공수정 연구소 356, 358
융모막 융모 생검법(CVS) 182
음핵 (절제) 56, 91, 227
의학적 임신중절법 191
인간수정배아관리국 362
인공수정 18, 347~352, 354~359, 361, 362
인공수정연구소 348, 350, 351, 354, 361, 365
인구 조절 60, 63~68, 70, 72, 73, 76, 120, 125~127, 129, 131~135, 138, 140~142, 144, 148~154, 157, 159, 162, 163, 168, 169, 178, 181, 183~187, 189~193, 195~198, 200~202, 204~206, 215, 218, 219, 221, 224, 326, 332, 334, 337, 344, 345, 359, 360, 368
인구연구기구 337, 338
인구연구센터 162

인구위기위원회 65, 72, 160, 190, 204, 205
인구위원회 132, 134~136, 151, 156, 159, 160, 170, 196~199, 207
인구의 제로성장 149
인구인류학 152
인구조사 25, 34, 78~80, 105, 108~210, 216, 294
인구통계학 12, 16, 18, 23, 24, 29, 31, 36, 39, 41, 109, 127, 153, 161, 184, 203, 210, 214, 216, 222, 224, 238~241, 291, 319, 320, 322, 323, 326, 328, 332, 333, 344, 369
인도 11, 16~19, 23~26, 28, 29, 31~37, 40, 49, 52, 54~56, 60~63, 65, 67, 68, 75, 79, 82, 84~92, 97, 98, 100, 101, 103~118, 120, 121, 125~127, 129~143, 147~149, 155, 156, 160, 163, 164, 191, 193, 197, 203, 210, 215, 219, 221~223, 225, 228, 240~243, 245, 251, 268, 274~278, 292, 298, 313~319, 323~326, 329, 331, 346, 359, 361, 364, 365
일본 34, 188~190, 195, 293, 308~311
1.5자녀 정책 47
일처다부제 158, 276, 313
자궁내피임기구 127, 133, 190, 198~200, 204, 211
자민다르 112, 113
자연선택설 14, 110
전인도의학연구소 129~132, 134~136, 138, 139, 142, 149, 156, 162, 182, 192, 193, 215, 324
정자분리술 355, 358, 359, 361, 362
제7 기계공업부 69
제국주의 64, 100, 105, 108
제너럴일렉트릭 89
제너레이션 어헤드 341, 342, 362
주하이 308, 309
중국 9~11, 17~19, 26, 28, 29, 31~35, 37, 38, 40, 42, 43, 45, 47~52, 54~57, 60~62, 65, 68~72, 75, 79, 81, 85, 87, 89~91, 117, 118, 143, 153, 160, 161, 167, 182, 183, 187, 188, 191, 193, 194, 201, 203~217, 219~221, 225, 226, 233, 236, 240~248, 257, 260, 262~270, 273, 274, 276~281, 283, 294,

298~303, 305, 306, 308~320, 322~324,
326, 329, 333, 335~337, 346, 360, 361,
364, 367, 371
중국공산당 68, 70, 71, 188, 311
중산층 27, 35, 46, 60, 75, 311, 356
중화전국부녀연합회 273
진오비 산부인과 346
차오후 320~322, 335
청 왕조 299, 303
체외수정 18, 347, 349, 350, 353, 354, 357, 364, 370
초음파 11, 25, 26, 29, 34, 36, 47, 48, 50, 77, 80,
83, 85~93, 96, 98, 118, 119, 150, 175~178,
185, 224, 292, 320, 321, 323, 324, 332,
334, 335, 350, 370
출생 성비 12, 14, 25~28, 30~32, 34~36, 38,
52, 53, 75, 76~78, 80~82, 91, 95, 135, 161,
243, 259, 260, 272, 278, 279, 313, 314, 317,
320~322, 325, 328, 329, 331~335
출생률 23~25, 29, 33, 34, 47, 63~68, 71~74,
77, 81, 94, 135, 143, 152~154, 161, 168, 174,
183, 188~192, 199, 200, 217, 240, 241, 244,
292, 314, 320, 331~334, 338, 340, 344,
345, 360
카스트 61, 63, 102, 107~109, 251
캄보디아 244, 245, 258
칼카스 28, 33, 37, 38, 241
켐프-카스텐 개정안 216
콘돔 77, 190, 200, 279, 280
타밀나두 23~25, 117
타이완 32, 34, 40, 63, 67, 87, 203, 233~236,
238~246, 248~256, 258, 274, 277
태아진단기법 규제 및 오용방지법 323
태아차별금지법 339, 340, 342, 343
태평천국의 난 302, 303
테스토스테론 54, 283~288, 293, 296, 307,

314, 316, 371
토다족 110
튀니지 37, 63
판차야트 143
페미니스트 55, 61, 62, 117, 131, 132, 143, 154,
178, 184, 185, 191, 207, 221, 225, 227, 229,
249, 251, 342, 344, 346, 347
평화를 위한 식량지원법 66, 162
포드재단 65, 132~135, 138, 184, 207, 225, 323
포르투갈 291, 292
피임 29, 33, 47, 65, 73, 77, 127, 132, 133, 136,
138, 153, 160, 162, 185, 189, 190, 191, 195,
196, 198~200, 202, 204, 211, 217, 218, 226,
321
PGD(착상 전 유전자 진단) 349, 350, 352,
354~358, 360~362, 364~366
필리핀 244, 245, 340
한 자녀 정책 18, 45, 47, 50, 68, 69, 72, 81, 160,
187, 201, 203, 207, 211, 213~217, 314, 321,
369
한국 11, 25, 30, 33~35, 37, 40, 44, 52, 56, 61,
67, 79, 80, 87, 89, 91, 93~95, 153, 155,
195~204, 210, 212, 218, 221, 238~240,
243~246, 248~253, 256, 258, 274, 277,
314, 328~335, 344~346, 348, 360, 364,
370
한국가족계획연맹 196
한국여성개발원 30, 218, 330
한국이주여성인권센터 249
헌팅턴 생식센터 354, 355, 358
혈우병 172, 174
호차이 262, 263, 281
홍콩 34, 204, 212, 306, 314